质量工程技术

刘小方　王友才　汪　莹　编著

西北工业大学出版社
西安

【内容简介】 本书立足于产品全系统、全寿命、全特性质量观，阐述了产品质量工程技术体系相关概念及其构成。本书分为质量形成技术篇、质量管理技术篇、质量检测技术篇，共14章。质量形成技术篇包括质量要求分解、系统设计、参数设计、容差设计、通用质量特性技术。质量管理技术篇包括质量控制、质量检验、质量评价与改进等技术。质量检测技术篇包括质量检测基础技术、软件质量检测、元器件质量检测和工艺质量检测等技术。

本书章节编排合理，逻辑清楚，在突出技术特色的同时，力求内容的系统性与可操作性，可供高等学校质量管理类专业本科生和研究生学习使用，也可供从事质量管理工作的相关人员学习与参考。

图书在版编目(CIP)数据

质量工程技术/刘小方，王友才，汪莹编著.—西安：西北工业大学出版社，2022.10

ISBN 978-7-5612-8258-8

Ⅰ.①质… Ⅱ.①刘… ②王… ③汪… Ⅲ.①质量管理 Ⅳ.①F273.2

中国版本图书馆CIP数据核字(2022)第198776号

ZHILIANG GONGCHENG JISHU

质 量 工 程 技 术

刘小方 王友才 汪莹 编著

责任编辑：王 静　　**策划编辑**：华一瑾

责任校对：孙 倩　　**装帧设计**：李 飞

出版发行：西北工业大学出版社

通信地址：西安市友谊西路127号　　**邮编**：710072

电　　话：(029)88491757，88493844

网　　址：www.nwpup.com

印 刷 者：西安五星印刷有限公司

开　　本：787 mm×1 092 mm　1/16

印　　张：24.125

字　　数：572千字

版　　次：2022年10月第1版　2022年10月第1次印刷

书　　号：ISBN 978-7-5612-8258-8

定　　价：68.00元

如有印装问题请与出版社联系调换

前　言

质量是产品永恒的主题。在当今竞争激烈的世界，质量是产品的立足之本。为控制、保证和改进产品质量，上至政府、下至企业单位无不重视实施将质量管理理论与相关专业技术相结合的系统性的产品质量工程活动，为有效地提升产品质量。作为支撑质量工程活动的两个重要基石之一，质量工程技术在产品质量提升中发挥着无可替代作用。因而，有必要梳理质量工程技术体系理论，分析其构成、特点，以促进质量工程技术的发展与有的放矢的应用。

产品质量可由一组质量特性来表示，质量特性是产品寿命周期开展质量控制与保证的主线。质量工程技术通过改变产品质量特性的状态来实现对产品质量的保证与控制。本书以系统工程理论为指导，立足于全系统、全寿命、全特性质量观，根据质量工程技术对产品质量特性的影响作用属性，将其划分为用于产品质量特性提出、设计、实现的质量形成技术，用于控制产品质量特性波动、支持指挥控制和协调产品实现活动的质量管理技术，用于检查、测试产品一种或多种质量特性的质量检测技术。

本书在阐述质量工程技术需求、分类与特征、体系构建的基础上，突出典型技术应用特色，力求内容的系统性与可操作性。本书由 3 篇共 14 章组成：第 1 章为概述，介绍质量工程技术的相关概念、质量工程技术体系构建以及质量工程技术的发展；第 2～6 章作为质量形成技术篇，主要介绍产品专用质量特性的需求分解、系统设计、参数设计、容差设计技术以及通用质量特性的设计与分析、试验与评价技术；第 7～10 章作为质量管理技术篇，主要介绍产品质量特性的控制、检验、评价、分析与改进技术；第 11～14 章作为质量检测技术篇，主要介绍广泛应用各类产品质量特性检测的无损、理化、电子测量等基础技术，软件产品的质量检测、电子产品元器件质量检测、机械产品加工工艺质量检测技术。

本书由刘小方、王友才、汪莹编著，全书由刘小方统稿。

在编写本书的过程中，笔者参考了大量国内外有关著作、论文与标准，已尽可能在在参考文献中列出，在此谨向相关作者表示衷心的感谢。若有遗漏，特此致歉。

质量工程技术内涵丰富，涉及内容广泛，理论尚在发展中。由于笔者水平有限，在质量工程技术理论阐述、属性划分、内容取舍等方面难免疏漏，敬请同行专家与读者批评指正。

编著者

2022 年 5 月

目　录

质量形成技术篇

质量管理技术篇

质量检测技术篇

第1章　概　　述

1.1　相 关 概 念

1.1.1　质量

常用的质量(Quality)定义是“一组固有特性满足要求的程度”。在该定义中没有对质量的载体做出界定,是为了说明质量存在于各个领域和任何事物中。在工业领域,尤其在装备研发领域,质量的载体主要指产品和过程。产品是一个非限定性的术语,用来泛指任何元器件、零部件、组件、设备、分系统或系统,可以指硬件、软件或两者的结合。产品质量是指反映产品满足明确的和隐含需要的能力的特性总和。需要指出的是,不同领域、不同类型的产品,其质量内涵的构成是不同的,因此要根据具体产品的实际情况,选择和定义其质量内涵。

产品是过程的结果与输出,其质量是由过程形成的,过程是由一系列子过程(活动)组成的,包括产品寿命周期各个过程,如规划、设计、制造、使用、服务、报废处理等。过程是一组将输入转化为输出的相互关联或相互作用的活动。其中,输入包括用户的需求和资源。资源包括人员、资金、设备、设施、技术和方法。因此要提高产品质量必须保证形成产品质量的所有过程的质量。

在质量定义中,满足要求包括两个方面的含义:第一就是满足在标准、规范、图样、技术要求和其他文件中已经明确规定的要求;第二就是满足用户和社会公认的、不言而喻的、不必明确的惯例和习惯要求或必须履行的法律法规的要求。只有全面满足这些要求才能称为质量好。需要指出的是,要求是动态的、发展的和相对的。因此应当定期进行审查,按照要求的变化相应地改变产品和过程的质量,才能确保持续满足用户和社会的要求。

1.1.2　质量特性

在质量的定义中,固有特性是通过过程形成的产品属性,反映了满足要求的能力。固有特性是通过要求转化而来的。特性是可区分的特征,产品、过程与要求有关的固有特性称质量特性。产品(包括不同的产品类型,如软件、硬件)和过程具有不同的质量特性,可以是固有的或赋予的,也可以是定性的或定量的;有各种类别的特性,物理的,如机械的、电的、化学的或生物学的特性;感官的,如嗅觉、触角、味觉、视觉、听觉;行为的,如礼貌、诚实、正直;时间的,如准时性、可靠性、可用性;人体功效的,如生理的特性或有关人身安全的特性;功能的,如飞机的最高速度。“固有的”就是指在某事或某物中本来就有的,尤其是那种永久的特性，而赋予产品、过程的特性，如产品价格、产品的所有者就不是它们的质量特性。

每一质量特性都有其度量与评价方法。如产品的体积、质量、功率和可靠性、过程的时间性等，均具有各自的度量和评价方法。这些属性的度量和评价方法应当是定量的或通过定性的途径得到定量的结果。

对于武器装备而言，其质量特性可以划分为专用质量特性和通用质量特性两个方面。专用质量特性反映了不同武器装备类别和自身特点的个性特征。例如，对于军用飞机而言，其专用质量特性一般包含飞行速度、飞行高度、加速度、作战半径、最大航程和载重量等。通用质量特性反映了不同类别武器装备均应具有的共性特征，一般包括可靠性、维修性、测试性、保障性、安全性和环境适应性等。

1.1.3 质量工程

所谓工程是以某组设想的目标为依据，应用有关的科学知识和技术手段，通过一群人的有组织活动将某个(或某些)现有实体(自然的或人造的)转化为具有预期使用价值的人造产品过程。《质量工程术语》(GB/T 19030—2009)给出的质量工程的定义是，为策划、控制、保证和改进产品的质量，将质量管理理论与相关专业技术相结合而开展的系统性活动。《质量管理体系基础和术语》(GB/T 19000—2008)给出的质量管理的定义是，在质量方面指挥和控制组织的协调的活动力。在质量方面的指挥和控制活动，通常包括制定质量方针和质量目标，以及质量策划、质量控制、质量保证和质量改进等活动。

比较上述两个定义不难看出，质量工程是在质量管理实践基础上逐渐发展而来的，质量工程活动的重点在于提高产品质量。质量工程标志着质量管理实践的一种最新发展，其产生和发展标志着现代企业从过去以管理职能为核心向着以技术为先导方面转移，它将现代质量管理理论及实践与现代科学、工程技术成果相结合，以保证、控制和改进产品质量为目标，进行相关技术、方法和技能的开发、研究和应用。质量工程是对产品整个研制、生产、使用过程实施质量保证和质量控制的一种系统工程方法。美国、日本等工业发达国家无论从理论上还是从实践上都强调管理与技术的有机结合。先进的管理与先进的技术在企业运作过程中是不可分割的，推行和普及全面质量管理(Total Quality Management，TQM)，建立质量信息管理系统，使新产品、新技术的开发方向更为明确。而产品质量的改进和技术的发展稳定，又要 TQM 来保证，因此，管理和技术是质量的两个轮子，缺一不可，如果离开质量工程技术的支撑，质量工程实践中的管理将成为空洞的理念与模式；如果离开质量管理理念的指导、集成和应用，质量工程技术将是无序的和离散的，不能形成合力。

1.1.4 质量工程技术

所谓技术是人类在实践经验和科学原理基础上形成的关于改造自然的手段、工艺方法、技能体系的总和。

质量工程技术(Quality Engineering Technology，QET)是以系统工程理论为指导，保证产品质量特性实现的所有技术的统称，是实现产品“全系统、全寿命、全特性”质量管理的重要基础，是其他工程技术发挥效能的共性使能技术。

质量特性是产品生命周期开展质量控制与保证的主线，质量工程技术就是完成质量特性在产品生命周期内的识别、分解、设计、评价、控制、检验与运用的技术手段的集合，质量工程技术通过改变产品质量特性的状态来实现对产品质量的保证与控制。

从总体上讲，质量工程技术综合运用自然科学和社会科学的各种理论和方法，跨学科研究，做出最优化决策，它虽然属于技术范畴，但只研究过程的控制和保证正常运行的一般工程技术方法，而不研究具体的生产设备、工艺和方法。

1.2　质量工程技术体系

1.2.1　寿命周期质量工程技术需求

产品寿命周期一般可划分为需求分析、概念设计、结构设计、详细设计、加工生产、装配调试、交付使用等阶段。按照“目标识别、任务分解、决策优化、验证评价、系统改进”五个步骤，产品质量特性在寿命周期过程中经历“质量特性策划—质量特性分解—质量特性设计—质量特性验证—质量特性改进”等活动，质量特性演化如图1-1所示。而这些演化活动需要一系列质量工程技术予以支撑才能达到保证与控制产品质量的目的。

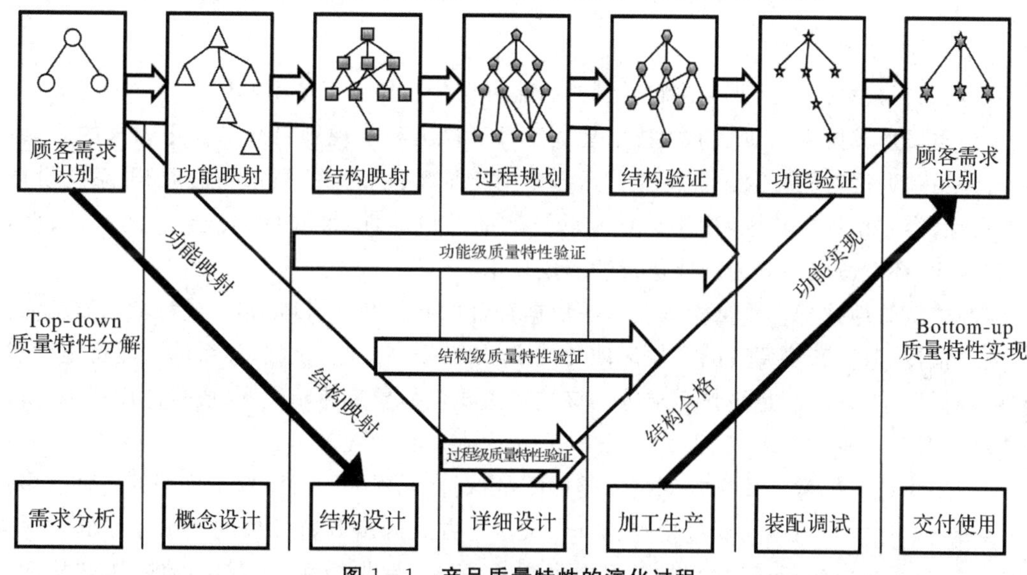

图1-1　产品质量特性的演化过程

具体而言，从市场调查用户的需求开始到整体目标的规划、产品开发、设计和制造出用户真正需求的产品直至产品经用户使用后退出历史舞台，建立一系列严格的质量控制技术方法和一整套先进的质量工程技术体系。它既包含了软科学技术，又含有专业质量控制技术的硬科学技术。它的任务，是从经济和保证质量的角度，审视现行质量形成全过程，分析、规划、改进、监督、影响质量的环节，并以经济性、稳定性、可靠性、安全性来控制质量形成的过程。

(1)需求分析阶段。需要统计分析技术(SPC)研究用户需求，策划质量目标、特性，并将其由定性转化为定量，运用质量功能展开技术(QFD)将质量要求分解为可量化的质量特性值。面向复杂系统产品，其全寿命周期质量策划技术更是研究重点。

(2)设计阶段。完成对产品质量特性的设计、分析、评价与验证。常用的质量工程技术有产品专用特性从宏观的系统设计技术到逐步细化的参数设计技术、容差设计技术,可靠性、维修性、保障性、测试性、安全性、环境适应性等通用特性的设计与分析技术,以及专用特性与通用特性一体化、集成化质量保证方法与技术、设计质量评价技术等。

(3)加工生产阶段。对质量特性开展监测与控制,全面反映和跟踪产品形成过程中的质量状况,并建立产品质量控制体系,提高并保证产品质量。首先是原材料、元器件检测技术,以保证产品源头质量,其次是加工过程需要工艺检测技术、产品与过程质量管理技术等,最后是质量监督机制与方法、批产阶段质量综合评价方法等。

(4)装配调试阶段。需要复杂系统产品装配过程建模与优化技术,半成品、成品的各类无损检测技术,各类质量特性试验与验证技术,质量检验技术等作为支撑。

(5)交付使用阶段。常用的质量工程技术有产品质量统计分析技术、质量检测技术、质量评价技术等。

1.2.2 质量工程技术分类与特征

1.质量工程技术分类

质量工程技术按照保证与控制质量的功能可划分为如下三个不同门类。

(1)质量形成技术。质量形成技术是主要用于提出和实现满足产品使用要求的质量特性(含专用和通用特性)的技术,主要包括与专用质量特性相关的质量功能展开、系统设计、参数设计、容差设计等技术,用于设计和验证产品的可靠性、维修性、安全性、测试性、保障性、耐久性、环境适应性等通用质量特性形成技术。

(2)质量管理技术。质量管理技术是依据符合性质量观念,以控制质量特性的波动为目标,支持指挥、监控和协调产品实现活动的技术,从而提高产品、过程、体系的性能稳定性、符合性,降低质量损失,满足用户需求等。该技术主要包括质量控制技术、质量评价技术、质量改进技术等。

(3)质量检测技术。质量检测技术是以测量材料、元器件、软件、部组件等的一种或多种质量特性(如性能)为目标,通过检查、测试、试验等方式确定其特性值的技术操作的程序与方法。该技术主要包括理化检测、无损检测、电子测量、软件检测、元器件检测、工艺检测等技术。

2.质量工程技术特征

质量工程技术具有以下特征。

(1)共性特征。质量工程技术与其他专门的工程技术(如飞行器设计工程、船舶工程等)不同,质量工程技术是一种使能技术,传统的工程技术是用于实现装备的性能,而质量工程技术采用一些共性的、通用的方法和手段使这些装备的性能最大限度地发挥,即通常所说的发挥其效能。质量工程技术的目标属性必须依附于某一主体,也就是说,其目标属性与对象属性是共同存在的。

2. 综合特征

质量工程的技术工作是在全面质量下的有机整体，各组成部分、各单项技术之间可以互相融合，如可靠性、维修性、保障性、测试性、安全性、环境适应性等技术的综合，面向过程能力的公差设计，提高可制造性的设计技术(DFM)，质量与可靠性集成技术(质量可靠性链建模技术、考虑过程质量的可靠性评估技术、面向质量的维修性技术等）等。尤其是在当前产品数字化信息化的趋势中，各类通用质量特性的质量工程技术综合越来越成为一种必然。

3. 交叉特征

质量工程技术是在全面质量管理基础上，广泛吸取当代科学和工程技术成果产生和发展起来的一门现代综合性的交叉学科。它既与各专门工程技术相关，又用到了大量的应用统计技术、计算机软件技术，与之相关的还有材料学、力学等。同时，质量工程还是一项典型的系统工程，需要从系统的角度出发，运用信息论和控制论等技术方法，优化体系运行，使其达到最优状态，从而实现优化设计、优化管理和最优绩效的目的。

1.2.3 质量工程技术体系构建原则

质量工程的技术体系是质量工程技术的各种方法按照一定的分类形成的一个有机整体。建立质量工程技术体系必须围绕质量产生、形成和实现的全过程，站在更高的角度来确认。同时，它必须是应用质量管理科学知识体系于质量产生、形成全过程积累起来的管理方法、管理技术和体现这种管理技术方法的工具和手段。它是为了实施和支持以最经济的成本费用得到充分满足顾客需求的质量体系而制定政策、分析和规划产品质量所需的技术知识体系。构建质量工程技术体系应遵循以下原则。

1. 继承性原则

质量工程的技术体系构成遵从现代科学技术体系框架与演化规律，既有小的门类划分，也有在原理、基础技术与应用技术方面的分层演化。

2. 层次性原则

质量工程技术是一门实践性很强的学科，和其他成熟学科体系一样，质量工程技术作为自然科学与系统科学的交叉学科，理论与技术体系的产生是建立在大量的工程实践基础之上的，其学科技术体系也具有层次性，这种层次性反映了对质量工程技术的研究应用规律。

3. 动态性原则

和其他成熟学科专业(机械工程等)相比，质量与可靠性专业还是一个非常年轻的学科，目前处于蓬勃发展期，其基础理论、基础技术与应用技术都在不断地发展和重新认识中，系统的学科技术体系还没有完全建立。因此，今后随着科学技术的进一步发展，新的理论、技术与应用技术的不断涌现，质量与可靠性技术体系将不断完善，其构成呈现出明显的动态性。

4. 整体性

尽管质量与可靠性体系具有不断发展的动态性，但它是在全特性、全系统与全过程质量属性框架内的有机整体，其终极目的是在满足质量与可靠性要求的前提下，使产品效能最大化。

1.2.4 质量工程技术体系框架

每一个科学技术门类都包含着三个层次的知识：直接用来改造客观世界的应用技术（或工程技术）；为应用技术直接提供理论基础和方法的技术科学（或基础技术）；以及再往上一个层次，揭示客观世界规律的基础理论（或基础科学）。

质量工程技术作为自然科学与系统科学的交叉学科，其学科技术体系也具有同样的结构，这种结构和层次反映了对质量工程技术的研究应用规律，为研究并提出现代质量工程技术体系框架奠定了理论基础。

依据质量工程技术分类与现代科学技术的三层结构，可以建立如图 1－2 所示的质量工程技术体系框架。从图中可以看出，质量工程技术体系从专业领域可以划分为质量形成技术、质量管理技术与质量检测技术，每个专业领域又可划分为基础理论、基础技术、应用技术、前科学等多个层次。其中，每个专业领域由各自的基础理论、基础技术与应用技术构成其主要的技术体系框架，不同专业领域之间的基础理论、基础技术与应用技术可以交叉共用。

<table>
<tr><td colspan="4">应用统计理论　质量工程技术体系　系统工程理论</td></tr>
<tr><td rowspan="2">知识层次</td><td colspan="3">技术分类</td></tr>
<tr><td>质量形成技术</td><td>质量管理技术</td><td>质量检测技术</td></tr>
<tr><td>基础理论</td><td>故障物理、故障学、变动统计学、复杂性理论</td><td>质量特性演化理论
质量波动理论</td><td>计理学、材料科学、应用物理、化学、电子、信息</td></tr>
<tr><td>基础技术</td><td>FTA、FMECA，可靠性建模、设计、预计、试验与评估等</td><td>QFD技术、SPC/SPD技术、方差分析等</td><td>应力检测，力学性能、电学测试，环境试验技术等</td></tr>
<tr><td>应用技术</td><td>质量设计技术、六性技术、性能与六性综合技术</td><td>质量策划技术、质量控制技术、质量评估技术、质量改进技术</td><td>理化检测技术、元器件检测技术、无损检测技术、电子测量技术、软件检测技术</td></tr>
<tr><td rowspan="2">前科学</td><td colspan="3">装备体系　装备系统　装备　元器件/零部件/软件</td></tr>
<tr><td colspan="3">质量工程实践</td></tr>
</table>

图 1－2　质量工程技术体系框架

质量工程技术体系的横向层面划分为以下几种：

(1)质量管理技术：以控制通用特性与专用特性的波动为目标，支持指挥、控制和协调产品实现活动的技术，用于提高产品性能稳定性、符合性，降低质量损失，满足用户需求等。

(2)质量形成技术：主要用于提出和实现满足产品使用要求的质量特性指标的技术，用于设计和验证产品的可靠性、维修性、安全性、测试性、保障性、耐久性、环境适应性等。

(3)质量检测技术：以材料、元器件、部组件等的一种或多种专用质量特性(如性能)的测量为目标，通过检查、测试、试验等方式确定其特性值的技术操作的程序与方法。

质量工程技术体系纵向层次划分为以下几种：

(1))基础理论层：指依据应用统计理论与系统工程理论认知质量特性演化、质量波动、故障发生规律的理论体系，如质量波动理论、故障学、变动统计学等。同时，由于质量工程技术的交叉特性，其基础理论也包括其他专业的一些基础理论分支，如复杂系统理论、电子学、材料学、力学等。

(2)基础技术层：指运用基础理论提高装备质量的一些共性的、基础的技术方法。这些技术方法的研究发展可以不局限于某些特定类型的产品，具有通用性，但这些技术最终必须通过应用技术的开发和应用作用于对象，即各类装备和产品之上。

(3)应用技术层：指在基础理论与基础技术之上形成的工程应用技术。这些技术最终为形成装备及产品全系统、全寿命质量工程技术的标准与规范、工具与设备、组织与管理方法提供坚实的技术支持，是“质量工程”这门“使能”技术的最终体现。

1.3 质量工程技术发展

当前质量工程技术研究与应用的主要任务是，针对制造质量强国战略实施的技术需求，遵循从技术创新到标准规范凝练的知识进化原理，引领装备质量与可靠性技术进步，研究和推广质量、可靠性、检测、环境试验与观测等技术方法，支撑新装备研发的质量工程应用实践，为解决共性质量问题、保证产品质量提供基础数据、共性方法和基础技术，研究改进质量监督管理的规范化和有效性，从而为提高装备质量水平提供有效的技术保障。

质量工程技术发展应该遵循“三个面向”和“三个有利于”原则，即面向新型装备的质量与可靠性需求、面向国产装备的质量技术监督工作需要、面向质量工程技术的专业发展趋势；有利于重点装备质量与可靠性水平的提高、有利于全行业科研生产中质量与可靠性技术应用能力的增强、有利于质量工程技术体系的形成与完善。

(1)基础理论应针对国外装备发展趋势和国内新装备制造的质量新需求，对已有质量偏差建模及故障分析等经典理论进行扩展，为研发新的基础技术提供理论支撑。

(2)基础技术应结合重点装备研制，推广普及一批成熟有效的共性技术，形成相应的标准、规范、指南、工具、软件，并瞄准新一代装备研制生产需求，创新研究发展一批新技术。

(3)应用技术应结合各行业、各类装备的研制生产实际，开发“应用技术”解决方案，支持重点装备和重要承制单位，总结提炼质量与可靠性实践，促进全行业质量与可靠性技术应用水平的提高。

质量工程技术的发展主要在成熟共性技术推广和创新技术突破两个方向。

1. 成熟共性技术推广

(1)FMEA、FTA 等可靠性工具应用技术;

(2)质量与可靠性信息集成与综合利用技术;

(3)性能与可靠性、维修性、测试性、保障性及安全性设计分析、试验评价综合设计与集成技术;

(4)软件可靠性测试技术;

(5)装备全寿命周期可靠性综合验证与评价技术;

(6)机械可靠性设计与分析技术;

(7)虚拟维修技术;

(8)安全性分析与风险评价技术;

(9)装备生产制造阶段质量特性分析验证与控制技术。

2. 创新技术突破

(1)故障机理与随机理论综合的可靠性设计与分析技术;

(2)高可靠长寿命产品可靠性试验与评价技术;

(3)加速储存寿命试验技术与评估技术;

(4)网络可靠性分析与测评技术;

(5)软件安全性分析与评测技术;

(6)故障预测与健康监控技术(PHM);

(7)可靠性虚拟试验技术;

(8)维修性虚拟分析与验证技术;

(9)工艺可靠性设计与优化技术;

(10)MEMS/NANO 器件的可靠性设计与分析;

(11)装备设计阶段集成化质量保证技术;

(12)新材料与异形结构质量检测与表征技术。

质量形成技术篇

第 2 章　质量要求分解

在产品的开发过程中，其质量特性要求都是通过论证提出的。但是，在论证过程中应该关注哪些技术指标，当这些技术指标发生矛盾和冲突时，如何进行权衡和取舍。对这些问题的决策结果往往直接决定了产品开发的成败。因为用户的需求既有明确的，也有模糊的，企业必须综合考虑成本、竞争、研发进度等多种要素后，才能明确一个具体的技术指标，所以对用户的各种需求要进行归纳和权衡，明确开发一个什么样的产品至关重要。

质量功能展开（QFD）提供了将用户需求转换为相应的质量特性要求的具体方法，可以保证用户需求落实到产品设计和生产过程。通过这种方法，每一项用户需求都尽量得到满足。通俗地讲，QFD 是把用户的期望和要求转换为企业内部的“语言和程序”，并进行传递和实现的闭环方法。

2.1　质量功能展开技术

QFD 过程实际就是构建一个或多个矩阵，这些矩阵称为“质量屋”，如图 2－1 所示。

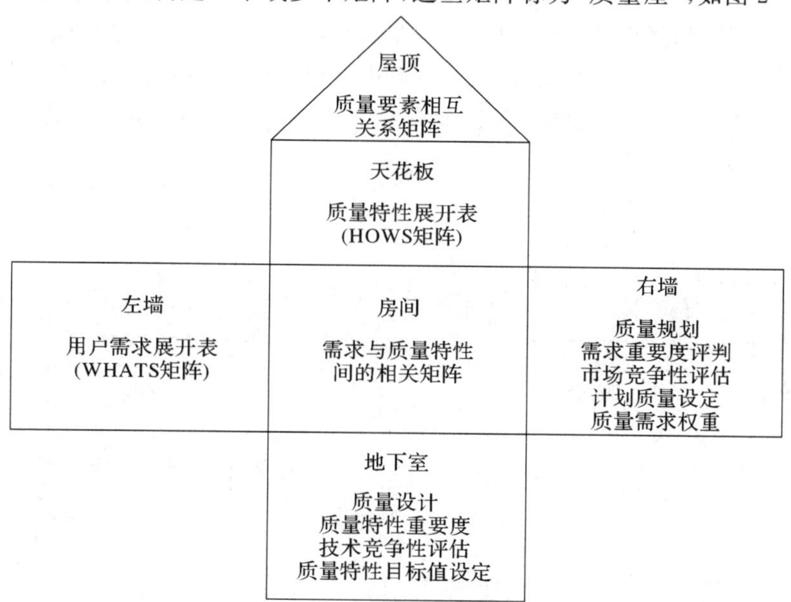

图 2－1　“质量屋”的构成

（1）左墙：需求矩阵（WHATS 矩阵）。它表示用户需求，用户的需求是各种各样的，此项矩阵的建立应尽量充分、准确和合理，否则后续的所有需求展开工作可能会偏离真实的用户需求。

(2)天花板:实现矩阵(HOWS矩阵)。它表示针对用户需求,在设计、生产中如何实施。这里是设计开发的语言,用来描述对应于用户需求的设计、生产要素要求,即有什么样的用户需求,就应有什么样的设计、生产要素要求来对应保证。设计、生产要素要求是用户需求的映射变换结果。

(3)房间:相关关系矩阵。它表示需求矩阵与实现矩阵的相互关系。每个用户需求与设计要素之间的关系,可以用"1—3—5"或"1—3—9"来表示其"弱相关""一般相关""强相关"的关系。

屋顶:自相关关系矩阵。它表示实现矩阵内各项目的关联关系。各质量特性之间难免会出现冲突,降低其中一个指标的同时必然(4)会影响到其他指标的完成情况。QFD用正相关、不相关和负相关来定性描述质量特性之间的关系。

(5)右墙:评价矩阵。它从用户角度描述竞争性评估。用户需求有主次、轻重之分,QFD方法中对此的处理是:对用户的各项需求给予权重因子以便进行排序;另外,通过专业人员的判断,确定竞争对手在实现每个用户需求上的竞争力,并与自身产品进行比较,找出改进点。

(6)地下室:输出矩阵。它表示实现矩阵中每一项的技术成本评价等情况,通过定性和定量分析得到输出项,就是细化的实现矩阵项,即完成了"需求什么"到"怎样去做"的转换。该矩阵是通过相关关系矩阵和评价矩阵中的用户需求重要度得出的设计、生产要素重要度。之后同样由专业人员判断竞争对手和公司本身对于每个设计、生产要素可以达到的水平,找出不足之处,提出改进措施。

QFD方法用于需求分析时,将主观的一系列权重各不相同的用户需求转化为一系列系统级的设计需求。在随后的研制过程的每个阶段中将系统级的设计需求转化为一系列更为详细的需求时,将用到类似的方法。如图2-2所示,前一个质量屋的"目标"是下一个质量屋的"需求"。如此处理后,需求逐级往下分解,可以转换出系统级需求、子系统级需求、部件需求、制造工艺需求、保障基础设施需求、保障要素需求等。其目的是保证需求的正确性和从上到下的可跟踪性。

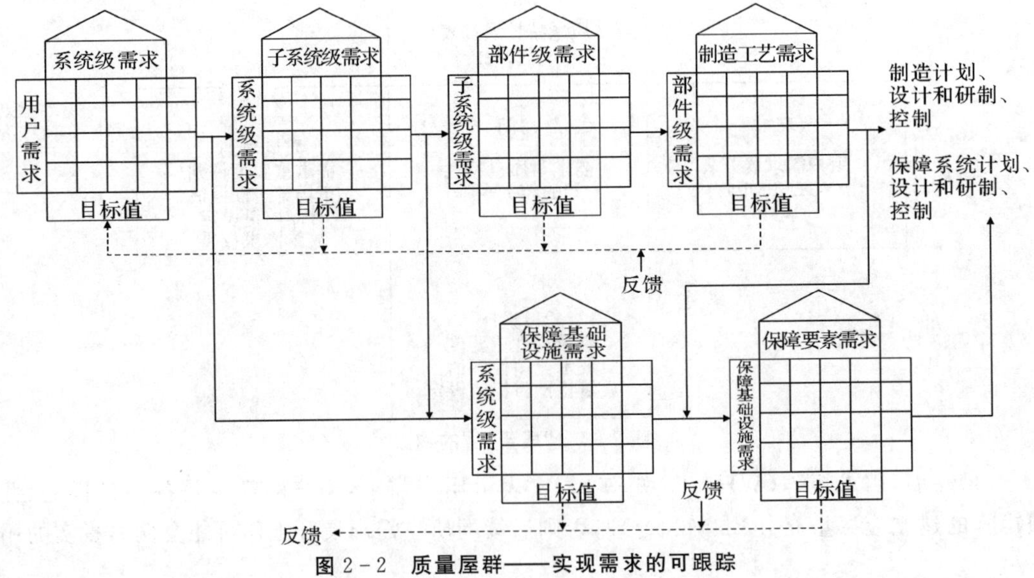

图2-2 质量屋群——实现需求的可跟踪

2.2　质量要求分解过程

实施(QFD)的步骤包括:确定用户需求;根据用户需求确定产品相应的质量特性,并构建规划矩阵;确定用户需求与质量特性的关系矩阵;确定质量特性之间的关系;与其他产品进行比较分析;列出现有产品质量特性的量值;确定竞争策略;为每个质量特性确定技术指标;计算每个质量特性的重要度;确定技术难度;选择应进一步开展的质量特性;将产品质量特性转化为零件特性、工艺要求和生产要求;等等。

2.2.1　确定用户需求

确定用户需求包括:

(1)了解用户需求。获取用户需求的原始信息,把握用户的真正需要。

(2)将用户需求细化、归纳、综合并转换成相应的产品质量要求。用户是以自己的术语来表达其需求的,这些需求往往是非常概要的、非定量的,有时往往把重要的要求与对细节的不满和抱怨混在一起。因此不能原封不动地认可这些要求,必须对用户的需求加以分析,并予以细化,综合归纳,这样才能把原始的用户需求转化为产品的质量要求。

这种细化并转化为质量要求的例子见表 2-1。

表 2-1　用户需求的推演

基本要求	第二级	第三级
产品应当是可信的和可靠的	可靠的,不引起麻烦的	可随时启动;使用中没有麻烦,即不会发生以下情况:停机;导致非使用功能;造成不方便
	寿命长	没有非预期的部件损耗;没有非预期的状态恶化
	很容易、很快地投入使用	能很快地投入使用;部件很容易适用;使用是有效的

(3)用户需求重要度排序。用户需求重要度是表示其要求程度的指标。重要度的计算方法有三种:

1)在根据原始情报转化为质量要求时,统计每个要求重复出现的次数,次数越多,则表示大多数用户重视该要求,该要求的重要度就高,反之则低;

2)在用户需求定义完成后,对用户进行调查,要求用户对各项质量要求的重要度打分,然后根据返回的信息进行统计处理后得到用户需求重要度的排序;

3)通过层次分析法,对各质量要求的作用或影响进行对比分析,并分配适当的权重,以合理反映各个质量要求的相对重要性,从而了解各项质量要求的重要度。

(4)卡诺模型。卡诺模型是由日本的 NoriakiKano 博士 20 世纪 70 年代提出的,它表示实现不同的用户需求与用户满意度之间的关系,有助于更好地理解如何全面满足用户需求,辅助确定用户需求的权重。卡诺模型将用户需求分为三类:基本型(基本质量)、期望型(期望质量)和兴奋型(魅力质量),如图 2-3 所示。

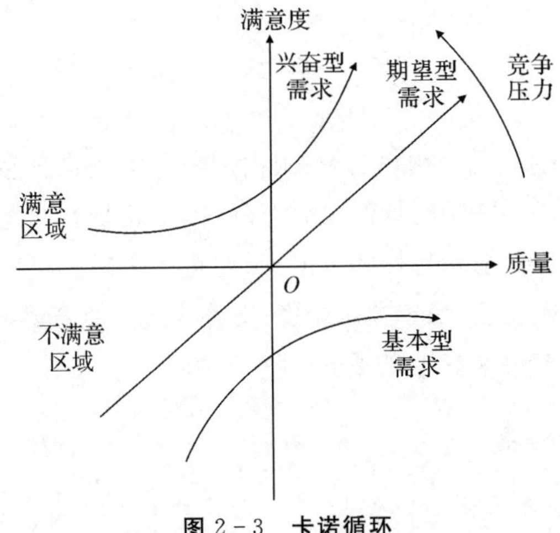

图 2-3　卡诺循环

1)基本质量。产品的基本质量是对用户基本需求的一种体现。用户认为产品达到该质量是理所当然的,如果产品或服务未能达到该质量,将会引起用户强烈的不满。如家庭轿车的用户认为,轿车应该容易启动,无剧烈的振动感,车内噪声较小,这些都是轿车的基本质量。但是,仅仅提供基本质量远远不能满足现在的用户要求。

2)期望质量。产品的期望质量是用户明确考虑和期望的质量,如用户在购物超市收银台前排队的时间。期望质量用直线表示,期望质量满足得越好,质量越高;反之用户就不满意。

3)魅力质量。产品的魅力质量是那些用户未曾想到的,但又确实需要的。这种质量来自创新。对产品魅力质量的微小改进,都将引起用户满意程度的较大提高。如售价相当的轿车,其"外形很时尚"对用户来说就是一种魅力质量。

竞争压力将持续增加用户的期望值,今天的魅力质量将成为明天的基本质量。因此,企业要引领市场,就需要持续创新,仅仅跟随竞争对手是不够的,因为外界其他的因素也影响用户的期望值。

2.2.2　确定产品质量特性

用户需求并不全是产品的质量特性要求,例如,用户对产品希望"坏了容易修",就需要转化为产品特性要求"维修性好";再比如,用户希望产品"不容易坏",则应转化为产品特性要求平均无故障工作时间与使用寿命长等。因此,需要根据用户需求确定产品相应的技术特性。

有时用户对产品的某项需求,可通过一项或几项技术特性要求达到。例如,电话的用户对电话有一项需求为"接通率高",这就是对可用性有较高要求,需要通过系统配置、可靠性、维修性、测试性、保障性等一组技术要求达到。有时,用户对产品的多项要求又可能仅与一项技术特性要求有关。

根据用户需求确定产品特性要求后,将用户需求作为规划矩阵的垂直列,将相应的产品特性作为该矩阵的水平行,就形成了产品规划矩阵,将需求重要度评分结果置于用户需求右侧,如图 2-4 所示。在矩阵水平行所列的产品特性应是直接反映用户需求的,并必须在产品整个设计、制造、安装和使用过程中予以保证的产品要求。因此，这些特性必须以可测度的术语来表达。

		需求重要度评分	产品设计特性					
			反应时间短	可靠性好	寿命长	耗电量低	成本低	维修性好
用户需求	气体过浓时报警	5						
	不容易坏	5						
	坏了能及时发现	4						
	坏了容易修	4						
	至少能用三年	5						
	价格合理	4						
	省电	3						

图 2-4　产品规划矩阵示例

2.2.3　确定关系矩阵

在产品规划矩阵的基础上，通过用户要求和质量要素分析，可建立用户需求与质量要素两两之间的关系矩阵，并选用特定符号表示用户的需要与产品质量要素之间关系强弱的程度。这种关系可用质量屋的中心表示。

通常使用下列符号(也可选用更多种类的符号)：◎为强关系(9)；○为中等关系(3)；△为弱关系(1)；空白表示无关系(0)。括号中的数为对应的分值，一般采用 10 分制。

在第 i 项用户需要所在行与第 j 项质量要素所在列的交汇格中，填上表示两者关系强弱的符号，这就形成质量屋的关系矩阵，如图 2-5 所示。

		需求重要度评分	产品设计特性					
			反应时间短	可靠性好	寿命长	耗电量低	成本低	维修性好
用户需求	气体过浓时报警	◎	○	△			○	
	不容易坏			◎	△			
	坏了能及时发现							
	坏了容易修						◎	
	至少能用三年			△	◎			
	价格合理	△	△	△	△	◎	△	
	省电					◎		

图 2-5　产品关系矩阵示例

2.2.4 确定相关矩阵

在产品设计特性之间必然存在一定的相关关系。即某个设计特性的变化，会影响到其他设计特性。这种关系表示的就是产品设计特性间的相关矩阵，可用质量屋的屋顶表示，如图 2-6 所示。

通常使用下列符号(也可选用更多种类的符号)：◎为强正关系；○为正关系；※为强负关系；×为负关系；空白表示不相关。

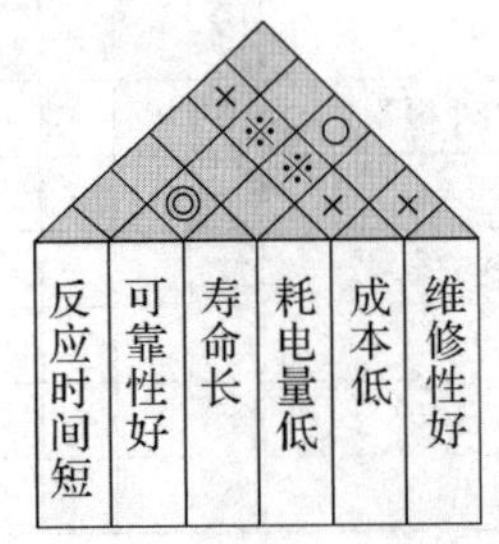

图 2-6　产品相关矩阵示例

2.2.5 市场分析

在确定产品特性的指标值之前，应当将本企业产品的现状与其他企业类似产品的现状进行比较分析。如果可能，最好对用户进行调查，让用户来评价本企业产品和其他企业的产品在产品特性上的优劣，从而了解本企业产品在质量方面满足用户的程度。此外，也可在本企业内组织有经验的设计、管理和销售人员或外部专家来进行客观的评价。一般来说，用户的评价是最客观的。

为了进行比较分析，应在产品规划矩阵的右方(即质量屋的右侧)建立“市场评价”栏，给出本企业产品与其他企业产品在满足每一项用户要求的竞争性评价，竞争性评价的给分范围为 1～5 分，图 2-7 是市场评价的示例。

			产品设计特性						市场评价			
		需求重要度评分	反应时间短	可靠性好	寿命长	耗电量低	成本低	维修性好	本公司产品	对手1产品	对手2产品	对手3产品
用户需求	气体过浓时报警								3	2	5	4
	不容易坏								3	4	5	4
	坏了能及时发现								5	5	5	5
	坏了容易修								4	3	4	5
	至少能用三年								5	3	3	4
	价格合理								3	2	4	5
	省电								3	2	4	5

图 2-7　市场评价示例

竞争能力的比较和评价数据代表了用户对各有关企业产品的看法和满意程度，以及在满足某一特定的用户需求中，本企业在竞争中所处的地位。它表示了产品在市场中的长处和短处。

2.2.6　技术评价

因为评价的对象都是已有的产品，所以很容易列出进行竞争能力评价的各项产品设计特性的量值。这些量值应当是以客观的、可测度的参数表示，并将它们列在产品规划矩阵的下方(即质量屋的底部)，如图 2-8 所示。

<table>
<tr><td colspan="2" rowspan="2"></td><td rowspan="2">需求重要度评分</td><td colspan="6">产品设计特性</td></tr>
<tr><td>反应时间短/s</td><td>可靠性好/h</td><td>寿命长/h</td><td>耗电量低/W</td><td>成本低/元</td><td>维修性好/min</td></tr>
<tr><td rowspan="7">用户需求</td><td>气体过浓时报警</td><td>5</td><td></td><td></td><td></td><td></td><td></td><td></td></tr>
<tr><td>不容易坏</td><td>5</td><td></td><td></td><td></td><td></td><td></td><td></td></tr>
<tr><td>坏了能及时发现</td><td>4</td><td></td><td></td><td></td><td></td><td></td><td></td></tr>
<tr><td>坏了容易修</td><td>4</td><td></td><td></td><td></td><td></td><td></td><td></td></tr>
<tr><td>至少能用三年</td><td>5</td><td></td><td></td><td></td><td></td><td></td><td></td></tr>
<tr><td>价格合理</td><td>4</td><td></td><td></td><td></td><td></td><td></td><td></td></tr>
<tr><td>省电</td><td>3</td><td></td><td></td><td></td><td></td><td></td><td></td></tr>
<tr><td rowspan="4">技术评价</td><td colspan="2">现有水平</td><td>80</td><td>2 000</td><td>6 000</td><td>15</td><td>40</td><td>25</td></tr>
<tr><td colspan="2">对手 1 产品</td><td>90</td><td>1 700</td><td>4 000</td><td>20</td><td>45</td><td>30</td></tr>
<tr><td colspan="2">对手 2 产品</td><td>80</td><td>1 000</td><td>4 000</td><td>10</td><td>35</td><td>25</td></tr>
<tr><td colspan="2">对手 3 产品</td><td>70</td><td>2 500</td><td>5 000</td><td>5</td><td>30</td><td>20</td></tr>
</table>

图 2-8　技术评价示例

2.2.7　确定竞争策略

确定竞争策略，就是在考虑现有产品(包括本企业产品和其他企业类似产品)的竞争能力评价后，本企业在新产品研制中所选择的、在竞争中要采取的方针。

在选择竞争策略时，应考虑以下几方面因素：

(1)用户需求的重要度大小；

(2)在这些领域中，本企业过去和现在的状况；

(3)与产品特性相关联的成本和进度；

(4)竞争对手(对武器装备而言，则是敌方)的潜在能力等。

最后，将通过选定的竞争策略所能生产出的“目标产品”的评价记录在市场评价右方(在质量屋的右侧)，如图 2-9 所示。

		需求重要度评分	反应时间短	可靠性好	寿命长	耗电量低	成本低	维修性好	本公司产品	对手1产品	对手2产品	对手3产品	目标产品
			产品设计特性						市场评价				
用户需求	气体过浓时报警												5
	不容易坏												5
	坏了能及时发现												5
	坏了容易修												4
	至少能用三年												5
	价格合理												4
	省电												4

图 2-9　目标产品评价示例

2.2.8　确定技术要求目标值

确定竞争策略后，便可为每个技术要求确定具体的指标。这些指标的确定主要取决于竞争策略、用户需求重要度和本企业现有产品的长处和短处等因素。

技术要求指标必须是可测度的量化值，这些指标要在产品研制的各个阶段予以测定和验证，并最后通过验收。技术要求指标填入技术评价的下方(即质量屋的底部)，如图 2-10 所示。

		需求重要度评分	反应时间短	可靠性好	寿命长	耗电量低	成本低	维修性好
			产品设计特性					
用户需求	气体过浓时报警	5						
	不容易坏	5						
	坏了能及时发现	4						
	坏了容易修	4						
	至少能用三年	5						
	价格合理	4						
	省电	3						
技术评价	现有水平		80	2 000	6 000	15	40	25
	对手 1 产品		90	1 700	4 000	20	45	30
	对手 2 产品		80	1 000	4 000	10	35	25
	对手 3 产品		70	2 500	5 000	5	30	20
技术要求目标值			80 s	MTBF=3 000 h	6 000 h	10 W	35 元	MTTR=25 min

图 2-10　技术要求目标值示例

2.2.9　计算技术要求重要度

在确定技术目标值后，便可以计算每个技术目标确定重要程度，技术要求重要程度是用户需求重要度与对应关系矩阵权重系数的乘积，即

$$Z_j = \sum_{i=1}^{m} W_i \gamma_{ij} \quad (j = 1, 2, \cdots, n) \tag{2-1}$$

式中　Z_j——第 j 个技术要求的重要度；

W_i——第 i 个用户需求的重要度评分；

γ_{ij}——关系矩阵中第 i 个用户需求与第 j 个设计特性之间的关系所对应的加权系数，对应强、中等和弱相关的加权系数分别为 9、3、1；

m——用户需求项的总数；

n——产品设计特性项的总数。

计算所得的技术要求重要度填入技术指标的下方（即质量屋的底部），如图 2－11 所示。

			产品设计特性					
		需求重要度评分	反应时间短	可靠性好	寿命长	耗电量低	成本低	维修性好
用户需求	气体过浓时报警							
	不容易坏							
	坏了能及时发现							
	坏了容易修							
	至少能用三年							
	价格合理							
	省电							
技术评价	现有水平							
	对手 1 产品							
	对手 2 产品							
	对手 3 产品							
技术要求目标值			49	69	59	31	36	55

图 2－11　技术要求重要度示例

2.2.10　确定技术难度

技术难度是指达到各个技术要求的困难程度，一般可分 1～5 等，数值越大表示难度越高。各个技术要求的技术难度可由确定要求的综合产品研制小组商定，也可用评分法确定，并填入“技术要求重要度”的下方（即质量屋的底部），如图 2－12 所示。

		需求重要度评分	反应时间短	可靠性好	寿命长	耗电量低	成本低	维修性好
			产品设计特性					
用户需求	气体过浓时报警							
	不容易坏							
	坏了能及时发现							
	坏了容易修							
	至少能用三年							
	价格合理							
	省电							
技术评价	现有水平							
	对手 1 产品							
	对手 2 产品							
	对手 3 产品							
技术要求目标值								
技术要求重要度								
技术难度			4	4	2	3	4	2

图 2-12　技术难度示例

2.2.11　选定进一步展开的技术要求

在众多的技术要求中，应当选择若干重要的技术要求，使其从规划阶段直到生产的全过程中，继续展开并得以控制，以保证用户的需求在产品及其工艺的设计中始终都能正确地予以反映，并一直继续到产品交付用户使用。一般应当选择重要度高、难度大的技术要求予以控制，并进一步展开，选定的技术要求在技术难度的下方(即质量屋的底部)填入“是”，如图 2-13 所示。

		需求重要度评分	反应时间短	可靠性好	寿命长	耗电量低	成本低	维修性好
			产品设计特性					
用户需求	气体过浓时报警							
	不容易坏							
	坏了能及时发现							
	坏了容易修							
	至少能用三年							
	价格合理							
	省电							
技术评价	现有水平							
	对手 1 产品							
	对手 2 产品							
	对手 3 产品							
技术要求目标值								
技术要求重要度								
技术难度								
是否展开			是	是		是	是	

图 2-13　综合决策示例

至此，产品规划矩阵的活动已完成，形成完整的规划矩阵，如图 2－14 所示。

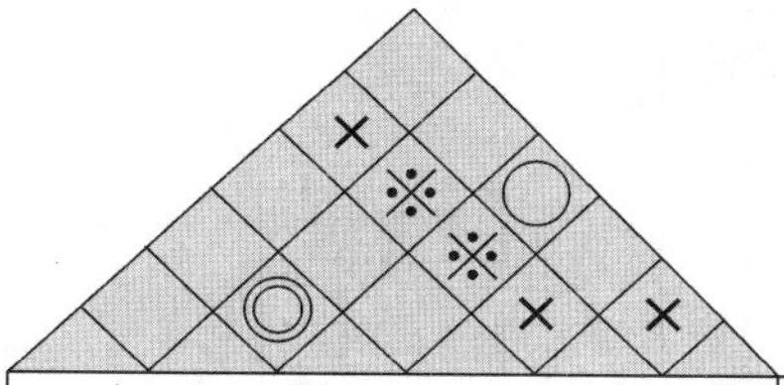

		需求重要度评分	产品设计特性：反应时间短	可靠性好	寿命长	耗电量低	成本低	维修性好	市场评价：本公司产品	对手1产品	对手2产品	对手3产品	目标产品
用户需求	气体过浓时报警	5							3	2	5	4	5
	不容易坏	5							3	4	5	4	5
	坏了能及时发现	4							5	5	5	5	5
	坏了容易修	4							4	3	4	5	4
	至少能用三年	5							5	3	3	4	5
	价格合理	4							3	2	4	5	4
	省电	3							3	2	4	5	4
技术评价	现有水平		80s	2 000	6 000h	15	40元	25min					
	对手1产品		90s	1 700	4 000h	20	45元	30min					
	对手2产品		80s	3 000	4 000h	10	35元	25min					
	对手3产品		70s	2 500	5 000h	5	30元	20min					
技术要求目标值			80 s	MTBF=3 000 h	6 000 h	10 W	35元	MTTR=25 min					
技术要求重要度			49	69	59	31	36	55					
技术难度			4	4	2	3	4	2					
是否展开			是	是		是	是						

图 2－14　完整的规划矩阵示例

2.2.12　产品技术要求瀑布式分解

在规划矩阵中确定的都是产品系统级的技术要求，在实际应用中，应将其转化为分系统、部件、直到零件的技术要求，这一过程可以通过一系列的矩阵转换来实现，即产品技术要求的瀑布式分解。如图 2－15 所示，将原“产品规划”矩阵水平行中所列的系统级技术要求转移到下一个“零件展开”矩阵中的垂直列，将从相应的系统级技术要求分解出来的要求列在该矩阵的水平行。这样，通过一系列的转换，就可以完成技术要求的分配工作。

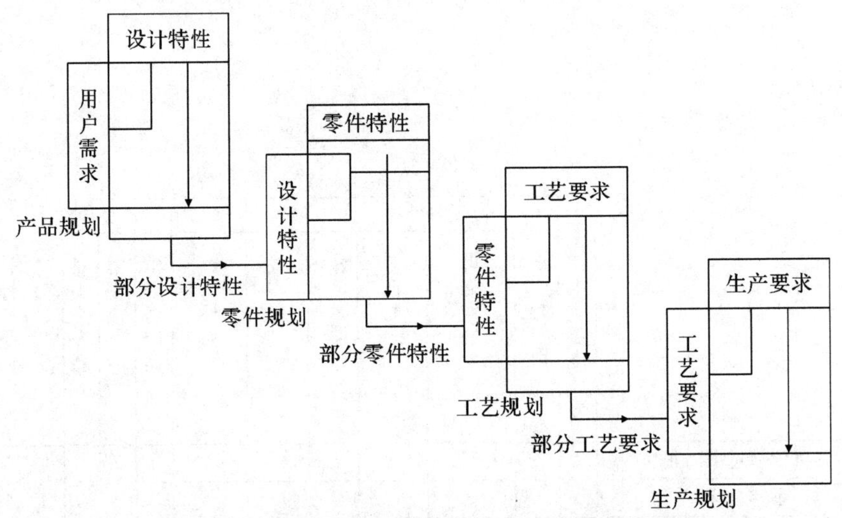

图 2-15 从设计特性到生产要求的逐步展开流程图

“零件规划”矩阵的功能是把前一阶段传下来的技术要求(或设计特性)转化为对应的零件特性与技术要求，特别是应确定出关键的零件特性，然后将其转入“工艺规划”矩阵。

“工艺规划”矩阵的任务是把前一阶段传递下来的零件特性转化为对应的工艺要求，并为每个零件特性各准备一份工艺计划图表。该阶段要确定关键的工艺要求，对于这些关键的工艺要求，要在该阶段采取措施，如果问题在本阶段不能解决，还要向下一个步骤转移，作为“生产规划”矩阵的输入。

“生产规划”矩阵的功能是把工艺要求转化为相应的生产要求，并通过操作指令单传递到生产现场。

以上 QFD 的实施过程是一般情况下的划分方法，实际应用中可根据具体产品状况进行适当增减。

2.3 质量功能展开应用

下面以某种通信基站天线的研制过程为例介绍质量屋的构造过程和 QFD 的应用步骤。

2.3.1 产品规划

1. 确定用户需求

基站天线的用户主要是各通信运营商。通过了解用户对基站天线的需求现状、其他生产厂家同类产品的性能和研制动态，以及基站天线维护和故障信息等，经过分析，整理出用户对基站天线的需求，见表 2-2。

经研究，确定各个用户需求的重要度，用数字 1～9 表示，数字越大，重要度越高。将用户需求及重要度填入左墙，如图 2-16 所示。

表 2-2　用户对基站天线的需求

功能要求	物理特性	外形尺寸小
		良好的气动外形
		结构坚固
	电性能	通信距离远
		通信频带宽
		抗电磁干扰能力强
经济性	价格	价格适中
维修性	维修	维修简便
可靠性	可靠性	可靠
使用寿命	寿命	使用寿命长

用户需求				重要性评分	外形尺寸	气动特性	静载荷	通信距离	通信频段	电磁兼容性	经济性	维修性	可靠性	使用寿命	市场分析 本企业	市场分析 竞争者	目标产品
用户需求	功能要求	物理特性	外形尺寸小	9	◎	○	△	◎	○	△	△				2	4	3
			良好的气动外形	5	○	◎							○		4	5	4
			结构坚固	7	○	○	◎						○	△	3	3	4
		电性能	通信距离远	9	◎			◎	○	○	○				2	1	4
			通信频带宽	9	○				◎						2	4	3
			抗电磁干扰能力强	9	△			◎	○	◎			○		3	4	4
	经济性	价格	价格适中	8				△	○	△	◎		○	○	3	2	3
	维修性	维修	维修简便	7								◎			3	2	3
	可靠性	可靠性	可靠	8		○		○			△		◎	○	2	3	2
	寿命	寿命	使用寿命长	7		△	○						○	◎	2	2	3
技术评价	对手产品				300 mm×190 mm	对称流线型	3 000 N	空-地≮140 km	30~88、108~174、225~400 MHz	该国家规范	昂贵	可快拆	99.9%	5 000 h			
	现有水平				355 mm×218 mm	对称流线型	3 000 N	空-地≮140 km	30~88、100~174、225~400 MHz	MIL-6271C隔离度≥45 dB	适中	固定螺钉可快拆	99.9%	5 500 h			
技术要求目标值					330 mm×190 mm	对称流线型	3 300 N	空-地≮140 km	30~88、100~174、225~400 MHz	MIL-6271C隔离度≥45 dB	适中	固定螺钉可快拆	99.9%	5 000 h			
技术要求重要度					234	124	93	275	186	125	116	63	180	118			
技术难度					4	2	3	3	3	2	3	2	2	2			
是否展开					是		是	是		是							

图 2-16　基站天线的质量屋

2.确定基站天线技术特性

从技术的角度针对这些用户需求,组织专家对用户的需要进行研究,提出基站天线的质量要素(或质量特性)和设计质量,并加以展开。通过本例分析确定基站天线的质量要素:外形尺寸、气动特性、静载荷、通信距离、通信频段、电磁兼容性、经济性、维修性、可靠性及使用寿命。将上述质量要素填入天花板,如图 2-16 所示。

3.确定关系矩阵

在确定用户需求与产品特性之间的相关程度时,需要理论分析与实践经验相结合,并充分重视企业的质量保证现状和能力。由基站天线设计、制造、维护等方面的专家,共同确定、配置出用户需求与技术需求之间的相关程度值。例如,对用户需求“通信距离远”,天线的尺寸对其通信距离的影响很大,从原理上讲,尺寸越大通信距离就越长,因此将“外形尺寸”“通信距离远”定为强相关关系。将该关系矩阵填入质量屋的房间内,如图 2-16 所示。

4.确定相关矩阵

根据经验可知,减小天线尺寸对其承受的静载荷将产生有益的结果,因此它们相互的关系为正相关,但减小天线尺寸对改善通信频带和距离将产生副作用,因此它们之间的关系为负关系。这里只研究相互关系的正负,不再进一步讨论强弱,因此,凡是正关系用符号○表示,负关系用符号×表示。将相关矩阵填入质量屋顶部,如图 2-16 所示。

5.市场分析

与其他厂家的天线在满足用户需求上进行评价与比较,以反映现有天线的优点、缺点及其需要改进的地方。用户提出了 10 条需求,市场上的基站天线及本企业生产的基站天线是否满足这 10 条需求,满意度又是多少,需要进行评价。数字 1~5 表示用户对各项需求的满意度,数字越大,满意度越高。经过调查并把本企业的天线与国内外相关企业所生产的同类产品进行对比性评估,用户普遍对本企业天线的“外形尺寸”感到不太满意,所以将满意度定为 2;而对于气动外形,顾客较为满意,故将“气动外形参数”的满意度定为 4。市场分析的结果填入图 2-16 右侧。

6.技术评价

表 2-3 是通过调查、试验和分析之后形成的本企业同国外某企业基站天线技术指标的比较。将指标评价结果填入图 2-16 的下端。

表 2-3 本企业天线与国内外同类产品技术指标比较

序号	技术指标	国外某公司的基站天线	本企业的基站天线
1	外形尺寸	300 mm×190 mm	355 mm×218 mm
2	气动特性	对称流线型	对称流线型
3	静载荷	3 000 N	3 000 N
4	通信距离	空-地≮140 km	空-地≮150 km
5	通信频段	30~88 MHz、108~174 MHz、225~400 MHz	30~88 MHz、100~174 MHz、225~400 MHz

续表

序号	技术指标	国外某公司的基站天线	本企业的基站天线
6	电磁兼容性	该国家规范	MIL－6271C 隔离度≥45dB
7	价格	昂贵	适中
8	维修性	可快拆	固定螺钉可快拆
9	可靠性	99.9%	99.9%
10	使用寿命	5 000 h	5 500 h

7. 确定竞争策略

根据对比国内外产品，确定本企业竞争策略，本企业将主要着力于以下几方面的改进：增大天线气动外形，增大产品可承受的静载荷，增加通信距离，同时保持价格不变。改进后，请用户对目标产品的满意度进行评价，将结果填入图 2－16 的右侧。

8. 确定技术指标

在天线规划矩阵中，技术需求的目标值将作为天线设计的技术指标，直接指导着天线的整体详细设计。选取技术需求的目标值，应综合考虑各方面的因素，并结合以往的研制经验，由相关的专家来确定。最后，将确定下来的技术指标填入图 2－16 的下端。

9. 确定技术要求重要度

为了从天花板所列的各项质量要素中确定出关键要素，应对用户的需求进行评估，以给出各项需求的重要度系数。其过程如下：

(1)对关系矩阵的关系评分。例如：◎给 9 分；○给 3 分；△给 1 分；空白不给分(算 0 分)，当然也可以定义其他分值。

(2)建立关系矩阵。将两两对应关系阵转化为配分矩阵$[r_{il}]$，其中r_{il}是第i项用户需要与第j项质量要素的关系配分。本例的配分矩阵$[r_{il}]$如下：

$$[r_{il}] = \begin{bmatrix} 9319311000 \\ 3900000030 \\ 3390000031 \\ 9009333000 \\ 3000900000 \\ 1009390030 \\ 0001319033 \\ 0000009000 \\ 0303001093 \\ 0130000039 \end{bmatrix} \tag{2-2}$$

(3)计算质量要素重要度权数。第j项技术要求的相对重要度Z_j为r_{il}的加权ω_i之

和，即

$$Z_i = \sum_{i=1}^{10} w_i r_{il} \tag{2-2}$$

例如

$$Z_1 = w_1 r_{11} + w_2 r_{21} + w_3 r_{31} + w_4 r_{41} + w_5 r_{51} + w_6 r_{61} + w_7 r_{71} + w_8 r_{81} + w_9 r_{91} + w_{10} r_{10.1}$$

$$= 9 \times 9 + 5 \times 3\ 9 \times 9 + 5 \times 3 + 7 \times 3 + 9 \times 9 + 9 \times 3 + 9 \times 1 + 8 \times 0 + 7 \times 0 = 234$$

$$Z_2 = 124,\quad Z_3 = 93,\quad Z_4 = 275,\quad Z_5 = 186,$$

$$Z_6 = 125,\quad Z_7 = 116,\quad Z_8 = 63,\quad Z_9 = 180,\quad Z_{10} = 118$$

10. 确定技术难度

根据这些质量要素的重要度权数就可以定出哪些是关键的、重要的质量要素。一般来说，重要度权数越大的质量要素就是所谓的关键要素，为了实现这些关键要素而采取的工程技术就是关键技术。需要说明的是，关键的、重要的质量要素不一定就是技术上不易实现的关键、重要技术，即所谓瓶颈技术。在本例中，经过权衡考虑，天线的气动外形技术难度最大，难度定为 4 级，其他如图 2－16 底部所示。

11. 选择应进一步展开的技术要求

选择重要度高、难度大以及用户评价不满意的技术予以控制，并进一步展开，本例中需要进一步展开的产品特性包括外形尺寸、静载荷、通信距离和电磁兼容性，如图 2－16 底部所示。

12. 将产品技术要求转化为零件特性、工艺要求和生产要求

建造质量屋是一项反复迭代与完善的技术工作。在实际运行中，在对用户要求进行展开的同时，也应充分考虑承制方的工程技术展开，使产品能够最大限度地满足最终用户的要求。QFD 工作人员在产品的研制过程中，必须随时发现问题，并及时修改质量屋，使质量屋不断得到迭代与完善，直到所有阶段的质量屋都能很好地满足产品设计、工艺规程、生产和制造规划等全过程的需要。

如果把设计质量达到的定量目标水平予以分级，或更进一步把满足用户需求的程度分级，则还可以用于设计方案的比较、权衡与决策。

零件特性、工艺要求和生产要求质量功能展开的详细过程如下。

2.3.2 零件规划

制定零件规划质量屋。对于天线而言，主要的零部件包括用于辐射或接收电磁波的电路板、天线罩体、天线底盘、导电橡胶和填充物。

基站天线的 5 个主要零部件，各有着自己的主要技术特征。例如，对于天线罩体，其技

术性能的保证主要取决于天线罩体材料、结构强度、透波性和表面涂层。所有主要零部件的关键技术特征都与天线整体的技术性能有着密切的关系。只有这些主要零部件的关键技术特征得到了保证，天线整体的技术性能才能得以实现，用户才会满意。基站天线零部件规划的目的是找出关键的零部件，并确定关键零部件的关键特征，为基站天线零部件的设计工作提供指南，以保证这些关键零件特征的设计质量。

基站天线零件规划质量屋的建立步骤、方法及技术等与产品规划质量屋的建立步骤、方法、技术相似，在此不再展开，只给出最后的配置结果，如图 2－17 所示。

		零件特性													
		电路板				天线罩体				天线底盘			导电橡胶	填充物	
	重要性评分	通信电路	罗盘电路	元器件	材料	材料	强度	透波性	表面涂层	材料	强度	导电性	导电电阻	透波性	耐高低温
技术需求	通信距离	9	◎		◎	△	◎		◎	○			◎	◎	◎	
	外形尺寸	9	◎	◎							◎					
	静载荷	8					○	○	◎			◎				○
	电磁兼容性	9	◎	◎	◎		○						○	○	◎	
零件特征目标值			印制板电路	印制板电路	按给定目录	双面覆铜板 73～300 cm	玻璃钢罩	≥300 N	≥85％	白色透波漆	YL-12	满足相关国家标准	≤500 μΩ	50～200 Ω	耗损≤5％	－50～60℃

图 2－17　基站天线零件规划质量屋

在该基站天线零件规划质量屋中，质量屋的屋顶没有画出，市场分析和目标产品等也没给出，这并不是说它们在该阶段的质量功能配置中不需要进行设置，而是针对具体应用所做的一种取舍。在其他具体的应用中，也可能质量屋的所有栏目及所有项目都要求设置。质量屋的形式具有多样性，针对不同的应用环境和应用对象，允许有所调整。

2.3.3　工艺规划

按照产品研制开发程序，零件设计完成之后，接下来是零件的工艺过程设计。为了对零件工艺过程的设计予以指导，保证工艺过程的设计质量，进而保证零件的质量和产品的质量，需要进行 QFD 工艺规划矩阵的配置。工艺规划矩阵的输入及用户需求栏目的内容，来自零件规划矩阵质量屋最终选择的关键零件及其主要特征(技术要求)。这些特征在零件制造完成之后能否达到设计要求，在很大的程度上取决于工艺过程设计的合理与否，取决于工艺路线中的若干关键的工艺步骤。哪些是关键的工艺步骤以及这些步骤应该达到什么样的技术水准，可通过该工艺规划矩阵来确定。

通过工艺规划矩阵寻找关键工艺步骤及其关键工艺特征，首先需要确定工艺方案。在参照原有工艺方案的基础上，确定出新的工艺方案。整个基站天线的加工工艺流程如图2-18所示。结合该工艺流程，制定出各关键零件的工艺线路，如表2-4所示。各关键零件的工艺路线由领域专家或工程技术人员制定。

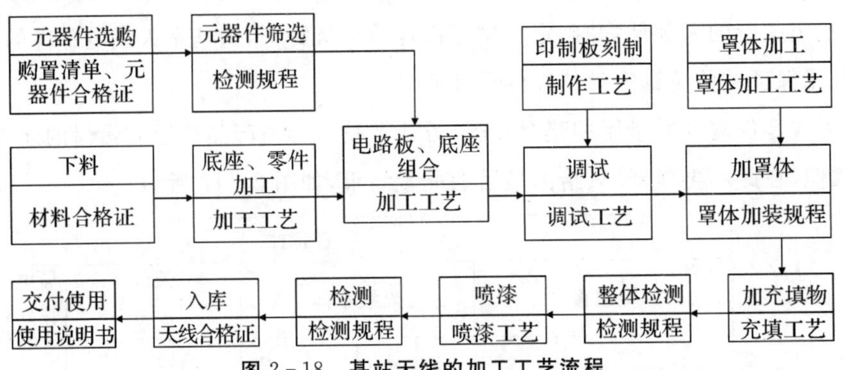

图2-18 基站天线的加工工艺流程

表2-4 关键零件的工艺路线

工艺步骤	电路板	填充物
1	按图样检查印制板覆铜质量、线路排列、尺寸、孔位、渐变线角度等	检查工作环境
2	按图样领取配套零件、元器件、通信插座	零件准备
3	检查元器件、零件有无缺陷	模具准备
4	钻底座与电路板连接件孔	填料准备
5	去毛刺	发泡
6	铆接连接件	固化与实效
7	焊接元器件、制作匹配网络	斜空心引钉
8	将电路板固定在连接件上	整修表面
9	将通信插座(高频插头)铆接在底座上	间隙处理
10	将罗盘接头用618环氧树脂胶胶接到位	检验
11	深入检查天线罩，检查是否能顺利到位	—
12	转入实验室	—

按照天线加工工艺流程及其各关键零件的工艺方案，确定天线电路板、罩体、底盘和填充物的工艺规划矩阵。由表2-4可以看出，各零件的工艺路线不相同，差别很大，很难把它们都集中在一个质量屋之下。即便工艺上雷同，可以放在同一质量屋之下，但是，当关键零件数量很大时，势必造成该工艺规划质量屋非常庞大，也会给实际应用带来不便。因此，需要针对各个关键零件，分别制定其工艺规划质量屋。图2-19、图2-20分别是其中电路板、充填物的工艺规划矩阵质量屋。

	套印刷板	检查	钻孔			连接件铆接		制作匹配网络				连接高频插头		胶接罗盘接头		固定电路板		检测
	按规程检查	按规程检查	模板精度	确定空位	导角深度	底座与连接垂直度	铆接力	铆焊点大小	网络间隙	元器件布局	焊接温度	铆接力	铆接顺序	胶液注入量	固化时间	垂直度	螺栓压紧力	检测加工精度
通信电路	◎	◎		○		○		○	◎	◎	○	◎	◎			○	○	
罗盘电路	◎	◎		○		○		○	◎	◎	○			○	○	○	○	
	按表检查	按表检查	按技术要求	采用模板	1.3 mm	90°±10°	按技术要求	按技术规范	按技术规范	按技术规范	按技术规范	按技术规范	按工艺规程	按工艺规程	按技术规范	90°±10°	定力扳手	按检验规程

图 2-19　电路板的工艺规划矩阵

		检查工作环境			零件准备		模具准备	配置填料		发泡			铆空心铆钉	整修表面	处理间隙	检验
		温度	湿度	清洁度	检查零件	罩体扣合	间隙	总量	比例	压紧比	固化温度	固化时间	铆接精度	表面平整度	底座与罩体结合面间隙	按检验规程
高低温性	-50～60℃	○					○		◎			◎				
透波性	≥85%			◎					◎					○	○	
		25±5℃	>70%	无浮尘	数量规格	垂直度	1～3 mm	按要求	A～B	适中	15～25℃	15 min	垂直度 90°±10°	光滑平整	3 倍放大镜观察	8ID XIA 文件

图 2-20　填充物的工艺规划矩阵

2.3.4　生产规划

由工艺规划矩阵确定的关键工艺步骤，需要转化为生产规划，主要是生产过程中的质量控制问题。通过对关键工艺步骤的生产规划，确定它们的工艺参数、质量控制点、控制方法、检验方法及检验样本的容量等。

基站天线的质量控制规划矩阵与前面的产品规划矩阵、零件规划矩阵、工艺规划矩阵在形式上和结构上差别很大，这主要是考虑了实际应用的方便性和有效性。企业在应用 QFD 进行生产规划时，应结合本企业的实际，充分利用在长期生产中积累的一套行之有效的生产规划方法。

针对每一个关键工序，都要规划出其质量控制方法。表 2-5 以天线电路板制作及其底座的装配生产规划为例，展示生产规划的形式和内容。

表 2-5 天线电路板制作及其底座的装配生产规划

序号	工艺步骤	工艺参数	控制点	控制方法	样本容量	检验方法
1	制作印制板	尺寸 表面 线形宽度 空位 渐变线角度	原材料购置 下料 刻制	原材料合格证 操作人员业务水平	按国家标准	按检验规程
2	检查元器件	型号 电性能测试	合格证 检测	检查合格证 检测	按国家标准	按检验规程
3	钻孔	孔位 孔径	孔定位	钻孔精度	全部	按检验规程
4	制接连接件	将连接件与电路板铆接	垂直度	采用专用夹具	全部	按检验规程
5	制作匹配网络	制作电路板 焊接线路、元器件 电性能测试	线路、元器件焊接质量	专业人员 按操作规程	全部	按检验规程
6	连接高频插头	检查插头铆接	斜接质量	铆接规格斜接力	全部	按检验规程
7	胶接罗盘接头	配置胶液 固化磨制	牢固性 平整度	配置比例固化时间	全部	按检验规程
8	固定电路板	将电路板与底盘连接	垂直度 牢固性	螺钉紧度 专用夹具	全部	按检验规程
9	检测	机械性能电性能	机械、电性能满足要求	仪器精度 测试方法	全部	按检验规程

第3章 系统设计

3.1 三次设计方法概述

三次设计方法是日本质量工程专家田口玄一博士提出的，也称田口方法。三次设计是指在产品研发过程中要经过系统设计、参数设计和容差设计三个阶段，通过这三个阶段实现对产品设计方案的优化，从而保证制造稳健性与最终产品的使用健壮性，也保证产品的可靠性。

系统设计的目的是进行产品的功能设计和结构设计，它是稳定产品质量的基础。系统设计是基于专业领域知识的创新过程，在掌握相关领域的专业知识基础上，还要掌握产品设计的一般方法和创新设计的基本原则。

参数设计的目的是确定产品质量特性和技术指标的最佳组合，它是稳定产品质量的核心。参数设计利用正交试验方法处理产品质量特性值之间的非线性关系，通过选择可控因素的水平，确定产品中元件或构件参数的干扰作用，达到稳定产品质量的目的。

容差设计的目的是在参数设计确定了系统各元件参数的最佳组合之后，进一步确定这些参数波动的允许范围，它是参数设计的重要补充，进一步稳定产品质量的有效途径。容差也就是允许偏差，即公差。容差设计要将误差因子本身校制在狭小的范围之内，必须提高元件的质量等级，因此产品的成本也会提高。在参数设计时，一般都是选用具有较大容差的元器件和材料，如果在参数设计后能够达到减小产品质量特性波动的目的，则一般就不再进行容差设计。因此，容差设计一般是在参数设计后还需进一步提高产品质量时才进行。可见容差设计也是用于调整产品质量与成本关系的一种重要方法，是产品三次设计的最后一个阶段。

作为一种先进的质量工程技术，三次设计方法与传统设计方法相比有如下特点：

（1）设计思想不同。传统设计方式是被动应付式的，在产品研制后期有大量的工程更改，甚至局部或全部重新设计，造成人力、物力的极大浪费和研发进度的拖延。而三次设计方式则是积极主动的，通过采取各种手段，把可能出现的问题消灭在“萌芽”阶段，使得大部分工程更改都出现在产品研制早期；三次设计在图样上进行，从而大大降低了成本，缩短了研制周期。更重要的是可以增强产品的“体质和生命力”，从根本上提高了产品的质量。

（2）设计目标不同。传统设计方式以产品满足验收标准的上、下限为目标，即使是合格产品，质量也存在着较大的波动。当产品不能满足要求时，往往用缩小容差（公差）指标的办法来控制产品质量,这样会造成大量的超差报废现象,经济性较差。三次设计则是以要求的指标为目标值,用参数设计方法来控制产品的质量波动,使产品质量特性稳定在目标值附近。

(3)评价标准不同。传统的设计方式对产品质量的评价,主要采用单一指标的达标方式,只要各个质量特性指标均满足要求,则产品质量合格,这样虽然产品质量有缺陷,但难以找到进一步改进的方向。而三次设计对产品质量的评价采用信噪比和质量损失函数等综合性的指标,由于质量波动和质量损失的减小是无止境的,因此,产品质量的改进需持续不断地进行。

(4)产生效益不同。利用传统设计方式设计的产品成本高、质量不稳定,常常不能满足或不能全部满足用户需求,从而损害企业的声誉,丢失市场份额。而采用三次设计方式设计的产品成本低、质量稳定,受到用户的青睐,可以带来良好的经济效益和社会效益。

3.2 系统设计方法

随着技术的发展,人们对系统设计的认识也逐渐加深,认为系统设计可分为两个不同的过程,即分析过程和创造过程。分析过程将顾客对产品的需求加以分解,落实到产品的方案选择和结构安排中;创造过程通过工程知识、设计原则与实际情况结合,创造新产品,或对原有产品进行优化革新。QFD方法的产生,可以视为系统设计中的分析方法,但还没有解决如何设计满足这些要求的产品功能和结构这一问题。

结合现代产品设计方法与质量工程技术的新发展,下面介绍几种比较实用的系统设计方法。

3.2.1 试错法与启发法

早期开发新产品的方法是具有随机性质的,称为试错法。试错法是面对问题,从随机产生的一个想法开始进行理论和实践的验证,若不成功,则转向下一个想法,直至成功解决问题,如图3-1所示。试错法需要从"问题"出发,到达未知的"答案"。沿着某个方向形成一个搜寻概念(SC),从该方向展开对问题的探索,直至证明整个方向是错误的。

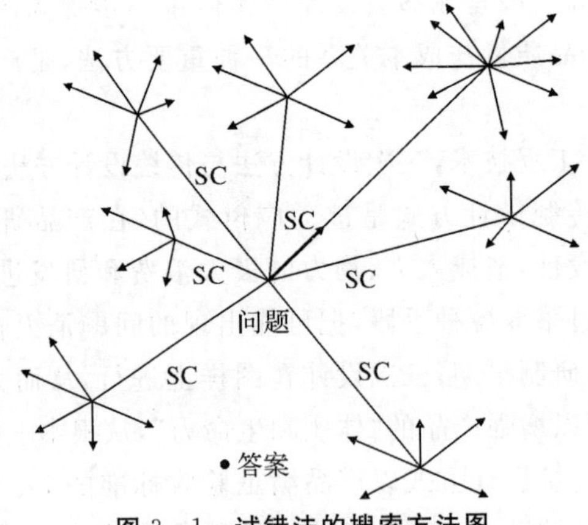

图3-1 试错法的搜索方法图

使用试错法创新效率很低，需要非常多的尝试才能得到满意的成果。随着系统的复杂化，混乱无序的探索需要付出高昂的代价，于是出现了解决创造性问题的科学——启发法。

启发法的广义目标：找到一些普遍规律，能用在人类活动的所有领域，解决任何创新的难题。苏联科学家恩格曼建立的创新过程模型如图3-2所示。

启发法有一些逻辑的成分，但没有被明确定义，很少详述，对工程系统设计的创新过程缺乏实质性的帮助。

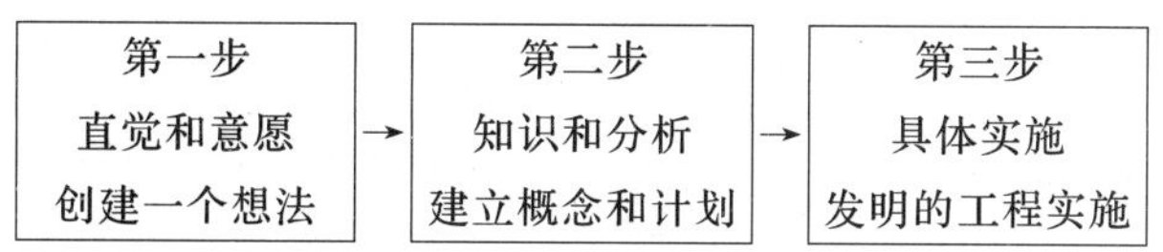

图3-2 启发法过程模型

3.2.2 公理化设计方法

公理化设计(Axiomatic Design)方法是N. P. Suh教授于20世纪70年代中期提出的一种设计优化方法。公理是从实践中总结出来的、无须证明的，而被大家公认的真理，是一种具有普遍性、显而易见的理论。公理没有反例，是不可推翻的。公理在科学技术的各个领域都有非常重要的影响。例如，欧几里得(古希腊数学家)公理，至今仍是几何学的理论基础；牛顿三大定律是经典力学的公理；热力学定律也是公理。

域(Domain)是公理化设计中最基本和最重要的概念，贯穿于整个设计过程。公理化设计将整个设计过程划分为四个不同的设计活动，即用户域、功能域、结构域和过程域。域中的元素分别对应用户需求、功能要求、设计参数和过程变量。产品设计过程就是相邻两个设计域之间相互映射的过程，如图3-3所示。相邻两个域是紧密联系在一起的，两者的设计元素有一定的映射关系。相邻两个设计域间的关系是：左边的设计域表示"要完成的或想要完成的工作"，而右边的设计域表示"选择什么方法来实现左边域的要求"。

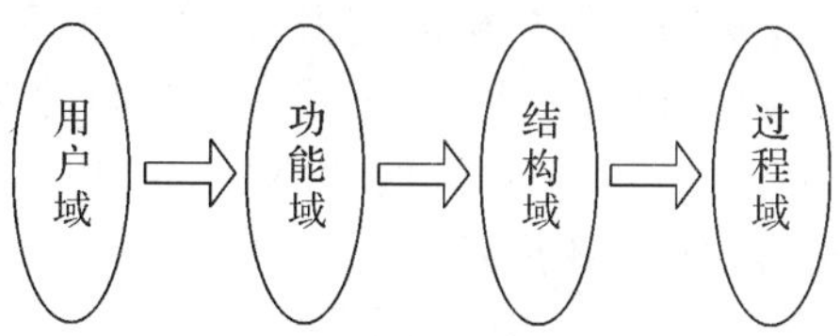

图3-3 公理化设计方法框架

在此方法中，设计具有广泛的概念，除了一般的产品设计外，还包括软件设计、系统设计、组织设计、材料设计、管理设计等。尽管各种设计的目的要求不同，但所有的设计都具有相同的思考过程，都可由这4个域来描述。因此，公理化设计框架是一个具有普遍意义的设计框架，它适合所有的设计。表3-1表示了几种常见的设计任务在这4个设计域中的特性。

公理化设计最为显著的特点就是运用独立性公理和信息公理来指导整个设计过程。独立性公理是指在设计时要保持单个功能的独立性，这样可以保证在对某一功能对应的设计进行调整时，不会影响其他的功能。信息公理是指功能要求向设计参数的映射过程中，信息含量要最小化。此外，该方法的整个设计过程是自顶向下展开的，通过相邻两个域之间的多级交叉映射，对4个域中的设计内容进行逐层分解、细化，得到各个域的层次结构，从而将抽象的用户需求转化为具体的设计细节。以往的设计大多是基于设计人员个人所具备的经验和专业知识，从而使设计的成败和优劣在很大程度上依赖于设计人员的个人因素。而公理化设计方法使得设计问题可以按照程式化的步骤进行，可以有效地提高设计的成功率和质量，适用于创新过程中的任何设计问题。

表 3-1　几种常见的设计任务在设计域中的特性

设计任务	域			
	用户域	功能域	结构域	过程(工艺)域
产品开发	用户需求的产品质量特性	产品功能要求	满足功能要求的结构参数(物理参数)	实现设计参数的工艺变量
材料开发	期望的材料性能	材料特性	微观结构	制作工艺
软件开发	需求说明	软件的功能	程序输入参数、运算法则、模型、程序代码	编程规则、编译器、开发环境、测试环境
组织结构设计	用户满意	组织的功能	机构设置、职责分工、工作流程	人力资源
商业设计	投资回报	商业目标	商业结构	人、财、物

3.2.3　功能分析与分配法

系统欲实现的功能目标通过综合论证明确后，具体的设计规程就是功能分析与分配。也就是说，功能分析与分配就是将综合论证结果抽象为功能目标的过程。

1. 功能分析

功能分析的主要任务是逐层地分解系统的功能，把系统的功能和技术需求逐步分解到低层次系统，乃至最底层的人员、机构、元器件、子程序和接口等基本单元，形成详细设计标准，为后面的综合分析和评价提供依据。系统的功能分解结构称为功能系统，系统功能分解后的各个分功能称为功能元，如图3-4所示。

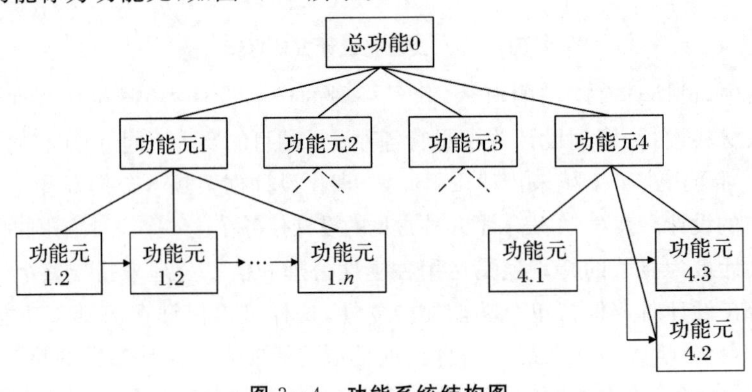

图 3-4　功能系统结构图

2. 功能分配

通过功能分析给定系统的顶层描述后，下一步要做的就是将系统中使用共同资源的密切相关的功能组合成包，将这些功能划归到子系统及低层系统。系统到低层系统的功能分解如图 3-5 所示。

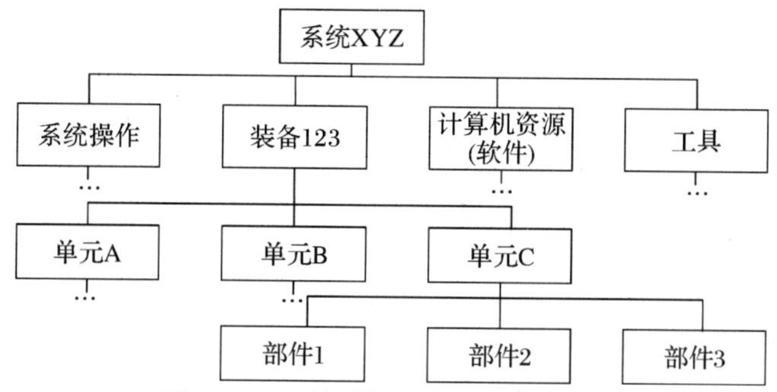

图 3-5 系统到低层系统的功能分解

对系统功能进行分配时，可以考虑下列因素：

(1)按功能所需的结构位置、所需环境、实现方式（硬件、软件）来进行划分，即：所需结构位置间隔远的功能不要集中在一个单元中；对环境要求差异大的功能不要集中在一个单元中；实现方式不同的功能不要集中在一个单元中。

(2)所划分出的低层系统要相对独立，尽量少与其他低层系统有联系。其目的是如果更改一个低层系统，不需要在过程中更改其他系统。

(3)所划分出的低层系统包要相对独立，目的是如果替换或移除一个低层系统，不需要在过程中替换或移除其他系统。

(4)所划分出的低层系统若实现两种以上功能，则应保证能对每种功能进行单独测试。

功能分配的结果是系统初步设计的框架，技术指标的分配就是在功能分配的基础上进行的。

3.2.4 萃智方法

萃智是 TRIZ（俄文缩写）的音译，意为解决创造性问题的理论（发明问题解决理论）。TRIZ 方法是苏联专家阿奇舒勒（G. S. Altshuller）及其领导的一批研究人员，自 1946 年开始，花费大量人力物力，在分析研究了世界各国 250 万件发明专利的基础上，提出的发明问题解决方法。

萃智方法的提出源于以下认识：在不同的技术领域，大量发明创造面临的基本问题和矛盾其实是相同的，在某一技术领域的发明原则和相应的解决方案一次次地在多年后被其他技术领域重新使用，所以技术系统的进化和发展并不是随机的，而是遵循着一定的客观规律。因此，将这些有关的知识进行提炼和重新组织，就可以指导后来者的产品创新和开发。萃智方法体系正是基于这一思路产生的，它打破了人们思考问题的心理惰性和知识面的制约，避免了创新过程中的盲目性和局限性，指出了解决问题的方向和途径，并开发了计算机辅助软件工具。应用萃智方法有助于充分激发创造力和想象力，规范创新的过程，避免盲目探索，缩短系统开发的时间，找出近于理想的解决方案。

3.3 萃智方法原理与过程

发明问题的解决理论核心是技术进化原理。根据这一原理，技术系统一直处于进化之中，解决矛盾是其进化的推动力。进化速度随技术系统一般矛盾的解决而降低，使其产生突变的唯一方法是解决阻碍其进化的深层次矛盾。阿奇舒勒依据世界上著名的发明，研究了消除矛盾的方法，他建立了一系列基于各学科基础知识的发明创造模型。这些模型包括发明原理、发明问题解决算法及标准解(TRIZ)等。在利用萃智解决问题的过程中，设计者首先将待设计的产品表达成为萃智问题；然后利用萃智中的工具，如发明原理、标准解等，求出该萃智问题的普适解或称模拟解；最后设计者再把该解转化为该领域的解或特解。

3.3.1 发明创新等级

各国不同的发明专利中蕴含的科学知识、技术水平都有很大的差异，在没有分清这些发明专利的具体内容时，很难区分出不同发明专利的知识含量、技术水平、应用范围、重要性、对人类的贡献大小等。在萃智方法中，发明专利按照其对科学的贡献程度、技术的应用范围及为社会带来的经济效益等情况划分为以下 5 个等级。

1. 第 1 级：微小发明

微小发明是指那种在产品的单独组件中进行少量的变更，但这些变更不会影响产品系统的整体结构的情况。该类发明并不需要任何相邻领域的专门技术或知识。特定专业领域的任何专家，依靠个人专业知识基本都能做到该类创新。在产品设计中就是常规的设计问题，或对已有系统的简单改进。这一类问题的解决主要凭借设计人员自身掌握的某一领域的知识和经验，不需要创新，只是知识和经验的应用。例如，通过厚度隔离可以减少热损失，大卡车可以降低运输成本、提高效率等。据统计，大约有 32%的发明专利属于第 1 级。

2. 第 2 级：小型发明

小型发明是指通过解决一个技术冲突对已有系统进行少量改进。这时产品系统中的某个组件发生部分变化，约数十个参数改变，即以定性方式改善产品。创新过程中利用本行业知识，通过与同类系统的类比即可找到创新方案。解决这类问题的常用方法是折中法。例如，在焊接装置上增加一个灭火器、可调整的方向盘，再如中空的斧头柄可以储藏钉子等。约有 45%的发明专利属于第 2 级。

3. 第 3 级：中型发明

中型发明一般是指对已有系统的根本性改进。这一类问题的解决主要采用本行业以外的已有方法和知识，设计过程中要解决冲突。产品系统中的几个组件可能出现全面变化，其中大概要有上百个变量加以改善。此类的发明如圆珠笔、登山自行车、汽车上用自动传动系统代替机械传动系统，电钻上安装离合器，计算机上用的鼠标等。约有 18%的发明专利属于第 3 级。

4. 第 4 级：大型发明

大型发明是指创造新的事物，采用全新的原理完成对已有系统基本功能的创新，需要数千个甚至数万个变量加以改善的情境。这一类问题的解决主要是从科学的角度而不是从工程的角度出发，充分控制和利用科学知识、科学原理实现新的发明创造。它一般需引用新的科学知识而非利用已有的科技信息，该类发明需要综合其他学科领域知识的启发方可找到解决方案。例如，第一台内燃机的出现、集成电路的发明、充气轮胎的发明、记忆合金制成锁、虚拟现实等。大约有 4％的发明专利属于第 4 级。

5. 第 5 级：特大发明

特大发明是指罕见的科学原理导致一种新系统的发明、发现。这一类问题的解决主要是依据自然规律的新发现或科学的新发现。一般是先有新的发现，建立新的知识，然后才有广泛的运用。例如，计算机、形状记忆合金、蒸汽机、激光、晶体管的首次发明均属于这一级。该类的发明创造或发明专利占所有发明创造或发明专利总数的不足 1％。

平时遇到的绝大多数发明都属于第 1～3 级。虽然高等级发明对于推动技术文明进步具有重大意义，但这一级的发明数量相当稀少。而较低等级的发明则起到不断完善技术的作用。

实际上，发明创新的级别越高，获得该发明专利时所需的知识就越多，这些知识所处的领域就越宽，搜索有用知识的时间就越长。同时，随着社会的发展、科技水平的提高，发明创新的等级随时间的变化而不断降低，几十年前的最高级别的发明创新逐渐成为人们熟悉和了解的知识。发明创造的等级划分及知识领域如表 3－2 所示。

表 3－2　发明创造的等级划分及知识领域

发明创造级别	创新的程序	比例	知识来源	参考解的数量
1	明确的解	32％	个人的知识	10
2	少量的改进	45％	专业领域内的知识	100
3	根本性的改进	18％	跨专业领域知识	1 000
4	全新的概念	4％	跨学科知识	10 000
5	发现	<1％	最新产生的知识	100 000

由表 3－2 可以发现，95％的发明专利是利用了专业领域内的知识，只有小于 5％的发明专利是利用了专业领域外及整个社会的知识。因此，如果遇到技术冲突或问题，可以先在专业领域内寻找答案；若不可能，再向专业领域外拓展，寻找解决方法。若想实现创新，尤其是重大的发明创造，就要充分挖掘和利用专业领域外的知识，正所谓“创新设计所依据的科学原理往往属于其他领域”。发明创新级别越高，创新的过程越难，产品的市场竞争力则越强。高级别的发明不仅需要设计人员自身的素质，还需要专业领域以外或全人类的已有研究成果。

通过以上发明的分类可以看出，发明和创新看起来很困难，似乎是很遥远的事情，但其实大部分发明都是那些较低层次的创新，只要充分发挥每个人的创新潜能，掌握科学的创新原理和方法，每个人都可以拥有自己的发明创造。而企业要不断地吸收不同领域的知识创新成果和专业人才，并在自己的产品中应用，以永远保持企业的市场竞争力。

3.3.2 技术进化法则

随着科学技术的发展和顾客对产品要求的不断提高，各类技术系统总是处在更新换代的过程中，都要经历产生、发展和成熟的阶段，进入衰退期，直到被全新的更好的系统取代，重新开始产生、发展、成熟和衰退的循环。萃智研究人员对这一系列过程做了深入研究，发现不同领域的系统有着相似的发展规律，对此做了归纳和总结。工程技术人员在解决具体问题时，可以根据这些趋势寻找合理的解决方案，也可以根据这些规律指导新产品开发。

主要的技术进化法则有以下几种。

1. 提高理想度法则

技术系统的理想度是系统功能指数和消耗指数的比值。功能指数用于描述系统实现功能的范围和程度，消耗指数则反映系统的生产和维护所需的人力、物力和财力，以及系统中隐含的不利或有害因素带来的消极影响。这是一个广义的“效费比”定义公式。从工程角度而言，创造性问题的解决和创新的设计应该能增加技术系统的理想度，否则肯定不是好的解决方案。如果希望通过开发高新技术来解决问题，则有必要计算系统改进前后理想度的变化情况；如果高新技术对功能的改进抵消不了改进可能带来的成本上升、可靠性下降、维护难度增加等不利因素的影响，则应考虑放弃这样的技术方案。

曾有人对 1947—1997 年家庭用品的价格变化作了统计(1997 年币值)，发现 1997 年的洗衣机、烘干机、电视机及电冰箱在功能上与 1947 年相比有了飞跃性的提高，而价格要低得多，这清楚地表明它们已在提高理想度的道路上走了很远。在现实生活中，系统发展遵循“提高理想度的规律”的例子比比皆是。以计算机产品的开发为例，近年来，计算机流行配置的价位一直相对稳定，性能则飞速提升，也是这一规律的形象反映。对机械设备而言，虽然售价可能在不断上涨，但由于其生产和加工的质量与效率提高更多，因而理想度也是在提高过程中。

2. 子系统演化不一致的法则

通常，技术系统可视为分层的多级结构，不但可分解出次一级的子系统，而且系统本身也是另一个更大系统的一部分。这一分层结构导致系统各部分难以同步演化。同时，系统的任一改变，都会引起相邻系统及子系统的连锁反应，这些反应通常是有害的、消极的。这种不一致性引发了系统冲突，决定了技术系统的发展方向及创造性问题的解决方式。

3. 系统向更高层次发展的法则

如前所述，系统具有内在的层次性，在产品初创时期，功能往往较为单一，随着发展的深入，以该系统为基础，附加更多的系统，构成层次更高的系统，以具有更强大的功能。表现在演化方式上，即从单一系统向二元及复合系统的方向演化，如：单一系统——刀子，二元系统——剪刀，复合系统——多功能剪刀。

向二元及复合系统演化的规律反映了一个很重要、很强大的趋势,方式有两种:将相同或相似的子系统进行叠加;将不同种类(甚至属性相反)的子系统进行叠加。通过子系统之间的巧妙组合,加强各子系统的功能,产生新的功能。刀子向剪刀的演化属于相同的子系统的叠加,其结果是产生的新系统强化了刀子的剪切功能。剪刀向多功能剪刀的演化则是不同种类的子系统的叠加,赋予了剪刀开启瓶塞、刮削等新功能。

4.增加柔性的法则

为了使产品更加适应环境的变化,在发展过程中,有必要将产品原有的刚性结构转换为柔性结构,增加产品的使用范围,提高产品的适应能力,减少产品的使用限制。这一规律反映了一个通行的趋势,那就是产品向结构刚性更小、更适应环境变化的方向演化。

为增加系统的柔性,常用方法有:把固定件替换为运动件;把刚性连接替换为分段的用铰链相连的连接;把刚性部件换成液压或气压之类的柔性系统,引入非线性部件;等等。

5.缩短能量流动途径的法则

应使能量方便快捷地到达系统的工作机构。这一规律主要包括两个方面:

(1)减少能量的转换次数,如电能与机械能的转换,机械能传输中力与扭矩的转换等。

(2)采用易于控制的能量形式,例如,几种能量形式可控性由易到难依次为:重力、机械能、热能、磁能、电能、电磁能。

6.从宏观层次向微观层次演化的法则

一个全新的技术系统在刚开发时,可按“大处着眼”的方式进行,只要总体结构设定合理,基本就可满足顾客要求。随着产品日趋成熟,系统的演化则需要按“小处着手"的方式进行。这表现在产品上,就是产品的结构更为精细化,产品的子系统进一步分解,原来的一个零部件分解为几个特性和功能各有不同的零部件,以便将系统内部的矛盾加以隔离,增加系统的可控性。

除此之外,还有提高自动化程度的法则等。

鉴于技术系统总是遵循特定的法则向前演化,客观上可以通过这些法则科学地预测产品的发展前景,并以此指导更新换代产品的开发和工程技术问题的攻关。

阿奇舒勒提出的技术系统进化法则论可以与自然科学中的达尔文生物进化论和斯宾塞的社会达尔文主义齐肩,称为“三大进化论”。它告诉我们:产品和生物系统一样,是按照一定的规律发展和进化的。技术系统进化论深刻地揭示了人类创造的产品/技术系统进化的规律和基本模式,指明了创新的目标和途径。

3.3.3 冲突解决方法

1.系统冲突与物理矛盾

(1)系统冲突。系统冲突是萃智方法的一个核心概念,表示隐藏在问题后面的固有矛盾。如果要改进系统的某一部分属性,其他的某些属性就会恶化,就像天平一样,一端翘起,另一端必然下沉，这种问题就称为系统冲突。在飞机的结构设计中，结构的质量和强度是一对矛盾，通常，减轻结构的重量就必然削弱结构的强度，相反，要增加结构的强度则必须增加结构的重量。二者都是飞机结构的关键属性，构成了一对系统冲突。典型的系统冲突除了重量与强度冲突外，还有形状与速度冲突、可靠性与复杂性冲突等。萃智认为，发明可视为系统冲突的解决过程。

对于属性间的彼此冲突，传统的解决办法是折中，即寻找一个可接受的平衡。如果要求一个物体既要雪白又要漆黑，传统的解决方法就是把它设定为灰色。这样的解决方案并不完美，有时还无法被接受，这时就需要以创造性的思维，把冲突彻底消除。

阿奇舒勒经过对大量的发明研究分析后发现，虽然它们所属技术领域及所处理的问题千差万别，但隐含其中的系统冲突数量是有限的。典型的系统冲突只有 1 250 种，而解决这些冲突所需的典型技术则更少，计 40 种，每项技术可能含有子技术，总计达 100 种。这一系列技术构成了创造性问题的解决原则。

(2)物理矛盾。如果互相对立的属性集中于系统的同一元素上，就称为存在物理矛盾。物理矛盾的定义是：同一物体必须处于互相排斥的物理状态。也可以表述为：为实现功能 F1，元素应有属性 P1；为实现功能 F2，元素应有对立的属性 P2。在萃智方法中，物理矛盾可以用三种方法解决：

1)把对立属性在时间上加以分隔；

2)把对立属性在空间上加以分隔；

3)把对立属性所在的系统与部件分开。

在超声速飞机的发展过程中曾经必须解决气动力上的一个难题：为了优化飞机的亚声速性能，要求采用小后掠角、大展弦比的机翼；为了满足超声速的要求，要求采用大后掠角、小展弦比的机翼。两种要求使机翼必须处于互相排斥的物理状态。这一矛盾可以用第一种方法(即时间分隔法)解决，即采用变后掠翼设计。通过在飞行的不同阶段(不同时间)相应调整后掠角，满足飞机在亚声速与超声速状态下的不同气动要求。

采用第一种方法的还有起落架的设计。在起降过程中要求飞机用起落架，支持飞机在地面的滑行过程；在飞行中则要求不要有起落架，以免增加飞行阻力。为此设计了可收放的起落架，在起降时伸出机体外，飞行时则收回起落架舱中。

2.通用技术参数的种类

在对专利研究中，阿奇舒勒发现，仅有有限的工程参数在彼此相对改善和恶化，而这些专利都是在不同的领域解决这些工程参数的冲突与矛盾。这些矛盾不断地出现，又不断地被解决。由此他总结提炼出了解决冲突和矛盾的 40 个创新原理。之后，将这些冲突及冲突解决原理组成一个由改善参数和恶化参数构成的矩阵，即著名的技术矛盾矩阵。矩阵的横轴表示希望得到改善的参数，矩阵的纵轴表示某技术特性改善引起恶化的参数，横轴和纵轴各参数交叉处的数字表示用来解决系统矛盾时所使用创新原理的编号。阿奇舒勒矛盾矩阵为问题解决者提供了一个可以根据系统中产生矛盾的两个工程参数，从矩阵表(见表 3 - 3)中直接查找化解该矛盾的发明原理来解决问题。

表 3 - 3　48 类常用的技术参数

序号	技术参数	序号	技术参数	序号	技术参数
1	运动物体的质量	17	静止物体的能量消耗	33	兼容性或连通性
2	静止物体的质量	18	功 率	34	操作的方便性
3	运动物体的长度	19	应力或压强	35	可靠性
4	静止物体的长度	20	强 度	36	易维修性
5	运动物体的面积	21	结构的稳定性	37	安全性
6	静止物体的面积	22	温 度	38	易受伤性
7	运动物体的体积	23	照 度	39	美 观
8	静止物体的体积	24	运行效率	40	作用于物体的有害因素
9	形 状	25	物质损失	41	可制造性
10	物质的数量	26	时间损失	42	制造精度
11	信息的数量	27	能量损失	43	自动化程度
12	运动物体的作用时间	28	信息损失	44	生产率
13	静止物体的作用时间	29	噪 声	45	系统的复杂性
14	速 度	30	有害的发散	46	控制和测量的复杂性
15	力	31	有害的副作用	47	测量的难度
16	运动物体的能量消耗	32	适应性	48	测量的精度

3. 冲突解决矩阵

为了直观地反映对应于每一对典型系统冲突的问题解决原则，构造了矛盾矩阵表，表 3 - 4是其局部示意图。

表 3 - 4 为具体问题的解决提供了重要的向导。表格中的第一行表示在问题中需改善的系统属性，第一列表示在改善了这些属性后会恶化的系统属性。对具体问题进行分析，明确要改善的是表中第 j 项属性，且由此将导致表中第 i 项属性恶化，则第 i 项属性所在的行与第 j 项属性所在的列相交的格子里的数字就是对应于这一对系统冲突的问题解决原则的编号。

表 3 - 4　典型的冲突解决矩阵

恶化的属性		改善的属性									
		1	2	3	4	5	…	22	…	30	39
		运动物体质量	静止物体质量	运动物体长度	静止物体长度	运动物体面积	……	能量损失	……	影响物体的有害因素	生产能力
1	运动物体质量			15,8,29,34		29,17,38,34	…	6,12,34,19	…	22,21,18,27	35,3,24,37
2	静止物体质量				10,1,29,35		…	18,19,28,15	…	2,19,22,37	1,28,15,35

续 表

恶化的属性		改善的属性									
		1	2	3	4	5	…	22	…	30	39
		运动物体质量	静止物体质量	运动物体长度	静止物体长度	运动物体面积	……	能量损失	……	影响物体的有害因素	生产能力
3	运动物体长度	8,15,29,34				15,17,4	…	7,2,35,39	…	1,15,17,24	14,4,28,29
4	静止物体长度		35,28,40,29				…	6,28	…		30,14,7,26
5	运动物体面积	2,17,29,4		14,15,18,4			…	15,17,30,26	…		10,26,34,2
…	……	…	…	…	…	…	…	…	…	…	…
33	操作简便性	25,2,15,13	6,13,1,25	1,17,13,12		1,17,13,16	…	2,19,13	…		15,1,28
…	…	…	…	…	…	…	…	…	…	…	…
39	生产能力	35,26,24,37	28,27,15,3	18,4,28,38	30,7,14,26	10,26,34,31	…	28,10,29,35	…	22,35,13,24	

注:表中的代号是创新原理的编号,详见表3-5。

4.发明创新原理

系统冲突解决原理共40条,与各种系统冲突模式分别对应,直接指导创造者对新设计方案的开发,详见表3-5。

表3-5　40条基本发明创新原理

编号	创新原理	编号	创新原理	编号	创新原理	编号	创新原理
1	分割原理	11	预先应急措施原理	21	紧急行动(跃过)原理	31	多孔材料原理
2	抽取原理	12	等势原理	22	变害为利原理	32	改变颜色、拟态原理
3	局部质量原理	13	逆向思维(相反)作用	23	反馈原理	33	同质原理
4	不对称原理	14	曲面化(球形)原理	24	“中介”原理	34	抛弃或再生原理
5	组合、合并原理	15	动态原理	25	自我服务原理	35	物理或化学参数变化
6	普遍性(多功能)原理	16	不足或超额行动原理	26	复制原理	36	相变原理
7	嵌套原理	17	一维变多维原理	27	廉价替代品原理	37	热膨胀原理
8	配重(反重量)原理	18	机械振动原理	28	机械系统替代原理	38	加速氧化原理
9	预先反作用原理	19	周期作用原理	29	气压与液压结构原理	39	惰性环境原理
10	预先作用原理	20	连续有效作用原理	30	柔性壳体或薄膜原理	40	复合材料原理

对应表3-5中的40条发明创新原理解释如下:

(1)分割原理:

a.将物体分成独立的部分。

b.使物体成为可拆卸的。

c. 增加物体的分割程度。

例如：货船分成同型的几个部分，必要时，可将船加长些或变短些。

(2)抽取(拆出)原理：从物体中拆出“干扰”部分(“干扰”特性)，或者相反，分出唯一需要的部分或需要的特性。

与上述把物体分成几个相同部分的技法相反，这里是要把物体分成几个不同的部分。

例如：一般小游艇的照明和其他用电是由艇上发动机带动发电机供给的，为了停泊时能继续供电，要安装一个由内燃机传动的辅助发电机，发动机必然造成噪声和振动。建议将发动机和发电机分置于距游艇不远的两个容器里，用电缆连接。

(3)局部质量(性质)原理：

a. 从物体或外部介质(外部作用)的一致结构过渡到不一致结构。

b. 物体的不同部分应当具有不同的功能。

c. 物体的每一部分均应具备最适合它工作的条件。

例如：为了防治矿山坑道里的粉尘，向工具(钻机和料车的工作机构)呈锥体状喷洒小水珠。水珠越小，除尘效果越好，但小水珠容易形成雾，致使工作度增加。解决办法：环绕小水珠锥体外层再造成一层大水珠。

(4)不对称原理：

a. 物体的对称形式转为不对称形式。

b. 如果物体不是对称的，则加强它的不对称度。

例如：防撞汽车轮胎具有一个高强度的侧缘，以抵抗人行道路缘石的碰撞。

(5)合并(联合)原理：

a. 把相同的物体或完成类似操作的物体联合起来。

b. 把时间上相同或类似的操作联合起来。

例如：双联显微镜组，由一个人操作，另外一个人观察和记录。

(6)普遍性(多功能)原理：一个物体执行多种不同功能，因而不需要其他物体。

例如：提包的提手可同时作为拉力器。

(7)嵌套原理：

a. 一个物体位于另一物体之内，而后者又位于第三个物体之内，等等。

b. 一个物体通过另一个物体的空腔。

例如：弹性振动超声精选机是由两个互相夹紧的半波片构成的。其特征是，为了缩短弹性振动超声精选机的长度和增加它的稳定性，两个半波片制成相互套在一起的空锥体。采用该解决方案还可缩小变压器压电元件输出部分的外形尺寸。

(8)配重(反重量)原理：

a. 将物体与具有上升力的另一物体结合以抵消其质量。

b. 将物体与介质(最好是气动力和液动力)相互作用以抵消其质量。

例如：调节转子风力机转数的制动式离心调节器安在转子垂直轴上。其特征是，为了在风力增大时把转子转速控制在小的转数范围内，调节器离心片做成叶片状，以保证气动制动。

有趣的是，在发明公式中明显地反映了发明所克服的矛盾。在给定风力和离心片质量的条件下，获得了一定的转数；为了减少转数（当风力增大时），必须增大离心片质量，但离心片在旋转，很难靠近它。于是矛盾这样消除：使离心片具有形成气动制动的形状，即把离心片制成具有负迎角的翼状。

总的设想显而易见：如果需要改变转动物体的质量，而其质量又不能按照一定的要求改变，那么应使该物体成为翼状的，并且改变翼片运动方向的倾斜角度，便可获得需要方向的附加力。

(9)预先反作用原理：如果按课题条件必须完成某种作用，则应提前完成反作用。

例如：杯形车刀车削方法是在车削过程中车刀绕自己的几何轴转动。其特征是，为了防止产生振动，应预先向杯形车刀施加负荷力，此力应与切削过程中产生的力大小相近，方向相反。

(10)预先作用原理：

a. 预先完成要求的作用（整体的或部分的）。

b. 预先将物体安放妥当，使它们能在现场和最方便的地点立即完成所需要的作用。

(11)预先应急措施原理：以事先准备好的应急手段补偿物体的可靠性。

例如：用等离子束加工无机材料（如光纤）。其特征是，为提高机械强度，预先往无机材料上涂敷碱金属或碱土金属的溶液或熔融体。还有人事先涂敷可使小裂缝愈合的物质。树枝在锯掉之前套上一个紧箍环，树木感到该处“有病”，于是向那里输送营养物质和治疗物资。这样，在树枝被锯之前这些物质便积聚起来，锯后锯口会迅速愈合。

(12)等势原理：改变工作条件，使物体上升或下降。

例如：有一种装置不必使沉重的压模升降。这种装置是在压床上安装了带有输送轨道的附件。

(13)逆向思维（相反）原理：

a. 不实现课题条件规定的作用而实现相反的作用。

b. 使物体或外部介质的活动部分成为不动的，而使不动的成为可动的。

c. 将物体颠倒。

例如：在研究关于消除灰尘的过滤器时，用两块磁铁制成过滤器，在磁铁之间是铁磁粉末。7 年之后又有了新发明，它的过滤器是相反的，即对液体或气体进行机械清洗的电磁过滤器，它包括有磁场源和颗粒状磁性材料制的过滤元件。其特征是，为降低单位耗电量和提高生产率，过滤元件放在磁场源的周围，以形成外部闭式磁路。

(14)曲面化（球形）原理：

a. 从直线部分过渡到曲线部分，从平面过渡到球面，从正六面体或平行六面体过渡到球形结构。

b.利用棍子、球体、螺旋。

c.从直线运动过渡到旋转运动,利用离心力。

例如:把管子焊入管栅的装置能够滚动球形电极。

(15)动态原理:

a.物体(或外部介质)的特性的变化应当在每一工作阶段都是最佳的。

b.将物体分成彼此相对移动的几个部分。

c.使不动的物体成为动的。

例如:用带状电焊条进行自动电弧焊的方法,其特征是,为了能大范围地调节焊池的形状和尺寸,把电焊条沿着母线弯曲,使其在焊接过程中呈曲线形状。

(16)不足或超额行动(局部作用或过量作用)原理:如果难以取得百分之百所要求的功效,则应当取得略小或略大的功效。这样可能把问题大大简化。

(17)一维变多维(向另一维度过渡)原理:

a.如果物体做线性运动(或分布)有困难,则使物体在二维度(即平面)上移动。相应地,在一个平面上的运动(或分布)可以过渡到三维空间。

b.利用多层结构替代单层结构。

c.将物体倾斜或侧置。

d.利用指定面的反面。

e.利用投向相邻面或反面的光流。

原理编号(17)a项可以与原理编号(7)和编号(15)b项联合,形成一个代表技术系统总发展趋势的链,即从点到线,然后到面、到体,最后到许多个物体的共存。

例如:越冬圆木在圆形停泊场水中存放。其特征是,为了增大停泊场的单位容积和减小受冻木材的体积,将圆木扎成捆,其横截面的宽和高超过圆木的长度,然后立着放。

(18)机械振动原理:

a.使物体振动。

b.如果物体已在振动,则提高它的振动频率(达到超声波频率)。

c.利用共振频率。

d.用压电振动器替代机械振动器。

e.利用超声波振动同电磁场配合。

例如:无锯末断开木材的方法。其特征是,为减少工具进入木材的力,使用脉冲频率与被断开木材的固有振动频率相近的工具。

(19)周期作用原理:

a.从连续作用过渡到周期作用(脉冲)。

b.如果作用已经是周期的,则改变周期性。

c.利用脉冲的间歇完成其他作用。

例如:用热循环自动控制薄零件的触点焊接方法是基于测量温差电动势的原理。其特征是，为提高控制的准确度，用高频脉冲焊接时，在焊接电流脉冲的间隔测量温差电动势。

(20)连续有效作用原理：

a. 连续工作(物体的所有部分均应一直满负荷工作)。

b. 消除空转和间歇运转。

例如：加工两个相交的圆柱形的孔(如加工轴承分离环的槽)的方法。其特征是，为了提高加工效率，使用在工具的正反行程均可切削的钻头(扩孔器)。

(21)紧急行动(跃过)原理：

高速跃过某过程或其个别阶段(如有害的或危险的)。

例如：生产胶合板时用烘烤法加工木材。其特征是，为保持木材的本性，在生产胶合板的过程中直接用 300～600 ℃的燃气火焰短时作用于烘烤木材。

(22)变害为利原理：

a. 利用有害因素(特别是介质的有害作用)获得有益的效果。

b. 通过有害因素与另外几个有害因素的组合来消除有害因素。

c. 将有害因素加强到不再是有害的程度。

例如：恢复冻结材料的颗粒状的方法。其特征是，为加速恢复材料的颗粒和降低劳动强度，使冻结的材料经受超低温作用。

例如：1993 年，一家著名航空公司为了改进火箭气动外形，引入了“蜂腰”结构，但发现由此带来了负面影响。这种改变将引起强烈的振动，使安装在“蜂腰”结构内壁的传感测量设备无法工作。受已有设计的限制，对问题的解决不允许在系统中进行大量更改。公司无法解决这一问题，请格利高雷·叶泽尔斯基(Gregory Yezersky，当时是系统化研究组织的一员)加以分析和解决。叶泽尔斯基巧妙地运用了这一原则，提出用带子把该处的设备捆在一起，就可避免振动带来的危害，使问题得以解决。

例如：在美国专利中有一项“给薄玻璃板打圆角”的专利，内容是给一块薄玻璃板打圆角容易把玻璃震碎，解决办法是把几块薄玻璃板临时黏合在一起，共同打圆角，就避免了问题的发生。

(23)反馈(反向联系)原理：

a. 进行反向联系。

b. 如果已有反向联系，则改变它。

例如：自动调节硫化物沸腾层焙烧温度规范的方法是随温度变化改变所加材料的流量，其特征是，为提高控制指定温度值的动态精度，随废气中硫含量的变化而改变材料的供给量。

(24)“中介”原理：

a. 利用可以迁移或有传送作用的中间物体。

b. 把另一个(易分开的)物体暂时附加给某一物体。

例如：校准在稠密介质中测量动态张力仪器的方法是在静态条件下装入介质样品及置

入样品中的仪器。其特征是，为提高校准精度，应利用一个柔软的中介元件把样品及其中的仪器装入。

(25)自我服务原理：

a. 物体应当为自我服务，完成辅助和修理工作。

b. 利用废料(能的和物质的)。

例如：一般都是利用专门装置供给电焊枪中的电焊条，建议利用电焊电流工作的螺旋管供给电焊条。

(26)复制原理：

a. 用简单而便宜的复制品代替难以得到的、复杂的、昂贵的、不方便的或易损坏的物体。

b. 用光学复制(图像)代替物体或物体系统。此时要改变比例(放大或缩小复制品)。

c. 如果利用可见光的复制品，则转为红外线的或紫外线的复制。

例如：大地测量学直观教具是一个平面艺术全景。其特征是，为进行地形图像全景测量摄影，教具按视距摄影数据制成，在地形的有代表性的各点上配备缩微视距尺。

(27)廉价替代品(用廉价的不持久性代替昂贵的持久性)原理：用一组廉价物体代替一个昂贵物体，放弃某些品质(如持久性)。

例如：一次性的捕鼠器是一个带诱饵的塑料管，老鼠通过圆锥形孔进入捕鼠器，孔壁是可伸直的，老鼠只能进，不能出。

(28)机械系统替代(代替力学原理)原理：

a. 用光学、声学、“味学”等设计原理代替力学设计原理。

b. 用电场、磁场和电磁场同物体相互作用。

c. 由恒定场转向不定场，由时间固定的场转向时间变化的场，由无结构的场转向有一定结构的场。

d. 利用铁磁颗粒组成的场。

例如：在热塑材料上涂敷金属层的方法是将热塑材料同加热到超过它的熔点的金属粉末接触。其特征是，为提高涂层与基底的结合强度及密实性，在电磁场中进行此过程。

(29)气体与液压结构(利用气动和液压结构)原理：用气体结构和液体结构代替物体的固体的部分，如充气结构——气枕，充液的结构——静液的和液体反冲的结构。

例如：为使船的推进器轴同螺杆套连接，在轴内做一槽，槽内放一弹性空容器(窄“气袋”)，如果此容器充进压缩空气，则胀大并将螺杆套挤到推进器轴上。一般在这种情况下利用金属连接元件，但同“气袋”连接比较简易，因为不需要精磨连接平面。此外，这种连接可以消除冲击负荷。此项发明与后来发表的发明比较，颇为有趣。该项发明是：运输易碎制品(如排水管)的集装箱里面有一个充气囊，使制品在运输中相互靠紧但不致撞坏。技术领域虽然不同，但问题和解决方法是绝对相同的。还有起重机抓斗利用充气元件工作，在锯木装置中利用气囊夹持易碎制品。这类发明极多。但是，设计教材中规定一个简单原理：如果需要短时间使一种物体与另一种物体紧紧靠住，则应使用“气袋”法。

“气袋”使一个制品紧靠另一个制品，这是典型的物场系统，在该物场系统中，“袋”起着机械场的作用。按照物场系统发展的一般规则，该场必然会过渡到铁磁场系统，已有发明提议在“气袋”中加入铁磁粉末，利用磁场使物体挤靠紧。

(30)柔性外壳或薄膜(利用软壳和薄膜)原理：

a.利用软壳和薄膜代替一般的结构。

b.用软壳和薄膜使物体同外部介质隔离。

例如：充气混凝土制品的成型方法是在模型里浇注原料，然后在模中静置成型。其特征是，为提高膨胀程度，在浇注模型里的原料上罩以不透气薄膜。

(31)多孔材料原理：

a.把物体做成多孔的或利用附加多孔元件(镶嵌、覆盖，等等)。

b.如果物体是多孔的，则事先用某种物质填充空孔。

例如：电机蒸发冷却系统的特征是，为了消除给电机输送冷却剂的麻烦，活动部分和个别机构元件由多孔材料制成，比如渗入了液体冷却剂的多孔粉末钢，在机器工作时冷却剂蒸发，因而保证了短时、有力和均匀的冷却。

(32)改变颜色、拟态原理：

a.改变物体或外部介质的颜色。

b.改变物体或外部介质的透明度。

c.为了观察难以看到的物体或过程，利用染色添加剂。

d.如果已采用了这种添加剂，则采用荧光粉。

例如：申请专利的透明绷带不必取掉便可观察伤情。

(33)同质(一致)原理：

同指定物体相互作用的物体应当用同一(或性质相近的)材料制成。

例如：获得固定铸模的方法是用铸造法按芯模标准件形成铸模的工作腔。其特征是，为了补偿在此铸模中成型的制品的收缩，芯模和铸模使用与制品相同的材料制造。

(34)抛弃与再生(部分剔除和再生)原理：

a.已完成自己的使命或已无用的物体部分应当剔除(溶解、蒸发等)，或者在工作过程中直接变化。

b.消除的部分应当在工作过程中直接再生。

例如：检查焊接过程的高压区的方法是向高温区加入光导探头。其特征是，为了改善在电弧焊和电火花焊接过程中检查高温区的可能性，利用可熔化的探头，以不低于自己的熔化速度被不断地送入检查的高温区。

(35)改变物体聚合态原理：这里包括的不仅是简单的过渡，比如从固态过渡到液态，还有向“假态”(假液态)和中间状态的过渡，或者采用弹性固体。

例如：降落跑道的减速地段建成“浴盆”形式，里面充满黏性液体，上面再铺一层厚厚的弹性物质。

(36)相变原理：利用相变时发生的现象，例如体积改变、放热或吸热。

例如：密封横截面形状各异的管道和管口的塞头。其特征是，为了规格统一和简化结构，塞头制成杯状，里面装有低熔点合金。合金凝固时膨胀，从而保证结合处的密封性。

(37)热膨胀原理：

a.利用材料的热膨胀(或热收缩)。

b.利用一些热膨胀系数不同的材料。

例如：温室盖用铰链连接的空心管制造，管中装有易膨胀液体。温度变化时，管子重心改变，导致管子自动升起和降落。当然，还可以利用双金属薄板固定在温室盖上。

(38)加速氧化(利用强氧化剂)原理：

a.用富氧空气代替普通空气。

b.用氧气替换富氧空气。

c.用电离辐射作用于空气或氧气。

d.用臭氧化了的氧气。

e.用臭氧替换臭氧化的(或电离的)氧气。

例如：利用在氧化剂媒介中化学输气反应法制取铁箔。其特征是，为了增强氧化和增大镜箔的均一性，该过程在臭氧媒质中进行。

(39)惰性环境(采用惰性介质)原理：

a.用惰性介质代替普通介质。

b.在真空中进行某过程。

编号(39)的原理与编号(38)的原理内容正好相反。例如：预防棉花在仓库中燃烧的方法。其特征是，为了提高棉花储存的可靠性，在向储存地点运输的过程中用惰性气体处理棉花。

(40)复合(混合)材料原理：由同种材料转为混合材料。

例如：在热处理时，为保证规定的冷却速度，采用介质作为金属冷却剂。其特征是，冷却剂由气体在液体中的悬浮体构成。

3.3.4 萃智方法应用流程

解决产品设计的问题，首先要对当前的问题进行清晰、全面的陈述，然后构想最终的理想解，定义当前技术系统中的冲突元素是什么，再根据当前系统中最重要、最突出的冲突，建立一个能反映整个系统关键问题的矛盾模型，然后对该矛盾进行判断。

如果是技术矛盾，则运用矛盾矩阵，找到相应的解决该矛盾的创新原理，并且在创新原理的指导下，找到实际问题的解决方案。

如果是物理矛盾，则有两种方式可以选择。一种方式是运用分离原理，在创新原理指导下找到问题的解决方案；另一种方式是运用标准解法，在标准解法的指导下找到问题的解决方案。

在执行萃智的解题流程时，利用萃智提供的工具分析问题、解决问题，并将萃智的解决方案转化为实际问题的解决方案后，再进入对方案的筛选和评价阶段。如果对获得的方案满意，则执行方案；如果不满意，则要返回到最初的分析问题阶段，再次执行整个分析步骤，直到获得满意的方案。萃智运用流程如图 3 - 6 所示。

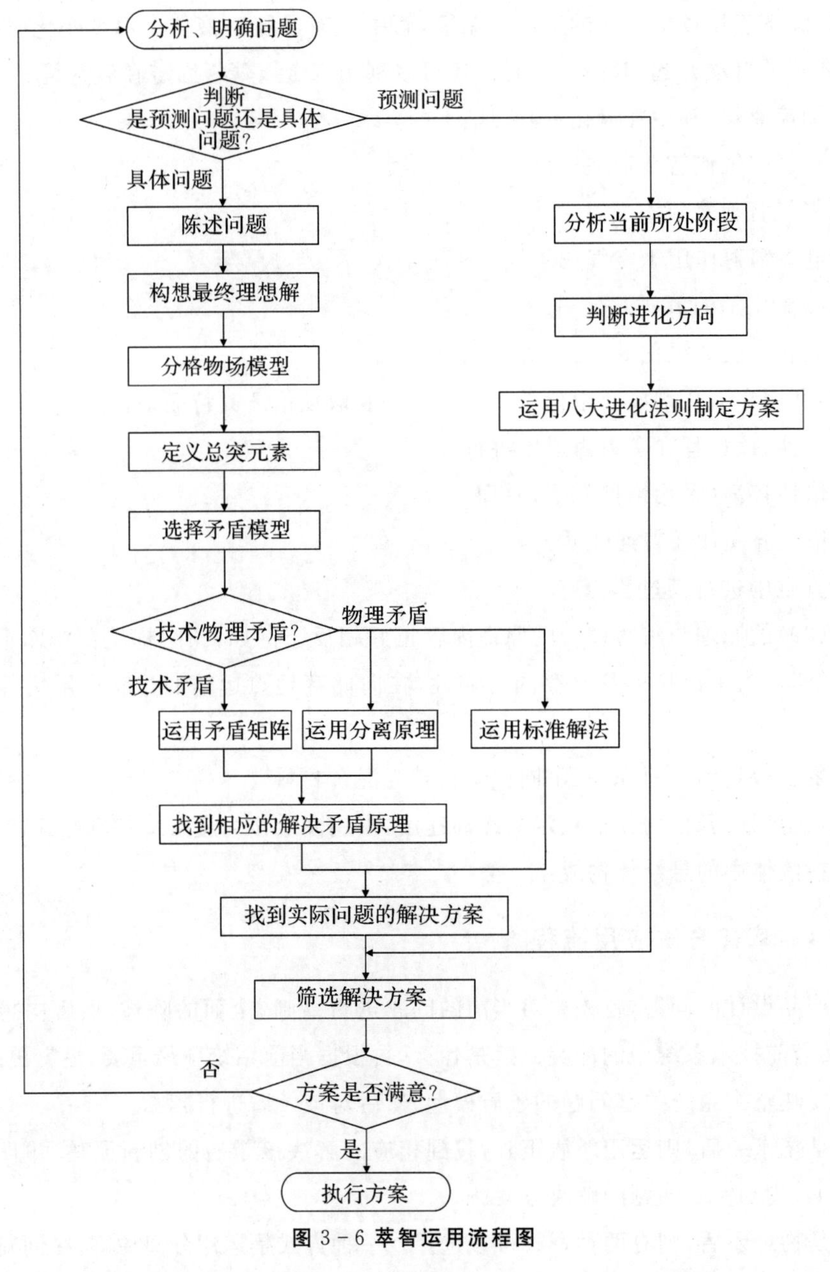

图 3 - 6 萃智运用流程图

第4章 参数设计

运用 QFD 方法和系统设计方法明确了产品的功能需求和技术要求之后，就需要进行系统的参数设计。参数设计的目的是保证产品输出特性在其寿命周期内的稳定性，即指产品在各种内部或外部干扰因素的作用下，其质量特性能稳定地保持在一个尽可能小的波动范围内。这里的参数指的是可以影响到产品质量特性的技术参数。

影响系统（产品）质量特性波动的因素有很多，但并不是所有因素都能被认识到并可以加以控制，所以在参数设计时将这些因素分为可控因素和不可控因素。不可控因素有时也称为系统的干扰噪声。要分析各种因素对系统质量特性波动的影响大小，就需要用到正交试验方法。简而言之，参数设计是运用正交试验法等优化方法确定影响系统质量特性波动的可控因素的最佳组合，同时也尽可能减少不可控因素（干扰噪声）的影响，最终使产品的质量波动最小，从而保证质量特性最稳定，这样的系统就是健壮的、可靠的。

4.1 正交试验方法

4.1.1 基本概念

试验设计方法早在 1920 年由英国著名统计学家费歇尔（R. A. Fisher）发展起来。他先在农业试验上采用多因素配置方式，对不同因素的每一种水平组合进行试验，并用方差分析方法分析因素对指标的影响。但是，采用这种方法进行试验，当因素与位级增加时，试验次数将急剧增加，从而导致试验周期长，成本增加，甚至根本无法进行试验。20 世纪 40 年代，芬尼（D. J. Finney）提出多因素试验的部分实施方法，奠定了减少试验次数的正交试验法的理论基础。20 世纪 50 年代初期，日本电讯研究所的田口玄一，又在此基础上开发了正交试验方法，应用一套规范化的正交表来安排试验，采用一种程序化的计算方法来分析试验结果。由于这种方法的试验次数少，分析简便，重复性好，适用面广，因此在日本得到迅速普及，成为质量设计的重要工具。之后田口玄一又在正交试验方法的基础上，开发了参数设计方法，充分利用产品或系统中存在的非线性效应，以取得高质量、低成本的综合效果，因而在国际上得到了广泛应用。正交试验设计方法广泛应用于产品和工艺参数稳定性设计及工艺过程的优化中。

1. 可控因素与非可控因素

将过程模型简化为图 4－1，其中，$Y_1, Y_2, \cdots, Y_n$ 是 n 个输出变量，这些常被称为响应变量或指标。

将影响响应变量的那些变量称为试验问题中的因素。假定 $X_1, X_2, \cdots, X_k$ 是人们在试验中可以加以控制的因素,它们是输入变量,是影响过程最终结果的。这些变量可以是连续型的(通常是这样),也可以是离散型的。影响过程及结果的变量除了这些可控因素外,还可能包含一些可以记录但不可控制的非可控因素($U_1, U_2, \cdots, U_m$),通常包括环境状况、操作员、材料批次等。这些变量可能取连续值,也可能取离散值。对于这些变量,通常很难将它们控制在某个精确值上,实际问题中它们确实也可能取不同的值。也把这些非可控因素称为噪声因素,常把它们当作试验误差来处理。

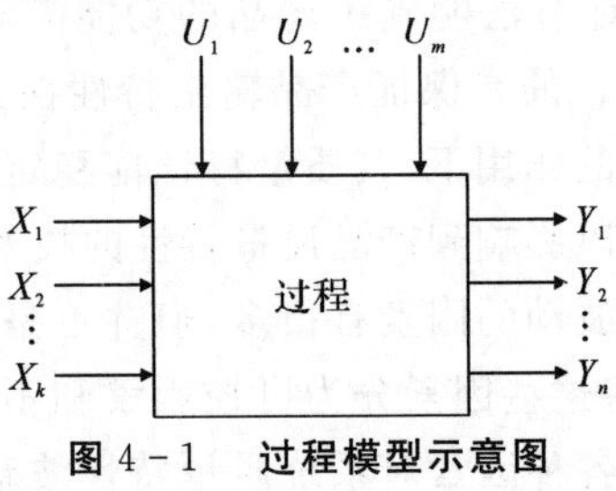

图 4-1　过程模型示意图

2. 水平及处理

为了研究因素对响应的影响,需要用到因素的两个或更多个不同的取值,这些取值称为因素的水平或设置。各因素选定了各自的水平后,其组合称为处理。一个处理的含义是,各因素按照设定的水平的一个组合,按此组合能够进行试验并获得响应变量的观测值(当然也可以进行多次试验)。因此,处理也可以代表一种安排,它比试验含义更广泛,因为一个处理可以进行多次试验。这里的试验也是广义的,包括了按照一定的函数或逻辑关系进行的计算或仿真运行的情况。

3. 试验单元与试验环境

试验单元指对象、材料或制品等载体,即处理(试验)应用其上的最小单位。例如,按因素组合规定的工艺条件所生产的一件(或一批)产品。

试验环境是指以已知或未知的方式影响试验结果的周围条件,通常包括温度、湿度、电压等非可控因子。

4. 模型与误差

考虑到影响响应变量 y 的可控因子是 $x_1, x_2, \cdots, x_k$,因此,在试验设计中建立的数学模型如下:

$$y = f(x_1, x_2, \cdots, x_k) + \varepsilon$$

式中　y——响应变量;

$x_1, x_2, \cdots, x_k$——可控因素;

f——某个确定的函数关系(模型)。

式中的误差 ε 除了包含由非可控因子(或噪声)所造成的试验误差外,还可能包含失拟误差。失拟误差是指所采用的模型函数与真实函数间的差异。试验误差与失拟误差这两种误差的性质是不同的,分析时也要分别处理。有时为了分析方便,可以对失拟误差或试验误差进行适当的简化。

5. 主效应和交互效应

在多因素试验研究中,主效应就是在其他因素都不变化的情况下,单独考察一个因素对响应变量发生的变化效应。交互效应就是两个或两个以上因素相互依赖、相互制约,共同对响应发生的变化效应。如果一个因素对响应变量的影响效应会因另一个因素的水平不同而有所不同,那么说这两个因素之间具有交互效应。

4.1.2　正交表

正交表是正交试验方法的基本工具,它是根据均衡分散的思想,运用组合数学理论在拉丁方和正交拉丁方的基础上构造的一种表格。两张最常用的正交表,见表 4－1 和表 4－2。

表 4－1　正交表 $L_8(2^7)$

试验号	列号						
	1	2	3	4	5	6	7
1	1	1	1	1	1	1	1
2	1	1	1	2	2	2	2
3	1	2	2	1	1	2	2
4	1	2	2	2	2	1	1
5	2	1	2	1	2	1	2
6	2	1	2	2	1	2	1
7	2	2	1	1	2	2	1
8	2	2	1	2	1	1	2

表 4－2　正交表 $L_9(3^4)$

试验号	列号			
	1	2	3	4
1	1	1	1	1
2	1	2	2	2
3	1	3	3	3
4	2	1	2	3
5	2	2	3	1
6	2	3	1	2
7	3	1	3	2
8	3	2	1	3
9	3	3	2	1

正交表 $L_8(2^7)$)有 8 行 7 列，由数码"1"和"2"组成。它有两个特点：

(1)每个直列恰有 4 个"1"和 4 个"2"，即每个数码出现的机会是均等的；

(2)任意两个直列，其横方向形成的 8 个数字对中，(1,1)、(1,2)、(2,1)、(2,2)恰好各出现两次，即任意两列间数码"1"和"2"的搭配是均衡的。

正交表 $L_9(3^4)$有 9 行 4 列，由数码"1""2"和"3"组成。它也具有两个特点：

(1)每个直列中，"1""2"和"3"出现的次数相同，都是 3 次；

(2)任意两个直列，其横方向形成的 9 个数字对中，(1,1)、(1,2)、(1,3)、(2,1)、(2,2)、(2,3)、(3,1)、(3,2)和(3,3)出现的次数相同，都是一次，即任意两列的数码"1""2"和"3"的搭配是均衡的。还有其他一些常用正交表。它们也都具有机会均等与搭配均衡的特点。这些特点即正交表的"正交性"的含义。正交表记号所表示的意思如图 4-2 所示。

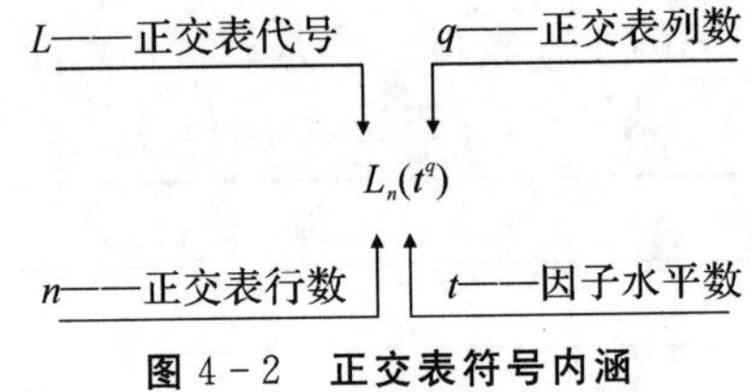

图 4-2　正交表符号内涵

即用正交表 $L_n(t^q)$安排试验时，t 表示因素的水平为 t，q 列表示最多可安排 q 个因素，行数 n 表示要做 n 次试验。

常用的正交表中，主要有下列 4 种类型。

(1)$L_{t^u}(t^q)$型正交表：属于这一类正交表的有 $L_4(2^3)$，$L_8(2^7)$，$L_{16}(2^{15})$，$L_{32}(2^{31})$，$L_{64}(2^{63})$，$L_9(3^4)$，$L_{27}(3^{13})$，$L_{81}(3^{40})$，$L_{16}(4^5)$，$L_{64}(4^{21})$，$L_{25}(5^6)$，$L_{125}(5^{31})$等，这类正交表的特点是 $q=\frac{t^u-1}{t-1}$，是饱和正交表，也就是说它的列数已达到最大值。

(2)$L_{4K}(2^{4K-1})$型正交表：属于这类正交表的有 $L_{12}(2^{11})$，$L_{20}(2^{19})$，$L_{24}(2^{23})$，$L_{28}(2^{27})$等，它也是饱和正交表。

(3)$L_{\lambda P^2}(p^{2p+1})$型正交表：属于这类正交表的有 $L_{18}(3^7)$，$L_{32}(4^9)$，$L_{50}(5^{11})$ 等，它是非饱和正交表。

(4)混合型正交表：属于这类正交表的有 $L_{18}(4\times 2^4)$，$L_{12}(3\times 2^4)$，$L_{12}(6\times 2^2)$，$L_{16}(4\times 2^{12})$，$L_{32}(2\times 4^9)$等。

4.1.3　正交试验的一般步骤

下面通过一个实例来说明正交试验方法的一般步骤。

某机电研究所研制一种新型材料，要求应力越小越好，希望不超过 2kPa，必须通过退火工艺来达到应力要求，现通过正交试验希望能找到最佳的降低应力的工艺条件。

1. 试验方案设计

(1)明确试验目的,确定试验指标。

试验目的:降低材料的应力,应力越小越好。

试验指标:应力(单位:kPa)。

(2)制定因素水平表。经过考察、分析,本试验中有升温速度、恒温温度、恒温时间和降温速度共 4 个因素,分别用 A、B、C、D 表示。每个因素取 3 个水平(位级),因素水平表见表 4-3。

表 4-3　试验因素水平表

水平	因素			
	升温速度/(℃·h^{-1})	恒温温度/℃	恒温时间/h	降温速度
	A	B	C	D
1	30	600	6	1.5℃/h(自然冷却)
2	50	450	2	1.7℃/h(自然冷却)
3	100	500	4	15℃/h(强迫冷却)

(3)选正交表,安排表头。因素水平确定之后就可选用合适的正交表,然后排表头。本例有 4 个因素,每个因素有 3 个水平,可选用正交表 $L_9(3^4)$,因素安排见表 4-4。

表 4-4　$L_9(3^4)$表头安排

列　号	1	2	3	4
因　素	A	B	C	D

选用正交表的原则是正交表的列数要等于或大于因素的个数,试验次数应取最少的。在排表头时各因素可任意排在各列中,但是一经排定,在试验过程中就不能再变动。

(4)排列试验条件。表头排好之后,将表中每一列的数字 1、2、3 看成该列中每个因素应取的水平,每一行就是每次试验的条件。例如,如 $L_9(3^4)$表的第一列是升温速度(因素 A),在 1 的位置上写 $A_1=30$ ℃/h,在 2 的位置上写 $A_2=50$ ℃/h,在 3 的位置上写 $A_3=100$ ℃/h,其他因素也是同样写法,分别对号入座,见表 4-5。

表 4-5 就是具体的试验实施方案,共 9 次,每次试验都是不同因素不同水平的随机搭配。例如,第一个试验就是 $A_1B_1C_3D_2$,即升温速度为 30 ℃/h,恒温温度为 600 ℃,恒温时间为 4 h,降温速度为 1.7 ℃/h,自然冷却。

2. 试验过程实施

试验排定之后就必须严格按照排定的试验方案进行试验,不能再变动,但试验的次序可以任意进行,不一定按照正交表的试验号的顺序依次试验,每做一次试验都要记下所得的结果(即达到的指标),填入表 4-5 的“应力结果”一列。

表 4-5　试验方案

试验号	因素				应力结果/kPa
	升温速度	恒温温度	恒温时间	降温速度	
	A	B	C	U	
	1	2	3	4	
1	1(30 ℃/h)	1(600 ℃)	3(4 h)	2(1.7 ℃/h)	
2	2(50 ℃/h)	1(600 ℃)	1(6 h)	1(1.5 ℃/h)	
3	3(100 ℃/h)	1(600 ℃)	2(2 h)	3(15 ℃/h)	
4	1(30 ℃/h)	2(450 ℃)	2(2 h)	1(1.5 ℃/h)	
5	2(50 ℃/h)	2(450 ℃)	3(4 h)	3(15 ℃/h)	
6	3(100 ℃/h)	2(45 0℃)	1(6 h)	2(1.7 ℃/h)	
7	1(30 ℃/h)	3(500 ℃)	1(6 h)	3(15 ℃/h)	
8	2(50 ℃/h)	3(500 ℃)	2(2 h)	2(1.7 ℃/h)	
9	3(100 ℃/h)	3(500 ℃)	3(4 h)	1(1.5 ℃/h)	

3. 试验结果分析

通过不同试验方案得到数个试验指标，例如，表 4-6 中得到 9 种(应力)，下面分析试验结果并对试验方案进行评价。对试验结果的分析有两种方法：一是直观分析法，二是极差分析法。

直观分析法就是直观比较试验方案的试验结果。从表 4-6 看出第 5 号试验应力最低(0.5 kPa)，试验组合是 $A_2B_2C_3D_3$。这是从试验直接得到的结果来分析，但是否有更好的试验组合，需要通过极差分析来探索。

极差分析法就是通过计算同一因素不同水平试验指标的极差，了解试验结果的波动情况，然后比较不同因素的极差值，以便找到效果更好的试验方案。通过极差比较可以找出影响试验的主要因素，进而寻找更优的试验方案。下面用表 4-6 讲述极差分析法分析问题的步骤。

表 4-6　试验方案

试验号	因素				应力结果/kPa
	升温速度	恒温温度	恒温时间	降温速度	
	A	B	C	U	
	1	2	3	4	
1	1(30 ℃/h)	1(600 ℃)	3(4 h)	2(1.7 ℃/h)	6
2	2(50 ℃/h)	1(600 ℃)	1(6 h)	1(1.5 ℃/h)	7
3	3(100 ℃/h)	1(600 ℃)	2(2 h)	3(15 ℃/h)	15
4	1(30 ℃/h)	2(450 ℃)	2(2 h)	1(1.5 ℃/h)	8
5	2(50 ℃/h)	2(450 ℃)	3(4 h)	3(15 ℃/h)	0.5
6	3(100 ℃/h)	2(450 ℃)	1(6 h)	2(1.7 ℃/h)	7
7	1(30 ℃/h)	3(500 ℃)	1(6 h)	3(15 ℃/h)	1

续表

试验号	因素				应力结果/kPa
	升温速度	恒温温度	恒温时间	降温速度	
	A	B	C	D	
	1	2	3	4	
8	2(50 ℃/h)	3(500 ℃)	2(2 h)	2(1.7 ℃/h)	6
9	3(100 ℃/h)	3(500 ℃)	3(4 h)	1(1.5 ℃/h)	13
Ⅰ	15	28	15	28	总和 T=Ⅰ+Ⅱ+Ⅲ=63.5
Ⅱ	13.5	15.5	29	19	
Ⅲ	35	20	19.5	16.5	
极差 R	21.5	12.5	14	11.5	

注：Ⅰ为同一因素水平 1 的三次试验结果之和；Ⅱ为同一因素水平 2 的三次试验结果之和；Ⅲ为同一因素水平 3 的三次试验结果之和。

(1)数据计算。

1)计算各因素不同水平的指标和。用Ⅰ、Ⅱ、Ⅲ分别表示对应各因素水平 1、2、3 的指标和。例如，对于因素 A，水平 1、2、3 的指标和分别用 Ⅰ_A、Ⅱ_A、Ⅲ_A 表示。

$$\text{Ⅰ}_A = 6+8+1 = 15$$

$$\text{Ⅱ}_A = 7+0.5+6 = 13.5$$

$$\text{Ⅲ}_A = 15+7+13 = 35$$

其他因素用同样方法计算其结果，见表 4-6。

2)计算各因素不同水平指标的极差 R。极差是指 Ⅰ_A、Ⅱ_A、Ⅲ_A 三个数中最大值和最小值之差，如因素 A 的极差为

$$R_A=35-13.5=21.5$$

其他因素以此类推，其结果见表 4-6。

计算指标值总和 T，公式如下：

$$T=\text{Ⅰ}+\text{Ⅱ}+\text{Ⅲ}=15+13.5+35=63.5(\text{因素 } A)$$

3)本例结果为 63.5，各因素Ⅰ、Ⅱ、Ⅲ的分指标和是相等的，都等于 9 次试验结果指标值之和，即

$$6+7+15+8+0.5+7+1+6+13=63.5$$

(2)对计算结果进行分析。

1)找比较优的试验搭配方案。较优的试验搭配方案，是以每个因素中试验指标效果较好的水平进行搭配。对上例来说，因为指标是应力度，指标值越低试验效果越好。按此搭配较优试验方案为 $A_2B_2C_1D_3$。

2)排出主次因素。极差所反映的是指标值的波动，对每个因素来说，指标值的波动是由于因素所取不同的水平而引起的。所以极差越大，说明该因素的不同水平对试验指标的影响越大，那么它就应该是试验的主要控制对象，也就是主要因素。对主要因素要以较优的水平搭配试验。相反，极差较小的因素，说明该因素所处的状态，即所取的不同水平对试验指标影响不大，那么该因素就不作为主要控制对象，它就是一般因素。对一般因素的水平就可以根据试验方便、资金节约的原则而选取的。当然这里所说的主要因素或一般因素是对特

定的试验条件而言的，例 4-1 各因素的主次排列是对特定的试验条件而言的，按极差从大到小的主次排列如图 4-3 所示。

主 ————→ 次
A　C　B　D

图 4-3　因素主次排列

于是，除 $L_9(3^4)$ 正交表之外，通过计算后还可以采用一个搭配较优的试验方案，即 $A_1C_2B_2D_3$。

3）画趋势图确定下批试验的好条件。为了进一步降低指标应力，以每个因素的实际水平为横坐标，其试验结果总和为纵坐标，画出各因素的趋势图，如图 4-4 所示。

从图 4-4 中可以看出这些因素的发展趋势，可以做进一步的分析。

恒温温度（因素 B）：450 ℃、500 ℃、600 ℃，温度上升，指标应力高度逐步上升，说明如果温度下降，应力还将继续降低，这意味着原来的三个位级都选高了，就是 450 ℃的恒温温度也是比较高的。再试验时可将此温度降至 400 ℃或更低一些。

恒温时间（因素 C）：2 h、4 h、6 h，恒温时间越长，指标应力逐步下降，这也证实了过去“时间长应力低”的看法是正确的。恒温 6 h 最好，但考虑到节约电力和提高工效等综合效益，恒温时间取 4 h 也是可以的。

这样一个新的试验方案将形成，最后把确定的 4 个好的位级结合到一起得出一个新的试验方案，即：恒温温度降到 400 ℃，记为 B_4，恒温时间为 4 h，升温速度为 50 ℃/h，降温速度为 15 ℃/h，得试验新方案 $A_2B_4C_3D_3$，就是最终确定的退火工艺的工艺条件。

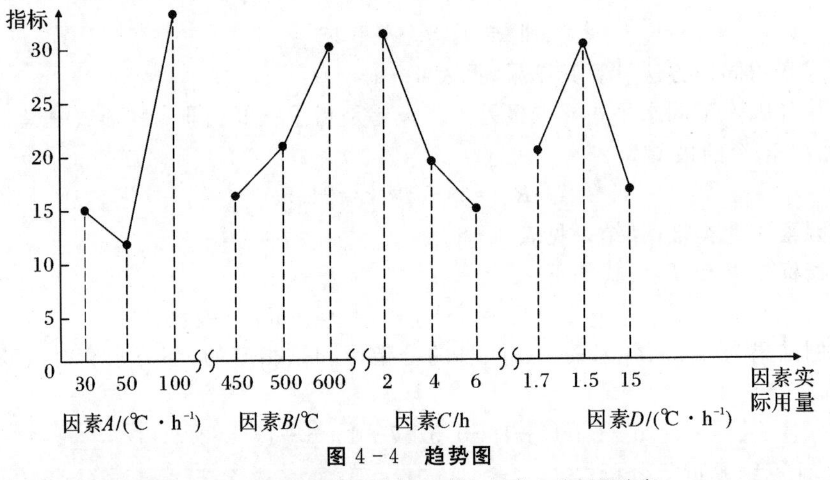

图 4-4　趋势图

注：因素 A 为升温速度，因素 B 为恒温温度，因素 C 为恒温时间，因素 D 为恒温速度。

4.1.4　有多指标要求的正交试验

在实际问题中，有许多试验需要用多个指标来衡量试验效果，称为多指标试验。在多指标试验中，各个指标之间可能存在一定的矛盾，一项指标好了，另一项指标却差了。如何兼顾各项指标，找出使得每项指标都尽可能好的生产条件？常用的方法有两种：综合平衡法与综合评分法。

1. 综合平衡法

综合平衡法的基本做法：

(1)对各项指标进行分析，与单指标的分析方法完全一样，找出各项指标的较优生产条件；

(2)将各项指标的较优生产条件综合平衡，找出兼顾各项指标都尽可能好的生产条件。

例如，某汽车配件厂进行后视镜加工工艺试验，以提高其光洁度合格率和缩短工时，选取的因素水平见表 4－7。

表 4－7　后视镜加工工艺试验因素水平表

水　平	因　素			
	抛光液含量/(%)	抛光模新旧	玻　璃	抛光模硬度
	A	B	C	D
1	99	新	退修料	正　常
2	45	旧	新　料	偏　硬

根据本试验的目的，需要考察的指标有两项，即光洁度合格率和工作时间。

光洁度合格率 Y，越高越好；工作时间 Z，越短越好。选用正交表 $L_8(2^7)$来安排该试验，试验方案、结果和所做的计算与分析列于表 4－8 中。

表 4－8　后视镜加工工艺试验结果分析计算表

试验号	因　素				指　标	
	D	B	A	C		
	1	2	4	7	合格率/(%)	工作时间 Z/h
1	1(正常)	1(新)	1(99%)	1(退修料)	93	4
2	1	1	2(45%)	2(新料)	91	10
3	1	2(旧)	1	2	29	6
4	1	2	2	1	56	6
5	2(偏硬)	1	1	2	71	4
6	2	1	2	1	73	11
7	2	2	1	1	83	3
8	2	2	2	2	84	1
合格率的极差运算	I	269	328	276	305	因素主次：$BDCA$ 较优生产条件： $B_1D_2C_1A_2$
	n	311	252	304	275	
	R	42	76	28	30	
工作时间的极差运算	I	26	29	17	24	因素主次：$ACDB$ 较优生产条件： $A_1C_1D_1B_1$
	n	32	29	41	. 34	
	R	6	0	24	10	

综合平衡的一般原则：当各项指标的重要性不一样时，选取水平应保证重要的指标；当各指标的重要性相仿时，选取水平应优先照顾主要因素或多数的倾向。上述例子中，因素 A 对于“工作时间”而言是主要因素，对“合格率”而言是次要因素，故取 A_1；因素 B 对于“合格

率"而言是主要因素，对"工作时间"而言是次要因素，且两个水平的作用相近，故取 B_1；因素 C 在两项指标中都是 C_1 好，故取 C_1；因素 D 对"合格率"而言是较主要的因素，对"工作时间"而言是较次要的因素，故取 D_2。经综合平衡，最后得到的较优生产条件为 $A_1B_1C_1D_2$。

2.综合评分法

综合评分法是用评分的办法，将多个指标综合成单一的指标——得分，用每次试验的得分来代表本次试验的结果，用各试验号的分数作为数据进行分析的方法。综合评分法的关键是评分。评分既要能反映各指标的要求，也要能反映出各个指标的重要程度。

常用的评分方法有以下两种：

(1)排队评分法，即把各项试验结果按优劣排队，顺序排好后，根据相邻名次的实际差别，给出统一的分数。评分可以采用百分制，也可以采用10分制或5分制。排队评分法不仅简单易行而且应用面广，不仅适用于将多指标化为单指标的情况，还适用于将定性指标化为定量指标的情况。

(2)公式评分法，即首先对每项指标按优劣评分，然后把各项指标的得分按一定的公式组合起来，综合成一个综合得分。

运用上述例子来说明如何用综合评分法分析多个指标试验的结果。

首先，对每项指标单独评分。对合格率，规定合格率为93%者评为9.3分，合格率为91%者评为9.1分，其余类推。对工作时间，规定时间最少者(3 h)评为10分，多1 h扣1分，时间最多者评为0分，因为合格率是一项重要指标，工作时间是一项次要指标，所以以"加权"方式得到综合评分：

$$综合评分=2\times合格率得分+工作时间得分$$

如第1号试验综合评分$=2\times9.3+9=27.6$，全部综合评分和以综合评分为数据的计算、分析列于表4-9。

表4-9 试验结果综合评分分析计算表

试验号	因素						综合得分
	D	B	A	C	指标		
	1	2	4	7	合格率/(%)	工作时间 Z/h	
1	1	1	1	1	93	4	27.6
2	1	1	2	2	91	10	21.2
3	1	2	1	2	29	6	12.8
4	1	2	2	1	56	6	18.2
5	2	1	1	2	71	4	23.2
6	2	1	2	1	73	11	16.6
7	2	2	1	1	83	3	26.6
8	2	2	2	2	84	14	16.8
Ⅰ	79.8	88.6	90.2	89	因素主次：$ACBD$ 较优生产条件：$A_1B_1C_1D_2$		
Ⅱ	83.2	74.4	72.8	74.0			
R	3.4	14.2	17.4	15.0			

由表 4－9 看出，按综合评分法所得的较优生产条件 $A_1B_1C_1D_2$ 与综合平衡法的结论一致。

综合评分的方法不仅可用于定量指标的试验结果的分析，而且也适用于定性指标的试验。如某发动机厂提高精铸模体的性能试验，其指标：模体用于浇注时是否炸裂，所选因素水平如表 4－10 所示。试验需要考虑交互作用 $A\times C$ 和 $B\times C$。

表 4－10　精铸模体性能试验因素水平表

水　平	因　素				
	硬化剂比重	硬化剂温度/℃	硬化时间/min	晾干时间/min	脱蜡条件
	A	B	C	D	E
1	1.18	13	2	15	氯化剂
2	122	25	4	40	盐酸

选用 $L_8(2^7)$ 安排试验，试验方案见表 4－11。把 8 个试样按优劣排队。2 号最好，排第 1 名，1 号排第 2 名，3 号排第 3 名，8 号排第 4 名，4 号、5 号、6 号、7 号最差，然后按工艺要求，按名次顺序以及相邻两个名次差别大小，统一打分。

评分结果如下：

第 1 名 2 号	10 分
第 2 名 1 号	8 分
第 3 名 3 号	6 分
第 4 名 8 号	4 分
4 号、5 号、6 号、7 号	0 分

把评分结果及试验结果的分析列于表 4－11 中。

表 4－11　精铸模体性能试验结果分析表

试验号	因　素							综合评分
	A	C	$A\times C$	B	D	$B\times C$	E	
	1	2	3	4	5	6	7	
1	1	1	1	1	1	1	1	8
2	1	1	1	2	2	2	2	10
3	1	2	2	1	1	2	2	6
4	1	2	2	2	2	1	1	0
5	2	1	2	1	1	1	2	0
6	2	1	2	2	2	2	1	0
7	2	2	1	1	1	2	1	0
8	2	2	1	2	2	1	2	4
Ⅰ	24	18	22	14	18	12	8	$T=28$ 因素主次：A，$A\times C$，E，C，D，$B\times C$，B 最优生产条件：$A_1B_2C_1D_1E_2$
Ⅱ	4	10	6	14	10	16	20	
R	20	8	16	0	8	4	12	

4.1.5 有交互效应的正交试验

上述试验方案的设计和试验结果的分析方法都是指没有交互效应的情况。当因素间有交互作用,而且希望通过试验分析交互作用对指标的影响时,试验方案的设计与前面所讲的稍有不同。

若正交表中两列间有交互作用,则在常用正交表中,表后面附上一张“两列间的交互作用列表”,专门用来分析交互作用。现以 $L_8(2^7)$的“两列间的交互作用列表”(见表 4-12)为例,说明这类表的用法。

表 4-12 $L_8(2^7)$交互作用查询表

列号							行号
1	2	3	4	5	6	7	
(1)	3	2	5	4	7	6	1
	(2)	1	6	7	4	5	2
		(3)	7	6	5	4	3
			(4)	1	2	3	4
				(5)	3	2	5
					(6)	1	6
						(7)	7

表 4-12 中的所有数字都是正交表 $L_8(2^7)$(见附录 B 的表 B-2)的列号。最右边和最上边的数字是本表的行号和列号,括号里的数字也是本表的行号(也是列号)。若要查 $L_8(2^7)$的第 1、2 列的交互列,则从表 4-12 中“(1)”横着向右看,从“(2)”竖着向上看,它们的交叉点是 3,则第 3 列就是第 1 列与第 2 列的交互作用列。同理,可查出第 2 列与第 4 列的交互作用列是第 6 列,其他任意两列的交互作用列可用类似的办法查得。在设计试验方案时,若因素 A 排在第 1 列,因素 B 排在第 2 列,则因素 A 与 B 的交互作用在第 3 列。这时由第 3 列的计算可分析出交互作用 $A\times B$ 对指标影响的大小。这时若第 3 列再排了另一因素,则该因素对指标的影响就与交互作用对指标的影响混在一起,不能区分开来,这称为产生了“混杂”。因此,在试验时,往往把交互作用单独作为一个因素来考察,交互作用所在的列不能再排其他因素。

$L_{16}(2^{15})$和 $L_{32}(2^{31})$等正交表“两列间的交互作用列表”的用法与 $L_8(2^7)$的完全类似。$L_4(2^3)$任两列的交互列是剩下的一列。特别指出的是,对二水平正交表,两列间的交互作用列只有一列;对三水平正交表,两列间的交互作用列要占两列;一般地,对 n 水平正交表($n\geqslant 2$),两列间的交互作用列占 $n-1$ 列。在 $L_{27}(3^{13})$的“两列间的交互作用列表”(见表 4-13)中,每行每列的交叉处都有两个数字。例如,第 2 列第 5 行上的数字是 8 和 11。这就是说,如果因素 A 在第 2 列,因素 B 在第 5 列,则因素 A、B 的交互作用 $A\times B$ 在第 8 列和第 11 列上。

$A\times B$ 对指标影响的大小，可由第 8 和第 11 这两列计算分析出来。

表 4－13　$L_{27}(3^{13})$ 交互作用查询表

列号													行号
1	2	3	4	5	6	7	8	9	10	11	12	13	
(1)	3 4	2 4	2 3	6 7	5 7	6 5	9 10	8 10	8 9	12 13	11 13	11 12	1
	(2)	1 4	1 3	8 11	9 12	10 13	5 11	6 12	7 13	5 8	6 9	7 10	2
		(3)	1 2	9 13	10 11	8 12	7 12	5 13	6 11	6 10	7 8	5 9	3
			(4)	10 12	8 13	9 11	6 13	7 11	8 12	7 9	5 10	6 8	4
				(5)	1 7	1 6	2 11	3 13	4 12	2 8	4 10	3 9	5
					(6)	1 5	4 13	2 12	3 11	3 10	2 9	4 8	6
						(7)	3 12	4 11	2 13	4 9	3 8	2 10	7
							(8)	1 10	1 9	2 5	3 7	4 6	8
								(9)	1 3	4 7	2 6	3 5	9
									(10)	3 6	4 5	2 7	10
										(11)	1 13	1 12	11
											(12)	1 11	12

当试验要考察因素间的交互作用时，表头设计的原则是不能产生混杂。如某铸造厂为了消除 $Al_{17}Ni_2$ 叶片的脆性，试验指标是延伸率，选取的因素水平见表 4－14。根据实际经验，浇铸速度固定在 3～5 s，模壳预热为 108 ℃，保温 1 h。另外，还需考察交互作用$A\times B$，$A\times C$，$B\times E$，$D\times E$。其他交互作用可以忽略。希望用较小的试验摸清这 5 个因素和 4 个交互作用中，哪些对指标延伸率影响较大，哪些影响较小，并找出使延伸率较高的生产条件。

表 4-14　叶片延伸率试验因素水平表

水平	因素				
	含碳量/(%)	含铝量/(%)	含铜量/(%)	出炉温度/℃	冷却方式
	A	B	C	D	E
1	0.12	2.5	0	1620	不造型
2	0.07	4.0	3.5	1560	造型

试验要考察 5 个因素、4 个交互作用。设计试验方案时，表头设计与以前不同。选表时应注意，这里不仅每个因素要占一列，而且 4 个交互作用($A\times B$，$A\times C$，$B\times E$，$D\times E$)也要各占一列，共占 9 列。本试验是二水平试验，因此要选用至少有 9 列的二水平正交表。$L_{16}(2^{15})$满足这个要求，故使用 $L_{16}(2^{15})$来安排这个试验。

先把因素 A 排在第 1 列，因素 B 排在第 2 列，查 $L_{16}(2^{15})$的交互作用表，$A\times B$ 应排在第 3 列。因素 C 不能放在第 3 列，否则就产生“混杂”了，现将因素 C 排在第 4 列，查表知 $A\times C$在第 5 列。然后将因素 E 排在第 15 列，则 $B\times E$ 应排在第 13 列。再将因素 D 排在第 8 列，查表知 $D\times E$ 应排在第 7 列。这样就完成了表头设计。

本试验的表头设计、试验方案、试验结果、计算与分析均列于表 4-15 中。

表 4-15　试验结果分析计算表

试验	因素															y_i
	A	B	$A\times B$	C	$A\times C$		$D\times E$	D					$B\times E$		E	
	1	2	3	4	5	6	7	8	9	10	11	12	13	14	15	
1	1	1	1	1	1	1	1	1	1	.1	1	1	1	1	1	9.2
2	1	1	1	1	1	1	1	2	2	2	2	2	2	2	2	4.8
3	1	1	1	2	2	2	2	1	1	1	1	2	2	2	2	2.0
4	1	1	1	2	2	2	2	2	2	2	2	1	1	1	1	3.8
5	1	2	2	1	1	2	2	1	1	2	2	1	1	2	2	3.8
6	1	2	2	1	1	2	2	2	2	1	1	2	2	1	1	3.6
7	1	2	2	2	2	1	1	1	1	2	2	2	2	1	1	8.6
8	1	2	2	2	2	1	1	2	2	1	1	1	1	2	2	9.6
9	2	1	2	1	2	1	2	1	2	1	2	1	2	1	2	9.4
10	2	1	2	1	2	1	2	2	1	2	1	2	1	2	1	12.0
11	2	1	2	2	1	2	1	1	2	1	2	2	1	2	1	8.6
12	2	1	2	2	1	2	1	2	1	2	1	1	2	1	2	9.8
13	2	2	1	1	2	2	1	1	2	2	1	1	2	2	1	9.2
14	2	2	1	1	2	2	1	2	1	1	2	2	1	1	2	9.6
15	2	2	1	2	1	1	2	1	2	2	1	2	1	1	2	3.0
16	2	2	1	2	1	1	2	2	1	1	2	1	2	2	1	2.4
Ⅰ	45.4	59.6	44.0	61.6	45.2	59.0	69.4	53.8	57.4	54.4	58.4	57.2	59.6	57.0	57.4	$T=$
Ⅱ	64.0	49.8	65.4	47.8	64.2	50.4	40.0	55.6	52.0	55.0	51.0	52.2	49.8	52.4	52.0	109.4
极差 R	18.6	9.8	21.4	13.8	19.0	8.6	29.4	1.8	5.4	0.6	7.4	5.0	9.8	4.6	5.4	

需要注意，交互作用不是具体因素，而是因素之间的联合搭配作用，当然也就无所谓水平。因此，交互作用所在的列，在试验方案中是不起作用的，只是在分析试验结果时用。例如，第 1 号试验条件是：含碳量为 0.12%，含铝量为 2.5%，含铜量为 0，出炉温度为 1 620 ℃，冷却方式为不造型等。其他各号试验条件可类似写出。

有交互作用的试验，其结果的分析与无交互作用试验结果的分析在方法上没有本质的不同。事实上，如果把每个交互作用作为一个“因素”看待，其计算分析的方法与没有交互作用试验的一致。所不同的主要是最后一步，即较优生产条件的选择。

前已述及，某因素极差 R 的大小，代表了该因素对指标影响的大小。同样，某交互作用列极差 R 的大小，也代表了该交互作用对指标影响的大小。于是比较各列极差的大小来确定各因素与交互作用的主次顺序。由表 4 - 15 最末一行的极差 R 可得，本例各因素与交互作用的主次顺序为 $D\times E$，$A\times B$，$A\times C$，A，C，B，$B\times E$，E，D。

根据以上分析可见，首先因素 D 和 E 本身对指标影响不大，但它们的交互作用影响却最大；其次是 $A\times B$ 和 $A\times C$，再次是含碳量因素 A，含铜量因素 C，含铝量因素交互作用 $B\times E$，出炉温度因素 D 与冷却方式因素 E 影响较小。

有交互作用的试验，选取水平时要区分两类因素：

(1)不涉及交互作用的因素或交互作用影响较小的因素，它们水平的选取和以前一样，选取合计指标值较好的所对应的水平。

(2)有交互作用的因素，它们水平的选取不能单独考虑，而要列出二元表，根据各种搭配情况，选取对指标影响较好的水平组合。

例如，对出炉温度因素 D 和冷却方式因素 E 的交互作用列出二元表，见表 4 - 16。

表 4 - 16　因素 D 和 E 交互作用分析二元素

因素 D	因素 E	
	E_1	E_2
D_1	$\frac{9.2+8.6+8.6+9.2}{4}=8.9$	$\frac{2.0+3.8+9.4+3.0}{4}=4.55$
d_2	$\frac{3.8+3.6+12.0+2.4}{4}=5.45$	$\frac{4.8+9.6+9.8+9.6}{4}=8.45$

从表 4 - 16 看出，取 D_1E_1 搭配较好，即 $D_1=1\ 620$ ℃，E_1 为不造型(见表 4 - 14)。对交互作用 $A\times B$，同样可列出二元表(见表 4 - 17)。从表 4 - 17 看出，取 A_2B_1 较好，即 $A_2=0.07$，$B_1=2.5$。类似地，可列出 $A\times C$ 的二元表，并看出应选 A_1C_2 或 A_2C_1 搭配。但因素 A 已取 A_2，从而决定选 A_2C_1 搭配。

表 4 - 17　因素 A 和 B 交互作用分析二元素

因素 D	因素 E	
	B_1	B_2
A_1	$\frac{9.2+4.8+2.0+3.8}{4}=4.95$	$\frac{3.8+3.6+8.6+9.6}{4}=6.4$
A_2	$\frac{9.8+9.4+12+8.6}{4}=9.95$	$\frac{9.2+9.6+3.0+2.4}{4}=6.05$

综上所述，得到较优生产条件为 $A_2B_1C_1D_1E_1$，即含碳量为 0.07%，含铝量为 2.5%，含铜量为 0，出炉温度为 1 620 ℃，冷却方式为不造型。

需要指出的是，对许多问题往往衡量试验效果的指标不止一个而是多个，本例中除了考虑延伸率这个指标外，还需考虑抗拉强度、断面收缩率、硬度等指标。

4.1.6 正交试验结果的方差分析

上述多因素正交试验的分析方法叫作直观分析法。这种方法简单直观，只要对试验结果做少量计算，通过综合分析比较，便能知道因素的主次，得出较好的生产条件。但直观分析不能估计试验误差的大小，也就是说，不能区分因素各水平所对应的试验结果间的差异究竟是因为因素水平不同所引起的，还是因为试验的误差所造成的，因而不能知道分析的精度。为了弥补直观分析法的这些不足，可采用方差分析方法。

多因素正交试验方差分析的基本思想和方法与单因素方差分析差不多，只是要多计算几个因素的偏差平方和与自由度，误差的估计稍微复杂一点，需分别对各个因素进行分析、检验和推断。在多因素正交试验中，各因素间交互作用和误差对试验指标影响的大小仍通过其相应的偏差平方和来表示，各偏差平方和中独立数据的个数仍用相应的自由度表示，也有偏差平方和与自由度的分解公式。它们的计算方法与单因素试验的基本一致。

首先引入正交表的是列偏差平方和的概念。公式如下：

$$S_i^2 = \text{第 } i \text{ 列}\left(\frac{\text{同水平数据之和的平方和}}{\text{水平重复数}}\right) - \frac{(\text{数据之和})^2}{\text{数据总个数}}$$

式中：S_i^2——正交表第 i 列的偏差平方和。其自由度 f_i 公式如下：

$$f_i = \text{第 } i \text{ 列的水平数} - 1$$

在没有重复试验、重复取样的情况下，总偏差平方和与列偏差平方和、总自由度与列自由度之间，一般有如下关系：

正交表的平方和分解

$$S_T^2 = \sum S_i^2$$

正交表的自由度分解

$$f_T = \sum f_i$$

在正交试验中，若将因素 A 排在某正交表的第 i 列上，则此因素 A 的偏差平方和就是第 i 列的偏差平方和，即

$$S_A^2 = S_i^2$$

因此，要计算某因素的偏差平方和，只需把该因素所在列的偏差平方和计算出来即可。交互作用的偏差平方和，同样是它所在列的偏差平方和。交互作用占有几列，其偏差平方和就是所占各列的偏差平方和之和。

用同水平数据之和的符号Ⅰ、Ⅱ、Ⅲ，…及数据总和符号 T 可把正交表的列偏差平方和的公式写成如下形式：

$$S_i^2 = \frac{\text{Ⅰ}_i^2 + \text{Ⅱ}_i^2 + \text{Ⅲ}_i^2 + \cdots}{\text{水平重复数}} - \frac{T^2}{\text{数据总个数}}$$

例如，对于二水平正交表，其具体形式为

$$S_i^2 = \frac{\text{Ⅰ}_i^2 + \text{Ⅱ}_i^2}{\text{水平重复数}} - \frac{T^2}{\text{数据总个数}}$$

对于三水平正交表，其具体形式为

$$S_i^2=\frac{\text{Ⅰ}_i^2+\text{Ⅱ}_i^2+\text{Ⅲ}_i^2+\cdots}{\text{水平重复数}}-\frac{T^2}{\text{数据总个数}}$$

但是，对于二水平正交表，可简写为如下形式：

$$S_i^2=\frac{(\text{Ⅰ}_i-\text{Ⅱ}_i)^2}{\frac{1}{2}+\frac{1}{2}\text{总个数}}$$

正交试验方差分析表见表 4-18。

表 4-18　正交试验方差分析表

来 源	偏差平方和 S^2	自由度 f	平均偏差平方和$\overline{S^2 S^2}$	F 值	临界值
A	S_A^2	$f_A=r-1$	$S_A^{-2}=\frac{S_A^2}{f_A}$	$F_A=\frac{S_A^{-2}}{S_C^{-2}}$	$F_{\text{Ⅱ}}(f_A \cdot f_c)$
B	$S_{\text{Ⅱ}}^2$	$f_E=r-1$	$S_E^{-2}=\frac{S_E^2}{f_E}$	$F_E=\frac{S_E^{-2}}{S_E^2}$	$F_{\text{Ⅱ}}(f_E \cdot f_c)$
…	…	…	…	…	…
$A\times B$	S_{AE}^2	$f_{AE}=(r-1)^2$	$S_{AE}^{-2}=\frac{S_{AE}^{-2}}{S_C^{-2}}$	$F_{AE}=\frac{S_{AE}^{-2}}{S_C^{-2}}$	$F_{\text{Ⅲ}}(f_{AB} \cdot f_c)$
…	…	…	…	…	…
误差 e	S_C^2	f_C	$S_C^{-2}=\frac{S_C^2}{f_C}$		
总和 T	S_T^2	$f_r=n-1$			

注：F 显著性可以查附录 C，如果 F 值大于临界值，则显著；反之不显著。

下面举例说明正交试验的方差分析方法。某晶片加工工艺的合格率试验。据生产经验，影响合格率的有加工温度、冷却时间、晶片纯度、真空度等四个因素，分别用 A、B、C、D 表示，且因素 A 与 B 之间可能存在交互作用 $A\times B$，因素水平表见表 4-19。

表 4-19　某晶片加工工艺合格率试验因素水平表

水 平	因素			
	加工温度/℃	冷却时间/h	纯度	真空度/Pa
	A	B	C	D
1	60	2.5	1.1∶1.0	500
2	80	3.5	1.2∶1.0	600

这是一个四因素二水平的试验，选用 $L_8(2^7)$ 正交表。考察的指标是合格品率（越高越好），试验方案、试验结果及其计算见表 4-20。

表 4-20　某晶片加工工艺合格率试验结果分析计算表

试验号	因素							
	A	B	$A\times B$	C			D	合格率/(%)
	1	2	3	4	5	6	7	y_i-90
1	1(60 ℃)	1(2.5 h)	1	1(1.1∶1)	1	1	1(500 Pa)	−4

续 表

试验号	因素							
	A	B	$A\times B$	C			D	合格率/(%)
	1	2	3	4	5	6	7	y_i—90
2	1	1	1	2(1.2∶1)	2	2	2(600 Pa)	5
3	1	2(3.5 h)	2	1	1	2	2	1
4	1	2	2	2	2	1	1	4
5	2(80 ℃)	1	2	1	2	1	2	1
6	2	1	2	2	1	2	1	6
7	2	2	1	1	2	2	1	−7
8	2	2	1	2	1	1	2	−2
Ⅰ	6	8	−8	−9	1	−1	−1	$T=4$ $S_T^2=146$
Ⅱ	−2	−4	12	13	3	5	5	
S_T^2	8	18	50	60.5	0.5	4.5	4.5	

1.计算各因素的偏差平方和及其自由度

$$S_A^2=S_1^2=\frac{(\text{Ⅰ}_1-\text{Ⅱ}_1)^2}{8}=\frac{(6+2)^2}{8}=8,\quad f_A=2-1=1$$

$$S_B^2=S_2^2=\frac{(\text{Ⅰ}_2-\text{Ⅱ}_2)^2}{8}=\frac{(8+4)^2}{8}=18,\quad f_B=2-1=1$$

$$S_{AB}^2=S_3^2=\frac{(\text{Ⅰ}_3-\text{Ⅱ}_3)^2}{8}=\frac{(-8-12)^2}{8}=50,\quad f_{AB}=1$$

$$S_C^2=S_4^2=\frac{(\text{Ⅰ}_4-\text{Ⅱ}_4)^2}{8}=\frac{(-9-13)^2}{8}=60.5,\quad f_C=1$$

$$S_D^2=S_7^2=\frac{(\text{Ⅰ}_7-\text{Ⅱ}_7)^2}{8}=\frac{(-1-5)^2}{8}=4.5,\quad f_D=1$$

总的偏差平方和为

$$S_T^2=\sum_{i=1}^{8}y_i^2-\frac{T^2}{8}=[(-4)^2+5^2+\cdots+(-7)^2+(-2)^2]-\frac{4^2}{8}$$

$$f_T=8-1=7$$

由平方和分解公式得误差的平方和为

$$S_e^2=S_T^2-S_A^2-S_B^2-S_{AB}^2-S_C^2-S_D^2=146-8-18-50-60.5-4.5=5$$

$$f_e=7-5=2$$

另一方面

$$S_e^2=S_5^2+S_6^2=\frac{(\text{Ⅰ}_5-\text{Ⅱ}_5)^2}{8}+\frac{(\text{Ⅰ}_6-\text{Ⅱ}_6)^2}{8}=\frac{(1-3)^2}{8}+\frac{(-1-5)^2}{8}=5$$

$$f_e=f_5+f_6=1+1=2$$

由上式计算可知：

误差平方和＝空列的平方和之和

误差平方和的自由度＝空列的自由度之和

2. 显著性检验

因素的显著性检验与二因素的方差分析相同，可在方差分析表 4－21 中进行。

表 4－21　方差分析表

来　源	偏差平方和 S^2	自由度 f	平均偏差平方和 $\overline{S^2}$	F 值	临界值		显著性
					0.05	0.01	
A	8	1	8	3.2	18.5	98.5	
B	18	1	18	7.2	18.5	98.5	
$A\times B$	50	1	50	20.0	18.5	98.5	* *
C	60.5	1	60.5	24.2	18.5	98.5	* *
D	4.5	1	4.5	1.8	18.5	98.5	
e	5	2	2.5				
T	146	7					

注：* * 为显著性标志。

3. 选择较优生产条件

方差分析表明，交互作用 $A\times B$ 和因素 C 对指标合格品率有显著影响。为此，需要寻找因素 C 及 $A\times B$ 的最好的水平组合。由表 4－20 知，C 取二水平 C_2 好。为寻找 $A\times B$ 的最好搭配，列出二元表，见表 4－22。

表 4－22　因素 A 与 B 交互作用二元表

因素 B	因素 A	
	A_1	A_2
B_1	$\frac{-4+5}{2}=0.5$	$\frac{1+6}{2}=3.5$
B_2	$\frac{1+4}{2}=2.5$	$\frac{-7-2}{2}=-4.5$

由表 4－22 知，A_2B_1 搭配平均合格品率最高，所以因素 A 取 A_2，因素 B 取 B_1 较好。因此，最后选择的较优加工条件为 $A_2B_1C_2D_0$。即加工温度为 80 ℃，冷却时间为 2.5 h，配比为 1.2∶1，D_0 表示真空度(Pa)对合格品率影响不显著，可任意选取。

下例说明考虑三水平因素交互作用的正交试验方差分析方法。为了提高某种产品产量，寻求较好的工艺条件，进行了正交试验。考察的因素与水平见表 4－23，并希望考虑因素间的交互作用。

表 4-23　因素水平表

水 平	因素		
	反应温度/℃	反应压力/kg	溶液浓度/(%)
	A	B	C
1	60	2	0.5
2	65	2.5	1.0
3	70	3	2.0

这里选用正交表 $L_{27}(3^{13})$。表头设计、试验方案、试验结果与基本结果见表 4-24。

表 4-24　试验结果分析计算表

试验号	因素									产量/10 kg
	A	B	$(A\times E)_1$	$(A\times B)_2$	C	$(A\times C)_1$	$(A\times C)_2$	$(B\times C)_1$	$(B\times C)_2$	
	1	2	3	4	5	6	7	8	11	
1	1(60 ℃)	1(2 kg)	1	1	1(0.5%)	1	1	1	1	1.30
2	1	1	1	1	2(1.0%)	2	2	2	2	4.63
3	1	1	1	1	3(2.0%)	3	3	3	3	7.23
4	1	2(2.5 kg)	2	2	1	1	1	2	3	0.50
5	1	2	2	2	2	2	2	3	1	3.67
6	1	2	2	2	3	3	3	1	2	6.23
7	1	3(3 kg)	3	3	1	1	1	3	2	1.37
8	1	3	3	3	2	2	2	1	3	4.73
9	1	3	3	3	3	3	3	2	1	7.07
10	2(65 ℃)	1	2	3	1	2	3	1	1	0.47
11	2	1	2	3	2	3	1	2	2	3.47
12	2	1	2	3	3	1	2	3	3	6.13
13	2	2	3	1	1	2	3	2	3	0.33
14	2	2	3	1	2	3	1	3	1	3.40
15	2	2	3	1	3	.1	2	1	2	5.80
16	2	3	1	2	1	2	3	3	2	0.63
17	2	3	1	2	2	3	1	1	3	3.97
18	2	3	1	2	3	1	2	2	1	6.50
19	3(70 ℃)	1	3	2	1	3	2	1	1	0.03
20	3	1	3	2	2	1	3	2	2	3.40
21	3	1	3	2	3	2	1	3	3	6.80
22	3	2	1	3	1	3	2	2	3	0.57
23	3	2	1	3	2	1	3	3	1	3.97
24	3	2	1	3	3	2	1	1	2	6.83

续 表

试验号	因素									产量/10 kg
	A	B	$(A\times E)_1$	$(A\times B)_2$	C	$(A\times C)_1$	$(A\times C)_2$	$(B\times C)_1$	$(B\times C)_2$	
	1	2	3	4	5	6	7	8	11	
25	3	3	2	1	1	3	2	3	2	1.07
26	3	3	2	1	2	1	3	1	3	3.97
27	3	3	2	1	3	2	1	2	1	6.57
Ⅰ	36.73	33.46	35.63	34.30	6.27	32.94	34.21	33.33	32.98	$T=100.64$
Ⅱ	30.70	31.30	32.08	31.73	35.21	34.66	33.13	33.04	33.43	
Ⅲ	33.21	35.88	32.93	34.61	59.16	33.04	33.30	34.27	34.23	

注：9、10、12、13 列为空白列。

此时，各列的偏差平方和由下述公式计算：

$$S_i^2=\frac{\text{Ⅰ}_i^2+\text{Ⅱ}_i^2+\text{Ⅲ}_i^2}{9}-\frac{T^2}{27}\quad(i=1,2,\cdots,13)$$

由此可得

$$S_A^2=S_1^2=\frac{36.73^2+30.70^2+33.21^2}{9}-\frac{100.64^2}{27}=2.0387$$

$$S_B^2=S_2^2=\frac{33.46^2+31.30^2+35.88^2}{9}-\frac{100.64^2}{27}=1.1666$$

$$S_C^2=S_5^2=\frac{6.27^2+35.21^2+59.16^2}{9}-\frac{100.64^2}{27}=155.8695$$

交互作用的偏差平方和用它所在列的偏差平方和之和来计算，即

$$S_{AB}^2=S_3^2+S_4^2=\left(\frac{35.63^2+32.08^2+32.93^2}{9}-\frac{100.64^2}{27}\right)+\left(\frac{34.30^2+31.73^2+34.61^2}{9}-\frac{100.64^2}{27}\right)=1.3189$$

$$S_{AC}^2=S_6^2+S_7^2=\left(\frac{32.94^2+34.66^2+33.64^2}{9}-\frac{100.64^2}{27}\right)+\left(\frac{32.21^2+33.13^2+33.30^2}{9}-\frac{100.64^2}{27}\right)=0.2820$$

$$S_{BC}^2=S_8^2+S_{11}^2=\left(\frac{33.33^2+33.04^2+34.27^2}{9}-\frac{100.64^2}{27}\right)+\left(\frac{32.98^2+33.43^2+34.23^2}{9}-\frac{100.64^2}{27}\right)=0.1810$$

误差的偏差平方和由总的偏差平方和 S_T^2 减去所有因素与交互作用的偏差平方和来计算，也可用所有空列的偏差平方和之和来估计，即

$$S_T^2=(1.30^2+4.63^2+\cdots+6.57^2)-\frac{100.64^2}{27}=161.2015^4$$

$$S_e^2=s_T^2-S_A^2-S_B^2-s_C^2-S_{AB}^2-S_{AC}^2-s_{BC}^2=0.3346^4$$

关于自由度，因素的自由度等于水平数减 1，交互作用的自由度等于两个因素的自由度的乘积，误差的自由度等于总的自由度减去各因素与交互作用的自由度，即

$$f_A=3-1=2,\quad f_B=3-1=2,\quad f_C=3-1=2$$
$$f_{AB}=2\times2=4,\quad f_{AC}=2\times2=4,\quad f_{BC}=2\times2=4$$
$$f_e=26-2-2-2-4-4-4=8$$

显著性检验在方差分析表 4-25 中进行。其中 S_{AC}^2 与 S_{BC}^2 较小，与 S_e^2 相加为 $S_{e^\Delta}^2$。

表 4-25　方差分析表

来源	偏差平方和 S^2	自由度 f	平均偏差平方和 $\overline{S^2}$	F 值	F 临界值		显著性
					0.05	0.01	
A	2.038 9	2	1.019 5	20.2	3.63	6.23	* *
B	1.166 6	2	0.583 3	11.6	3.63	6.23	* *
C	155.869 5	2	77.934 8	1 543.0	3.63	6.23	* *
$A\times B$	1.319 9	4	0.330 0	6.5	3.01	4.77	* *
$A\times C$	0.282 0	4					
$B\times C$	0.181 0	4					
e	0.344 6	8					
总和	161.201 5	26					
e^Δ	0.807 6	16	0.050 5				

注：e^Δ 表示最终误差。* * 为显著性标志。

由表 4-25 可知，因素 A、B、C 均高度显著，因素 A 的较好水平为 A_1，因素 B 的较好水平为 B_3，因素 C 的较好水平为 C_3。又因为交互作用 $A\times B$ 也高度显著，可列二元表算出因素 A 和因素 B 各种水平组合下的平均结果，见表 4-26。

表 4-26 中以 A_1B_3 搭配的平均结果 4.39 最大，A_1B_3 搭配较好，它与单独考察因素 A 和因素 B 取的好水平一致，故较优的工艺条件为 $A_1B_3C_3$。

表 4-26　因素 A 与 B 的交互作用二元表

因素 B	因素 A		
	A_1	A_2	A_3
B_1	4.38	3.36	3.41
B_2	3.47	3.18	3.79
B_3	4.39	3.70	3.87

4.2　参数设计原理

4.2.1　基本概念

1. 望目、望小和望大特性

产品的质量特性指标可以分为三类，即望目特性、望小特性和望大特性。

(1)望目。所谓望目特性，是指产品的质量特性 y 具有固定的目标值 m，此时的 y 值即为望目特性。假设 y 的期望值为 μ，方差为 σ^2，则希望一个理想的望目特性 y 的设计，应该

是 $\mu=m$，且 σ^2 很小。例如，加工的长度等一般均是望目特性。

(2)望小。当产品的质量特性 y 为望小特性时，一方面希望其数值越小越好，由于 y 一般意义上不取负值，所以等价于希望质量特性 y 的期望值 μ 越小越好；另一方面，希望 y 的波动越小越好，亦即方差 σ^2 越小越好。例如，机加轴、孔的同轴度或机加零件的平行度、垂直度等形状位置偏差、测量误差、磨损量、杂质或有害成分含量等，均属望小特性。

(3)望大。当产品的质量特性 y 为望大特性时，一方面希望其数值越大越好，由于 y 一般意义上不取负值，所以等价于希望质量特性 y 的期望值 μ 越大越好；另一方面，希望 y 的波动越小越好，亦即方差 σ^2 越小越好。例如，产品的强度、寿命都是望大特性。可以看到，望大特性 y 的倒数 $1/y$ 就是望小特性。

2. 信噪比

在概率论里面，通常会使用如下变异系数作为随机变量的欠佳指标，即变异系数 γ 越小，说明随机变量的可能值的密集程度越高。变异系数的优点是既考虑了标准差 σ 的影响，又考虑了期望值 μ 的影响。公式如下：

$$\gamma=\frac{\sigma}{|\mu|}$$

变异系数并不适用于望大与望小质量特性，所以为评估质量特性的波动，定义了信噪比。信噪比起源于通信领域，原本是作为评价通信设备、信号等优劣的指标，采用信号的功率和噪声的功率之比即信噪比作为指标，原理公式如下：

$$\eta=\frac{S}{N}$$

式中　S——有用信号；

N——无用信号，即噪声；

η——信噪比，在应用中一般用符号 SN 来表示。

参数设计的目的是信噪比越大越好。

信噪比作为评价设计优劣的一种量度，也作为产品质量特性的稳定性指标，已经成为参数设计中的重要工具。

(1)望目特性。对于望目特性，定义其信噪比为变异系数平方的倒数，即

$$\eta=\frac{\mu^2}{\sigma^2} \tag{4-1}$$

设由 n 件样品测得望目特性 y 的数据为 $y_1, y_2, y_3, \cdots, y_n$，根据数理统计知识，$\mu$ 和 σ^2 的无偏估计分别为

$$\hat{\mu}=\bar{y}=\frac{1}{n}\sum_{i=1}^{n}y_i \tag{4-2}$$

$$\hat{\sigma}^2=V_e=\frac{1}{n-1}\sum_{i=1}^{n}(y_i-\bar{y})^2 \tag{4-3}$$

μ^2 的无偏估计为

$$\hat{\mu}^2=\bar{y}^2-\frac{V_e}{n}=\frac{1}{n}(n\bar{y}^2-V_e) \tag{4-4}$$

令 $S_m = n\bar{y}^2 = \frac{1}{n}\left(\sum_{i=1}^{n} y_i\right)^2$，并代入式(4－4)中则有

$$\hat{\mu}^2 = \frac{1}{n}(S_m - V_e) \tag{4-5}$$

定义信噪比为 $\hat{\mu}^2$ 与 $\hat{\sigma}^2$ 的比值，即

$$\hat{\eta} = \frac{\hat{\mu}^2}{\hat{\sigma}^2} = \frac{(S_m - V_e)/n}{V_e} \tag{4-6}$$

借用通信理论，在实际计算时，先取常用对数后再乘以 10，化为以 dB 为单位的信噪比，记作：

$$\eta = 10\lg \frac{(S_m - V_e)/n}{V_e} \tag{4-7}$$

这就是望目特性信噪比的计算公式。

如果说 μ^2 代表了有效信号，σ^2 为噪声，那么信噪比就是“有效信号与噪声的比值”。像收音机，往往随着所收信号的增强，相应的噪声也会增强，因此对其质量的评价，应该采用信噪比。

广义地讲，信噪比就是研究对象的有效部分与无效部分的比值。

(2)望小特性。对于望小特性，既希望 y 的期望值 μ 越小越好，又希望 y 的方差 σ^2 越小越好。因此，定义望小特性的信噪比为

$$\eta = \frac{1}{\mu^2 + \sigma^2} \tag{4-8}$$

η 越大，产品的输出特性就越小，其表现就越稳定。设 $y_1, y_2, y_3, \cdots, y_n$ 为望小特性 y 的 n 个观测值，由

$$\hat{\mu}^2 = \bar{y}^2 - \frac{\hat{\sigma}^2}{n} = \bar{y}^2 - \frac{V_e}{n}$$

可知：

$$\begin{aligned}\hat{\mu}^2 + \hat{\sigma}^2 &= \bar{y}^2 - \frac{V_e}{n} + V_e = \bar{y}^2 + \frac{1}{n}\sum_{i=1}^{n}(y_i - \bar{y})^2 \\ &= \frac{1}{n}\left(\sum_{i=1}^{n} y_i^2 - \bar{y}^2 + n\bar{y}^2\right) = \frac{1}{n}\sum_{i=1}^{n} y_i^2\end{aligned} \tag{4-9}$$

式(4－9)为 $\mu^2+\sigma^2\mu^2+\sigma^2$ 的无偏估计，于是可取：

$$\hat{\eta} = \frac{n}{\sum_{i=1}^{n} y_i^2} \tag{4-10}$$

将 $\hat{\eta}$ 取常用对数再乘以 10，化为分贝值(dB)，并仍以 η 记之，则有：

$$\eta = -10\lg\left(\frac{1}{n}\sum_{i=1}^{n} y_i^2\right) \tag{4-11}$$

式(4－11)为衡量望小特性稳定性的信噪比计算公式。

(3)望大特性。望大特性就是希望输出特性越大越好，波动越小越好，且不取负值的计量值特性。由于望大特性 y 的倒数 $1/y$ 就是望小特性，因此，可以通过倒数变换，把望大特

性转换为望小特性来处理。

由望小特性的信噪比公式(4－10)和式(4－11)可知，望大特性的信噪比公式应为

$$\hat{\eta}=\frac{n}{\sum_{i=1}^{n}\frac{1}{y_i^2}} \tag{4-12}$$

若以 dB 为单位，则有

$$\eta=-10\lg\left(\frac{1}{n}\sum_{i=1}^{n}\frac{1}{y_i^2}\right)$$

3. 灵敏度

与望大、望小特性不同，一般希望望目特性的期望值在目标值附近，除了使用信噪比来评估望目特性的波动情况外，还需要引入灵敏度来评估望目特性的期望值大小。定义 μ^2 为望目质量特性 y 的灵敏度。

设由 n 件样品测得望目特性 y 的数据为 $y_1, y_2, y_3, \cdots, y_n$，根据数理统计知识，$\mu$ 和 σ^2 的无偏估计分别为

$$\hat{\mu}=\bar{y}=\frac{1}{n}\sum_{i=1}^{n}y_i$$

$$\hat{\sigma}^2=V_e=\frac{1}{n-1}\sum_{i=1}^{n}(y_i-\bar{y})^2$$

μ^2 的无偏估计为

$$\hat{\mu}^2=\bar{y}^2-\frac{V_\theta}{n}=\frac{1}{n}(n\bar{y}^2-V_e) \tag{4-13}$$

令 $S_m=n\bar{y}^2=\frac{1}{n}\left(\sum_{i=1}^{n}y_i\right)^2$，并代入式(4－13)中有

$$\hat{\mu}^2=\frac{1}{n}(S_m-V_e) \tag{4-14}$$

则得到了望目特性 y 的灵敏度估计公式。对式(4－14)取常用对数再乘以 10，化为分贝值(dB)，则灵敏度计算公式为

$$\mu^2=10\lg\left[\frac{1}{n}(S_m-V_e)\right] \tag{4-15}$$

4. 因素

一般称影响质量特性变化的原因为因素。在进行参数设计之前，一个较好的建议是利用因素-系统关系图来找出对系统会产生影响的各个因素，如图 4－5 所示。因素可以分为可控因素和不可控因素(噪声)两类。

(1)可控因素。可控因素是指可以制定并加以挑选，也就是水平可以人为地加以控制的因素。换言之，可控因素是为改进产品质量，减少输出特性值的波动，以选取最适宜水平为目的而提出考察的因素。可控因素的值应能在一定范围内自由选择(如时间、温度、材料种类和切削速度等)。

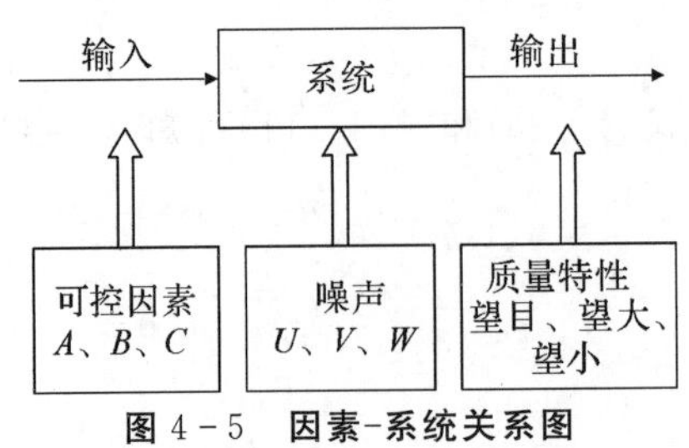

图 4-5　因素-系统关系图

(2)不可控因素(噪声)。会造成产品质量波动的非可控因素被称为噪声。噪声又可以分为三类,即内部噪声、外部噪声和产品间噪声。

1)内部噪声,是指在产品存储时造成的老化以及使用时造成的磨损等对产品的质量特性带来的变化影响。如电阻值随时间的变化,运动部件之间的磨损均属内干扰。

2)外部噪声,一般包括产品操作环境因素(例如环境温度、湿度等),以及在对产品进行操作时可能受到的干扰。这种干扰会影响产品的工作质量,使输出特性产生波动。

3)产品间噪声,因为制造过程中机器设备等造成的产品与产品之间质量特性参差不齐,所以称为产品间噪声。这种变动是客观存在的。因为即使按同一规格生产出来的产品,由于各种条件的变化,输出特性总是参差不齐的。通过控制工艺过程的5M1E(即人员(Man)、设备(Machine)、物料(Material)、操作规程(Method)、检测(Measurement)和环境(Environment))等因素,可以显著减少产品间干扰。

4.2.2　基本原理

参数设计即需要设计产品的可控因素,使得产品在面临这些不可控的噪声时,依然可以令人接受,亦即产品具备面对这些噪声的健壮性。需要注意的是,在参数设计过程中,只有当噪声与可控因素存在交互作用时,才能得到令人满意的设计结果。举例说明,环境温度是可以影响到化学反应过程的,但是通常而言,实验者很难控制环境温度,此时环境温度即为噪声。环境温度的变化也会导致最后反应结果的变化,这种变化通常是不希望被看到的。如果实验者希望能够找到合理的化学反应时间,希望面临环境温度的变化时,经过这一时间的化学反应,可以得到一个波动较小的产出。如果环境温度(噪声)和可控因素(反应时间)之间没有交互作用,那么由环境温度所造成的产出的波动和反应时间的设置就没有关系,自然很难通过参数设计的办法得到合适的结果。这一问题可以进一步由图 4-6 进行阐述。

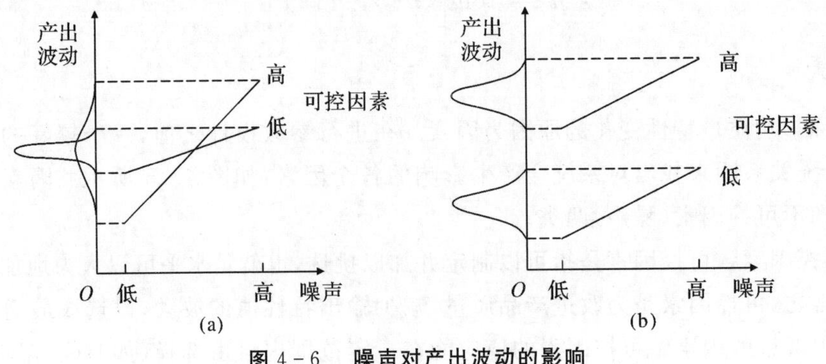

图 4-6　噪声对产出波动的影响

(a)无交互作用;(b)存在交互作用

图 4-6 给出了两种水平噪声对产品波动的影响。在图 4-6(a)中，由于噪声与可控因素之间没有相互作用，所以无论是低水平的可控因素还是高水平的可控因素，由噪声造成的波动是一样的。而在图 4-6(b)中，可以看到当可控因素处于低水平时，产出的波动较小，所以有理由相信低水平的可控因素是较好的一组设计。事实上，图 4-6 显示了一个噪声、一个可控因素的参数设计，这可以被认为是最简单的参数设计过程。

参数设计基本原理如图 4-7 所示。

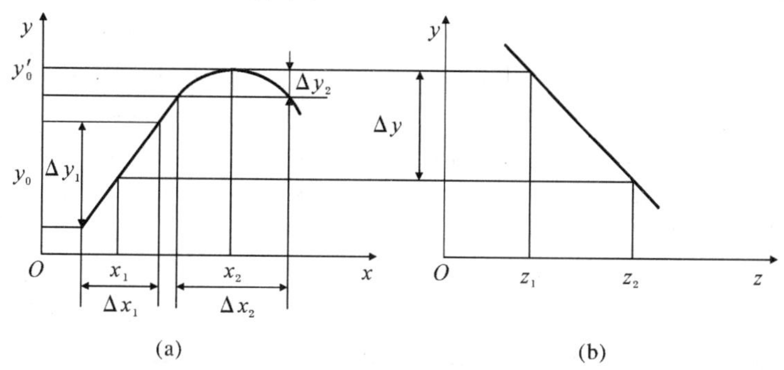

图 4-7　参数设计原理图

(a)非线性；(b)线性

若某产品的输出特性 y 与某一参数 x 的关系如图 4-7(a)所示，当参数 x 取为 x_1 时，其波动范围是 Δx_1，由此引起 y 的波动范围为 Δy_1。通过参数设计，将 x_1 移到 x_2，此时对于同样的波动范围 Δx_1，输出特性值 y 的波动范围变为 Δy_2，它远远小于 Δy_1。与此同时，却产生了一个新的矛盾，即 y 从目标值 y_0 移到了 y'_0，偏移量 $\Delta y = y'_0 - y_0$。

为了校正偏移量 Δy，使输出特性值既围绕目标值分布，且波动又小，可设法找一个与产品输出特性 y 呈线性关系，且便于调节的该产品的参数 z，即 $y=\varphi(z)=a+bz$[见图 4-7(b)]，只要把 z 从 z_1 调到 z_2，即可补偿偏移量 Δy。若不进行参数设计，只是把参数 x 的波动范围缩小，此时产品质量特性 y 的波动也会变小，但变化的幅度不大，而且缩小参数的波动范围是要付出成本代价的，由此可以看出，参数设计对于改进产品质量有重要意义。

从上面基本原理可以看出，参数设计很好地解决了三次设计所追求的主目标，它可以在不增加成本的状况下，通过影响输出质量特性的因素水平的合理取值，设计出稳健的产品。在实际情形里，通常参数设计所涉及的因素较多，会应用正交设计来辅助寻找合适的参数位置。参数设计中需要用到两次正交设计，一次正交设计称为内设计，另一次正交设计称为外设计。内设计针对可控因素，外设计则针对噪声。这种设计方法被称为内外表直积法参数设计，见表 4-27。

表 4-27 针对 5 个可控因素(A、B、C、D、F)以及 3 个噪声因素(U、V、W)进行设计。8 个因素均采用二水平。其中内表由正交设计 $L_8(2^7)$组成，外表由 $L_4(2^3)$组成。可以看到试验中共有 32(=8×4)组观测数据。例如，以 y_{22} 这个数值是在 $A_0B_0C_0D_1F_1$ 以及 $U_0V_1W_1$ 条件下取得的。根据试验条件的限制以及综合考虑其他的方面，试验也可以采用三水平设计。当然如果进行试验的费用较贵，可以对外表进行简化，考虑“综合误差因素”，寻找对产品质量特性影响最大的误差。这样外表简化为两列。如果采用二水平设计的话，则会大大减少试验的次数。

表 4－27　内外表直积法参数设计

内设计								外设计					
$L_8(2^7)$								噪声因素	$L_4(2^3)$				信噪比
									1	2	3	4	
试验号	可控因素							U	0	0	1	1	
	A	B	C	D	F	e	e	V	0	1	0	1	
	1	2	3	4	5	6	7	W	0	1	1	0	
1	0	0	0	0	0	0	0		y_{11}	y_{12}	y_{13}	y_{14}	SN_1
2	0	0	0	1	1	1	1		y_{21}	y_{22}	y_{23}	y_{24}	SN_2
3	0	1	1	0	0	1	1		y_{31}	y_{32}	y_{33}	y_{34}	SN_3
4	0	1	1	1	1	0	0		…				
5	1	0	1	0	1	0	1		…				
6	1	0	1	1	0	1	0		…				
7	1	1	0	0	1	1	0		…				
8	1	1	0	1	0	0	1		y_{81}	y_{82}	y_{83}	y_{84}	SN_8

在获得各个观测值 y_{ij} 之后，计算每一行的信噪比(SN_i)。如前所述，信噪比可以反映产品的质量特性在相应的条件下的波动情况。对于望目特性，还需要计算其灵敏度。这样计算出来之后，就可以进行相应的正交试验设计方差分析。

根据上述过程，可以给出参数设计的实施框架。参数设计的具体实施过程主要是借鉴正交试验设计，首先确定影响输出质量特性的因素及其水平，然后对因素进行分类，利用内外正交表安排试验并计算结果，最后通过信噪比(SN)和灵敏度这两个指标确定因素的最佳水平。具体参数设计过程如图 4－8 所示。

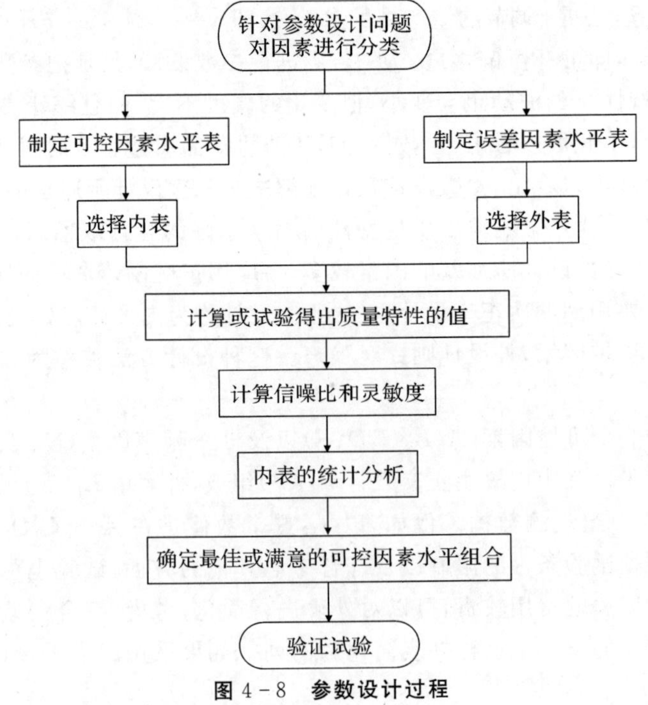

图 4－8　参数设计过程

4.3　望目特性参数设计

望目特性参数设计步骤如下：

(1)绘制因素-系统关系图，寻找相关因素。

(2)参照正交试验表，设计内外表。

(3)进行试验，计算每行的灵敏度及信噪比。

(4)通过方差分析(Analysis Of Variance，ANOVA)或者其他方法，寻找显著影响信噪比及灵敏度的因素。将可控因素分为下列几类：

1)稳定因素：显著影响信噪比的因素。

2)调整因素：显著影响灵敏度的因素。

3)次要因素：其他的因素。

需要注明的是，如果某一个因素既显著影响信噪比，又显著影响灵敏度，那么认为该因素归类于稳定因素。

(5)按照下述步骤寻找优化的参数组合。

1)稳定因素：寻找稳定因素，使得信噪比最大。

2)调整因素：寻找调整因素，使得产出接近目标值。

3)次要因素：考虑经济性、可操作性、简洁性等决定次要因素的值。

(6)估计在优化条件的产出情况，进行相应的试验验证。

对于稳定因素、调整因素、次要因素可以使用图 4-9 进一步解释。

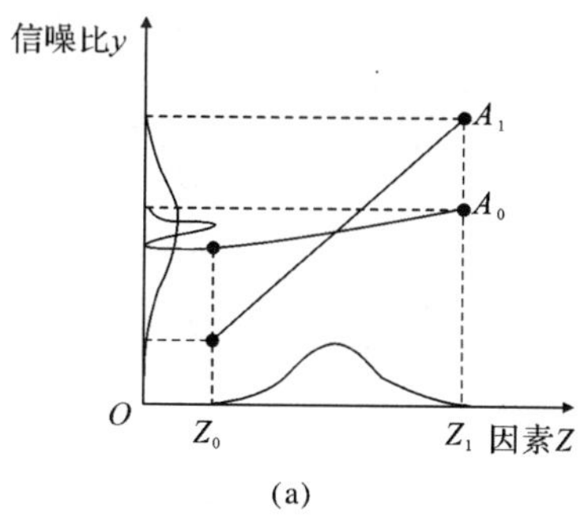

(a)

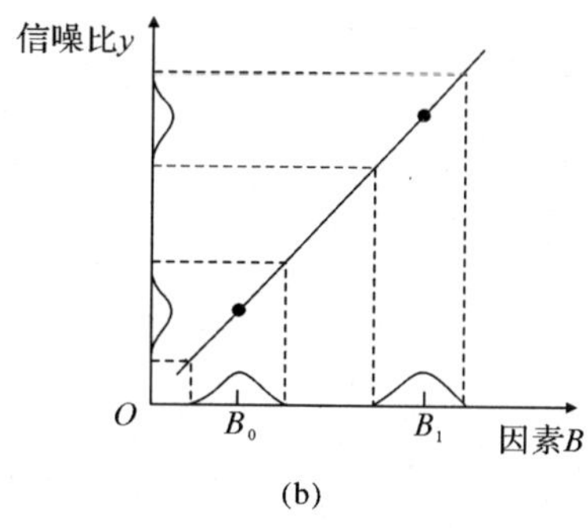

(b)

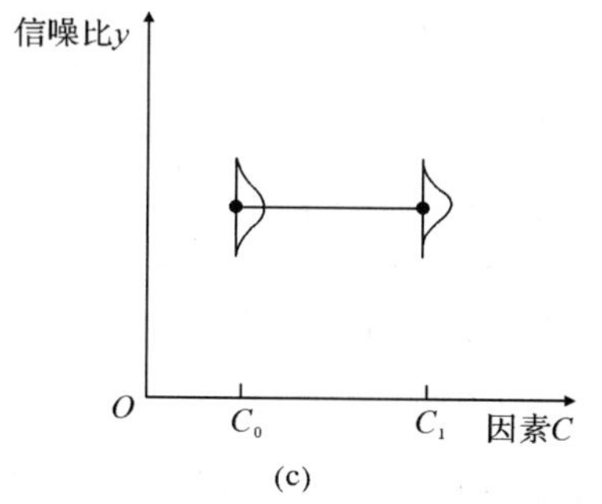

(c)

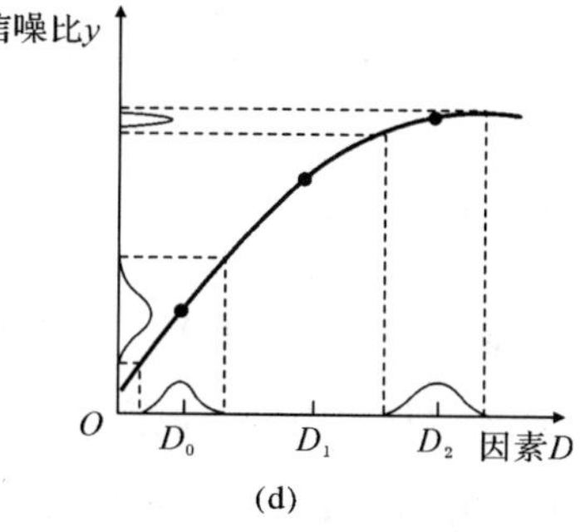

(d)

图 4-9　因素分析

(a)稳定因素 A 与噪声 Z；(b)调整因素 B；(c)次要因素 C；(d)稳定因素 D_0 同时对灵敏度敏感

以实际例子说明望目特性参数设计的方法。如某动力公司根据产品发展规划，需研制一种新的曲轴。在研制任务书中，规定这种曲轴的半径为 10±2(无量纲量)。工程技术人员已设计了曲轴试样，并进行了试验，发现作用半径达不到技术要求，拟采用参数设计进行半径优化。

用半径这一质量特性作为望目特性，目标值 $m=10$，公差 $\Delta=2$。

(1)确定可控因素及其水平。据以往的设计经验和专业知识可知，在影响曲轴半径的可控因素中，两个主要的因素是 ω 和 α。

可控因素的水平确定为 3 个。水平 2 为系统设计阶段初步确定的参数值；水平 1 和水平 3 分别采取等差数列，具体取值见可控因素水平表，见表 4－28。

表 4－28　可控因素水平表

水平	因素	
	ω	α
1	1.1	0.18
2	1.2	0.20
3	1.3	0.22

(2)内设计。选用正交表 $L_9(3^4)$进行内设计。正交表及其具体方案见表 4－29。

表 4－29　正交试验用内表

试验号	因素					
	正交表				具体方案	
	ω	α	e		ω	α
1	1	1	1	1	1.1	0.18
2	1	2	2	2	1.1	0.20
3	1	3	3	3	1.1	0.22
4	2	1	2	3	1.2	0.18
5	2	2	3	1	1.2	0.20
6	2	3	1	2	1.2	0.22
7	3	1	3	2	1.3	0.18
8	3	2	1	3	1.3	0.20
9	3	3	2	1	1.3	0.22

(3)确定误差因素及其水平。在曲轴设计中，由于试验很困难，仅考虑生产过程对可控因素的影响，所以误差因素只取两个：ω'和 α'。

误差因素的水平主要根据工厂的生产能力和设备情况而定。ω'和 α'的波动均按 10%考虑(见表 4－30)。

表 4-30　误差因素水平表

试验号	因　素	
	ω	α
1	$\omega_0-0.1\omega_0$	$\omega_0-0.1\omega_0$
2	ω_0	α_0
3	$\omega_0+0.1\omega_0$	$\alpha_0+0.1\alpha_0$

注：此和的数值采用表 4-29 中给出的参数值。

(4)外设计。为了减少试验次数，把所有误差因素综合为一个“综合误差因素 N'”，考察综合误差因素的 3 个水平。这种外设计称为综合误差因素法。下面以表 4-28 为例，讨论如何综合的问题。

N'_1——负侧最坏条件，也就是使输出特性取最小值的误差因素水平组合。在可计算的场合，由输出特性计算公式可找到这种条件；在不可计算的场合，则由经验或其他方法估计这种条件。

N'_2——标准条件，也就是各误差因素均取水平 2 的组合。

N'_3——正侧最坏条件，也就是使输出特性取最大值的误差因素水平组合。

以综合误差因素 N' 的 3 个水平 N'_1、N'_2 和 N'_3 代替外表 $L_9(3^4)$，可使试验次数比原来减少 2/3，倘若不考虑 N'_2，那么试验次数还可进一步减少。

在本例中，综合误差因素选取二水平，即负侧最坏条件 N'_1 和正侧最坏条件 N'_3：

$$N'_1 \rightarrow \omega'_1, \alpha'_1; N'_3 \rightarrow \omega'_3, \alpha'_3$$

试验方案数为 9 次×2=18 次。

(5)求输出特性。把综合误差因素代入表 4-29，并按规定做试验，求出作用半径(见表 4-31)。

(6)计算灵敏度 S 及信噪比 η。以表 4-31 中试验 1 的数据为例，计算过程如下：

$$S_m = \frac{1}{n}\left(\sum_{i=1}^{n} y_i\right)^2 = \frac{1}{2}\times(21.5+38.4)^2 = 1\ 794.0$$

$$V_e = \frac{1}{n-1}\sum_{i=1}^{n}(y_i-\bar{y})^2 = \frac{1}{n-1}\left(\sum_{i=1}^{n} y_i^2 - S_m\right)$$

$$= \frac{1}{2-1}\times[(21.5^2+38.4^2)-1,794.0] = 142.81$$

$$\eta = 10\lg\frac{(S_m-V_e)/n}{V_e} = 10\lg\frac{\frac{1}{2}\times(1,794.0-142.81)}{142.81} = 7.62$$

$$S = 10\lg\left[\frac{1}{n}(S_m-V_e)\right] = 10\lg\left[\frac{1}{2}\times(1,794.0-142.81)\right] = 29.17$$

按照上述过程，可求得其余方案的灵敏度及信噪比(见表 4-31)。

表 4-31　输出特性表

试验号	因素											
	ω	α	e		N'_1		N'_3		y		η/dB	灵敏度 S
					ω'	α'	ω'	α'	y_1	y_3		
1	1	1	1	1	0.99	0.162	1.21	0.198	21.5	38.4	7.6	29.2
2	1	2	2	2	0.99	0.180	1.21	0.220	10.8	19.4	7.5	23.2
3	1	3	3	3	0.99	0.198	1.21	0.240	7.2	12.9	7.6	19.7
4	2	1	2	3	1.08	0.162	1.32	0.198	13.1	20.7	9.7	24.3
5	2	2	3	1	1.08	0.180	1.32	0.220	9.0	15.2	8.5	21.4
6	2	3	1	2	1.08	0.198	1.32	0.240	6.6	11.5	8.0	18.8
7	3	1	3	2	1.17	0.162	1.43	0.198	8.0	12.2	10.4	19.9
8	3	2	1	3	1.17	0.180	1.43	0.220	6.7	10.7	9.5	18.6
9	3	3	2	1	1.17	0.198	1.43	0.240	5.5	9.1	8.9	17.0

(7)内表的统计分析。计算信噪比方差。

$$S_T^2 = \sum_{i=1}^{n}(\eta_i - \bar{\eta})^2 = \sum_{i=1}^{n}\eta_i^2 - \frac{1}{n}\left(\sum_{i=1}^{n}\eta_i\right)^2$$

$$= (7.6^2 + 7.5^2 + \cdots + 8.9^2) - 670.81 = 8.92$$

$$f_T = n - 1 = 9 - 1 = 8$$

$$S_\omega^2 = \frac{22.7^2 + 26.2^2 + 28.8^2}{3} - 670.81 = 6.25$$

$$f_\omega = 3 - 1 = 2$$

同理可求出：

$$S_\alpha^2 = 1.79,\quad f_\alpha = 2;\quad S_e^2 = 0.88,\quad f_e = 4$$

下面对内表作信噪比方差分析(见表 4-32)。

表 4-32　信噪比方差分析表

来　源	偏差平方和 S^2	自由度 f	平均偏差平方和 $\overline{S^2}$	F 值	$F_\omega=0.01$	$F_\alpha=0.05$	显著性
ω	6.25	2	3.125	14.2			* *
α	1.79	2	0.895	4.07	18.00	6.94	
e	0.88	4	0.220				
T	8.92	8					

对内表作灵敏度方差分析(见表 4-33)。

表 4-33　灵敏度方差分析表

来　源	偏差平方和 S^2	自由度 f	平均偏差平方和 $\overline{S^2}$	F 值	$F_\omega=0.01$	$F_\alpha=0.05$	显著性
ω	46.04	2	23.02	7.81			* *
α	53.75	2	26.88	9.12	18.00	6.94	* *
e	11.79	4	2.95				
T	111.57	8					

因此，可以认定，α 的变动对信噪比影响不大，但是对灵敏度有显著影响，可以将其归为调整因素；而 ω 的变动将同时影响信噪比和灵敏度，应视其为稳定因素。在进一步试验时，应当对调整因素 α 进行调整，使得试验的结果趋向于目标值。

4.4　望小与望大特性参数设计

由于望大与望小特性较为类似，本节以望小特性的参数设计进行介绍。其参数设计步骤如下：

(1)绘制因素-系统关系图，寻找相关因素。

(2)参照正交试验表，设计内外表。

(3)进行试验，计算每行的信噪比。

(4)通过方差分析或者其他方法，寻找显著影响信噪比的因素，并且寻找这些参数组合使系统的波动最小。

(5)根据经济性等其他原则，寻找不显著因素的合适的值。

(6)估计在优化条件的产出情况，进行相应的试验验证。

以具体的例子说明望小特性的参数设计方法。如设计一种新型发动机泵，使阀头部位摩擦副的磨损尽可能小。以磨损量 y 作为产品的输出特性，y 为望小特性。

(1)确定可控因素水平表。选取的可控因素有摩擦副材料(因素 A)、负载(因素 B)、表面粗糙度(因素 C)、配合间隙(因素 D)、摩擦副壳体材料(因素 E)。各因素均取两个水平，同时还要考察 $A\times B$、$A\times C$ 的交互作用。

可控因素水平表见表 4-34。

表 4-34　可控因素水平表

水　平	因　素				
	摩擦副材料	负　载	表面粗糙度	配合间隙	摩擦副壳体材料
1	A_1	B_1	C_1	d_1	e_1
2	A_2	B_2	C_2	d_2	e_2

(2)内设计。选用 $L_8(2^7)$ 作为内表，安排可控因素。其表头设计见表 4-35。本例造成摩擦副磨损量波动的误差因素是摩擦副的部位不同，其磨损量也不同。质量的稳定性表现在各重要部位的磨损程度都小，而且磨损程度均匀，因而对内表各序号试验方案测量摩擦副 8 个部位 $R_1, R_2, \cdots, R_8$ 的磨损量数据。为了与现行产品比较，同样测量现行产品以上 8 个部位的磨损量数据(见表 4-35)。

表 4-35　内表及磨损试验数据

试验方案号	因素																
	A	B	$A\times B$	C	$A\times C$	D	E	磨损量/μm								η/dB	$\eta'=\eta+20$
	1	2	3	4	5	6	7	R_1	R_2	R_3	R_4	R_5	R_6	R_7	R_8		
1	1	1	1	1	1	1	1	12	12	10	13	3	3	16	20	−21.9	−1.9
2	1	1	1	2	2	2	2	6	10	3	5	3	4	20	18	−20.6	−0.6

续 表

试验方案号	因素															η/dB	η′=η+20
	A	B	A×B	C	A×C	D	E	磨损量/μm									
	1	2	3	4	5	6	7	R_1	R_2	R_3	R_4	R_5	R_6	R_7	R_8		
3	1	2	2	1	1	2	2	9	10	5	4	2	1	3	2	−14.8	5.2
4	1	2	2	2	2	1	1	8	8	5	4	3	4	9	9	−16.5	3.5
5	2	1	2	1	2	1	2	10	14	8	8	3	2	20	33	−24.2	−4.2
6	2	1	2	2	1	2	1	18	26	4	2	3	3	7	10	−21.7	−1.7
7	2	2	1	1	2	2	1	14	22	7	5	3	4	19	21	−23.0	−3.0
8	2	2	1	2	1	1	2	16	13	5	4	11	4	14	30	−23.3	−3.3
现行产品								17	22	7	12	10	8	18	25	−24.1	−4.1
T_1	6.2	−8.4	−8.8	−3.9	−1.7	−5.9	−3.1										T=−6
t_2	−12.2	2.4	2.8	−2.1	−4.3	−0.1	−2.9										

(3)计算信噪比。根据式(4-11)计算信噪比，如试验方案号1方案的 η 为

$$\eta=-10\lg\left(\frac{1}{n}\sum_{i=1}^{n}y_i^2\right)=-10\lg\frac{1}{8}(12^2+12^2+10^2+\cdots+20^2)\text{dB}=-21.9\text{ dB}$$

各试验号计算的结果记入表4-35中。为计算、分析简便，将信噪比 η 都加上20。

(4)对内表进行方差分析。首先计算总波动平方和、各因素波动平方和及自由度。

$$\text{CT}=\frac{1}{n}\left(\sum_{i=1}^{n}\eta_i'\right)^2=\frac{(-6)^2}{8}=4.5$$

$\text{CT}=\dfrac{T^2}{n}$ 是一组样本和的平方的算术平均值。

$$S_T^2=(-1.9)^2+(-0.6)^2+\cdots+(-3.3)^2-\text{CT}=79.18,\quad f_T=7$$

$$S_A^2=S_1^2=\frac{1}{8}(T_1-T_2)^2=\frac{1}{8}[6.2-(-12.2)]^2=42.32,\quad f_A=1$$

$$S_B^2=s_2^2=\frac{1}{8}[-8.4-2.4]^2=14.58,\quad f_B=1$$

$$S_{AB}^2=s_3^2=\frac{1}{8}[-8.8-2.8]^2=16.82,\quad f_{AB}=1$$

$$S_C^2=s_4^2=\frac{1}{8}[-3.9-(-2.1)]^2=0.4,\quad f_C=1$$

$$S_{AC}^2=S_5^2=\frac{1}{8}[-1.7-(-4.3)]^2=0.84,\quad f_{AC}=1$$

$$S_D^2=S_6^2=\frac{1}{8}[-5.9-(-0.1)]^2=4.21,\quad f_D=1$$

$$S_E^2=S_7^2=\frac{1}{8}[-3.1-(-2.9)]^2=0.01,\quad f_E=1$$

然后进行方差分析，见表4-36。

表 4－36　方差分析表

来　源	偏差平方和 S^2	自由度 f	平均偏差平方和 $\overline{S^2}$	F 值	$F_\alpha=0.05$	显著性
A	42.32	1	42.32	105.8	10.13	* *
B	14.58	1	14.58	36.45	10.13	* *
$A\times B$	16.82	1	16.82	42.05	10.13	* *
C	0.40	1△	—	—		
$A\times C$	0.84	1△	—	—		
D	4.21	1	4.21	10.5	10.13	* *
E	0.01	1△	—			
$(\tilde{e})$	(1.25)	(3)	(0.4)			
T	79.18	7				

注：标有符号“△”的项加以合并。“* *”为显著性标志。

在方差分析中，将方差小于 1 的项并为 $\overline{S}_e$。经方差分析得出，因素 A、B、D 及交互作用 $A\times B$ 均为显著因素。

(5)确定最佳参数组合并进行工程平均估计。由于 A、B、$A\times B$ 均为显著因素，因此作二元配置表(见表 4－37)，选取因素 A 和 B 的最佳参数组合。由二元配置表可以看出，A_1B_2 为因素 A 和 B 的最优水平搭配。

表 4－37　因素 A 和 B 二元配置表

因素 B	因素 A	
	A_1	A_2
B_1	$\frac{-1.9-1.6}{2}=-1.25$	$\frac{-4.2-1,7}{2}=-2.95$
B_2	$\frac{5.2+3.5}{2}=4.35$	$\frac{-3.0-3.3}{2}=-3.15$

由表 4－35 知，D 的最优水平为 D_2。最后得到最佳参数组合为 $A_1B_2C_0D_2E_0$。在最佳参数组合条件下，信噪比的工程平均估计计算如下：

$$\hat{\eta}_{A_1B_2c_0D_2E_0}=\bar{T}+(\bar{A}_1-\bar{T})+(\bar{B}_2-\bar{T})+(A_1B_2-\bar{A}_1-\bar{B}_2+\bar{T})+(\bar{D}_2-\bar{T})-20$$
$$=4.35\ \text{dB}-0.02\ \text{dB}-(-0.75)\ \text{dB}-20\ \text{dB}=-14.92\ \text{dB}$$

(6)确定最佳参数组合的质量水平及收益。现制品条件下的信噪比数值为－24.10 dB，改进设计后，信噪比增益为－14.92 dB－(－24.10) dB＝9.18 dB，其真数增益为

$$\hat{\eta}_{现}-\hat{\eta}_{佳}=-10\lg\frac{\frac{1}{n}\sum_{i=1}^{n}y_{i现}^2}{\frac{1}{n}\sum_{i=1}^{n}y_{i现}^2}=-10\lg\frac{\hat{\sigma}_{现}^2}{\hat{\sigma}_{佳}^2}=-9.18$$

$$\frac{\hat{\sigma}_{现}^2}{\hat{\sigma}_{佳}^2}=10^{9.18/10}=8.28$$

即在最佳参数组合的条件下，磨损量的波动均方值将比现制品缩小 8.28%。

第5章 容差设计

5.1 容差设计概述

容差就是设计中所规定的最大允许偏差。规定的容差越小，则该产品的某尺寸的可制造性就越差，制造费用或成本也就越高。为此，在参数设计阶段，出于经济方面的考虑，一般选择波动范围较宽的零部件尺寸。若经参数设计后，产品能达到质量特性的要求，则一般就不再进行容差设计，否则就必须调整各个参数的容差。

容差设计是对各种参数寻求最佳的允许误差，使得质量和成本综合起来达到最佳经济效益，其核心思想是根据各参数的波动对产品质量特性贡献(影响)的大小，从技术的可实现性和经济性角度考虑有无必要对影响大的参数给予较小的公差(例如用较高质量等级的元件替代较低质量等级的元件)。因此，容差设计可以认为是参数设计的补充。通过参数设计确定了系统各零部件或元器件参数的最佳组合之后，进一步确定这些参数波动的允许范围，这就是容差设计。容差设计，一方面可以进一步减少质量特性的波动，提高产品的稳定性，减少质量损失；另一方面，由于采用一、二级品代替三级品，使产品的成本有所提高。因此，容差设计阶段既要考虑减少参数设计阶段所带来的质量损失(增大容差)，又要考虑缩小一些零部件或元器件的容差，这样会交替地增加成本，因此，要权衡两者的利弊得失，采取最佳决策。

1.基本原理

容差设计是在参数设计得到的最优试验方案的基础上，通过非线性效应，调整可控因素的容差范围，通过正交试验设计和方差分析(也可以不用)，利用质量损失函数得出最佳的容差水平。其非线性效应的原理同参数设计。

2.容差设计实施框架

容差设计中的正交试验设计过程与参数设计过程相似，但评价的指标不同，容差设计需要用质量损失函数来确定质量水平，即综合衡量最优的容差组合。其基本框架如图 5-1 所示。

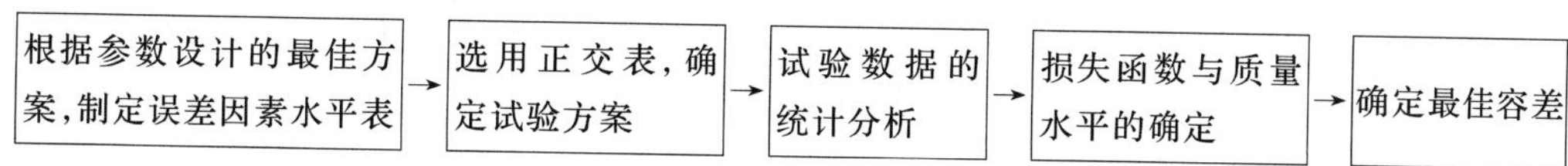

图 5-1　容差设计实施框架图

3. 容差设计方法分类

根据系统的输出特性,可以将容差设计方法分为静态容差设计法和动态容差设计法;根据系统质量特性的特点,静态特性系统的容差设计法又可分为望目特性、望小特性和望大特性的容差设计法。

在容差设计中,一方面要考虑提高零部件的精度以改进质量,另一方面也要考虑提高零部件精度所增加的成本,通过权衡,仅当改进质量所获取的效益大于成本的增加时,才能采用提高零部件的精度的方法。质量损失函数是容差设计的主要工具,运用其计算出的产品质量损失谋求产品的成本与质量损失达到最佳平衡,并以"使社会总损失(也即质量损失与成本之和)最小"原则来确定合适的容差。

5.2　质量损失函数

产品质量的波动是客观存在的,有质量波动就会造成社会损失。也就是说,只要产品的质量特性偏离预定的目标值,就会给客户或者社会造成损失,而且这种损失大小与波动的程度成正比。例如,灯泡的真空度目标值是 100%,此时的使用寿命为无限长,但工厂制造时达不到 100%的真空度,99%即算合格。顾客买到 99%真空度的灯泡,虽然能使用,但使用寿命缩短,给客户和社会造成了损失。为了对质量做出定量评价,可以采用质量损失函数的概念。所谓质量损失函数,就是定量表述"经济损失"与"功能波动"之间相互关系的函数。

1. 望目特性的质量损失函数

设产品(系统)的输出特性(质量特性)为 y,目标值为 m。若 $y \neq m$,则造成经济损失,且偏差越大,损失也越大。当 $y=m$ 时,损失最小(零损失)。输出特性为 y 的产品,其质量损失记作 $L(y)$ 。将函数 $L(y)$在目标值 m 周围用泰勒公式展开,得到:

$$L(y) = L(m) + \frac{L'(m)}{1!}(y-m) + \frac{L''(m)}{2!}(y-m)^2 + \cdots + \frac{L^{(n-1)}(m)}{(n-1)!}(y-m)^{(n-1)} + \cdots \tag{5-1}$$

因为,当 $y=m$ 时,$L(y)=0$,即 $L(m)=0$;又因为当 $y=m$ 时,$L(y)$存在最小值,所以 $L'(m)=0$;再略去二阶以上高阶项,则式(5-1)可简化为

$$L(y) = \frac{L''}{2!}(y-m)^2 \tag{5-2}$$

由于常数项 $L''(m)/2!$ 与质量特性 y 无关,令 $k=L''(m)/2!$,把它代入式(5-2),得到

$$L(y) = k(y-m)^2 \tag{5-3}$$

式(5-3)为望目特性的质量损失函数。

在质量损失函数中,$(y-m)^2$ 反映了质量特性与目标值的接近程度,亦即质量波动程

度；比例常数 k 反映了单位平方偏差的经济损失；k 值越大，损失越大；图 5－2 为不同比例常数 k 时质量损失函数的变化曲线，它们是以 m 为中心的一簇抛物线。

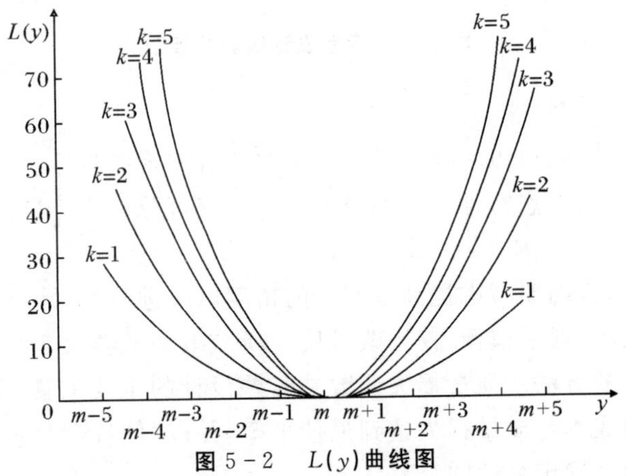

图 5－2　$L(y)$ 曲线图

原则上讲，只要知道抛物线 $L(y)$ 上的一个点，便可求得比例常数 k。下面分两种情况来介绍 k 值的确定方法。

(1)根据功能界限 Δ_0 和相应的损失 A_0 计算 k。所谓功能界限是指产品能够正常发挥其功能的界限值。若产品的输出特性为 y，目标值为 m，则当 $|y-m|\leqslant\Delta_0$ 时，产品可正常发挥功能；而当 $|y-m|>\Delta_0$ 时，产品将丧失功能，且造成的经济损失为 A_0，由式(5－3)得到

$$A_0 = k\Delta_0^2$$

$$k = a_0/\Delta_0^2$$

(2)根据容差 Δ 和相应的损失 A 计算 k。所谓容差 Δ，是指允许的偏差或判断产品合格与否的界限。当 $|y-m|\leqslant 0$ 时，产品为合格品；而当 $|y-m|>\Delta$ 时，产品为不合格品，相应的损失为 A，由式(5－3)得到 $A=K\Delta^2$，故有

$$k = \frac{A}{\Delta^2} \tag{5-4}$$

上述情况是功能界限或容差对称条件下比例常数的求法，相应的平均质量损失为

$$\bar{L}(y) = \begin{cases} \dfrac{A_0}{\Delta_0^2}\dfrac{1}{n}\sum\limits_{n}^{i=1}(y_i-m)^2 \\ \dfrac{A}{\Delta^2}\dfrac{1}{n}\sum\limits_{n}^{i=1}(y_i-m)^2 \end{cases}$$

2. 望小特性的质量损失函数

望小特性是不取负值、希望越小越好的一种质量特性。其理想的取值是“0”，即质量特性 y 越接近零值，产品质量就越高。它相当于目标值为“0”的望目特性。仿照望目特性，可求出望小特性的质量损失函数。

设 y 是望小特性，当 $y=0$ 时，质量损失最小且为零，即 $L(0)=0$，$L'(0)=0$，其泰勒展开式为

$$L(y) = L(0) + \frac{L'(0)}{1!}y + \frac{L''(0)}{2!}y^2 + \cdots \tag{5-5}$$

舍去二阶以上高阶项，令 $L''(0)/2=k$ 得到：

$$L(y) = ky^2 \tag{5-6}$$

设技术文件规定的容差为 Δ，不合格时的损失为 A，把 Δ、A 代入式(5-6)得

$$k = \frac{A}{\Delta^2}$$

由此得到望小特性的质量损失函数为

$$L(y) = \frac{A}{\Delta^2}y^2 \tag{5-7}$$

望小特性质量损失函数的图形如图 5-3 所示。

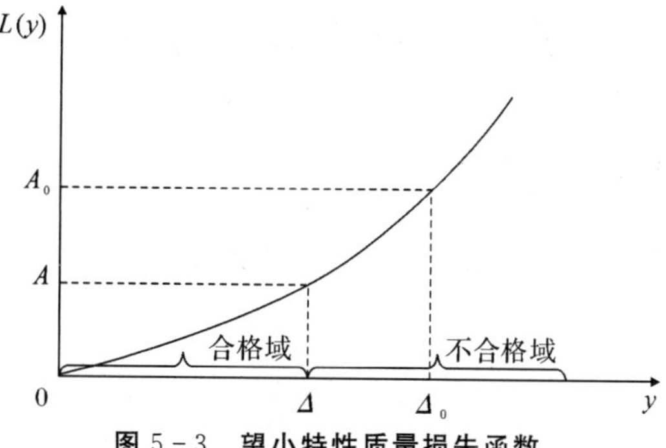

图 5-3　望小特性质量损失函数

对于 n 件产品，设其输出特性分别取值 $y_1, y_2, y_3, \cdots, y_n$，则平均质量损失为

$$\bar{L}(y) = \frac{A}{\Delta^2}V_T \tag{5-8}$$

式中，$V_T = \frac{1}{n}\sum_{i=1}^{n} y_i^2 = \frac{1}{n}(y_1^2 + y_2^2 + \cdots + y_n^2)$ 。

3. 望大特性的质量损失函数

望大特性是不取负值，希望越大越好的一种质量特性。设 y 为望大特性，在 $y \to \infty$ 处损失为 0，即 $L'(\infty)=0, L(\infty)=0$。按照 Y 的泰勒展开式，得到

$$L(y) = L(\infty) + \frac{L'(\infty)}{1!}\frac{1}{y} + \frac{L''(\infty)}{2!}\frac{1}{y^2} + \cdots = k\frac{1}{y^2} \tag{5-9}$$

设技术文件规定的容差为 Δ，不合格时的损失为 A，分别把 Δ 和 A 代入式(5-9)得到 $A=k(1/\Delta^2)$，即 $k=A\Delta^2$，把 k 值代回式(5-9)，便得到单件产品条件下望大特性的质量损失函数为

$$L = \frac{k}{y^2} = \frac{A\Delta^2}{y^2} \tag{5-10}$$

对于 n 件产品，设其输出特性分别取值为 $y_1, y_2, y_3, \cdots, y_n$，相应的平均质量损失计算式为

$$\bar{L}(y) = \frac{1}{n}\sum_{i=1}^{n}\frac{A\Delta^2}{y_i^2} = \frac{A\Delta^2}{n}\left(\frac{1}{y_1^2} + \frac{1}{y_2^2} + \cdots + \frac{1}{y_n^2}\right) \tag{5-11}$$

望大特性质量损失函数的图形如图 5-4 所示。

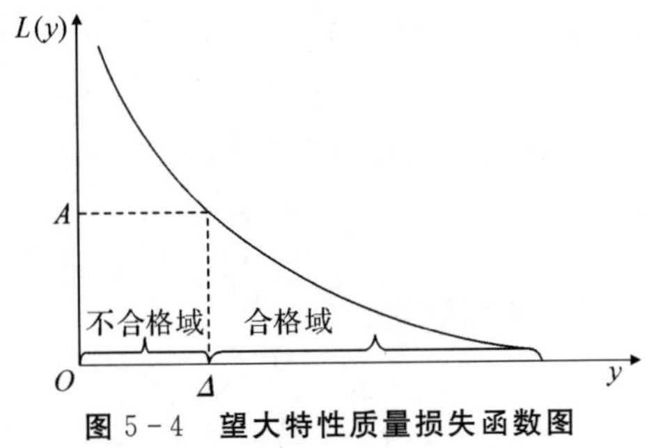

图 5-4 望大特性质量损失函数图

5.3 确定容差方法

5.3.1 安全系数法确定容差

设 A_0 为达到功能界限时的平均损失（主要为用户损失），A 为不合格品时的工厂损失，则安全系数 Φ 为

$$\Phi = \sqrt{\frac{A_0}{A}} \tag{5-12}$$

因为 $A_0 > A$，所以安全系数 Φ 大于 1。安全系数越大说明丧失功能时的损失就越大。对于要求有很高安全性的产品，安全系数应比较大。一般情况下采用 $\Phi=4\sim5$。

1. 望目特性

设产品的输出特性 y 为望目特性，容差为 Δ，当产品不合格时，工厂要进行返修或作报废处理，造成的损失为 A，产品的功能界限为 Δ_0，丧失功能时的损失为 A_0，那么质量损失函数为

$$L(y) = \frac{A_0}{\Delta_0^2}(y-m)^2 \tag{5-13}$$

当 $|y-m|=\Delta$ 时，$L(y)=A$，代入式(5-13)得 $A=\frac{A_0}{\Delta_0^2}\Delta^2$，可转化为

$$\Delta = \sqrt{\frac{A}{A_0}}\,\Delta_0 \tag{5-14}$$

若定义安全系数为

$$\Phi = \sqrt{\frac{A_0}{A}}$$

则容差计算公式为

$$\Delta = \frac{\Delta_0}{\Phi} \tag{5-15}$$

如某电子点火器的主要性能指标是瞬态电压，其目标值为 13 kV，功能界限为 $\Delta_0=500$ V，丧失功能带来的损失为 5 元。出厂前产品不合格作报废处理的损失为 2.8 元，计算该产品的出厂容差。

其安全系数为

$$\Phi=\sqrt{\frac{A_0}{A}}=\sqrt{\frac{5}{2.8}}=1.336$$

容差为

$$\Delta=\frac{\Delta_0}{\Phi}=\frac{500\ \text{V}}{1.336}=374.25\ \text{V}$$

即产品的瞬态电压指标为(13 000 ± 374) V。

2. 望小特性

当产品输出特性 y 为望小特性时,其质量损失函数为

$$L(y)=\frac{A_0}{\Delta_0^2}y^2 \tag{5-16}$$

若已知不合格损失为 A,即 $y=\Delta$ 时,$L(y)=A$,则 $A=\frac{A_0}{\Delta_0^2}\Delta^2$,可转化为

$$\Delta=\sqrt{\frac{A}{A_0}}\Delta_0=\frac{\Delta_0}{\Phi} \tag{5-17}$$

若定义安全系数为

$$\Phi=\sqrt{\frac{A_0}{A}}$$

则容差计算公式为

$$\Delta=\frac{\Delta_0}{\Phi}$$

因此望小特性容差计算公式与望目特性一样。

如某电子晶片的关键特性之一是清洁度,即每片中含杂质的毫克数要求越小越好。当每片含杂质超过 20 mg 时,产品丧失功能,需花费 70 元进行修理,而产品不合格时工厂的返修损失仅为 10 元,计算其出厂容差。

由 $\Delta_0=20$ mg,$A_0=70$ 元,$A=10$ 元,则

$$\Phi=\sqrt{\frac{A_0}{A}}=\sqrt{\frac{70}{10}}=2.646 \quad \text{和} \quad \Delta=\frac{\Delta_0}{\varphi}=\frac{20}{2.646}=7.559\ \text{mg}$$

因而工厂验收的合格标准为 $y\leqslant 7.559$ mg。

3. 望大特性

望大特性的质量损失函数为

$$L(y)=A_0\Delta_0^2\frac{1}{y^2} \tag{5-18}$$

若已知不合格损失为 A,即 $y=\Delta$ 时,$L(y)=A$,则 $A=A_0\Delta_0^2\frac{1}{\Delta^2}$,可转化为

$$\Delta=\sqrt{\frac{A_0}{A}}\Delta_0=\Phi\Delta_0 \tag{5-19}$$

如用 PVC 材料加工塑料门窗,当材料的拉伸强度低于 31 MPa 时,门窗就会断裂,此时

造成的损失为200元，而因材料不合格工厂报废处理的损失为120元，试求所用PVC材料的容差。

因为质量特性(拉伸强度)为望大特性，由 $\Delta_0 = 31$ MPa，$A_0 = 200$ 元，$A = 120$ 元，则

$$\Phi = \sqrt{\frac{A_0}{A}}\sqrt{\frac{200}{120}} \approx 1.29^4$$

$$\Delta = \Phi\Delta_0 = (1.29 \times 31)\ \text{MPa} \approx 40\ \text{MPa}$$

所以，所用PVC材料的强度下限约为40 MPa。

5.3.2 由上位特性确定下位特性容差

产品质量形成的全部过程包括下列阶段：市场调研、设计和研制、采购、工艺准备、生产制造、检验和试验、包装和储存、销售和发运、安装和运行、技术服务和维护。在每一阶段都存在质量特性。一般来说，位于前面阶段的是原因特性，称为下位特性；而位于后面阶段的是结果特性，称为上位特性。例如：在销售和发运阶段，用户的产品质量特性是上位特性，而制造商提供的产品质量特性是下位特性；前道工序产品质量特性为下位特性，后道工序产品质量特性为上位特性；子系统的质量特性为下位特性，总系统的质量特性为上位特性。

设产品的上位特性为 y，下位特性为 x。考虑最简单的情况，设当下位特性 x 变化单位量时，相应上位特性 y 的变化量为 b，则 y 与 x 之间存在以下线性关系：

$$y = a + bx \tag{5-20}$$

记 Δ_y——上位特性容差；

A_y——上位特性的不合格损失；

Δ_{0y}——上位特性的功能界限；

A_{0y}——上位特性丧失功能的损失；

Δ_x——下位特性容差；

A_x——下位特性的不合格损失；

m_y——上位特性的目标值；

m_x——下位特性的目标值；

a——$x=0$ 时，相应 y 的值。

下位特性 x 的容差有以下两个计算公式，即

$$\Delta_x = \sqrt{\frac{A_x}{A_y}} \times \frac{\Delta_y}{|b|} \tag{5-21}$$

$$\Delta_x = \sqrt{\frac{A_x}{A_{0y}}} \times \frac{\Delta_{0y}}{|b|} \tag{5-22}$$

如某电路板稳压电源的质量特性为输出电压 u，公差为$(m \pm 2.5)$V。在稳压电路中，某个电阻的中心值为 m_R(单位：kΩ)，阻值变化对输出电压的影响为 $b=0.4$ V/ kΩ。当输出电压超出容差时，导致产品不合格的损失为 $A_y=30$ 元。在组装前发现电阻不合格时，工厂损失 $A_x=1$ 元。计算该电阻的容差。

由 $\Delta_y=2.5$ V，$A_y=30$ 元，$A_x=1$ 元，$b=0.4$ V/kΩ，根据式(5-21)可计算出电阻容差

Δ_x 为

$$\Delta_x = \sqrt{\frac{A_x}{A_y}} \times \frac{\Delta_y}{|b|} = \left(\sqrt{\frac{1}{30}} \times \frac{2.5}{0.4}\right) \text{ k}\Omega \approx 1.141 \text{ k}\Omega$$

因此电阻的容差约为 1.141 kΩ。

5.3.3　由老化特性确定老化系数容差

随时间推移而向同一倾向发生变化的特性称为老化特性。例如，电阻的阻值随着时间的延长而逐渐增大，机械零件的磨损量随时间的延长而逐渐变大，等等。由于特性随时间推延而老化，老化量在不同截止时间是不同的，若要计算老化系数的容差，首先要确定设计寿命。现以老化特性随时间呈线性变化作简单介绍。

设产品老化特性 y 的设计寿命为 T，老化系数为 β，α 为初始值，y 随时间 t 呈线性变化，则有下式成立：

$$y = \alpha - \beta t \quad (0 < t < T) \tag{5-23}$$

老化系数容差 Δ' 的含义是：在整个寿命周期内，若 $\beta > \Delta'$，则表示不合格品，此时相应的损失为 A'。

下面讨论老化特性 y 的功能界限 Δ_0、丧失功能的损失 A_0 和设计寿命 T 已知时，老化系数容差的计算方法。

1. 初始值等于目标值

设老化特性 y 的目标值为 m，当 $t=0$ 时，$y=m$，则

$$y = \alpha - \beta t \quad (0 < t < T)$$

此时，老化系数 β 的容差 Δ' 的计算公式为

$$\Delta' = \sqrt{\frac{3A'}{A_0}} \times \frac{\Delta_0}{T} \tag{5-24}$$

初始值等于目标值时的老化特性曲线如图 5-5 所示。

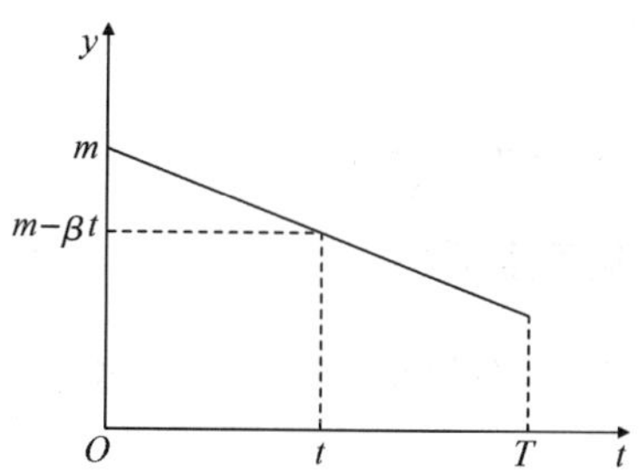

图 5-5　初始值等于目标值时的老化特性曲线

如某机械零件尺寸 y 的设计初始值为目标值 n（单位：mm），设计寿命 $T=5$ 年，当磨损量达到 10 mm 时就不能正常使用，即功能界限 $\Delta_0=10$ mm，此时的损失 $A_0=80$ 元。若每年平均磨损量 β 不合格，产品降级使用的损失为 $A'=5$，求 β 的容差。

将上述已知条件代入式(5-24)，可计算得

$$\Delta' = \sqrt{\frac{3A'}{A_0}} \times \frac{\Delta_0}{T} = \left(\sqrt{\frac{3 \times 5}{80}} \times \frac{10}{5}\right) \text{mm/年} \approx 0.866 \text{ mm/年}$$

因此 β 的容差约为 0.866 mm/年。

2.初始值不等于目标值

设老化特性 y 的初始值为 $y_0 \neq m$，则

$$y = \alpha + m - \beta t \quad (0 < t < T) \tag{5-25}$$

其中 $\alpha \neq 0$。如图 5－6 所示，当 $t=\beta/T$ 时，$y=m$（以 $y_0>m$ 为例）。

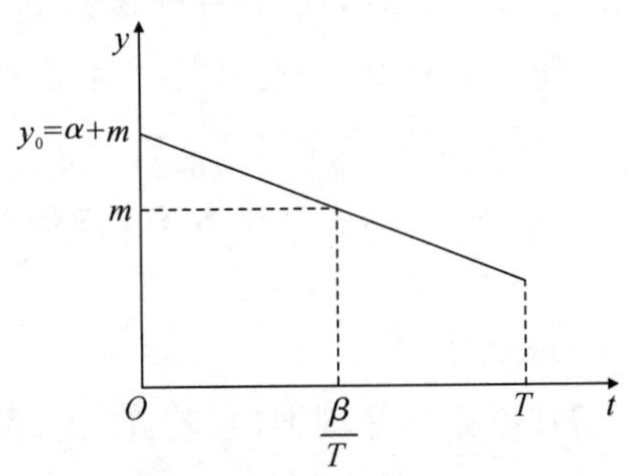

图 5－6　初始值不等于目标值的老化特性曲线

此时，老化系数 β 的容差 Δ' 计算公式为

$$\Delta' = \sqrt{\frac{12A'}{A_0}} \times \frac{\Delta_0}{T} \tag{5-26}$$

显然在初始值大于目标值的情况下，老化系数的容差大于初始值且等于目标值，因此，在进行容差设计时应尽量选取初始值大于目标值的情况。

如设某零件的初始值不等于目标值，当 $t=2$ 年时，零件的尺寸等于目标值 m，设计寿命 10 年，当磨损量达到 300 μm 时不能正常使用，此时的损失为 $A_0=80$ 元。若每年平均磨损量 β 不合格，降级使用的费用为 $A'=8$，求 β 的容差。

将上述所有已知条件代入式(5－26)，可计算得

$$\Delta' = \sqrt{\frac{12A'}{A_0}} \times \frac{\Delta_0}{T} = \left(\sqrt{\frac{12 \times 8}{80}} \times \frac{300}{8}\right) \mu\text{m/年} \approx 41.1\ \mu\text{m/年}$$

即老化系数 β 的容差约为 41.1 μm/年。

5.3.4　下位特性的老化系数容差

设产品的上位特性为 y，下位特性为 x，y 与 x 之间具有线性关系。记

Δ_y——上位特性容差；

A_y——上位特性的不合格损失；

Δ_x——下位特性容差；

A_x——下位特性的不合格损失；

m_y——上位特性的目标值；

m_x——下位特性的目标值；

a——$x=0$ 时,相应 y 的值;

b——x 每变化一个单位,y 的变化量;

T——下位特性的设计寿命;

β——下位特性的老化系数;

Δ'——下位特性老化系数的容差;

A'——β 不合格时的损失。

上位特性 y 与下位特性 x 之间具有下列关系:

$$y=a+bx$$

下位特性的初期容差可根据式(5-21)给出,即

$$\Delta_x=\sqrt{\frac{A_x}{A_y}}\times\frac{\Delta_y}{|b|}$$

则老化系数 β 的容差可由下式给出

$$\Delta'=\sqrt{\frac{3A'}{A_y}}\times\frac{\Delta_y}{|b|T} \tag{5-27}$$

如在车间照明中,当灯泡的照度变化 $\Delta_y=40$ lx(勒克斯)时,因功能损失发生故障的修理费用为 $A_y=200$ 元。当灯泡的发光强度变化 1 cd(坎德拉)时,相应照度要变化 0.9 lx。灯泡的初期发光强度超出规格时,调整费用为 $A_x=5$ 元。当老化超过规格时,损失为 $A'=32$ 元。设计寿命为 20 000 h,老化特性初始值与目标值相等。试求灯泡初期发光强度的容差 Δ 及发光强度老化系数的容差 Δ'。

根据式(5-21),将上述值代入可计算得

$$\Delta=\sqrt{\frac{A_x}{A_y}}\times\frac{\Delta_y}{|b|}=\left(\sqrt{\frac{5}{200}}\times\frac{40}{|0.9|}\right)\ \text{cd}\approx 7.03\ \text{cd}$$

则灯泡初期发光强度的容差为 7.03 cd。

根据式(5-27),将 A_y、A'、Δ_y、b、T 代入可得

$$\Delta'=\sqrt{\frac{3A'}{A_y}}\times\frac{\Delta_y}{|b|T}=\left(\sqrt{\frac{3\times 32}{200}}\times\frac{40}{0.9\times 20\ 000}\right)\ \text{cd/h}\approx 0.001\ 5\ \text{cd/h}$$

发光强度老化系数的容差约为 0.001 5 cd/h。

5.4 容差设计方法

容差确定和容差设计是两个不同的概念。容差确定是根据功能界限确定系统或零部件的容差。容差设计则是质量和成本之间的平衡。容差设计时,须遵循的原则是使产品的生产成本与质量损失之和(即总损失)最小,使总损失达到极小点的方案为容差设计的最佳方案。因此,一方面要考虑提高一个或几个零部件的精度以改进质量;另一方面又要考虑因提高零部件精度所增加的成本。两者相权衡,仅当改进质量所获取的收益大于成本增加的费用时,才应提高零部件的精度。具体方法是对影响产品输出特性的诸因素进行考察,通过分

析找出关键因素，逐个改变其精度，并计算损失函数，分析、权衡质量收益，从而确定使产品寿命周期成本最低的零部件容差。

5.4.1 损失函数法

1. 望小与望目特性的容差设计

在容差设计中，主要运用质量损失函数来计算产品的质量损失，并按照“使社会总损失最小”原则来确定合适的容差。

如设计某机械产品时，材料可以从 M_1、M_2、M_3 三种材料中任选。三种材料的温度系数 b(温度每变化 1 ℃的伸长率)、每年的磨损量 β(每年磨损量的百分率)及价格见表 5－1。产品的功能界限 $\Delta_0=6$ mm，丧失功能时的损失 $A_0=180$ 元，$\sigma_{温}=15$℃，$T=20$ 年。产品在标准温度下出厂的尺寸等于目标值，试问选用哪种材料比较合理?

表 5－1 材料特性的数据

材 料	b/(%)	β/(%)	价格/元
M_1	0.08	0.15	1.80
M_2	0.03	0.06	3.50
M_3	0.01	0.05	6.30

已知 $A_0=180$ 元，$\Delta_0=6$ mm，Δ^2 是由温度和老化造成波动的合计方差，即 $\Delta^2=\Delta_1^2+\Delta_2^2$。其中，$\Delta_1$ 为温度波动的方差，$\Delta_1^2=b^2\sigma_{温}^2$ 为老化波动的方差。设 T 为设计寿命；β 为每年的老化量；m 为出厂时的尺寸；在任意时刻 t，老化偏离为 βt。在 0～T 内，偏离目标值的平均平方偏差为

$$\Delta_2^2=\frac{1}{T}\int_0^T(m-\beta t-m)^2\mathrm{d}t=\frac{T^2}{3}\beta^2$$

由此，最终质量损失函数计算公式为

$$L(y)=\frac{A_0}{\Delta_0^2}\Delta^2=\frac{A_0}{\Delta_0^2}(\Delta_1^2+\Delta_2^2)=\frac{A_0}{\Delta_0^2}\left(b^2\sigma_{温}^2+\frac{T^2}{3}\beta^2\right)$$

将 $\sigma_{温}=15$ ℃和 $T=20$ 年代入上式，分别求得 M_1、M_2、M_3 三种材料的方差及质量损失为

M_1：

$$\Delta^2=0.08^2\times15^2+\frac{20^2}{3}\times0.15^2=4.44$$

$$L(y)=\frac{180\text{ 元}}{6^2}\times4.44=22.2\text{ 元}$$

M_2：

$$\Delta^2=0.03^2\times15^2+\frac{20^2}{3}\times0.06^2=0.682\,5$$

$$L(y)=\frac{180\text{ 元}}{6^2}\times0.682\,5\approx3.41\text{ 元}$$

M_3：

$$\Delta^2=0.01^2\times15^2+\frac{20^2}{3}\times0.05^2=0.355\,8$$

$$L(y)=\frac{180\text{ 元}}{6^2}\times0.355\,8\approx1.78\text{ 元}$$

将上述计算结果整理成表 5-2。

表 5-2 容差设计

材料	b/(%)	β/(%)	价格/元	质量损失/元	总损失/元
M_1	0.08	0.15	1.8	22.2	24
M_2	0.03	0.06	3.5	3.41	6.91
M_3	0.01	0.05	6.3	1.78	8.08

表 5-2 中总损失为价格与质量损失之和，其最小值为 6.91 元，故选用材料 M_2 最为合理。

2. 望大特性的容差设计

某产品设计中需要确定某钢管截面面积，其强度越大越好。设钢材的强度、价格与管子的截面积成正比，单位截面积强度 $b=80\ \text{N/mm}^2$，单位截面积价格。$a=40$ 元/mm^2。当应力 $\Delta_0=5\ 000$ N 时，钢管会断裂，此时的损失 $A_0=30$ 万元。试计算该钢管的最佳截面积。

如果钢管的截面积为 x，其价格满足 $P=ax$，强度满足 $y=bx$，则相应的损失函数为

$$L=L(y)=\frac{A_0\Delta_0^2}{(bx)^2}$$

因此，总损失为

$$L_N=P+L=ax+\frac{A_0\Delta_0^2}{(bx)^2}$$

截面积的最佳值使 L_N 取得最小值。

令 $\frac{\mathrm{d}L_N}{\mathrm{d}x}=0$，可得 $x=\left(\frac{2A_0\Delta_0^2}{ab^2}\right)^{\frac{1}{8}}$。将 a,b,A_0,Δ_0 代入，可得 $x=388\ \text{mm}^2$。

因此，成本 P、质量损失 L 和总损失 L_N 分别为

$$P=ax=40\ 元/\text{mm}^2\times 380\ \text{mm}^2=15\ 520\ 元$$

$$L=L(y)=\frac{A_0\Delta_0^2}{(bx)^2}=\frac{3\times 10^5\ 元\times(5\ 000\ \text{N})^2}{(80\ \text{N/mm}^2\times 388\ \text{mm}^2)^2}=7\ 784\ 元$$

$$L_N=P+L=15\ 520\ 元+7\ 784\ 元=23\ 304\ 元$$

$x=388\ \text{mm}^2$ 就是生产成本与质量损失之和达到最小的截面积。最佳条件下，成本 P 等于不合格品的损失 A，则强度的容差为

$$\Delta=\varphi\Delta_0=\sqrt{\frac{A_0}{A}}\times\Delta_0=\sqrt{\frac{3\times 10^5}{15\ 520}}\times 5\ 000\ \text{N}=(4.4\times 5\ 000)\text{N}=22\ 000\ \text{N}$$

5.4.2 贡献率法

1. 单因素情况

设望目特性 y 的目标值为 m，容差为 Δ，不合格品损失为 A。误差因素与特性之间存在线性关系

$$y=\alpha+\beta x \tag{5-28}$$

单因素容差设计的问题是：如果误差因素 x 的容差 Δ_x 改进为

$$\Delta'_x = \lambda \Delta_x \tag{5-29}$$

此时产品成本每件将增加 P'，问新的容差设计方案是否有利？针对此问题，利用贡献率法进行解决，主要计算步骤如下：

(1)确定回归直线。通过试验，得到 n 对数据：$(x_1, y_1), (x_2, y_2), \cdots, (x_n, y_n)$，则

$$\left.\begin{aligned} \bar{x} &= \frac{1}{n}\sum_{i=1}^{n} x_i \\ \bar{y} &= \frac{1}{n}\sum_{i=1}^{n} x_i \\ L_{xx} &= \sum_{i=1}^{n} (x_i - \bar{x})^2 \\ L_{xy} &= \sum_{i=1}^{n} (x_i - \bar{x})(y_i - \bar{y}) \\ L_{yy} &= \sum_{i=1}^{n} (y_i - \bar{y})^2 \end{aligned}\right\} \tag{5-30}$$

回归系数 α 和 β 的估计值 a 和 b 分别为

$$\left.\begin{aligned} a &= \bar{y} - b\bar{x} \\ b &= \frac{L_{xy}}{L_{xx}} \end{aligned}\right\} \tag{5-31}$$

回归直线为

$$\hat{y} = a + bx \tag{5-32}$$

(2)试验数据的统计分析。利用方差分析法将总偏差平方和 S'^2_T 分解为偏差平方和 S^2_m、回归平方和 S^2_x 与误差平方和 S^2_e。利用贡献率法进行分析，见表 5-3。

表 5-3　贡献率分析表

来源	偏差平方和 s	自由度 f	平均偏差平方和 $\overline{S^2}$	纯波动	贡献率 e/(%)
m	$S^2_m = n(\bar{y} - m)^2$	1	S^2_m	$S'^2_m = S^2_m - \overline{S}^2_2$	$e_m = S'^2_m / S'^2_T$
x	$S^2_x = b^2 L_{xx}$	1	S^2_x	$S'^2_x = S^2_x - \overline{S}^2_e$	$\rho_x = S'^2_x / S'^2_T$
e	$S^2_e = S'^2_T - S^2_m - S^2_x$	$n-2$	$S'^2_e = S^2_e / (n-2)$	$S'^2_e = S^2_e + 2\overline{S}^2_e$	$\rho_e = S'^2_e / S'^2_T$
T'	$S'_T 2 = \sum_{i=2}^{n} (y_i - m)^2$	n	S'^2_T / n	S'^2_T	100

(3)校正系统偏差。$\bar{y} - m$ 称为系统偏差，当系统不为 0 时，可将它校正为 0，从而使 $\rho_m = 0$，这就是系统偏差校正。

(4)确定平均质量损失。计算平均质量损失，公式为

$$\bar{L} = \frac{A}{\Delta^2}\left[\frac{1}{n}\sum_{i=1}^{n} (y_i - m)^2\right]$$

(5)容差设计。当进行方差调整后，容差设计见表 5-4。

表 5－4　容差设计

方案	成本	平均质量损失 L	总损失
原方案 Δ_x	0	$\bar{L}=\frac{A}{\Delta^2}V_t$	$L_t=\bar{L}$
新方案 Δ'_x		$\overline{L_N}=\bar{L}\left\{1-\rho_m-\rho_x\left[1-\left(\frac{\Delta'_x}{\Delta_x}\right)^2\right]\right\}$	$L'_t=p'+\overline{L_N}$

如果在新的容差设计方案下总损失小于原方案，则新方案有利。

2. 多因素情况

已知望目特性 y 的目标值为 m，容差为 Δ，不合格损失为 A。误差因素 $x_1, x_2, \cdots, x_L$ 特性之间存在函数关系，即

$$y = f(x_1, x_2, \cdots, x_L) \tag{5-33}$$

多因素容差设计的问题是：如果误差因素 x_i 的容差改进 Δ_i 为

$$\Delta'_i = \lambda_i \Delta_i \tag{5-34}$$

此时产品成本将增加 P'_i，即

$$P' = \sum_{i=1}^{L} P_i^r \tag{5-35}$$

问新的容差设计是否更好？

针对这个问题，利用贡献率法进行解决，主要计算步骤如图 5－7 所示。

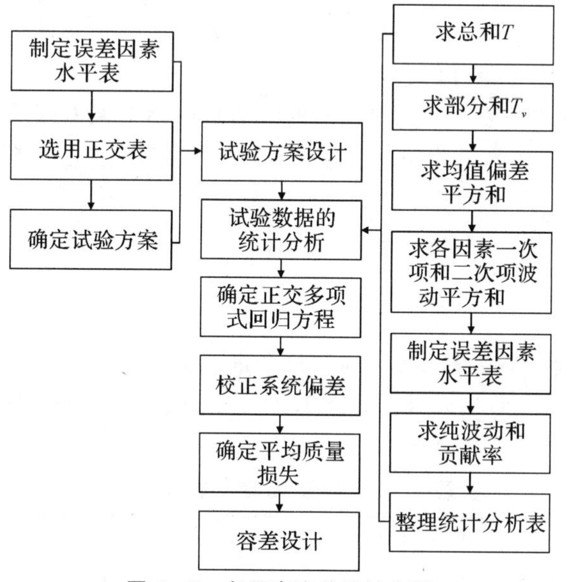

图 5－7　多因素容差设计步骤

(1)试验方案设计。有 L 个误差因素 $x_1, x_2, \cdots, x_L$，属于多因素试验，通常采用正交试验法来设计试验方案。

(2)试验数据的统计分析。得到试验数据后对数据进行统计分析。由于误差因素的水平是等间隔的，可用正交多项式回归理论把因素引起的波动平方和分解为一次项、二次项引

起的波动平方和，并求出相应的贡献率。

(3)正交多项式回归方程的确定。由正交多项式回归理论，确定质量特性 y 与各个因素之间的正交多项式。

(4)系统偏差的校正。当系统不为 0 时，可将它校正为 0，从而使 $\rho_m=0$ ，这就是系统偏差校正。

(5)确定平均质量损失。通过质量损失函数计算每个产品的质量损失，并计算平均质量损失 $\bar{L}$，可表示为

$$\bar{L}=\frac{A}{\Delta^2}\frac{1}{n}\sum_{i=1}^{n}(y_i-m)^2 \tag{5-38}$$

(6)容差设计。在进行方差调整后，容差设计表见表 5－5。

表 5－5　容差设计

方案	成本	平均质量损失 L	总损失
原方案 Δ_x	0	$\bar{L}=\frac{A}{\Delta^2}V_T$	$L_t=\bar{L}$
新方案 Δ'_x	P'	$\bar{L}_N=\bar{L}\left\{\rho_{Al}\left(\frac{\Delta_A'}{\Delta_A}\right)^2+\rho_{Aq}\left(\frac{\Delta_A'}{\Delta_A}\right)^2+\rho_{Bl}\left(\frac{\Delta_B'}{\Delta_B}\right)^2+e_{Bq}\left(\frac{\Delta_B'}{\Delta_B}\right)^2+\rho_e\right\}$	$L'_T=P'+\bar{L}_N$

如果新的容差设计方案下总损失小于原方案，则新方案有利。

开发一聚合物产品，其目标特性为聚合度 y，可通过数学模型计算。首先进行参数设计，确定最佳参数组合，大大减小了在目标值附近的波动。产品技术指标为 $y=(500\pm60)$ h，当 y 超出此容差时，整批产品报废，损失为 10 000 元。为进一步减小质量波动，降低损失，需在最佳参数下，确定工艺条件的容差。

(1)确定误差因素水平表。各误差因素的波动是由标准偏差来反映的，表 5－6 给出了误差因素和标准偏差。在容差设计中，误差因素水平在标称值 m 附近，可以按如下原则确定。

二水平因素：水平 $1=m-\sigma$，水平 $2=m+\sigma$。

三水平因素：水平 $1=m-\sqrt{\frac{3}{2}}\sigma=m-1.22\sigma$，水平 $2=m$，水平 $3=m+\sqrt{\frac{3}{2}}\sigma=m+1.22\sigma$。

例如，因素 A 的标准偏差是 1.25，A 的三个水平定为

$$A_1=m_A-1.22\times1.25\ ℃=m_A-1.53\ ℃$$

$$A_2=m_A,\quad A_3=m_A+1.53\ ℃$$

表 5－6　误差因素和标准偏差

误差因素		标准偏差 σ	误差因素		标准偏差 σ
聚合温度	A	1.25 ℃	溶剂计量误差	E	5.00%
催化剂计量误差	B	2.50%	单体计量误差	F	2.50%
催化剂进料时间误差	C	5.00%	单体不纯度	G	0.50%
单体进料时间误差	D	5.00%			

其他因素可以类似地确定，见表 5－7。

表 5-7　误差因素水平表

因素		水平		
		1	2	3
聚合温度/℃	A	−1.53	0	+1.53
催化剂计量误差/(%)	B	−3.06	0	+3.06
催化剂进料时间误差/(%)	C	−6.12	0	+6.12
单体进料时间误差/(%)	D	−6.12	0	+6.12
溶剂不纯度/(%)	E	−6.12	0	+6.12
单体计量误差/(%)	F	−3.16	0	+3.16
单体不纯度/(%)	G	0.09	0.70	1.31

(2)正交表的安排与试验。把上述误差因素配置于 $L_{18}(2^1\times 3^7)$表中，根据数学模型计算出各种条件下的聚合度填入表 5-8 中。为简化计算，将每个条件下的结果减去目标值 500。

(3)方差分析。下面对表 5-8 中的 18 个结果进行方差分析。由于误差因素水平是等间隔的，因此可以用正交多项式进行波动平方和的分解。

首先，列出偏差平方和的分解公式：

$$
\begin{aligned}
S'^2 &= \sum_{i=1}^{n}(y_i-500)^2 = S_m^2 + s_T^2 = \\
&S_m^2 + S_A^2 + S_B^2 + S_C^2 + S_D^2 + S_E^2 + S_F^2 + S_G^2 + S_e^2 = \\
&S_m^2 + (S_{Al}^2 + S_{Aq}^2) + (S_{Bl}^2 + S_{Bq}^2) + (S_{Cl}^2 + S_{Cq}^2) + (S_{Dl}^2 + S_{Dq}^2) + \\
&(S_{El}^2 + S_{Eq}^2) + (S_{Fl}^2 + S_{Fq}^2) + (S_{Gl}^2 + S_{Gq}^2) + S_e^2
\end{aligned}
$$

其次，计算各种波动平方和及自由度。为方便起见，先列出方差分析辅助表(见表 5-9)。

表 5-8　输出特性试验结果

试验号	因素								
	A	B	C	D	E	F	G	结果	
	2	3	4	5	6	7	8	y	$y-500$
1	1	1	1	1	1	1	1	517	17
2	1	2	2	2	2	2	2	516	16
3	1	3	3	3	3	3	3	557	57
4	2	1	1	2	2	3	3	548	48
5	2	2	2	3	3	1	1	464	−36
6	2	3	3	1	1	2	2	488	−12
7	3	1	2	1	3	2	3	506	6
8	3	2	3	2	1	3	1	476	−24
9	3	3	1	3	2	1	2	432	−68
10	1	1	3	3	2	2	1	519	19

续 表

试验号	因素							结果	
	A	B	C	D	E	F	G		
	2	3	4	5	6	7	8	y	y−500
11	1	2	1	1	3	3	2	535	35
12	1	3	2	2	1	1	3	534	34
13	2	1	2	3	1	3	2	505	5
14	2	2	3	1	2	1	3	516	16
15	2	3	1	2	3	2	1	475	−25
16	3	1	3	2	3	1	2	451	−49
17	3	2	1	3	1	2	3	490	−10
18	3	3	2	1	2	3	1	471	−29

表 5-9 方差分析辅助表

水平	因素 A	因素 B	因素 C	因素 D	因素 E	因素 F	因素 G
1	178	46	−3	33	10	−86	−78
2	−4	−3	−4	0	2	−6	−73
3	−174	−43	7	−33	−12	92	151

$$S'^2_T=\sum_{i=1}^{n}(y_i-500)^2=17^2+16^2+\cdots+(-29)^2=19,764,\quad f_T=18$$

$$S^2_m=n(\bar{y}-m)^2=18\times(500-500)^2=0,\quad f_m=1$$

$$\frac{[(-1)\times178+0\times(-4)+1\times(-174)]^2}{6\times2}=10\ 325,\quad f_{Al}=1$$

$$S^2_{Al}=\frac{(W_1T_1+W_2T_2+W_3T_3)^2}{r\lambda^2S}=S^2_{Aq}=\frac{(W_1T_1+W_2T_2+W_3T_3)^2}{r\lambda^2S}$$

$$=\frac{[1\times178+(-2)\times(-4)+1\times(-174)]^2}{6\times6}=4,\quad f_{Aq}=1$$

其中，W_1、W_2、W_3、λ、S 的数值可查有关手册。

同理可以计算出 S^2_{Bl}，S^2_{Bq}，S^2_{Cl}，S^2_{Cq} 等，最后由分解公式计算出 S^2_e，将这些计算结果整理为方差分析表，见表 5-10。

(4)容差设计。缩小误差因素的容差后，新的误差方差可由下式计算：

$$V_N=V'_T\left[\rho_{Al}\left(\frac{\sigma'_A}{\sigma_A}\right)^2+\rho_{Aq}\left(\frac{\sigma'_A}{\sigma_A}\right)^2+\rho_{Bl}\left(\frac{\sigma'_B}{\sigma_B}\right)^2+\rho_{Bq}\left(\frac{\sigma'_B}{\sigma_B}\right)^2+\cdots+\rho_e\right]\quad(5-39)$$

式中 V_N——新的方差；

V'_T——现行方差；

ρ_{Al}——A_l 的贡献率；

ρ_{Aq}——A_q的贡献率；

σ'_A——因素 A 的新的波动标准偏差；

σ_A ——A 的现行波动标准偏差；
σ'_B——B 的新的波动标准偏差；
σ_B ——B 的现行波动标准偏差。

表 5-10　方差分析表

来 源	S^2	f	$\overline{S^2}$	S'	ρ/(%)
S_m	0*	1*	0		
$A\{^l_q$	10 325	1	10 325	10 246.64	51.84
	4*	1*	4		
$B\{^l_q$	660 *	1*	660		
	2*	1*	2		
$C\{^l_q$	8*	1*	8		
	4*	1*	4		
$D\{^l_q$	363*	1*	363		
	0*	1*	0		
$E\{^l_q$	40*	1*	40		
	1*	1*	1		
$F\{^l_q$	2 640 *	1	2 640	2 561.64	12.96
	9*	1*	9		
$G\{^l_q$	4 370	1	4 370	4 291.64	21.71
	1 332	1	1 332	1 253.6	6.34
e	6*	3*	2		
$(\bar{e})$	(1 097)	(14)	(78.36)		(1.14)
T	19 764	18	1 098	19 764	100

注：标有符号“*”的项加以合并。

由表 5-10 可见，A_1 即聚合度对输出特性 y 贡献率最大，因而应考虑装备一台自动温度控制器来减小由温度引起的波动。安装温度控制器后聚合温度的波动可由现在的 $\sigma=1.25$ ℃降低到 $\sigma'_A=0.25$ ℃，但这一设备需要花费 6 万元。

容差设计就是要权衡安装温度控制器后的收益以及由此而引起的成本增加，从而确定是否需要引进该设备。这就要采用质量损失函数来比较。

首先，计算安装温度控制器后的新方差，由于 A_q 不显著，所做只考虑线性部分 A_1。

$$V_N=V'_T\left\{1-\rho_{A_1}\left[1-\left(\frac{\sigma'_A}{\sigma_A}\right)^2\right]\right\}=1\ 098\times\left\{1-0.518\ 4\times\left[1-\left(\frac{0.25}{1.25}\right)^2\right]\right\}=551.5$$

其次，计算安装温度控制器前后的质量损失。质量损失函数为

$$L(y)=kV'_T,\quad k=A_0/\Delta_0^2$$

当 $\Delta_0=60$ 时，$A_0=10\ 000$ 元，故 $k=10\ 000/60^2=2.78$。

将现行方差和新方差代入质量损失函数，得

$$L_{现}=(2.78\times 1\ 098)\ 元/批=3\ 052.4\ 元/批$$

$$L_{新}=(2.78\times 551.53)\ 元/批=1\ 533.3\ 元/批$$

因此，每批收益为

$$L_{现}-L_{新}=3\ 052.4\ 元/批-1\ 533.3\ 元/批=1\ 519.1\ 元/批$$

假定一年生产 12 批，则每年收益为

$$1\ 519.1\ 元/批\times 12\ 批=18\ 229.2\ 元$$

一台温度控制器投资 60 000 元，每年折旧费为 8 671 元，每年净收益为

$$18\ 299.2\ 元-8\ 671\ 元=9\ 558.2\ 元$$

所以应安装该设备。

第6章　通用质量特性技术

6.1　可靠性技术

6.1.1　概述

可靠性技术是装备全系统、全寿命管理工作的一个重要组成部分，它包括可靠性要求的确定、可靠性设计与分析、可靠性试验与评价、可靠性管理等工作，涉及型号的论证阶段、方案阶段、工程研制阶段、生产与部署阶段和使用阶段，适用于装备系统、子系统、设备、元器件与零部件等各个产品层次，以及电子、机电、光电、机械、结构、软件等不同的产品类型。

可靠性技术是研究产品寿命周期全过程中同产品故障作斗争的一门工程技术。它运用系统科学与系统工程的理论和方法，从系统的整体性及其同外界环境的辩证关系出发，研究故障发生的机理、故障预防、预测、诊断与修复的理论与方法，并运用这些机理与规律、理论与方法开展一系列相关的技术和管理活动，防止、控制故障的发生与发展，提高产品的固有可靠性水平，达到“优生”的目的。

6.1.2　可靠性要求

可靠性要求是进行可靠性设计、分析、试验和验收的依据。正确、科学地确定各项可靠性要求是一项重要而复杂的系统工程工作。设计人员只有在透彻地了解了这些要求后，才能将可靠性正确地设计到产品中去。

可靠性要求可以分为两大类。第一类是定性要求，即用一种非量化的形式来设计、评价，从而保证产品的可靠性。第二类是定量要求，即规定产品的可靠性参数、指标和相应的验证方法。用定量方法进行设计分析，用增长或验证方法进行可靠性验证，从而保证产品的可靠性。

1. 定性要求

主要的可靠性定性要求见表6-1。

表 6-1 主要的可靠性定性要求

序号	要求名称	目 的
1	制定和贯彻可靠性设计准则	将可靠性要求及使用中的约束条件转换为设计条件，给设计人员规定了专门的技术要求和设计原则，以提高产品可靠性
2	简化设计	减少产品的复杂性，提高其基本可靠性
3	余度设计	用多于一种的途径来完成规定的功能，以提高产品的任务可靠性和安全性
4	降额设计	降低元器件、零部件的故障率，提高产品的基本可靠性、任务可靠性和安全性
5	元器件、零部件、原材料的选择与控制	对电子元器件、机械零部件、原材料进行正确的选择与控制，提高产品可靠性，降低保障费用
6	确定关键件和重要件	把有限的资源用于提高关键产品的可靠性
7	环境防护设计	选择能减轻环境作用或影响的设计方案和材料，或提出一些能改变环境的方案，或把环境应力控制在可接受的范围内
8	热设计	通过元器件选择、电路设计、结构设计、布局来减少温度对产品可靠性的影响，使产品能在较宽的温度范围内可靠地工作
9	包装、装卸、运输、储存等设计	通过对产品在包装、装卸、运输、储存期间性能变化情况的分析，确定应采取的保护措施，从而提高其可靠性

2. 定量要求

典型的可靠性参数见表 6-2。

表 6-2 典型的可靠性参数

可靠性参数		类型		定 义
		使用参数	合同参数	
基本可靠性	平均故障间隔时间（MTBF）		√	在规定的条件下和规定的时间内，产品的寿命单位总数与故障总次数之比
	故障率 $\lambda(t)$		√	在规定的条件下和规定的时间内，产品的故障总数与寿命单位总数之比，有时亦称失效率，当产品寿命服从指数分布时 λ 等于常数
任务可靠性	任务可靠度 $R_m(t_m)$	√		产品在规定的任务剖面内完成规定功能的概率
	平均严重故障间隔时间（MTBCF）		√	在规定的一系列任务剖面中，产品任务总时间与严重故障总数之比

续 表

可靠性参数		类型		定义
		使用参数	合同参数	
耐久性	首次大修期(TTFO)		√	在规定的条件下，产品从开始使用到首次大修的寿命单位数(工作时间和(或)日历持续时间)
	储存寿命(STL)	√		产品在规定的储存条件下能满足规定要求的储存期限

当产品寿命服从指数分布时，可靠性参数之间存在如下关系：

$$\lambda(t)=\lambda \tag{6-1}$$

$$T_{\mathrm{BF}}=1/\lambda \tag{6-2}$$

$$R(t)=\mathrm{e}^{-\lambda t}=\mathrm{e}^{-t/T_{\mathrm{BF}}} \tag{6-3}$$

6.1.3　可靠性设计与分析

开展可靠性设计与分析工作的目的是确保新研和改型的装备达到规定的可靠性要求，保持和提高现役装备的可靠性水平，以提高装备战备完好性和任务成功性、减少寿命周期费用、降低对保障资源等的要求。军方应在作战效能分析的基础上提出对装备可靠性的要求，并根据装备类型、特点、所处研制阶段、复杂程度、新技术含量、费用、进度以及装备数量等要求，依据《装备可靠性工作通用要求》(GJB 450A—2004)，选择确定效费比高的可靠性工作项目，并将其纳入合同文件。

产品的可靠性首先是设计出来的，研制单位通过可靠性设计与分析工作，将基本可靠性、任务可靠性及耐久性要求设计到型号中去。认真做好产品的可靠性设计工作，是提高和保证产品可靠性的根本措施。根据不同的产品类型和特点，可以采用各种不同的可靠性设计与分析方法。按《装备可靠性工作通用要求》，可靠性设计分析工作项目共有 12 项，包括建立可靠性模型，可靠性分配，可靠性预计，故障模式影响与危害性分析(FMECA)，故障树分析(FTA)，潜在分析，电路容差分析，确定功能测试、包装、装卸、运输和维修对产品的影响，有限元分析和耐久性分析，制定和贯彻可靠性设计准则，元器件、零部件和原材料选择，确定可靠性关键产品。下面对其中部分工作项目作简要介绍。

1. 建立可靠性模型

建立产品的可靠性模型，用于定量分配、预计和评价产品的可靠性。可靠性模型包括可靠性框图和相应的数学模型。可靠性框图是对于复杂产品的一个或一个以上的功能模式，用方框表示的各组成部分的故障或它们的组合如何导致产品故障的逻辑图。典型的可靠性模型类型如图 6-1 所示。

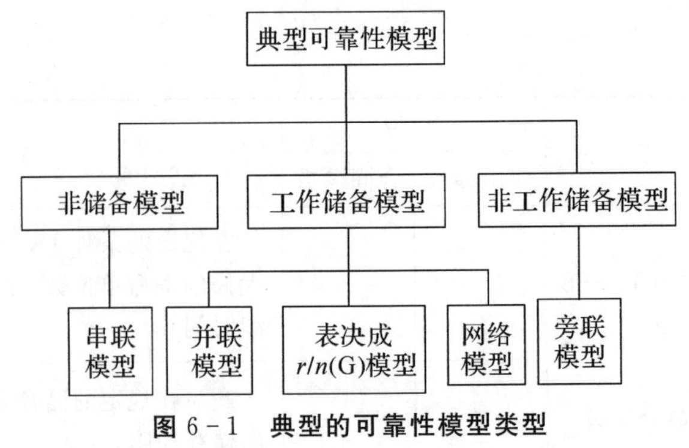

图 6-1　典型的可靠性模型类型

2. 可靠性分配

可靠性分配是把装备的可靠性规定值(目标值)及最低可接受值(门限值)分给系统、分系统、设备、组件。这是一个从总体到局部、由上到下的分解过程。其主要目的是:分配给各层次产品可靠性指标的规定值,使各级设计人员明确其可靠性设计要求,并研究实现这些要求的可能性及办法。所分配的最低可接受值也是可靠性鉴定与验收的依据。工程中常用的无约束条件下可靠性分配方法见表 6-3。

表 6-3　工程中常用的无约束条件下可靠性分配方法

分配方法	适用范围	简要说明
比例分配法	基本可靠性分配	根据产品中各单元预计的故障率占产品预计故障率的比例进行分配
评分分配法	基本或任务可靠性分配	专家根据经验,按几种因素(如复杂度、重要度、环境、技术水平等)对各单元进行评分,按各单元的相对分值进行分配
重要度、复杂度分配法	基本或任务可靠性分配	根据产品中各单元的复杂度(如元器件、零部件数量)及重要度(该单元故障对产品的影响)进行分配

3. 可靠性预计

可靠性预计是根据组成装备的元器件、组件、设备、分系统、系统的可靠性来推测装备的可靠性。这是一个从局部到总体、由下向上的综合过程。在型号寿命周期的方案论证和工程研制阶段要反复进行多次。在签订协作配套研制合同后,可靠性预计工作还要随产品技术状态的变化而反复进行,直到设计定型。可靠性分配和预计的关系如图 6-2 所示。

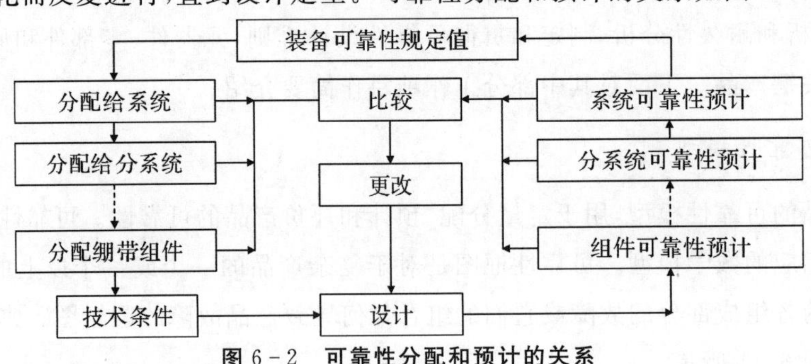

图 6-2　可靠性分配和预计的关系

工程中常用的可靠性预计方法见表 6－4。

表 6－4　工程中常用的可靠性预计方法

序号	预计方法	适用范围	适用阶段	简要说明
1	元件计数法	电子类产品；基本可靠性预计	方案设计及初步设计	根据元器件的品种及一般的质量要求，查 GJB/Z 299C(国内元器件)或 MIL－HDBK－217F(国外元器件)，得到各元器件故障率数据，按产品中各种元器件数量将其故障率相加
2	应力分析法	电子类产品；基本可靠性预计	详细设计	根据元器件的品种、质量水平、工作应力及环境应力等因素，查 GJB/Z299C 或 MIL－HDBK－217F，得到各元器件故障率数据，按产品中各种元器件数量将这些故障率相加
3	故障率预计法	机械、电子、机电类产品；要求组成产品的所有单元均有故障率数据；基本或任务可靠性预计	详细设计	根据产品原理图及功能，建立其可靠性模型，输入各单元的故障率数据进行计算
4	相似产品法(含相似电路、相似设备)	机械、电子、机电类产品；具有相似产品的可靠性数据；基本或任务可靠性预计	方案设计及初步设计	将研制的新产品与其可靠性已知的相似产品进行比较
5	评分法	机械、机电类产品；产品中仅个别单元有故障率数据；基本或任务可靠性预计	方案设计及初步设计	专家根据经验，按几种因素(如复杂性、环境、技术水平等)对产品的各单元进行评分，通过已知故障率单元的数据，推算出其他单元的故障率，按数学公式算出产品的故障率

4. 故障模式影响及危害性分析(FMECA)

FMECA 是一种自下而上(由元器件到系统)的故障因果关系的单因素分析方法。它是一种最重要的预防故障发生的分析工具。FMECA 方法为人们提供了一种规范化、标准化、系统的有效分析工具。系统地分析零件、元器件、设备所有可能的故障模式、故障原因及后果，以便发现设计、生产中的薄弱环节，加以改进以提高产品的可靠性。FMECA 方法广泛应用于可靠性、维修性、测试性、保障性和安全性工作中。常见的 FMECA 类型主要分为设计 FMECA 和过程 FMECA 等类型，也可以进一步细分为功能 FMECA、硬件 FMECA、软件 FMECA 和损坏模式及影响分析 DMEA。故障模式影响分析(FMEA)一般是通过填写 FMEA 表格进行，常用的硬件 FMEA 表及其填写内容，见表 6－5。

表 6-5　硬件故障模式及影响分析(FMEA)表

初始约定层次　任务　审核　第　页　共　页

约定层次　分析人员　批准　填表日期

代码	产品或功能标志	功能	故障模式	故障原因	任务阶段与工作方式	故障影响			严酷度类别	故障检测方法	设计改进措施	使用补偿措施	备注
						局部影响	高一层次影响	最终影响					
对每个产品采用一种编码体系进行标识	记录被分析产品或功能的名称与标志	简要描述产品所具有的主要功能	根据故障模式分析的结果,依次填写每个产品的所有故障模式	依次填写每个故障模式的所有故障原因	根据任务剖面依次填写发生故障时的任务阶段与该阶段内产品的工作方式	根据故障影响分析的结果,依次填写每一个故障模式的局部、高一层次和最终影响,并分别填入对应栏			按每个故障模式后果的严酷程度确定其严酷度类别	根据产品故障模式原因、影响等分析结果,依次填写故障检测方法	根据故障影响、故障检测等分析结果依次填写设计改进与使用补偿措施		简要记录对其他栏的注释和补充说明

FMECA 是在 FMEA 基础上做危害性分析,常用的方法包括风险优先数法和危害性分析法。

(1)风险优先数法(RPN)。风险优先数是事件发生的概率、严酷度和检测难度等级三者乘积,其数值越大潜在问题越严重,用来衡量可能的缺陷,以便采取可能的预防措施减少关键波动,比较分析结果,并对矫正措施的问题进行排序。

使用 RPN 方法进行风险评估时,需要对每一个故障的严酷度、发生概率和检测难度进行定级,并根据三个因素的等级来计算 RPN。

RPN=严酷度等级×发生概率等级×检测难度等级

(2)危害性分析法(CA)。危害性分析法可以分为定性与定量分析两种。

定性分析是绘制危害性矩阵,如图 6-3 所示。危害性矩阵用来确定和比较每一种故障模式的危害程度,进而为确定改进措施的先后顺序提供依据。危害性矩阵的横坐标是严酷度类别,纵坐标是故障模式发生概率等级。其中 A 级是经常发生的;B 级是有时发生的;C 级是偶然发生的;D 级是很少发生的;E 级是极少发生的,可按统计或经验确定。从图中所标记的故障模式分布点向对角线作垂线,以该垂线与对角线的交点到原点的距离作为度量故障模式危害性大小的依据。距离越长其危害性越大,应尽快采取改进措施。图中 01 距离比 02 大,则故障模式 M_1 危害性更大。

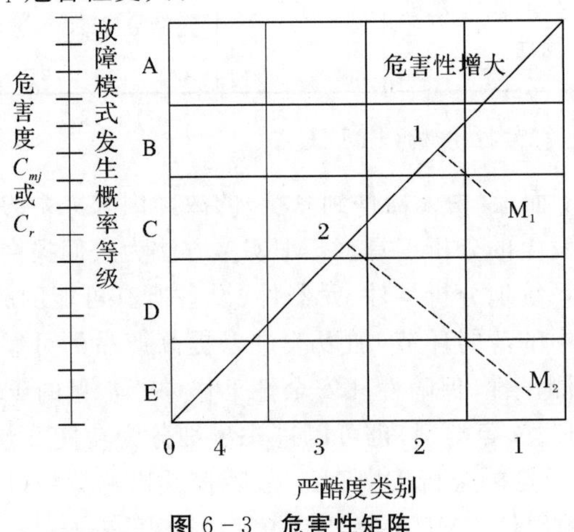

图 6-3　危害性矩阵

定量分析是计算故障模式危害度(C_m)和产品危害度(C_r),并填写危害性分析表。

5.故障树分析(FTA)

故障树分析是通过对可能造成产品故障事件(顶事件)的硬件、软件、环境、人为因素进行多因素分析,画出故障树,从而确定产品故障原因的各种可能组合方式和(或)其发生概率的一种分析技术。其目的是帮助判明潜在的故障或计算产品发生故障的概率,以便采取相应的改进设计措施,也可用于指导故障诊断、改进运行和维修方案。工程中常用的故障树符号见表 6-6。

例如,当飞机发动机发生故障不能飞行时,可以对相关因素进行分析,画出故障树,如图 6-4 所示。

表 6-6　工程中常用的故障树符号

分　类	符　号	说　明
事件	矩形	顶事件或中间事件
	圆形	底事件,代表部件的故障模式、部件故障、软件故障、人及环境影响
	菱形	未展开事件,其输入无须进一步分析或无法分析的事件
逻辑门	与门	仅当所有输入事件发生时,输出事件才发生
	+ 或门	至少一个输入事件发生时,输出事件就发生
	r/n	当 n 个输入事件中有 r 或 r 个以上的事件发生,输出事件才发生($1 \leqslant r \leqslant t$)
	禁门打开的条件 禁门	当禁门打开条件事件发生时,输入事件方导致输出事件的发生
子树转移	A 转入　A 转出	将树的一个完整部分(子树)转移到另一处复用,用 A 作标记

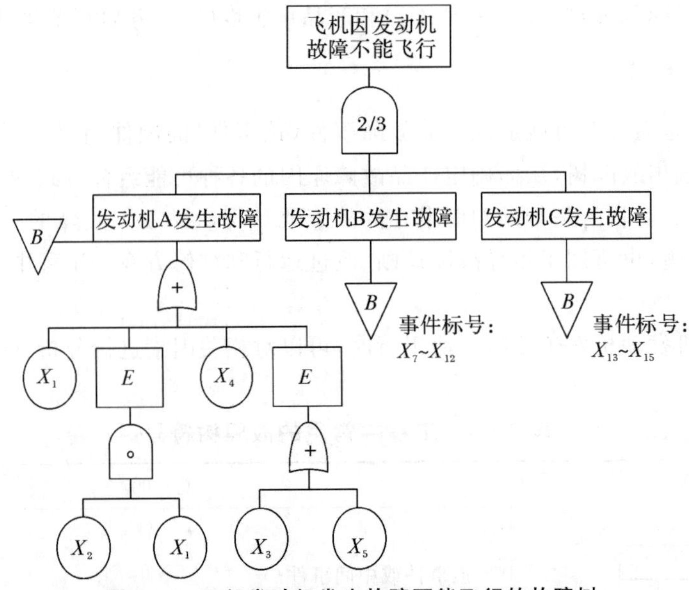

图 6-4　飞机发动机发生故障不能飞行的故障树

故障树分析可以分为定性分析和定量分析两种。

定性分析的目的在于寻找导致顶事件发生的原因和原因组合,识别导致顶事件发生的所有故障模式,即找出全部最小割集,它可以帮助判明潜在的故障,以便改进设计,可以用下行法或上行法求最小割集。

定量分析方法包括计算顶事件发生概率的近似值方法和概率重要度分析。计算顶事件发生概率的近似值方法是根据底事件的发生概率,按故障树的逻辑门关系,计算出顶事件发生概率的近似值。概率重要度分析是考虑到,系统中各元部件并不是同样重要的,有的元部件故障就会引起系统故障,有的则不然。一般认为,一个部件或最小割集对顶事件发生的贡献称为重要度。重要度有很多种,其中概率重要度可用于指导改进设计的顺序。

6. 潜在分析

潜在分析的目的是在假设所有部件功能均处于正常工作的状态下,确定造成能引起非期望的功能或抑制所期望的功能的潜在状态。大多数潜在状态只有在某种特定条件下才会出现,因此,在多数情况下很难通过试验来发现。潜在分析是一种有用的工程方法,它以设计和制造资料为依据,可用于识别潜在状态、图样差错以及与设计有关的问题。通常不考虑环境变化的影响,也不去识别由于硬件故障、工作异常或对环境敏感而引起的潜在状态。

潜在分析应在系统设计基本完成,数据能完整提供的情况下,尽可能早地进行。最理想的时机是已完成试样或正样机定型之前。

根据分析对象,潜在分析可分为针对电路的潜在电路分析(SCA)、针对软件的潜在分析对象和针对液、气管路的潜在通路分析。选择的原则是对任务和安全关键的产品要求进行潜在分析。

我国的潜在分析工作起步较晚,主要着重于潜在电路分析方面。潜在电路分析的主要方法有两种:基于网络树生成的拓扑模式识别的分析方法和基于功能节点识别和路径追踪的分析方法。有关软件、液、气管路的潜在通路分析可参考《潜在分析方法和程序》(QJ3217—2005)。

7. 电路容差分析

符合规范要求的元器件容差的累积会使电路、组件或产品的输出超差，在这种情况下，故障隔离无法指出某个元器件是否故障或输入是否正常。为消除这种现象，应进行元器件和电路的容差分析。这种分析是在电路节点和输入、输出点上，在规定的使用温度范围内，检测元器件和电路的电参数容差和寄生参数的影响。这种分析可以确定产品性能和可靠性问题，以便在投入生产前得到经济有效的解决。

电路容差分析的主要目的是分析电路的组成部分在规定的使用温度范围内其参数偏差和寄生参数对电路性能容差的影响，根据分析结果提出相应的改进措施。电路容差分析的工作量大，费时费钱，通常需要软件、硬件、元器件模型库以及有关数据库的支持，且需要一定的技术水平，所以一般仅在可靠性、安全性关键电路上应用。功率电路(如电源和伺服装置)通常是关键的，较低的功率电路(如中频放大器)一般也是关键的。电路容差分析的最佳时机应在完成电路初步设计，获得设计、材料、元器件等方面详细信息后进行。一般在完成 FMECA 之后进行，此时已明确了产品的主要设计薄弱环节。在产品研制过程中，电路设计更改后，应重新进行容差分析。

8. 元器件、零部件和原材料的选择

从可靠性角度对元器件、零部件和原材料进行优选，并做到正确使用，以保证产品的固有可靠性和提高使用可靠性，降低保障费用和寿命周期费用。元器件、零部件和原材料的选择原则有：

(1)元器件、零部件和原材料的技术标准(包括技术性能指标、质量等级等)应满足装备的要求；

(2)选择经过实践证明质量稳定、可靠性高、有发展前途的标准元器件、标准零部件和原材料，不允许选择淘汰品种以及按规定禁用的元器件；

(3)在满足性能、质量要求前提下，应优先选用国产元器件、原材料。

9. 有限元分析

有限元分析的目的是在设计过程中对产品的力学特性和热特性等进行分析和评价，尽早发现承载结构和材料的薄弱环节及产品的过热部分，以便及时采取设计改进措施。当产品或项目的研制进展到材料和设计特性能清晰确定时进行有限元分析最为有效。一般是在初始设计方案之后，产品详细设计完成之前进行。

有限元分析的主要概念和方法包括：

(1)有限元法。有限元法是将连续体离散化的一种近似求解法，其理论基础是变分原理、连续体剖分与分片插值。即首先找到对所求解的数学物理问题的变分表示，对于固体力学问题是写出其总能量表示式，然后将问题的求解区域剖分成有限个小单元的集合，在单元内用分片插值表示物理函数的分布，再求解离散后的代数方程得到物理函数的数值解。

(2)随机有限元法。传统的有限元方法不能考虑变量的随机性，这样限制了它在可靠性分析中的应用,为此产生了随机有限元或称概率有限元的思想。这种方法可以计算和评价系统的可靠性,它类似于一般的有限元分析,但在分析中考虑了变量的不确定性。

10.耐久性分析

耐久性是可靠性的一种特性,它和一般可靠性的区别是用耗损故障发生前的时间(寿命)来度量。因此研究耐久性,也就是研究耗损故障寿命。耐久性分析可用于产品设计,识别产品的失效规律,从而决定材料、零部件的选用和设计;还可度量产品的寿命,用于产品的定寿或延寿评定。耐久性分析主要目的是发现可能过早发生耗损故障的零部件,确定故障的根本原因和可能采取的纠正措施。耐久性分析可适用于工作寿命和储存寿命的研究,工作寿命是指产品在失效前的工作时间,产品在规定的储存条件下能满足规定要求的储存期限就是储存寿命。

耐久性分析可以在零部件或工艺规程被确认后的任何时间进行。最好在设计/研制初期就对关键件进行耐久性分析。要想确定或延长产品的使用寿命,必要时应在产品设计/研制期间,或在产品接近耗损之前进行分析。

6.1.4 可靠性试验与评价

可靠性试验与评价是为了了解、分析、提高、评价产品的可靠性而进行的工作的总称。可靠性试验的目的,一方面是为了发现产品设计、工艺方面的缺陷,为产品的改进提供依据,另一方面是为了获取评价产品的可靠性水平所需的数据资料。可靠性评价的目的是对通过各种途径所获取的可靠性数据,按规定的要求进行综合分析并提出产品实际能达到的可靠性量值或范围,再进一步与期望的可靠性要求进行比较,以便对与产品的可靠性相关的工程活动做出决策。按试验的目的分类,可靠性试验可分为工程试验与统计试验。工程试验的目的是暴露产品设计、工艺、元器件、原材料等方面存在的缺陷,采取措施加以改进,以提高产品的可靠性。工程试验包括环境应力筛选、可靠性研制试验与可靠性增长试验。统计试验的目的是验证产品的可靠性或寿命是否达到了规定的要求,如可靠性鉴定试验、可靠性验收试验、可靠性分析评价试验、寿命试验。按《装备可靠性工作通用要求》(GJB 450A—2004),可靠性试验与评价分为两大类 7 个工作项目,如图 6-5 所示。

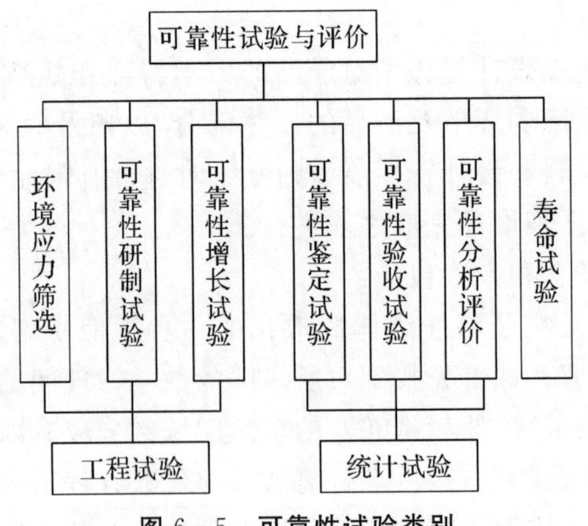

图 6-5 可靠性试验类别

1. 环境应力筛选(ESS)

环境应力筛选的目的是:在产品出厂前,将环境应力施加到产品上,使产品的潜在缺陷加速发展成为早期故障,并加以排除,从而提高产品的可靠性。因此环境应力筛选是一种剔除产品潜在缺陷的手段,也是一种检验工艺。

环境应力筛选施加于产品的应力主要用于激发故障,而不是模拟使用环境。根据以往的实践经验,不是所有应力在激发产品内部缺陷方面都有效,因此通常仅用几种典型应力进行筛选。

常用的应力及其强度、费用和筛选效果表明应力强度高、筛选效果好的是快速温变率的温度循环、随机振动及其两者的组合或综合。

图 6-6 是各种筛选应力效果比较图,是国外对 13 种应力的筛选效果有限统计得出的,有一定的代表性。它说明温度循环是最有效的筛选应力,其次是随机振动。但这两种应力激发的缺陷种类不完全相同,两者不能相互取代。环境应力筛选实施过程包括试验前准备工作、初始性能检测、寻找和排除故障及无故障检验、最后性能检测等 4 个阶段。

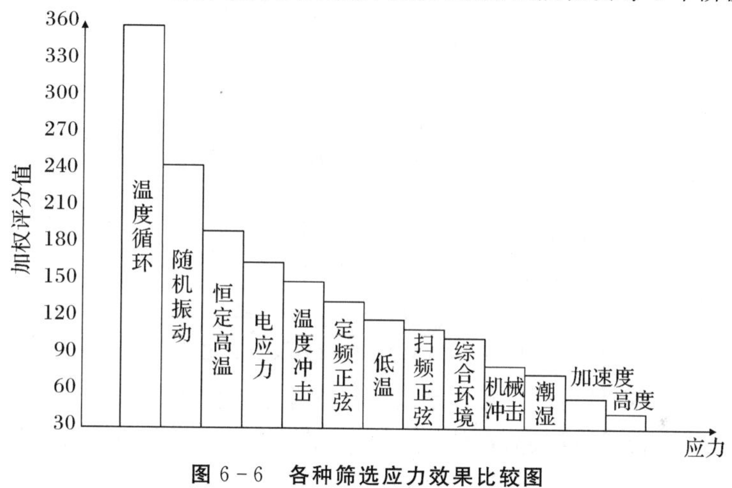

图 6-6　各种筛选应力效果比较图

2. 可靠性研制试验

可靠性研制试验的目的是通过对产品施加适当的环境应力、工作载荷,寻找产品中的设计缺陷,以改进设计,提高产品的固有可靠性水平。在研制阶段的前期,其试验目的侧重于充分地暴露产品缺陷,通过采取纠正措施,以提高可靠性。因此,大多数采用暴露产品缺陷的加速的环境应力,以激发故障。在研制阶段的中后期,试验的目的侧重于了解产品的可靠性与规定要求的接近程度,并对发现的问题,通过采取纠正措施,进一步提高产品的可靠性。可靠性研制试验的主要方法有可靠性强化试验和可靠性增长摸底试验。

(1)可靠性强化试验(RET)。可靠性强化试验是一种采用加速应力的可靠性研制试验,亦称高加速寿命试验(HALT)。由于产品可靠性越来越高,做一般可靠性增长试验难度增大,需要进行加速试验,但是可靠性强化试验不能用于评估产品可靠性。进行可靠性强化试验共有三个目的,第一个目的是尽可能发现产品中的设计缺陷、工艺缺陷、薄弱环节和性能参数变化趋势,并不断地采取纠正措施,使其在投入批生产之前就达到设计成熟,以得到在使用中不出故障的“健壮”产品；第二个目的是找出产品耐应力的极限，包括工作应力极限和破坏应力极限，如图 6－7 所示，并确定产品的工作应力裕度和破坏应力裕度，为确定高加速应力筛选的应力水平提供依据；第三个目的是使设计和研制时间保持最短，使产品及早地交付使用。

可靠性强化试验是一种激发试验，在试验中不断提高施加于产品上的环境应力，解决了传统的可靠性模拟试验的试验时间长、效率低及费用高等问题。产品通过可靠性强化试验，发现存在的缺陷加以设计改进后，可以获得更快的增长速度、更高的固有可靠性水平、更低的使用维护成本、更好的环境适应能力和更短的研制周期。

受试产品应至少两个(除非另有规定)，并应具备产品规范要求的功能和性能。受试产品在设计、材料、结构与布局及工艺等方面应能基本反映将来生产的产品。受试产品可以不经环境试验，直接进入可靠性强化试验。但是它必须经过全面的功能、性能试验，以确认产品已经达到技术规范规定的要求。

试验剖面包括低温步进应力、高温步进应力、快速温变循环步进应力、振动步进应力和温度加振动综合应力校核。试验时间取决于试验的实际情况。

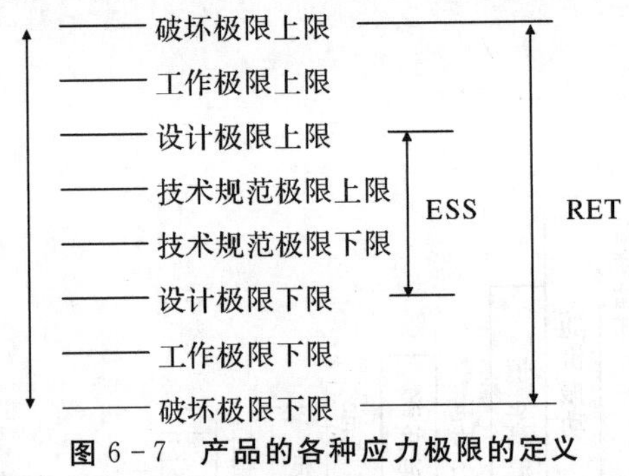

图 6－7　产品的各种应力极限的定义

(2)可靠性增长摸底试验。可靠性增长摸底试验是根据我国国情开展的一种可靠性研制试验，它是一种以可靠性增长为目的，但无增长模型，也不确定增长目标值的短时间可靠性摸底试验。其试验的目的是在模拟实际使用的综合应力条件下，用较短的时间、较少的费用，暴露产品的潜在缺陷，并及时采取纠正措施，使产品的可靠性水平得到增长。由于试验时间较短，一般不用于评估产品的可靠性指标，但能为产品以后的可靠性工作提供信息。

受试产品应具备产品规范要求的功能和性能。它在设计、材料、结构和布局及工艺等方面应能基本反映将来生产的产品。事先需经过环境应力筛选。根据我国目前产品可靠性水平及工程经验，通常可靠性增长摸底试验时间取 100～200 h 较为合适。也可根据产品的特点，确定试验时间。

应尽量模拟产品实际使用条件制定试验剖面，包括环境条件、工作条件和使用维护条件。

3. 可靠性增长试验

可靠性增长试验也是一种研制试验，是在产品寿命期内，通过逐步改正设计和制造中的缺陷，提高产品可靠性，从而实现满足规定可靠性要求的目的。

可靠性增长试验是可靠性增长的一种方法，通过对产品施加模拟实际使用环境的综合环境应力，暴露产品中潜在缺陷并采取纠正措施，使产品的可靠性达到规定的要求。

可靠性增长试验应在设计定型前、环境鉴定试验后进行。受试产品应能反映将来生产时的技术状态并通过环境应力筛选。经订购方同意，成功的可靠性增长试验可以代替可靠性鉴定试验。

在产品可靠性增长过程中，为了估算当前可靠性和预测将来可达到的可靠性水平，确定可靠性增长试验时间和增长速度，需要建立可靠性增长模型。较为成熟且应用广泛的模型是杜安(Duane)模型和 AMSAA 模型。它适用于许多电子和机电产品的可靠性增长。

可靠性增长试验的步骤包括制定可靠性增长试验大纲，制定试验程序，进行可靠性预计，进行 FMECA，进行环境试验和环境应力筛选，建立健全故障报告、分析和纠正措施系统，受试产品的安装和性能测量，试验、跟踪与控制，试验结束和可靠性最后评估。

4. 可靠性鉴定与验收试验

可靠性鉴定与验收试验都属于统计验证试验，即验证产品是否达到了规定的可靠性要求。其中，可靠性鉴定试验是为了确定产品的设计与要求的一致性，主要在设计定型时使用，由订购方选用有代表性的产品在规定的条件下、在第三方试验室所做的试验，并以此作为批准定型的依据。可靠性验收试验是用以验证批生产产品经过批生产期间的工艺、工装、工作流程变化后的可靠性是否保持在规定的水平，用于批生产时。统计试验方案类型如图 6-8 所示。

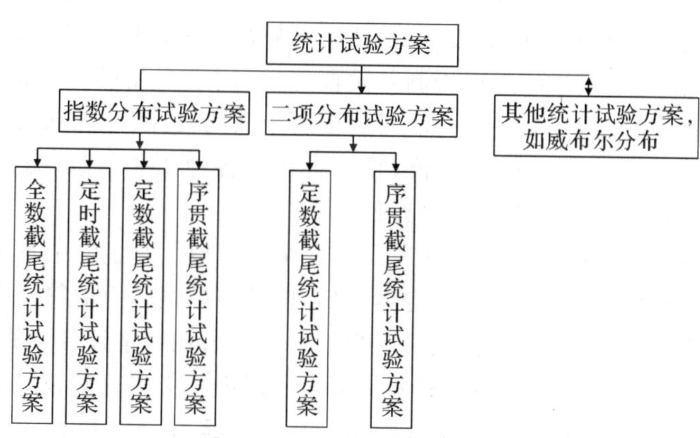

图 6-8　统计试验方案类型

(1)指数寿命型试验方案(指数分布)。当产品的寿命为指数分布时，可采用连续型统计试验方案。目前国内外颁发的标准试验方案中属于指数分布的，如 GJB 899A。指数分布试验方案可分为全数截尾统计试验、定时截尾试验、定数截尾试验、序贯截尾试验等。

全数截尾统计试验是指对生产的每台产品都做试验。仅在极特殊情况(如出于安全或完成任务的需要)时才采用。

定时截尾试验是指事先规定试验截尾时间 t_0，利用试验数据评估产品的可靠性特征量。定时截尾试验方案的优点是由于事先已确定了最大的累积试验时间，便于计划管理并能对产品 MTBF 的真值做出估计，所以得到广泛的应用。

定数截尾试验是指事先规定试验截尾时的故障数。利用试验数据评估产品的可靠性特征量。由于事先不易估计所需试验时间，所以实际应用较少。

序贯截尾试验是按事先拟定的接收、拒收及截尾时间线，在试验期间，对受试产品进行连续观测，并将累积的相关试验时间和故障数与规定的接收、拒收或继续试验的判据做比较的一种试验。这种方案的主要优点是对于可靠性水平好的产品做出判断所要求的平均故障数和平均累积试验时间较少。因此常用于可靠性验收试验。但其缺点是随着产品质量不同，其总的试验时间差别很大，尤其对某些产品，由于不易做出接收或拒收的判断，因而最大累积试验时间和故障数可能会超过相应的定时截尾试验方案。

(2)成功率试验方案(二项分布)。按照 GB 5080.5—1985 规定，成功率试验方案有以下两种：定数截尾试验和序贯截尾试验。对于以可靠度或成功率为指标的重复使用或一次使用的产品，可以选用二项分布试验方案。成功率是指产品在规定的条件下试验成功的概率。观测的成功率可以定义为在试验结束时，成功的试验次数与总试验次数的比值。成功率试验方案是基于假设每次试验在统计意义上是独立的。因此对于重复使用的产品，在两次试验之间应按规定的维护要求进行合理的维护，以保证每次试验开始时的状况和性能都相同。

5. 可靠性分析评价

可靠性分析评价的目的是综合利用与产品有关的各种信息，评价产品是否满足规定的可靠性(固有可靠性)要求。许多装备，系统复杂，成本昂贵，可靠性要求高，生产数量少，不可能依靠足够的专门的、可靠性试验获取有效的信息来完成可靠性评估，只能通过综合利用各种相关信息，进行可靠性分析评价，这就是开展可靠性分析评价的实际背景。

可靠性分析评价适用于产品工程研制各阶段，主要用于产品设计定型阶段。可靠性分析评价方法包括：定性分析，主要是对产品研制中所采取的设计、分析、试验结果是否满足规定的可靠性要求做出定性评述；定量评价，是综合利用各种相关信息，据此扩大、补充样本量，做出是否满足规定可靠性要求的定量评价。

任何复杂系统均可以建立如图 6-9 所示的金字塔模型。对于复杂系统，虽然可以根据系统级试验信息来对系统级可靠性进行定量评价，但是产品试验一般符合金字塔式程序，级别越高，试验数量越少，全系统的试验数量更少。这就要求在定量评价可靠性时充分利用系统以下各级的信息，扩大信息量。为此需要从下而上逐级收集来自该级以下的试验信息，经综合得到等效试验信息。由于这种方法具有金字塔式逐级综合的特点，因此又称金字塔式可靠性综合评价。

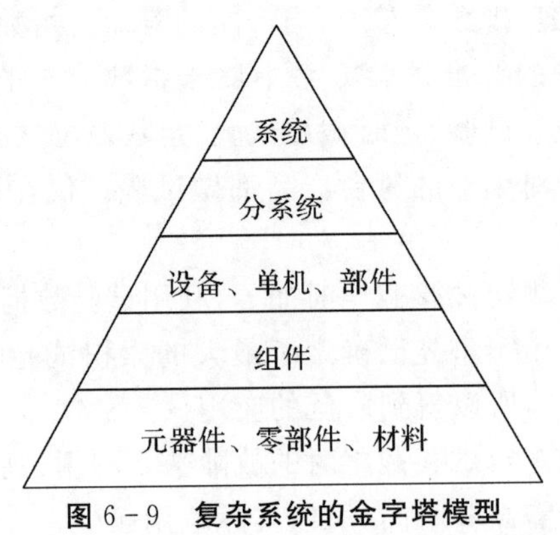

图 6-9　复杂系统的金字塔模型

金字塔模型实质上是根据该级已知的可靠性框图(如串联、并联、混联、表决等)和该级以下的试验信息(如成败型试验、指数寿命型试验等),自下而上,逐级确定可靠性置信下限。

如果产品缺乏可靠性试验甚至没有做可靠性试验,并且也缺少其他工程试验提供相关的可靠性信息,那么只能采用定性述评方法来评价产品是否满足规定的可靠性要求。

在可靠性分析评价中也可以使用贝叶斯方法。贝叶斯方法是根据贝叶斯定理进行统计推断的方法。按贝叶斯定理,被估参数的后验分布正比于其先验分布与试验结果的似然函数之积,对参数所作的任何推断必须基于且只能基于其后验分布。在可靠性分析评价中,贝叶斯方法又分为成败型可靠性贝叶斯评估方法和寿命型指数分布的可靠性贝叶斯评估方法。

6. 寿命试验

寿命试验是为了验证产品在规定条件下,处于工作(使用)状态或储存状态时,其寿命到底有多长,即要了解产品在一定应力条件下的寿命。根据工作状态、储存状态,产品寿命试验分为使用寿命试验、储存寿命试验。

使用寿命试验是在一定环境条件下加载、模拟使用状态的试验。目的是验证产品首次大修期或使用寿命指标。储存寿命试验是在模拟储存环境条件下进行的试验。由于产品在储存过程中处于非工作状态,储存环境应力比工作应力小得多,产品因储存引起的性能参数变化(故障)是一个长期的缓变过程,故储存寿命试验有其特殊性。除模拟正常使用状态或储存状态进行寿命试验外,对于长寿命产品而言,寿命试验时间很长。为了缩短试验时间,在不改变故障机理的条件下,用加大应力的方法进行寿命试验,这一试验称为加速寿命试验。加速寿命试验方法是用加大应力(如热应力、电应力、机械应力等)的办法,加快产品失效,缩短试验时间,揭露故障机理,并可运用加速寿命模型,估计出产品在正常工作应力下或储存环境下的寿命特性。

6.1.5 工艺可靠性技术

1. 概述

工艺可靠性是指在规定条件下和规定时间内,持续完成制造工艺要求的能力。工艺可靠性的概率度量为工艺可靠度。

规定的条件是指生产资料、生产条件、人员、组织管理及资金等,其中与工艺有密切关系的是人、机器、材料、方法、环境、计量和检测及工艺管理等要素。

规定的时间是指产品的生产周期或特定的时间段。

规定的功能:在合同要求的时间内,生产出质量符合设计要求、产品固有可靠性满足要求、成本低廉并符合环境性要求的产品。

工艺可靠性技术研究以此需求为牵引,目标是以已有的研究成果为基础,通过研究工艺可靠性的概念和评价指标体系,建立相应的模型,找出评价产品制造系统和分析研制过程、提高产品质量的实用方法,提出一套工艺可靠性保证技术体系,从而为设计和改进产品制造工艺系统、工艺路线、提高产品的制造合格率、缩短加工周期提供有效的参考。具体的工艺可靠性保证技术体系框架如图 6 - 10 所示。

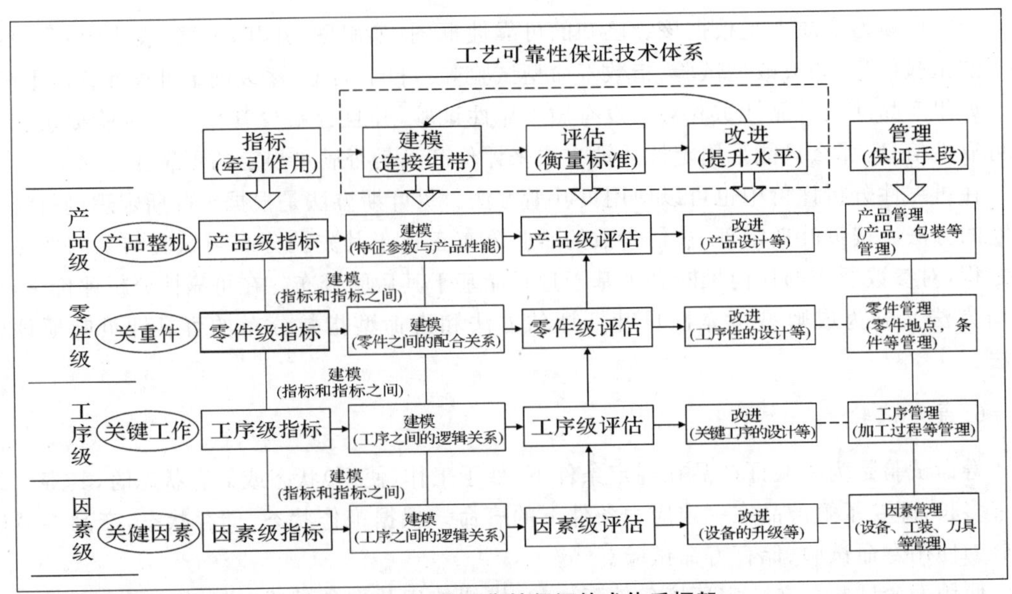

图 6－10　工艺可靠性保证技术体系框架

2. 工艺可靠性指标

工艺可靠性指标体系的确定应依据工艺可靠性的定义，对定义中规定功能所涉及的各要素进行分解描述，然后再进行综合。在指标体系的确定中要考虑到制造过程的多加工设备和多工序的特点，同时注意到指标体系的完整性、适用性、独立性等要求。由于产品的加工数据主要来自产品的质量参数特征测量值，因此对制造过程的能力评价主要建立在对产品质量参数特征测量值进行分析的基础上。根据前面的分析，在人员、材料、测量、生产环境等条件都能够充分保障的条件下，制造的工艺可靠性主要受加工设备和工艺的影响（例如工序的稳定程度、工序之间加工误差的相互作用、工序之间的逻辑关系等），基于以上考虑提出如图 6－11 所示的工艺可靠性指标体系。

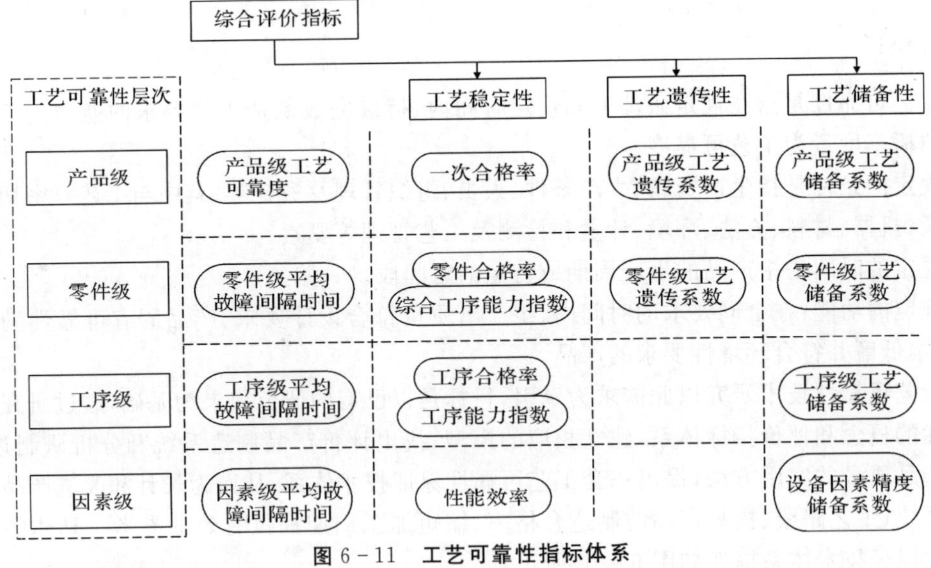

图 6－11　工艺可靠性指标体系

3. 工艺可靠性建模技术

工艺可靠性建模是将指标之间的关系进行联系，同时能够描述工艺系统及其组成单元之间的故障逻辑关系。在进行工艺过程的可靠性建模时，确立原则如下。

(1)针对具体制造任务，分析工艺过程中各道工序过程之间的逻辑关系，描述不同工序之间存在的检验、返修、往复等情况对工艺过程可靠性的影响。

(2)对历史工艺失效数据的搜集和整理，利用统计数据对工艺过程和影响工艺可靠性的因素进行关系建模。

(3)各道工序过程本身的质量参数与工序可靠性参数的内在联系，描述工序过程本身的质量参数波动对工序可靠性的影响。

(4)各道工序过程的可靠性对整个工艺过程可靠性的影响和权重。典型的工艺可靠性模型包括基于工艺参数模型、基于工序过程模型两种。

1)工艺参数模型是通过收集大量的观测数据，利用统计方法建立的参数之间的数学模型，事先可以通过物理公式、经验、故障树分析等方法找到相互联系的参数，进而利用数据进行建模。包括物理模型、工艺参数模型等。

2)工序过程模型是根据工序过程之间的逻辑关系建立的，包括串联模型、并联模型、混合模型、返修模型、配偶模型等。

工艺可靠性建模的流程是:分析工艺过程、确定任务、选择工艺可靠性建模方法、建立工艺可靠性框图、确定工艺可靠性数学模型、确定单元可靠性参数，如图 6－12 所示。

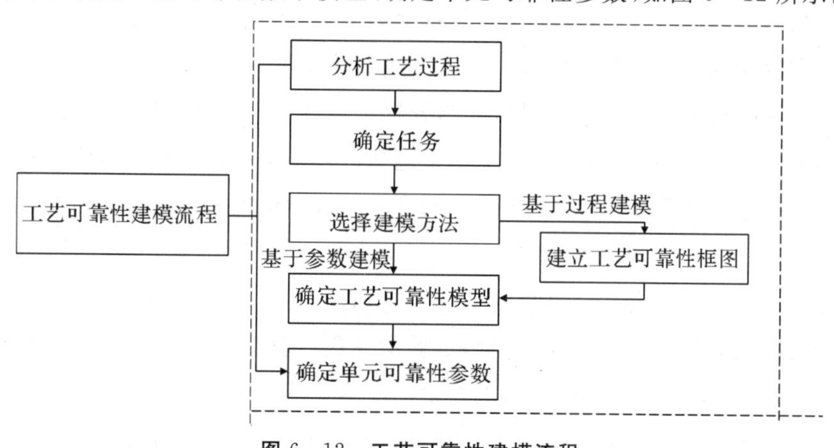

图 6－12　工艺可靠性建模流程

4. 工艺可靠性评估方法

工艺可靠性评估是在产品研制和批生产阶段进行的，对工艺系统实际运行或试验数据，运用统计学数值估计理论和可靠性评估方法进行评估。

工艺可靠性评估可以确定工艺系统可靠性指标要求的合理性、适用性，对之前所提出的指标体系进行补充和修改；根据建立的模型，工艺可靠性评估可以计算和评价工艺系统的现有能力，及时发现生产过程中存在的问题，为后续的改进奠定理论依据。

工艺可靠性评估方法一般分为基于产品质量参数(数据)的评估和基于生产率的评估两种方法。

(1)基于产品质量参数的工艺可靠性评估。

根据产品质量参数评估可靠性指标时，应采用计算、试验-统计、记录或专家鉴定等各种方法。各方法应建立在下述基础上：

1)利用产品质量参数变化或者工艺流程参数变化的数学模型，并考虑到故障的物理本质(磨损、老化、温度变化等过程的质量属性)及该类工艺系统特性已有的先验数据。

2)利用因素随时间变化规律的数据(工具磨损，温度变化及弹性变形等)。这些因素会影响一个或同时影响若干个产品质量参数。

3)试验-统计(测量)法则基于使用产品质量参数的测量数据，而这些测量数据是从工艺系统特别选择的研究结果和(或)从工艺系统及其要素的特定测试结果中获取的。

4)记录法不要求进行特别选择的研究，而是基于对企业进行控制过程中所记录信息的分析(工艺流程准确度检验结果、验收的批量、缺陷等)。

5)专家鉴定法是基于利用对专家小组的查询结果。该小组拥有关于该工艺系统可靠性及影响产品质量诸因素的信息。当不可能及不适合使用计算、试验-统计或记录法时(信息量不充足，必须开发专门技术手段等情况)就应当采用专家鉴定法。

(2)基于生产率的工艺可靠性评估。

根据系统的类型、评估的目的和现有的原始数据，可采用计算方法、试验-统计方法、记录方法和鉴定方法或者它们组合的方法。各方法具体要求如下：

计算方法根据所使用的计算手段可分为分析法、数值法、统计模拟法和综合法。同时应建立在具体的数学模型基础上，这些数学模型包括工艺系统生产率变化数学模型、工艺系统构成单元的生产率变化数学模型、工艺装备的可靠性数学模型和分系统的可靠性数学模型、对工艺系统生产率有影响的因素(事件)的分布函数和各种生产情况下的生产率控制方法。

1)试验-统计(予以测定)方法建立在数据利用的基础上，这些数据是在工艺系统的专门抽样检查和(或)工艺系统及其单元的专门试验中获得。试验-统计方法主要用于现有工艺系统可靠性的评估，也可以用于所研制工艺系统的鉴定试验。

2)记录方法不要求进行专门的检查，而是以分析记录信息为基础。这些信息是在企业管理过程中记录下的。记录信息包括企业和分部产品生产日历计划表的执行情况；工艺装备技术维护和修理日历计划表的执行情况；生产对象的流动情况。

3)鉴定方法建立在对鉴定组调查结果的基础上。这个鉴定组拥有工艺系统可靠性数据和对工艺系统生产率有影响的有关数据。当不可能及不适合使用计算、试验-统计或记录法时(信息量不充足，必须开发专门技术手段等情况)就应当采用专家鉴定法。

工艺可靠性评估流程一般如图 6-13 所示。

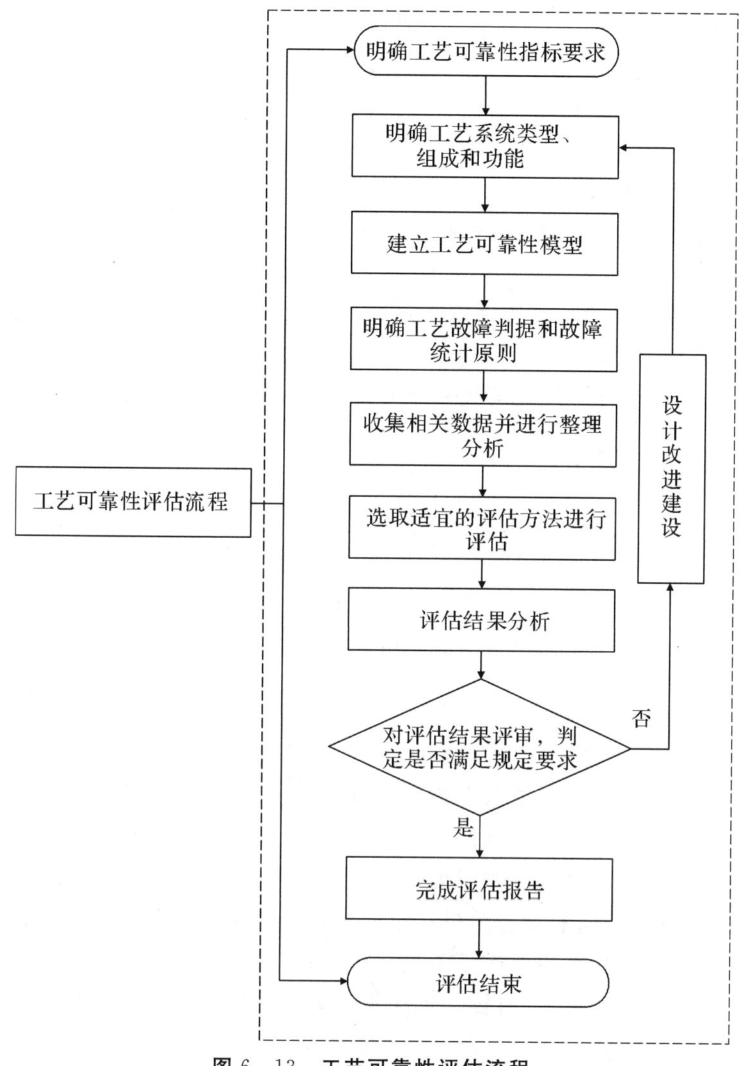

图 6-13　工艺可靠性评估流程

6.2　维修性技术

6.2.1　概述

维修性是产品的设计特性，通过维修性设计（针对维修性要求进行设计）达到预期的维修性要求，就要在产品的研制过程中自始至终地推进和落实完整而充分的维修性工作。在设计被"冻结"之后再去改进产品的固有维修性，往往代价高而效率低。

确立并完成维修性工作的目的就是使设计和制造出的产品能够方便而经济地保持在或恢复到规定的状态（由具有规定技能水平的人员，在规定的维修级别，利用规定的工作程序和资源，实施维修）。为达到这个总目的，需要落实下述各项内容的工作：

（1）根据用户需求，确定维修性要求，即确立可度量或可核查的所需的维修性水平。

(2)将维修性设计与产品的其他设计工作相整合,使之可构成整个产品研制工作的不可缺少的一部分。

(3)利用可行的和适用的设计方法按期望达到的维修性水平进行设计。

(4)通过分析、仿真和试验等各种手段,发现与维修性相关的问题、改进设计和验证与确认是否达到规定的维修性要求。

(5)在实际的使用过程中,监测、分析和评估产品运行中实际达到的维修性水平。必要时,予以进一步的改进。

要根据所研制的产品的类型选择应予进行的各项具体的工作内容和应予利用的技术方法。除必要的与工程管理相关的工作外,核心的工作内容是维修性的设计与分析(维修性建模、分配、预计和分析、维修性设计准则制定)、维修性试验与评价、维修性的验证与确认。

6.2.2 维修性要求

维修性要求是在产品设计之前就必须明确和确定的。对产品维修性的要求通常包括维修性定性要求和定量要求两个方面,它们是在一定的保障条件下规定的。维修性定性要求是满足定量要求的必要条件,而定量要求又是通过定性要求在保障条件约束下来实现的。定性要求应转化为设计准则,定量要求应明确选用的参数和确定指标。

1. 定性要求

维修性定性要求的一般内容包括:良好的可达性;提高标准化和互换性程度;具有完善的防差错措施及识别标记;保证维修安全;良好的测试性;对贵重件的可修复性要求;减少维修内容和降低维修技能要求;符合维修性的人机工程。

对产品维修性的一般要求,可在明确该产品在维修性方面的使用需求的基础上,按照相关标准及本类产品的专用规范和有关设计手册提出。更重要的是要在详细研究和分析相似产品维修性的优缺点,特别是相似产品不满足维修性要求的设计缺陷的基础上,根据产品的特殊需要及技术发展,有重点地、有针对性地提出若干必须达到的维修性定性要求。

2. 定量要求

满足了对维修性的定性要求,能大大提高产品的维修性,但还不便于直接度量产品维修性的优劣程度,因而对产品维修性还需要定量描述。描述维修性的度量称为维修性参数,而对维修性参数要求的量值称为维修性指标。维修性的定量要求就是通过选择适当的维修性参数及确定指标来提出的。

(1)维修性参数及其选择。

1)维修性时间参数。维修性时间参数是最重要的维修性参数,它一般都直接影响产品的可用性,又与维修保障费用有关。平均修复时间(MTTR)是产品维修性的一种基本参数。其度量方法为:在规定的条件下和规定的时间内,产品在任一规定的维修级别上,修复性维修总时间与该级别上被修复产品的故障总数之比。

2)维修工时参数。最常用的工时参数是产品每个工作小时的平均维修工时(MMH/OH),其度量方法为:在规定的条件下和规定的时间内,产品直接维修工时总数与该产品寿命单位总数之比。

3)维修性参数的选择。在维修性工作中,产品使用部门或订购方最重要的责任是要科学地选择维修性参数。

(2)维修性指标的确定。

1)确定维修性指标的主要依据是使用需求。在确定指标时可以参考国内外同类产品的维修性指标,或者根据预期采用的技术、现行的维修保障体制、维修职责分工、各级维修时间的限制来确定指标。维修性指标的确定应与可靠性、寿命周期费用、研制进度等多种因素进行综合权衡。

2)在确定维修性指标的同时还应明确与该指标有关因素和约束条件,如需规定维修级别。这些因素是提出指标不可缺少的说明,否则指标将是不明确的,且难以实现的。如果必要,考虑到维修性也有一个增长过程,也可以在确定指标时分阶段规定应达到的指标。

6.2.3　维修性设计与分析

维修性设计是产品设计工作中的一个不可缺少的组成部分,通过在设计中充分考虑和落实维修性要求,最终达到期望的产品维修性水平。在维修性设计过程中,维修性分析对于保证达到规定的维修性要求是至关重要的,其各种分析结果是做出设计决策的主要依据。下面对关键的维修性设计与分析活动进行简要介绍。

1. 维修性建模

维修性建模是指为分析、评定系统的维修性而建立的各种物理模型与数学模型。建立维修性模型是产品维修性主要工作项目之一,一般来说,在复杂产品的维修性分析中,都要求建立维修性模型。建立维修性模型的目的主要有以下几方面:

(1)进行维修性分配,把系统级的维修性要求分配给系统级以下各个层次,以便进行产品设计;

(2)进行维修性预计和评定,估计或确定设计方案可达到的维修性水平,为维修性设计与保障决策提供依据;

(3)当设计变更时,进行灵敏度分析,确定系统内的某个参数发生变化时,对系统可用性、费用和维修性的影响。

按模型的形式不同,维修性模型又可以分为物理模型和数学模型。其中,物理模型主要是采用维修职能流程图、系统功能层次框图等形式,标出各项维修活动间的顺序和产品层次、部位,判明其相互影响,以便于分配、评估产品维修性并及时采取纠正措施;数学模型主要是通过建立各单元的维修作业与系统维修性之间的数学关系式,进行维修性分析与评估。

建立维修性模型一般按照图 6-14 所示流程图进行。首先明确分析的目的和要求,对分析的对象进行描述,建立维修性物理模型,找出对欲分析的参数有影响的因素,并确定其参数。然后建立数学模型,通过收集数据和参数估计,不断地对模型进行修改完善,最终使模型固定下来并运用模型进行分析。

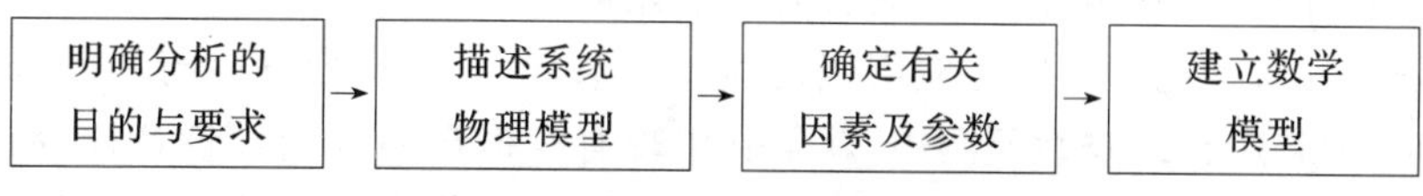

图 6-14　建立维修性模型一般流程

2. 维修性分配

将产品的维修性指标分配到各功能层次的各部分，归根结底是为了明确各部分的维修性指标。其具体目的主要有：为系统或设备的各部分（各个低层次产品）研制者提供维修性设计指标，以保证系统或设备最终符合规定的维修性要求；通过维修性分配，明确各转承制方或供应方的产品维修性指标，以便于系统承制方对其实施管理。

维修性分配是一项必不可少的、费用效益高的工作。因为任何设计总是从明确的目标或指标开始的，不仅系统级如此，低层次产品也应如此。只有合理分配指标，才能避免设计的盲目性。合理的指标分配方案可以使系统经济而有效地达到规定的维修性目标。

维修性分配的指标应当是关系全局的系统维修性的主要指标，它们通常是在合同书中规定，最常见的有平均修复时间（MTTR）、平均预防性维修时间（MPMT）、维修工时率。

根据维修性分配的条件及准则来确定分配法。

（1）等分配法。这是一种最简单的分配方法。其适用的条件是组成上层次产品的各单元的复杂程度、故障率及预想的维修难易程度大致相同，也可用在缺少可靠性、维修性信息时，作初步的分配。分配的准则是使各单元的指标相等。

（2）按可用度分配法。产品维修性设计的主要目标之一是确保产品的可用性或战备完好性。因此，按照规定的可用度要求来确定和分配维修性指标，是广泛适用的一种方法。只要规定了可用度指标和故障率，就可以确定修复时间指标。在工程实践中，无论是对新研产品还是改进产品，这种情况是很多的。在这种情况下，维修性的分配就以可用度的要求为前提。

（3）相似产品分配法。借用已有的相似产品维修性状况提供的信息，作为新研制或改进产品维修性分配的依据。根据已知相似产品维修性数据，计算新（改进）产品的维修性指标。

（4）加权因子分配法。将分配时考虑的因素转化为加权因子，按加权因子分配，是一种简便、实用的分配方法。在方案阶段后期及工程研制阶段都是适用的。

3. 维修性预计

维修性预计是研制过程中主要的维修性活动之一，即根据历史经验和类似产品的数据等估计、测算新产品在给定工作条件下的维修性指标，以便了解设计满足维修性要求的程度。其具体作用是：

（1）预计产品设计可达到的维修性水平，是否能达到规定的指标，以便做出设计决策（选择设计方案或转入新的研制阶段或试验）；

（2）及时发现维修性设计及保障缺陷，作为更改设计或保障安排的依据；

（3）当研制过程中更改设计或保障要素时，估计其对维修性的影响，以便采取对策。

维修性预计的值应同规定的指标相一致。最经常预计的是平均修复时间，根据需要也可预计最大修复时间、工时率或预防性维修时间。

维修性预计的方法有多种，一般而言有以下几种。

（1）回归预计法。此方法广泛应用现代预计技术，即对已有数据进行回归分析，建立模型进行预测。把它用在维修性预测中，就是利用现有类似产品改变设计特征（结构类型、设计参量等）进行充分试验或模拟，或者利用现场统计数据，找出产品特征与维修性参量的关系，用回归分析建立模型，作为推断新产品或改进产品维修性参数值的依据。需要注意的是，对不同类型的产品，影响维修性参数值的因素不同，其模型有很大差别。

(2)单元对比法。在组成系统或产品的单元中，总可以找到一个可知其维修时间的单元作基础，通过与基准单元对比，估计各单元的维修时间，进而确定系统或产品的维修时间。单元预计法适用于各类产品方案阶段的早期预计。它既可预计修复性维修参数，又可预计预防性维修参数。预计的基本参数是平均修复时间、平均预防性维修时间和平均维修时间。

(3)时间累计法。这种方法是根据历史经验或现成的数据、图表，对照产品的设计或设计方案和维修保障条件，逐个确定每个维修项目、每项维修工作、维修活动乃至每项基本维修作业所需的时间或工时，然后综合累加或求均值，最后预计出装备的维修性参量。在计算过程中，运用的数学模型基本上是两类，即累加和均值模型。

(4)抽样评分法。抽样评分法采用抽取产品中足够的可更换单元，按照核对表对其维修作业进行评分，再用经验公式估算出维修时间。

(5)抽样预计法。抽样预计法是综合上述方法提出的。按抽样评分表确定样本量、分配作业样本和随机抽取具体作业样本，再采用时间累计法的模型、表格等计算修复时间。采用这种方法，既可减少预计工作量，又可利用现成的图表直接计算出各单元维修的时间，有较好的准确度。

4. 维修性分析

(1)维修性分析的目的。维修性分析的目的可以归纳为以下几方面：

1)为确定维修性设计准则提供依据；

2)进行备选方案的权衡研究，为设计决策创造条件；

3)证实设计是否符合维修性设计要求；

4)为确定维修策略和维修保障资源提供数据。

(2)维修性分析主要内容。

1)各维修级别的平均和最大修复时间；

2)各维修级别的每次维修或单位工作时间所耗费的维修工时或维修时间；

3)各维修级别的故障检测率、故障隔离率、虚警率；

4)各维修级别所要求的自动的、半自动的、机内测试及人工测试能力的配合；

5)各维修级别所要求的维修辅助设备和人工诊断程序及其相应的软件和技术费用、技能等级、人力要求及购置费用；

6)由保障性分析得出的，与每一备选的设备设计和每一测试系统相应的修理级别；

7)采用现有的测试设备或购置测试设备与研制专用的外部测试的对比；

8)每一种测试系统备选方案的可生产性；

9)确定需用机内测试或其他诊断和测试系统进行监测的系统参数；

10)预防性维修工作量的影响；

11)在各规定维修级别的平均预防性维修间隔时间；

12)平均预防性维修时间；

13)意外损坏的恢复；

14)静电损坏的考虑。

6.2.4 维修性试验与评价

整个装备系统级的维修性试验与评价一般包括核查、验证与评价三种。对于不同类型的装备或低层次的产品,其试验与评价的阶段划分则视具体情况而定。

维修性核查的目的是检查与修正用于维修性分析的模型和数据,鉴别设计缺陷和确认对应的纠正措施,以实现维修性增长,促使满足规定的维修性要求和便于以后的验证在研制过程中进行。

维修性核查的方法比较灵活,可以通过少量的维修性试验或典型维修作业的演示和对时间进行测量以及其他可行手段进行核查,并应最大限度地与其他相关试验相结合地实施;最大限度地利用研制过程中通过各种试验所获得的维修作业数据;应尽可能地利用成熟的建模与仿真技术。

维修性验证的目的是全面考核装备是否达到了规定的维修性要求。它是一种严格的检验性试验与评价,通常在设计定型阶段进行,其验证结果应作为装备定型的依据之一。进行验证试验的环境条件应尽可能地与装备的实际使用、维修环境一致或接近,其所用的保障资源也应尽可能地与规划的需求相一致。

维修性评价的目的是确定装备在部署后的实际使用、维修和保障条件下所达到的维修性水平,判定在进行维修性验证过程中所暴露的缺陷的纠正情况。

维修性评价应在部队试用或使用过程中进行,实施的维修作业应是直接来自实际使用中的经常性的作业,参与的维修人员也应是来自实际使用现场的人员。进行评价所用的装备则应是实际部署的装备或与之等效的样机。此外,还应将从评价试验中获取的数据与在现场使用、维修过程中收集到的数据结合起来,用于进行评价。

6.3 保障性技术

6.3.1 概述

满足作战要求和增强用户的满意是研制任何产品的最高目标,对于军事装备而言,就是要满足作战要求。用户对使用寿命长、需经常地或反复地运行的产品(装备)提出的关键要求之一就是应具有高效地持续运行的能力。能达到更高的可靠性和维修性水平,是产品得以达到高效地持续运行的必要条件,但要达到高水平的可靠性和维修性,除了需要通过设计和制造途径赋予产品其所谓的固有的可靠性和维修性外,还需要产品运行过程中的管理与物质资源条件的保障。更多是针对军事装备提出的保障性概念就是基于这样的保障需求形成的。

无论是平时还是战时,保障需求都是源自于装备的使用(运行)与维修的,包括人力、保障设备、设施、备件、技术手册和培训等多方面的需求。对这些需求的满足程度直接影响到装备在实际运行时所能达到的保障性水平。面对保障性这一高度综合的和涉及众多工程工作的装备特性,为了全面和有条理地实现规定的保障性目标,必须将与之相关的所有工程管理和技术工作有效而经济地整合起来，从而形成“综合保障”的概念。

一般将与落实保障相关的各项管理与技术活动归纳为10个范畴，称为10项综合保障要素，这10个方面的工作成效将直接影响装备所需保障的满足程度和所能达到的保障性水平。这10个要素是：

(1)维修规划。逐渐形成和确立装备寿命期内的维修方案和维修要求的过程。

(2)人力和人员。对具有在平时、战时(在装备寿命期内)使用和保障装备所需的技能、级别的人员的认定与招募。

(3)供应保障。用以决定后续补给品的获取、分类、接收、储存、转运、配发和处置等要求的全部管理活动、工作程序和技术方法，包括初始保障和补充供应保障。

(4)保障设备。保障装备的使用与维修所需的全部设备(移动的或固定的)，包括相关的多用途设备、地面搬运与维修设备、工具、计量与校准设备、测试设备和自动测试设备；也包括对保障和测试设备本身的保障的落实。

(5)技术资料。以各种形式和符号(如手册和图样)记录的具有科学与技术性质的信息。计算机程序和相关的软件不属此类技术资料，但它们的文档则属技术资料类；与合同管理相关的财务数据或其他信息也不属技术资料类。

(6)训练与训练保障。用以培训各类人员使用与维修装备所用的各种过程、规程、技术、培训器材与设备，包括个人和全体人员的培训，使用新设备的培训，初始的、正式的和在岗的培训，以及针对培训设备和培训器材的采办与安装的保障规划。

(7)计算机资源保障。使用与保障嵌入的计算机系统所需的设施、硬件、软件、文档、人力和人员。

(8)保障设施。为保障装备所需的永久、半永久性或临时性的建筑物和设备。

(9)包装、装卸、储存和运输。确保全部装备、设备和保障用品都能得到适当保存、包装、装卸和运输的资源、过程、规程、设计考虑和方法，包括环境方面的考虑、短期和长期的设备保存要求及可运输性等。

(10)设计接口。诸如可靠性、维修性等与保障相关的设计参数与战备完好性要求，保障资源要求间的关系。这些与保障相关的设计参数是以使用值而不是以固有值表示的，并且明确地与装备的战备完好性目标和装备的保障费用相关联。

通常将使用与维修装备所需的全部物质资源与人员等统称为保障资源，前述第(2)～(9)项综合保障要素就涵盖了与规划、获取各种保障资源有关的技术活动，第(1)项和第(10)项综合保障要素则涉及关系到综合保障全局的工程管理活动。

6.3.2　保障性要求

与可靠性、维修性和测试性等其他的装备设计特性相类似，装备的保障性要求也包括定性要求和定量要求两大范畴。与其他设计特性有所不同的是，由保障性的内涵所决定，保障性要求几乎反映或涵盖了大部分的可靠性、维修性和测试性等的主要要求。举例说，可用性要求反映了可靠性、维修性(也涉及测试性)的综合要求，而可用性又是装备重要的总体保障性要求。

1. 定性要求

与保障性的内涵相适应，保障性的定性要求可分为以下两类：

(1)关于便于进行使用与维修保障的装备设计定性要求。这方面的定性要求主要体现为对可靠性、维修性和测试性等提出的定性要求。同时，根据使用特点，还要有诸如自保障能力和持续保障等方面的要求。

(2)关于保障资源和保障系统的定性要求。这方面的定性要求涉及由各项保障资源构成的保障系统的整体要求，其中最受关注的要求是其规模尽可能的小。对于保障系统的整体规模要求难于确切地定量化(虽然有时可以局部地以所需体积、质量和人员等加以笼统的约束)，但从作战保障的角度，又必须予以充分的考虑。

这方面的定性要求还涉及对各项保障资源的要求，用以制约保障资源的设计。其中，最受关注的要求是它们的功能及彼此间与主装备之间的接口。

2. 定量要求

保障性定量要求中的参数与可靠性、维修性和测试性等的参数有较多的交叉和叠迭。一般将其分为三类，即针对装备整体的战备完好性的要求、针对装备的保障性设计特性的要求和针对保障资源与保障系统的要求。

6.3.3 保障性设计与分析

1. 保障性分析

保障性分析是装备设计过程的一个组成部分，是在“装备的整个寿命周期内为确定与保障有关的设计要求，影响装备的设计，确定保障资源要求，使装备得到经济有效的保障而形成的一系列分析活动”。保障性分析为构成优化的保障系统并向主装备提供所需的保障提供了可靠的基础依据，通过保障性分析应能做到：

(1)利用分析结果去影响装备的设计，使之充分地考虑到保障问题。通过分析，从满足保障性要求的角度去评定装备的设计，并提出使装备易于保障的技术途径。

(2)指出各种与保障相关的设计问题和对保障费用有重大影响的设计因素。根据分析结果，提出互相协调的和令人满意的保障性设计要求。

(3)以分析结果为依据，在既定的使用保障方案的约束下，按装备的设计技术状态，确定相应的保障资源要求，拟定完整的保障资源配套方案，进而获取所需的保障。

(4)在进行装备的试验与评价的过程中，通过分析评判装备及其保障系统的总综合效能，并依据分析结果对所发现的问题提出应采取的纠正措施建议，促使在使用阶段能以最少的费用向装备提供所需的保障。

既可以通过保障性分析确定装备的保障需求和装备对保障机制的影响，也可以通过保障性分析确定所规划的保障资源对装备的技术状态和执行任务的能力的反向作用。保障性分析的作用表明，分析过程必然是反复迭代推进的，而且是与装备的研制过程(以至以后的生产与部署过程)同步推进的。

保障性分析基本上是以维修方案的确定为起点逐步开展的，在分析过程中要利用到来自各相关专业的数据，与其他相关专业的工程分析协调地进行，但又不是其他工程分析过程的重复。

保障性分析工作项目众多，而且彼此交叉相关，在针对具体的研制项目规划整个分析工作时，必须抓住那些无论对何种研制项目都是必不可少的核心内容，从而能更经济和有效地完成分析工作。故障模式、影响及危害性分析(FMECA)，以可靠性为中心的维修分析(RCMA)，使用与维修工作分析(O&MTA)和修理级别分析(LORA)是进行保障性分析时必定要完成的核心分析工作。

2. 保障资源规划

实际上，各项保障资源的方案及整体的保障方案体现了对保障资源的规划结果。

在 GJB 3872 中对“规划保障”和“研制与提供保障资源”都作了相应的规定。此外，《飞机地面保障设备通用规范》(GJB 1132)、《飞机地面保障设备需求分析报告通用要求》(GJB3274)、《军用装备包装、装卸、储存和运输通用大纲》(GJB 1181)、《军用飞机用户技术资料通用要求》(GJB 3968)、《装备用户技术资料规划与编制要求》(GJB 5432)和《装备初始训练与训练保障要求》(GJB 5238)等都是可参照的相关标准。关于计算机资源保障的规划还可参考已发布的一系列与软件开发有关的标准。

此外，需要再次强调的是始终要重视各项保障资源间的协调与合理综合的问题。这个问题既严重地关系到装备保障系统的效能，最终更关系到装备本身的效能，同时又关系到装备的寿命周期费用。

3. 保障方案制定

保障方案分为使用保障方案与维修保障方案两大类。按 GJB 451A，保障方案是指“保障系统完整的总体描述。它由一整套综合保障要素方案组成，满足装备功能的保障要求，并与设计方案、使用方案相协调”。装备的保障方案是确立保障系统的最重要的依据。

从上述关于保障方案的定义，可以看出它包含以下几个关键点：

(1)它是在系统层次上，对将要建立的装备保障系统的全面说明，是对保障系统的各保障资源要素应如何形成并彼此间协调地发挥作用的总体构想。

(2)保障方案又是由各保障资源要素的构成方案组成。具体来讲，它是由保障设备方案、设施方案、供应保障方案、人力/人员方案以及其他保障资源要素的方案，通过有系统、有组织的组合而形成的。

(3)关于维修规划和设计接口这两个要素，它们从管理方面对保障方案中起着协调和规范各保障资源要素的作用。

(4)保障方案必须满足装备为实现其预定功能而提出的保障要求，即按该保障方案建立的保障系统必须保障装备能达到其应有的保障性水平。

(5)装备的保障方案必须与装备的设计方案、使用方案(对装备预期的任务、编制、部署、使用、保障及环境的描述)协调一致。

由初始保障方案到最终确定的保障方案是一个随装备研制进程而反复迭代的优化过程。在这个过程中，大体上要经历以下主要工作程序：

(1)通过功能分析，确定装备的使用与维修功能要求；

(2)提出备选的保障方案；

(3)拟订备选的保障计划，这些备选的保障计划具体化、细化描述了各备选保障方案的内容；

(4)对装备的备选设计方案进行评价比较与权衡分析；

(5)确定最优的保障方案和保障计划。

图 6-15 概要地给出了保障方案的制定过程。

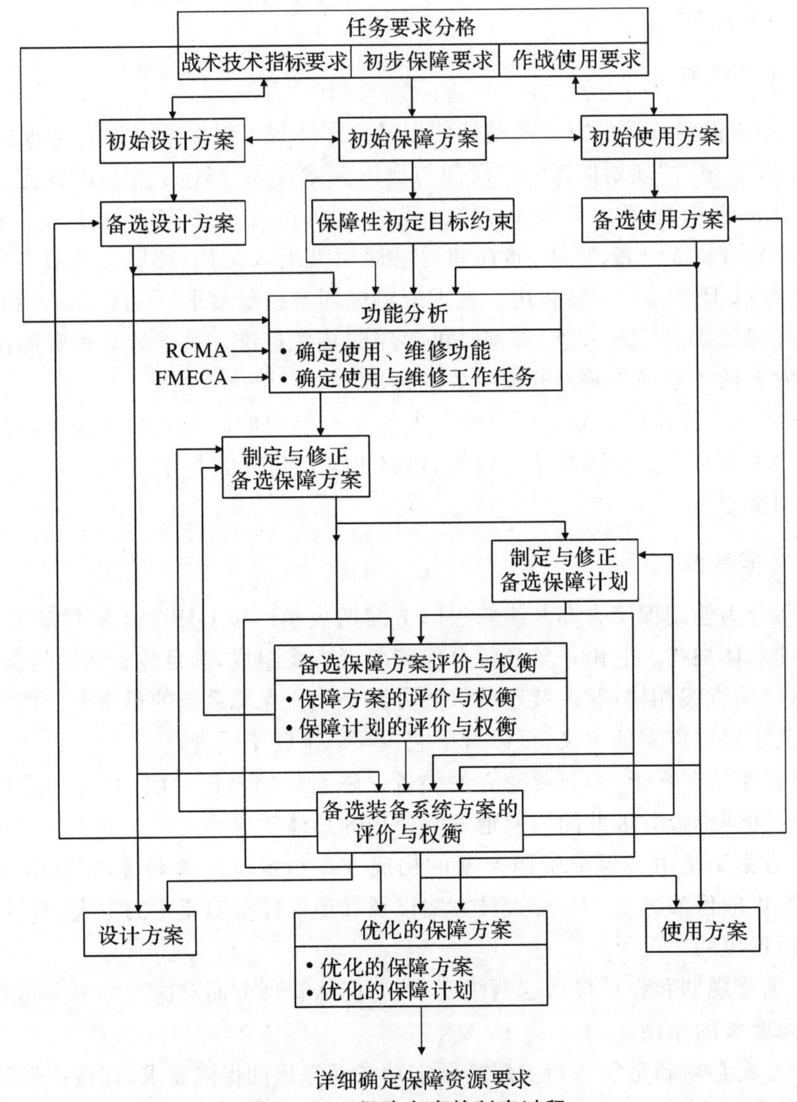

图 6-15　保障方案的制定过程

6.3.4　保障性试验与评价

保障性试验与评价是指为确定装备的预定用途是否有效和适用，而对装备及其分系统或组成部分进行的试验及试验分析，并将试验结果与设计要求(或技术规范)进行比较，以评价装备在保障性达标方面所取得的进展的过程。

试验与评价是彼此密切联系的两大项工程活动。试验的目的是获得相关数据的过程，以便基于数据对装备的性能进行评价；而评价则是基于试验数据判定装备性能是否达标的过程。

试验与评价过程要从最初的研制论证阶段一直延续到装备的使用阶段，其总的目的在于：

(1)发现装备的设计缺陷；

(2)确认和评判设计风险；

(3)评估装备的保障性水平；

(4)提出相关的改进措施建议；

(5)为所研制的装备的定型和验收提供依据。

1.保障性试验与评价类型和要求

根据保障性试验与评价的目的、内容及开展方式，可将所要进行的装备试验与评价归纳为研制试验与评价、使用试验与评价两大类。

(1)研制试验与评价。其目的是在研制过程中为装备的工程设计与研制提供可信的试验数据，验证装备达到保障性设计要求的程度。这类试验与评价由承制方负责，并在受控的环境下，由经过培训的使用与维修人员实施，要对照相应的规范，利用研制样机或相当的试验件进行试验。常说的演示验证试验应属于这类试验中综合性最强的一种试验。

(2)使用试验与评价。对装备在实际使用条件下进行的现场试验，验证装备的使用效能、使用适用性满足用户要求的程度。这类试验与评价应由单独的试验机构负责，按典型的实际使用环境条件，由受过训练的使用方人员，利用具有生产出厂时技术状态的装备进行试验。

2.保障性试验方法

在大多数情况下，保障性试验是与其他相关的试验结合进行的，并在很大程度上类似于维修性的试验方式，基本可采用两大类试验方法。

(1)统计试验方法。统计试验方法是针对保障性的定量要求进行的试验，并对统计数据进行评价。即选用或指定一定数量的样本，按规定的试验方案，在规定的试验环境中，以典型装备的运行剖面进行试验。试验用的运行剖面一般要与可靠性、维修性等试验用的运行剖面相一致或相同，都必须要能够激发或引发预期要发生的保障事件。具体的统计试验方法有：

1)小样本情况下的统计试验。在这种情况下，由于样本量小，采用区间估计已经没有意义。通常是采用点估计的方式对保障性参数进行评价。

2)待评价参数的分布已知时的统计试验。这种情况下，可按数理统计中的抽样检测方法确定试验方案，相关内容可参见维修性试验验证方法。

3)待评价参数的分布未知时的统计试验。这种情况下，可采用非参数法确定试验方案。即确定出一定置信水平所对应的置信限与样本量、合格判定准则间的关系，确定样本量及合格判定准则。

(2)演示试验方法。这是一种工程上较便于安排的,而且又是具有一定代表性的试验方法。可以通过演示同时进行保障性的定量定性评价,一般需要与装备的维修性演示验证相结合开展实施。

3.保障性评价

保障性评价是保障性试验与评价过程中的最后一环,并由其确定装备的保障性是否符合规定的要求(或准则)。作为研制试验与评价的最后一环,通过评价装备在技术上的达标情况,可以做出装备是否能转入使用试验与评价阶段或转入生产阶段的决策;另外,如果作为使用试验与评价的最后一环,可获取在实际使用环境中的装备的真实能力数据。

除了保障性试验方法的定量评价方法,还有以下一些定性的评价方法:

(1)装备保障性的定性评价。装备保障性的定性评价与维修性的定性评价是类似的,而且二者可以结合起来评价。但保障性的涵盖范围更广,需要根据装备保障性的定性要求,拟定更为广泛的评价准则。

(2)装备保障要素的定性评价。装备保障要素目的是针对装备的各项保障要素,评价其适用性。评价过程中要结合装备的具体结构与使用特点,按各要素应起的作用和应有的贡献,拟定出有针对性的评价准则。例如对保障设备,应按装备的系统层次提出若干评价因素,逐一根据经验给出优、良、中、差或其他分级方式的评价,再将评价加以综合,得出对该项保障设备的总评价。表 6-7 列出了保障设备定性评价的评价因素。

表 6-7　保障设备定性评价因素

因 素	子因素	描述的含义
功能性	完成功能的能力	保障设备的设计用途的实现程度
	安全性	保障设备在进行保障工作时对人员与装备发生损害的可能性
	互用性	保障设备具备本身设计功能之外的用于其他保障用途的综合功能的能力特性
	对环境的适应性	保障设备要实现正常保障功能时对气候、地形等客观条件的要求
稳定性	采用技术的成熟度	保障设备在研制过程中所使用的技术的成熟程度
	故障率	保障设备在使用中出现故障的可能性
易使用性	易理解性	使用者理解保障设备的功能构造原理的难易程度
	易学性	使用者掌握保障设备的使用方法的难易程度
	易操作性	使用者操作保障设备的方式的简易程度
维修性	检测故障难易度	保障设备出现故障时查出故障源的难易程度
	易维修性	对发生故障的保障设备进行维修并恢复其功能的难易程度
	零件的可替换性	组成保障设备的零件的通用程度

(3)综合性评价。这是北大西洋公约组织(NATO)提出的评价方法,是具有一定量化要求的定性方法,适用于在飞行试验阶段开展保障性评价,但也可以延伸至装备使用阶段。

综合性评价方法的总体框架为:

(1)按综合保障的 10 个要素,利用从试验中汇集的定量与定性数据,以所建立的保障性试验度量(STM)对每一要素进行评价。

(2)该 STM 从可靠性与维修性(R&M)、人的因素(HF)和保障(LS)三个方面对每个要素做出评价。

(3)通过比较试验数据及保障性分析结果,给出各要素的 STM 评分。评分共分 6 级:1 分为极不满意,需做重大改进;2 分为不满意,需做改进;3 分为不大满意,需做少量改进;4 分为勉强满意,做少量改进会更好;5 分为满意,达到预期目的;6 分为极满意,改进余地很少。

(4)最后,将各要素在三个方面的评价结果加以综合,按其对完成任务的影响程度,形成单一的评分和结论,并明确各要素之间存在的相互影响关系。

6.4 测试性技术

6.4.1 概述

测试性是产品的一种设计特性,是设计时赋予产品的一种固有属性。测试性设计与分析是产品获得充分测试特性并达到测试性要求所进行的一系列技术活动。测试性设计是指利用经济、有效的设计技术和方法,使产品具有便于测试的特性,可以得到充分测试的设计过程。测试性分析是指通过预计、核查、仿真分析和评估等技术,确定应采取的测试性设计措施、评价产品可能达到的测试性水平所进行的工作。

6.4.2 测试性要求

测试性要求分为定性要求和定量要求,测试性要求的一般内容在下面分别进行介绍。

1. 定性要求

测试性定性要求反映了那些无法或难于定量描述的测试性设计要求,它从多方面规定了在进行设计时应注意采取的技术途径和设计措施,以方便测试和保证测试性定量指标的实现。测试性定性要求一般包括的内容见表 6-8。

表 6-8　测试性定性要求

序　号	项　目	主要内容
1	合理划分	产品按功能与结构合理地划分为多个可更换单元,如系统可划分为多个现场可更换单元(LRU)或可更换模块(LRM),LRU 再划分为多个车间可更换单元(SRU)等,以提高故障隔离能力
2	性能监控	对安全、完成任务有影响的功能部件,应进行性能监控,必要时给出报警信号
3	机内测试(BIT)和中央测试系统	依据诊断方案确定嵌入式诊断具体配置和功能,如对中央测试系统、系统 BIT、现场可更换单元 BIT、传感器等的配置和功能要求

续表

序号	项目	主要内容
4	故障信息	应存储性能监控与故障诊断信息,并按规定将相关数据传输给中央测试系统或其他显示和报警装置
5	测试点	应设置充分的内部和外部测试点,以便于在各级维修测试时使用,达到规定的故障检测与隔离指标,测试点应有明显标记
6	兼容性	被测单元(UT)设计应与计划选用(或新研制)的外部测试设备兼容。尽可能选用通用的、标准化的测试设备及附件
7	综合测试能力	应考虑用 BIT、自动测试设备(ATE)和人工测试或其组合,对各级维修提供完全的诊断能力,并符合维修方案和维修人员水平的需求
8	测试需求文件(TRD)	UT 应编写支持测试程序集(TPS)和测试设备设计的测试需求文件(TRD),编写维修测试技术手册等

2. 定量要求

目前一般用故障检测率(FDR)、故障隔离率(FIR)和虚警率(FAR)规定测试性设计的定量要求。这三个测试性参数的定义见表 6-9。

虚警是指当 BIT 或其他监控电路指示被测单元有故障,而实际上该单元不存在故障的情况。目前大多数系统采用 FAR 度量 BIT 虚警,FAR 给出了 BIT 指示中虚警发生的百分比,但没有给出虚警发生的频率,没有显示出虚警对系统可靠性的影响。而平均虚警间隔时间 MTBFA 则可显示出虚警对系统可靠性的影响。实际运行中,在相同情况下可靠性高的系统发生真实故障数比可靠性低的系统少,在 BIT 指示中虚警数所占比例较大,所以其 FAR 值也就较高,即实际统计的 FAR 值大小受系统可靠性影响,而 MTBFA 量值不受系统可靠性影响。

表 6-9 测试性参数

序号	参数	定义
1	故障检测率(FDR)	用规定的方法正确检测到的故障数与被测产品发生的故障总数之比,用百分数表示
2	故障隔离率(FIR)	用规定的方法正确隔离到不大于规定模糊度的故障数与检测到的故障数之比,用百分数表示
3	虚警率(FAR)	在规定的工作时间,发生的虚警数与同一时间内的故障指示总数之比,用百分数表示

6.4.3 测试性设计与分析

1. 测试性设计与分析流程

(1)有关测试性设计与分析的主要工作内容。

1)依据装备诊断方案和使用要求确定系统、设备的诊断方案，包括 BIT、性能监测、中央测试系统的配置、功能和构成等；

2)通过测试性指标分配，确定分系统(或设备、LRU)的指标要求；

3)制定测试性设计准则，并在系统、LRU 和 SRU 设计过程中贯彻执行；

4)在设计过程中选用或建立需要的产品测试性模型；

5)确定外部诊断测试的构成，包括外部测试点及准备选用的测试方法等；

6)故障模式、影响及测试方法分析，优选测试点和诊断策略；

7)固有测试性设计与评价，测试性设计准则符合性检查；

8)系统和设备 BIT、性能监测以及中央测试系统的详细设计，包括其软件、硬件以及故障信息存储、传输与显示等；

9)外部诊断详细设计，包括在线测试和脱机测试、兼容性详细设计等；

10)测试性预计，包括 BIT 的故障检测与隔离能力、外部诊断的故障检测与隔离能力，如不满足要求时，需要改进设计。

(2)测试性设计与分析工作流程图。测试性设计与分析流程图如图 6-16 所示。

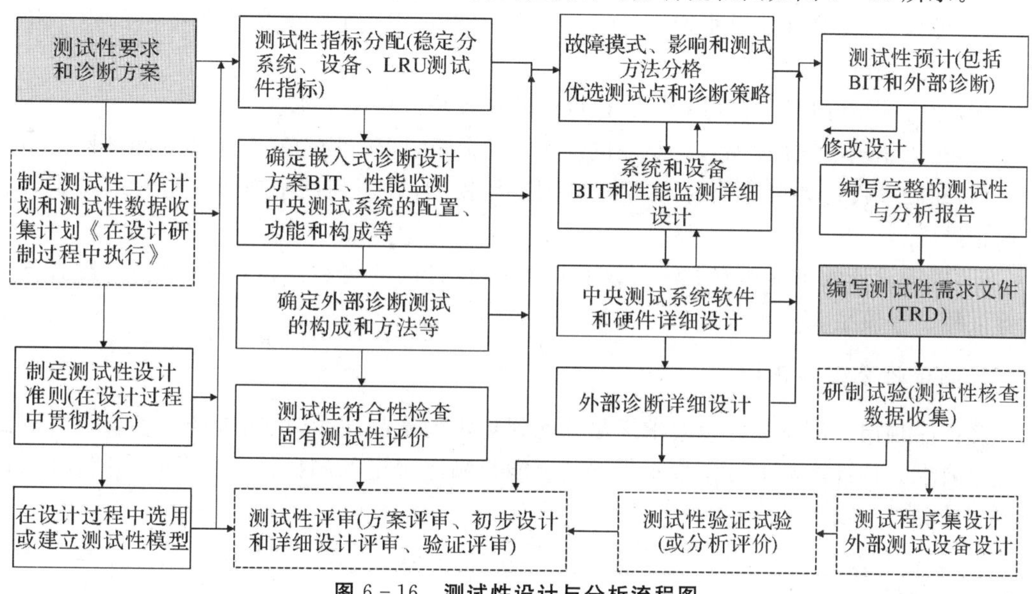

图 6-16　测试性设计与分析流程图

1)为使图形简单清楚，图 6-16 只给出了主要工作流程示意图，有些工作可能需要多次或反复进行，图中未能表示出。

2)为表明设计分析与其他测试性工作的关系，图中给出了测试性管理、验证等方框。虚线方框不属于测试性设计与分析的内容，带底色方框中有部分内容是测试性设计与分析的内容。

3)在设计过程中可能需要多个测试性模型，有的可选用现有的，如测试性分配用模型；有的需要在进行某项工作时针对产品建立测试性模型。

2. 测试方案确定

进行装备测试性设计和验证，实现测试性要求，首先要明确测试方案。测试方案是装备测试总的设想，它指明装备中哪些产品要测试，何时(连续或定期)何地(现场或车间，或者哪个维修级别)测试及其技术手段。其目的是合理地综合应用各种测试手段来提供系统或设备在各级维修所需的测试能力，并降低寿命周期费用。确定测试方案最终就是要确定在各维修级别(场所)所采用的各种测试手段(设备及人工测试)的恰当组合，构成装备故障诊断测试子系统(FIS)，以满足规定的测试性要求和降低寿命周期费用。

确定测试方案的主要依据是：订购方提出的测试性要求及有关约束条件；主装备的设计方案及可靠性数据(特别是 FMECA 结果)；维修与保障方案等。

根据以上各项结果，并通过前期的保障性分析(LSA)提出初步的测试方案或其备选方案。在此基础上，经过分析、比较、权衡，特别是系统效能、费用的分析权衡，确定最佳测试方案。测试方案要随着研制进程做必要的细化和修正。

3.测试性建模和测试信息分析

建立产品的测试性模型，用于测试性分配、预计、分析设计和评价。进行故障模式、影响及测试方法分析，为测试性设计分析与验证提供相关技术信息。建立测试性模型要点如下：

(1)可采用《维修性建模指南》(GJB/Z 145—2006)或其他的有关文件提供的程序和方法，建立产品的测试性模型。

(2)建立测试性模型可以用手工，也可以通过计算机程序来实现。

(3)对于不同层次的产品，只要是进行测试性分析、评价的对象，都应建立测试性模型。

(4)在硬件设计许可范围内，尽早建立测试性模型，以便利用早期的模型发现需要采取的改进措施。

(5)根据设计的进展和有关输入数据的增多、设计的变更和约束条件的变化，按需要及时修改测试性模型。

4.测试性分配和预计

将产品顶层的测试性定量要求逐层分配到规定的产品层次，以明确产品各层次的测试性定量要求。估计产品的测试性水平并判断能否满足规定的测试性定量要求，评价和确认已进行的测试性设计工作，找出不足，改进设计。

(1)测试性分配。测试性分配主要在方案论证和初步设计阶段进行，但有一个逐步深入和修正的过程。

系统的测试性指标是由订购方确定的，承制方应将系统测试性指标，主要是 FDR 和 FIR 要求值，分配给系统的各组成单元，一般为 LRU 级产品。可用的测试性分配方法见表 6-10。

表 6-10　测试性分配法的适用条件及特点

序　号	分配方法	适用条件	分配方法特点
1	等值分配法	仅适用于各组成单元特点基本相同的情况	系统指标与其各组成单元指标相等，无须具体分配工作
2	按故障率分配法	适用于各组成单元的故障率不相同的情况	故障率高的组成单元分配较高的指标，有利于用较少的资源达到系统指标要求，分配工作较简单

续表

序　号	分配方法	适用条件	分配方法特点
3	综合加权分配法	适用于各组成单元的有关数据齐全的情况	考虑到故障率、故障影响、MTTR 和费用等多个影响因素及其权值，分配工作较繁琐
4	有老产品时分配方法	仅适用于有部分老产品时的情况	考虑到系统中有部分老产品时的具体情况

(2)测试性预计。测试性预计是估计所有测试方法的故障检测与隔离能力，常用的工程分析步骤如下：

1)分析每一故障模式能否被 BIT、ATE、用户和维修人员检测和隔离，隔离到哪一级可更换单元，模糊度是多少。

2)将每一故障模式的故障率及分析结果填入 UUT 测试性预计工作单表格。

3)分别统计每种测试方法可检测的故障模式的故障率(D)、可隔离的故障模式的故障率(IL)和故障模式的总故障率(S)。

4)结果分析。将 FDR 和 FIR 的预计值与规定值比较，看是否满足要求。列出不能检测或不能隔离的故障模式和功能，并分析它们对安全、使用的影响。必要时提出改进测试性设计的建议。

6.4.4　测试性试验与评定

1. 测试性验证内容

测试性验证的内容，包括产品研制要求、技术合同或技术规范中规定的测试性定量要求和定性要求的全部内容。

(1)定量考核的内容。目前，在量化要求中，一般只规定 FDR、FIR、FAR 的指标，未规定故障检测与隔离时间、不能复现(CND)比例、重测合格(RTOK)比例的指标。因此，测试性验证时定量考核的重点是 FDR、FIR、FAR 三个指标，包括 BIT 的指标和使用 ATE 的指标。

(2)定性考核的内容。测试性验证时定性考核的内容包括划分要求、测试点要求、性能监控要求、故障指示与存储要求、原位检测和中央测试系统要求、兼容性要求、综合测试能力要求和有关维修测试需求文件的完整性、适用性要求等。

(3)测试性验证与其他验证的关系。由于测试性与产品的性能、维修性、可靠性密切相关，所以测试性验证应尽可能与维修性试验、可靠性试验与性能试验等相结合，以避免不必要的重复工作，节约时间和费用。

2. 获取故障样本的方法

常用故障样本获取途径见表 6－11。

表 6－11　故障样本获取途径

序号	获取故障样本途径	数据收集过程和特点	适用条件
1	注入故障试验数据收集	收集的是在内场注入故障试验过程中的有关数据，受试产品符合设计定型技术状态，试验时间集中，收集数据工作较简单，统计判别容易，收集的数据符合测试性验证试验要求	适用于可以注入足够数量故障的产品
2	研制阶段数据收集	收集的是研制过程中的有关数据，受试产品处于不同技术状态。收集数据时间较长，数据的分析、确认、统计工作量大，取得足够的符合测试性验证要求的数据有一定的困难	适用各类产品，但分析确认工作量大，合格数据量不一定满足验证要求
3	现场运行数据收集	收集的是现场试验过程中的真实故障检测和隔离数据，受试产品符合设计定型技术状态。但与注入故障试验比较，所需试验时间较长、数据统计分析工作较困难	适用各类产品，但分析确认工作量大，需要时间长

3. 测试性验证试验方案

选用测试性验证试验方案时可参考表 6－12 给出的各验证方案的特点。表 6－12 为常用测试性验证试验方案。

表 6－12　常用测试性验证试验方案

验证试验方案	主要特点	适用条件	参考文献
估计参数值的验证方案（基于二项分布和检验充分性）	合格判据合理、准确；考虑产品组成特点；给出参数估计值；可查数据表方法简单；分析工作多一些	适用于有置信度要求的指标；不适用于有 α、β 要求的情况	GB 4087.3 二项分布单侧置信下限；有关资料
最低可接受值验证方案（基于二项分布和检验充分性）	合格判据合理、准确；考虑产品组成特点；可查数据表方法简单	适用于验证指标的最低可接收值；不适用于有 α 要求的情况	GB 4087.3 二项分布单侧置信下限；有关资料
考虑双方风险的验证方案（基于二项分布）	合格判据合理、准确；明确规定 n 及 c；可查数据表相对简单；未给出参数估计值；未考虑产品组成特点	要求首先确定鉴别比和 α、β 的量值；不适用于有置信度要求的情况	GJIB Z20045；GB 5080.5；GJB 1298
GJB 2072 的验证方案（基于正态分布）	比原美军标方法有改进；可计算出下限值近似值，准确度低；未考虑产品组成特点	适用于验证指标的最低可接受值；不适用于有 α、β 要求的情况	GIB 2072；GJB 1135.3；GJB 1770

说明：α、β 为验证双方风险。

4. 测试性分析评价

对于难以用注入故障方式进行测试性验证试验的产品，经订购方同意，可用综合分析评价方法替代测试性验证试验，即用分析评价方法确定产品是否满足规定的测试性要求。

(1)测试性分析评价可利用的信息有各种研制试验过程中自然发生或注入故障的检测、隔离信息，虚警信息；试运行数据；测试性核查资料；低层次产品测试性试验数据综合、同类产品测试性水平对比分析；测试性预计、测试性仿真或虚拟样机分析、测试性设计缺陷分析等。所采用的测试性分析评价的方法、利用的数据、评价准则和评价的结果均应经订购方认可。

(2)通过对有关测试性信息的分析和评价，确认是否已将测试性/BIT 设计到产品中，依据收集到的故障检测与隔离数据，估计 FDR 和 FIR 量值，从而判断测试性设计是否可达到规定要求。

(3)完成测试性分析评价后，应编写出测试性分析评价报告，并经订购方审定。设计定型时的测试性分析评价结果可为使用期间测试性评价提供支持信息。

5. 测试性核查(研制试验)

测试性核查是承制方为实现产品测试性要求的、贯穿于整个研制过程中的不断进行的分析与评定工作，是产品研制试验的组成部分。

(1)测试性核查的目的是通过检查、试验与分析评定工作，鉴别设计缺陷，采取纠正措施，最终满足规定的测试性设计要求。

(2)测试性核查的方法比较灵活。

1)应最大限度地利用研制过程中各种试验(如利用样机或模型进行的各种研制试验、合格鉴定、维修性和可靠性试验等)所获得的故障检测与隔离数据，必要时还可采用注入故障方式获取需要的测试性试验数据。

2)还应尽可能利用各种成熟的建模与仿真技术、维修性核查资料、相似产品经验教训等，开展测试性核查工作，以便尽早发现设计缺陷，改进测试性设计。

3)还可以通过对故障模式及测试方法分析、测试性预计等测试性设计与分析资料进行核查，发现问题，采取改进措施，提高测试性。

(3)完成核查后应编写出测试性核查报告，主要内容包括核查的产品、采用的核查方法、获得的测试性数据、改进设计的结果等。

6.5　安全性技术

6.5.1　概述

安全性工程是指为达到产品的安全性要求而进行的一系列设计、研制、生产、试验和管理工作。为保证装备满足预期的安全性要求，在研制过程中实施安全性工程的工作重点是：

(1)根据研制任务要求和系统技术特性，识别并分析装备所有潜在的危险因素；

(2)分析评价这些危险因素的风险,通过排序确定采取安全性措施的优先顺序;

(3)有针对性地确定并采取安全性措施,并验证其有效性;

(4)确认所有已识别的危险因素已控制在可接受的范围,评价装备安全性是否满足预期要求。

6.5.2 安全性要求

安全性要求是进行安全性设计、分析、试验和验收的依据。正确、科学地确定各项安全性要求是一项重要而复杂的系统工程工作。设计人员只有在透彻地了解了这些要求后,才能将安全性正确地设计到产品中去。

安全性要求可以分为两大类。第一类是定性要求,即用一种非量化的形式来设计、评价,从而保证产品的安全性。第二类是定量要求,即规定产品的安全性参数、指标和相应的验证方法。用定量方法进行设计分析,用增长或验证方法进行安全性验证,从而保证产品的安全性。

1.定性要求

我国国家军用标准《系统安全性通用大纲》(GJB 900—1990)、《型号安全性分析与危险控制应用指南》(XKG/A01—2009)和美国军用标准《系统安全的标准作法》(MIL-STD-882D)等都对军用装备规定了安全性要求,包括对危险影响的严重性和危险发生的可能性的要求。

(1)危险(事故)影响的严重性。危险(事故)影响的严重性对由人为差错、环境条件、设计缺陷、规程错误、系统(分系统或设备)故障等引起的事故后果规定了定性的要求,一般分为四级:灾难的(Ⅰ)、严重的(Ⅱ)、轻度的(Ⅲ)和可忽略的(Ⅳ),详见表6-13。对具体的系统来说,危险(事故)严重性等级的划分应由订购方和承制方共同商定。

表6-13 危险(事故)严重性等级分类

等级	等级说明
Ⅰ(灾难的)	人员死亡、系统报废、长期的环境破坏等
Ⅱ(严重的)	人员严重受伤、严重职业病、需大修才能恢复的严重损坏、主要设备报废,中期的环境破坏等
Ⅲ(轻度的)	人员轻度受伤、轻度职业病或各类主要设备轻度损坏或低值辅助设备报废,短期的环境破坏等
Ⅳ(可忽略的)	没有人员受伤和职业病、很小或容易整治的环境破坏等

(2)危险(事故)发生的可能性。危险(事故)发生的可能性对由人为差错、环境条件、设计缺陷、规程错误、系统(分系统或设备)故障等引起的事故发生的可能性规定了要求,一般分为五级:频繁(A)、很可能(B)、偶然(C)、极少(D)和不可能(E),详见表6-14。

表 6-14　危险(事故)可能性等级分类

等级	发生程度	产品个体	装备总体
A	频繁	寿命期内可能经常发生，其概率等于和大于 10^{-1}	连续发生
B	很可能	寿命期内可能发生几次，其概率小于 10^{-1}，大于 10^{-2}	经常发生
C	偶然	寿命期内有时可能发生，其概率小于 10^{-2}，大于 10^{-3}	发生几次
D	极少	不易发生，但在寿命期内可能发生，其概率小于 10^{-3}，大于 10^{-6}	很少发生，预期可能发生
E	不可能	很不易发生，在寿命期内可能发生的概率小于 10^{-6}	极少发生，几乎不可能发生

注：GJB 900—1990 没有规定事故发生的概率量值。

(3)风险影响。安全性要求还可以采用风险评价指数来度量。表 6-15 为一种风险评价指数矩阵的示例。矩阵中的数值称为风险评价指数。指数 1～20 是根据危险(事故)可能性和严重性综合而确定的。通常将最高风险指数定为 1，对应的危险事件(事故)是频繁发生并具有灾难性后果。最低风险指数 20，对应的危险事件(事故)几乎不可能发生并且后果是轻微的。数字等级的划分应根据具体对象制定。表中给出的风险评价指数 1～20 分别表示风险的范围和四种不同的决策。

表 6-15　风险评价指数矩阵示例

严重性等级可能性等级	Ⅰ(灾难)	Ⅱ(严重)	Ⅲ(轻度)	Ⅳ(轻微)
A(频繁)	1	3	7	13
B(很可能)	2	5	9	16
C(偶然)	4	6	11	18
D(极少)	8	10	14	19
E(不可能)	12	15	17	20

(1)评价指数为 1～5，不可接受的风险；

(2)评价指数为 6～9，不希望有的风险，需由订购方决策；

(3)评价指数为 10～17，经订购方评审后可接受；

(4)评价指数为 18～20，不经评审即可接受。

2. 定量要求

为了对装备及某些安全关键的系统或设备提出定量的安全性设计要求，通常采用各种安全性参数进行度量，常用的安全性参数有事故率或事故概率、损失率或损失概率和安全可靠度等。

(1)事故率或事故概率(AP)。事故率或事故概率[Accident Probability(AP)or Accident Rate]是安全性的一种基本参数。其度量方法为:在规定的条件下和规定的时间内,装备的事故总次数与寿命单位总数之比。

(2)损失率或损失概率(LP)。损失率或损失概率[Loss Probability(LP)or Loss Rate]是安全性的一种基本参数。其度量方法为:在规定的条件下和规定的时间内,系统的灾难性事故总次数与寿命单位总数之比。

3)安全可靠度(SR)。安全可靠度(Safety Reliability,SR)是与故障有关的安全性参数。其度量方法为:在规定的条件下和规定的时间内,在装备执行任务过程中不发生由于设备或部件故障造成的灾难性事故的概率。

6.5.3 安全性分析与设计

1.安全性分析

安全性分析是在装备研制的初期开始进行的系统性的检查、研究和分析,它用于检查装备或设备在各使用模式中的工作状态,确定潜在的危险,预计这些危险对人员伤害或对设备损坏的严重性和可能性,并确定消除或减少危险的办法,以便能够在事故发生之前消除或尽量减少事故发生的可能性或降低事故有害影响的程度。

为了使系统具有最佳的安全性,系统设计人员必须掌握系统危险的所有信息,而且采用系统性的分析方法。通常选择下述的一种或几种系统性的分析方法。

安全性分析包括定性分析和定量分析。当对具体的系统进行分析时,根据系统的特点以及用户的要求可采用各种具体的定性及定量分析方法。

定性分析用于检查、分析和确定可能存在的危险、危险可能造成的事故以及可能的影响和防护措施。常用的定性分析方法有故障危险分析(FaHA)、故障模式及影响分析(FMEA)、故障树分析(FTA)、潜在通路分析(SCA)、事件树分析(ETA)、意外事件分析(CA)和区域安全性分析(ZSA)等。

定量分析用于检查、分析并确定具体危险、事故可能发生的概率,比较系统采用安全措施或更改设计方案后概率的变化。定量分析目前主要用于比较和判断不同方案所达到的安全性水平,作为对有关安全性更改方案决策的基础。定量分析必须以定性分析为依据,常用定量的安全性分析方法有故障模式、影响及危害性分析(FMECA)、故障树分析(FTA)和概率风险分析等。

由于民用飞机、航天飞机等大型复杂系统的事故造成的影响太大,人们期望在系统研制中就能准确估计系统可能发生事故的概率,世界各国都在努力发展更准确的定量风险评估方法——概率分析法。

此外,随着信息技术的飞快发展,建模与仿真技术、虚拟现实技术等在安全性分析领域的应用也在快速发展,例如,NASA 已建立用于航空航天飞行器安全性分析的虚拟实验室。

表 6-16 从适用阶段、分析方式、分析方法、结果应用、使用文件及分析问题等方面对上述几种常用分析方法进行了比较。

表 6-16　几种常用分析方法的比较

分析方法比较项目		FaHA	FMECA	FTA	SCA	ZSA
适用阶段	论证					
	方案	√	√	√		
	工程研制	√	√	√	√	√
	生产	√	√	√	√	√
分析方式	手工	√	√	√	√	√
	半自动	√	√	√	√	
分析方法	定性	√	√	√	√	√
	定量		√	√		
结果应用	安全性	√	√	√	√	√
	可靠性	√	√	√	√	√
	故障隔离		√	√	√	
	设计有效性评价				√	√
使用文件	功能框图	√	√			
	工程图样	√	√	√	√	√
	总体图	√	√	√	√	√
	生产图样	√	√	√	√	√
	布线图		√	√	√	
分析问题	潜在通路				√	
	潜在信号				√	
	潜在指示				√	
	潜在定时				√	
	故障部件	√	√	√		

2. 安全性设计

安全性设计是通过各种设计活动来消除和控制各种危险，防止所设计的系统在研制、生产、使用和保障过程中发生导致人员伤亡和设备损坏的各种意外事故。为了全面提高现代复杂系统的安全性，在安全性分析的基础上，系统设计人员必须在设计中采取各种有效措施来保证所设计的系统具有要求的安全性。

为满足规定的安全性要求，可以采用各种不同的安全性设计方法，根据采取安全性措施的优先顺序，安全性设计思路和方法大致可包括如下 14 种。

(1)控制能量。在研究安全性的问题时，基于任何事故影响的大小直接与所含能量有直接关系，提出了通过控制能量来确保安全的方案。

安全性设计和分析人员必须对具体的系统进行分析，如进行初步危险分析、确定可能发生最大能量失控释放的地方，即可能产生最大人员伤亡、设备损坏和财产损失的危险；考虑防止能量转移或转换过程失控方法，及尽量减少不利影响的方法。这是设计一个安全系统必须做出的最大努力。

(2)消除和控制危险。通过设计消除危险和控制危险严重性是避免事故发生、确保系统的安全性水平的最有效方法。

1)通过设计消除危险。精心设计和认真选择材料,可消除某些危险,常用的方法有如下几种:

①通过设计消除粗糙的棱边、锐角、尖端和出现缺口、破裂表面的可能性,以防止皮肤割破、擦伤或刺伤;

②在填料、液压油、溶剂和电绝缘等这类产品中使用非易燃的材料,以防着火;

③采用气压或液压系统代替电气系统,以避免电气起火或过热;

④用液压系统代替气压系统,以避免可能产生冲击波而使压力容器破裂爆炸;

⑤用连续的整体管道代替有多个接头的管道,以消除接头的泄漏;

⑥消除凸出部位(例如装备驾驶舱的把手和装饰品)以防装备颠簸时可能造成的人员伤害;

⑦可燃物体及材料(如饰布等)燃烧时不应产生有毒气体。

2)控制危险严重性。在完全消除危险成为不可能或不实际的情况下,可以通过控制潜在危险的严重性,使危险不至于造成人员受伤或设备损坏。

(3)隔离。隔离是采用物理分离、护板和栅栏等将已确定的危险同人员和设备隔开,以防止危险或将危险降低到最低水平,并控制危险的影响。这是最常用的安全性措施。

隔离可用于分离接触在一起会导致危险的不相容器材。例如,着火需要燃料、氧化剂和火焰三个要素同时存在,如果将这些要素中的一个与其他隔离,则可消除着火的可能性。某些极易燃的液体存放在容器中,在其上充填氮气或其他惰性气体,以避免这些液体与空气中的氧气接触。此外,隔离还用于防止放射源等有害物质对人体的伤害。

(4)闭锁、锁定和联锁。闭锁、锁定和联锁是一些最常用的安全性设计措施。它们的功能是防止不相容事件在不正确的时间或以错误的顺序发生。

1)闭锁和锁定。闭锁是防止某事件发生或防止人、物等进入危险区域;反之,锁定则是保持某事件或状态,或避免人、物等脱离安全的限制区域。例如,将开关锁在开路位置,防止电路接通时闭锁;类似地将开关锁在闭路位置,防止电路被切断称为锁定。

2)联锁。联锁是最常用的安全措施之一,特别是电气设备经常采用联锁装置。在下述情况下常采用联锁安全措施:

①在意外情况下,联锁可尽量降低某事件 B 意外出现的可能性。它要求操作人员在执行事件 B 之前要先完成一个有意的动作 A。例如,在扳动某个关键性的开关(B)之前,操作人员必须首先打开保护开关的外罩(A)。

②在某种危险状态下,确保操作人员的安全。例如,在高压设备舱的检查舱门上设置联锁装置。

③在预定事件发生前,操作顺序是重要的或必要的,而且错误的顺序将导致事故发生,则要求采用联锁。例如,一个联锁装置可以要求在启动会发热的系统之前先接通冷却装置。

(5)概率设计和损伤容限。

1)概率设计。采用安全系数法来尽量减少结构或材料的故障是一种经典的方法。它使结构或材料的强度远大于可能承受应力的计算值,目前广泛用于各种工程设计中。例如,飞机和压力容器结构静强度设计的安全系数分别为 1.5 和 3～5,基本上保证了飞机和压力容器的安全性。

然而，飞机及压力容器等采用安全系数设计的结构也会产生破坏。这说明传统的安全系数法有时并不安全。其主要原因是在实际的使用环境中，结构、材料的强度及其所承受的应力不是固定值，而是遵循某一分布规律的随机变量，即使在强度均值大于应力均值的情况下，由于应力与强度分布存在分散性，也将使设备及材料产生破坏，而引起事故发生。因此采用强度与应力分布模型开展机械结构的概率设计能更有效地降低故障率，提高系统的安全性。

2）损伤容限。损伤容限是指结构在规定的无维修使用期内，能够耐受由缺陷、裂纹或其他损伤引起的破坏而不损害使用安全的能力，它是关系到系统使用安全的重要特性。

损伤容限设计的目标是使系统的关键结构不会产生由于材料、工艺和使用中的缺陷造成的潜在危险。

损伤容限设计是通过对材料的选择与控制、应力水平的控制、采用抗断裂设计、制造和工艺控制、采用周密的检测措施等途径来实现的。

（6）降额。降额是使元器件以承受低于其额定应力的方式使用。电子设备通常采用电子元器件降额的设计方法（相当机械设备采用安全系数法）来提高系统及设备的可靠性、安全性。在实际应用中，实现降额的方法一种是降低元器件的工作应力，另一种是提高元器件的强度，即选用更高强度的元器件。

（7）冗余。冗余设计是提高安全性、可靠性的一种常用的技术。它通过采用多个部件或多个通道来实现同一功能以达到提高安全性、可靠性的目的。现代装备的复杂、关键系统如控制系统等安全性都采用各种冗余技术。

根据具体的应用场合，包括故障的检测方法和冗余单元在系统中的配置，冗余可大致分为两大类：

①工作冗余——所有冗余单元同时工作；

②备用冗余——只有当执行功能的主单元（或通道）故障之后，备用单元（或通道）才接入系统开始工作。

（8）状态监控。状态监控作为尽量减少故障发生的一种方法，它持续地对诸如温度、压力等所选择的参数进行监控，以确保该参数不会达到可能导致意外事故发生的危险程度。因此，状态监控能够避免可能急速恶化为事故的意外事件。监控过程通常包括检测、测量、判断和响应等功能。

监控装置通常可以指示下述状态：

1）系统或其某一分系统或部件是否准备好投入工作，或正在按规定计划良好地工作；

2）是否提供所要求的输入；

3）是否产生所要求的输出；

4）是否满足规定的条件；

5）是否超过规定的限制；

6）被测参数是否异常。

（9）故障-安全。故障-安全设计确保产品故障不会影响安全性，或使系统处于不会伤害人员或损坏设备的工作状态。在大多数的应用中，这种设计在系统发生故障时便停止工作。在任何情况下，故障-安全设计的基本原则必须保证：

1)保护人员安全;

2)保护环境,避免引起爆炸或火灾之类的灾难事件;

3)防止设备损坏;

4)防止降低性能使用或丧失功能。

故障安全设计包括如下三类:

1)故障-安全消极设计。这种设计当系统发生故障时使系统停止工作,并且将其能量降低到最低值。

2)故障-安全积极设计。这种设计在采取纠正措施或起动备用系统之前,使系统保持接通并处于安全状态,采用备用冗余设计通常是故障-积极设计的组成部分。

3)故障-安全工作设计。这种设计能使系统在采取纠正措施前继续安全工作,这是故障-安全设计中最可取的类型。

在工程设计中,可运用各种原理来实现故障-安全设计。例如:飞机起落架收放系统的设计,当起落架收放的液压系统发生故障时,仍可放下起落架并将它锁定在着陆位置,保护飞机安全着陆。

(10)告警。告警通常用于向有关人员通告危险、设备问题和其他值得注意的状态,以便使有关人员采取纠正措施,避免事故发生。告警可按接收告警人员的感觉分为视觉、听觉、嗅觉、触觉和味觉等许多种告警方式。在某些关键情况下,常同时采用视觉和听觉等类告警。

(11)标志。标志是一种很特殊的目视告警和说明手段。它是一种最常用的告警方法。传统上,标志是在设计师的指导下进行设计并标在设备的特定位置上。它包括文字、颜色和图样,以满足告警的要求。

在产品设计中,不能提供合适的告警被认为是一种设计缺陷;制造厂或设计部门不能提供对可能导致人员伤亡的危险的警告是一种失职。为在任何情况下都能充分提供告警,告警标志必须包括的基本信息项目如下:

1)引起可能处于特定危险下的使用人员、维修人员或其他人员注意的关键词;

2)对防护危险的说明;

3)对为避免人员伤害或设备损坏所需采取措施的说明;

4)对不采取规定措施的后果的简要说明;

5)在某些情况下,也要说明对忽视告警造成损伤后的补救或纠正措施,如毒药的解毒剂、电击事件中的急救说明。

(12)损伤抑制。前面叙述的隔离和防护设备是常用的损伤抑制方法。人员防护设备是尽量减少事故伤害的一种有效方法。它为使用人员提供了一个有限的可控环境,将使用人员与危险的有害影响隔离开。人员防护设备由穿或戴在身上的外套或器械组成,包括从简单的耳塞到带有生命保障设备的宇航员太空服。

能量缓冲装置是一种防护设备,它可以保护人员、器材和精密设备避免受冲击的影响。例如,汽车、飞机驾驶员座椅的安全带、缓冲器和座椅衬垫可降低事故中车内、机内人员的伤亡。此外,储存或运输容器内的泡沫塑料和类似的软垫材料,在容器跌落或剧烈震动时,可保护容器内的物品免受损坏。

(13)逃逸、救生和营救。逃逸和救生是指人员使用本身携带的资源自身救护所做的努力;营救是指其他人员救护在紧急情况下受到危险的人员所做的努力。从意外事件发生直到从紧急情况下恢复,消除危险和可能的损坏,隔离不利的影响和恢复正常的状态等努力都失败后,逃逸、救生和营救便是不可缺少的。

逃逸、救生和营救设备对于所需的场合来说是极为重要的,但只能作为最后依靠的手段来考虑和应用。系统设计应尽量采用安全装置和规程,以避免采用逃逸和营救设备。然而,在危险不可能完全消除时,必须采用逃逸、救生和营救设备。

(14)薄弱环节。所谓薄弱环节指的是系统中容易出故障的部分(设备、部件或零件)。它将在系统的其他部分出故障并造成严重的设备损坏或人员伤亡之前发生故障。设计人员可利用薄弱环节来限制故障、偶然事件或事故所造成的损伤。常用的薄弱环节有电、热、机械或结构等类型。

1)电薄弱环节。在电路中采用的保险丝和断路器是常用的电薄弱环节,它用于防止持续过载而引起的火灾或其他损坏。

2)热薄弱环节。蒸气清洁器中蒸发器的易熔塞是常见的一个热薄弱环节,作为安全保险。

3)机械薄弱环节。靠压力起作用的保险隔膜是最常见的机械薄弱环节。例如,压力灭火器所用的安全隔膜。

4)结构薄弱环节。结构设计中某些低强度的元件就是结构薄弱环节。它设计成在某个特定的点或沿着某个特定的线路破坏。例如,主动连轴节中的剪切销,它设计成在持续过载会损坏传动设备或从动设备之前先损坏。

6.5.4 安全性验证

1.验证的对象、目的与时机

(1)对象。本工作的对象是系统中的安全关键的产品(包括硬件、软件和规程),即对系统的安全使用来说要对它们做正确的识别、控制和保持其正常的性能和容差的那些产品。如果它们不符合规定的安全性要求,就会引起系统的事故。

一般来说,安全关键的产品应该包括:系统、分系统或部件中的指挥与控制单元;引信、发射电路、军械保险装置和任何危险严重性等级为Ⅰ级或Ⅱ级危险的硬件、软件和规程(例如应急规程、弹药退役规程等)。

(2)目的。目的主要是验证安全关键的硬件、软件设计以及安全关键规程制定是否符合研制总要求或研制合同等文件中的安全性要求,即系统及其安全关键产品是否达到规定的安全性水平、能否安全地执行规定的功能和按规定的方式安全使用。

(3)进行时机。本工作一般适用于方案阶段和工程研制阶段,寿命周期的其他阶段可选用。各项验证工作应尽早进行,以便及时对设计中的安全性缺陷采取纠正措施。

2.验证方法及其适用范围

安全性验证方法包括定性和定量方法,主要有分析、检查、演示和试验等四种,应根据不同的验证对象和验证要求,选择适用的验证方法。

(1)分析验证。分析验证包括分析原来的工程计算,以确定所设计的硬件按要求运行时能否保持其完整性;核算各种器材所受的载荷、应力,及其相应的尺寸、加速度、速度、反应时间等;验算设计师对产品安全性设计所作的其他工程计算等,例如分析高压容器的金属壳体厚度,确定栓接法兰盘所需的螺栓数量与尺寸等;利用建模仿真和虚拟现实技术进行验证,例如验证核潜艇、航空航天飞行器等复杂系统的事故发生过程和操作规程,确定系统能否达到规定的安全性要求。分析验证适用范围广,可用于各种安全性定性验证和某些产品的安全性定量验证,例如一些大型复杂系统或高安全性要求的设备安全性定量要求,可采用综合评估、利用相似产品验证的安全性数据进行类比分析或采用建模仿真分析进行验证。

(2)检查验证。检查验证一般不用专用的实验室设备或程序,而是通过目视检查或简单的测量,对照工程图样、流程图或计算机程序清单来确定。检查验证包括产品是否符合规定的安全性要求,如是否存在某种有害状态、有无不适合的材料、有无所需要的安全装置等。安全性检查验证的典型例子有:确定产品是否存在会伤害人体的机械危险部位和会使人触电的电路,护板的开口是否合适、有无告警标志,等等。检查验证适用于系统安全性定性要求验证,由于这种方法简易可行,是系统定性要求验证最优先采用的方法。

(3)演示验证。演示验证通常不是用测量设备来测量参量,而是用"通过"或"通不过"的准则来验证产品是否以安全的、所期望的方式运行,或者一种材料是否具有某种有害的特性。演示验证的例子有:接通应急按钮能否终止设备的运行、绝缘物是否不易燃烧等。演示验证适用于系统安全性定性要求验证,当采用检查验证方法不能完全满足验证要求时,可通过在模型、样机、产品上进行实际操作演示,以验证要求是否达到。

(4)试验验证。试验是一种采用仪器、设备和其他的模拟技术,在各种模拟或真实条件下,测量产品具体参量的验证方法,通过对试验数据的分析评价或评审来确定。试验包括所测定的结果是否处于所要求的或可接受的安全性限度之内,包括实验室试验和现场试验(如飞行试验)等。通过试验也可观察到产品在规定的载荷、应力或其他条件下是否会引起危险、损伤或事故。这类验证方法的例子有:高压设备的耐压试验、设备的噪声水平试验、螺栓的强度试验等。试验验证适用于各种系统或设备的安全性定量要求验证,具体产品的验证可根据产品的层次、类型和安全性指标选择实验室试验或现场试验。

3.选择验证方法应考虑的因素和选择原则

(1)应考虑的因素。产品安全性要求验证方法选用时,一般应考虑以下因素:

1)受验产品的安全性要求是定量要求还是定性要求。

2)受验产品的产品层次(如系统、分系统、设备等)。

3)受验产品的产品类别(如机械类、电子类、机电类等)及其重要度分类(如关键、重要、一般)。

4)验证时机。

5)各类验证方法需满足的条件,如受验产品的技术状态与数量要求、实验室条件,验证实施所需保障条件及各类验证方法所必须具备的前提条件;同时还要考虑能否直接收集到足够的验证信息、数据,是否有已经验证的相似产品的安全性数据等。

6)验证所需的时间进度、经费和环境等约束条件等。

(2)选择的原则。产品安全性要求验证方法选用的一般原则如下：

1)安全性验证应根据具体验证对象的安全性要求，综合权衡验证对象的重要性、费用和进度等因素，在保证验证有效性的基础上，选择一种或几种验证方法。安全性验证中所采用的验证方法应经过订购方的同意。

2)验证方法选择的优先顺序为：分析、检查、演示、试验。当使用分析和检查验证方法不能满足要求时，就应使用演示或试验验证方法。

3)试验验证方法的选择。当进行系统的安全性定量要求验证时，应首先选用现场试验验证方法；如果验证关键设备的安全性定量要求，通常优先选用实验室试验验证方法；对于在研制总要求或研制合同中有安全性定性要求的设备而要验证时，通常优先选用现场试验验证方法。

4)当试验能力不足、费用过高或试验条件满足不了试验验证要求时，经订购方同意，可通过选择低层次产品的试验和高层次产品的分析相结合的方法验证高层次产品的安全性要求，或选用建模仿真分析等验证方法。

5)对于不能通过设计消除其灾难性后果，而需采用安全装置、报警装置和专用规程来控制危险的项目，应通过专门的安全性试验来验证其安全性。

6)已经确认的所有安全关键功能和安全关键项目，对其与安全性有关的性能、尺寸等要求有偏离或超差者都必须进行强制性的检查或试验，以作为其接收或拒收的依据。

4.安全性试验与演示应考虑的问题

(1)试验的替代。如果试验工作因费用过高或某些环境条件(如宇宙空间)无法模拟而不可行时，在订购方的认可下，可用类推(或称类比)法、全尺寸功能模型或小尺寸模型的模拟来代替产品实物的安全性验证试验。

(2)试验方案设计。试验方案设计时要权衡以下各点：

1)不同产品层次的试验量。如研制早期在较低层次上的试验较多，就可减少以后在较高层次上的试验，故要权衡这两者之间的费用与效益。当然，对较低层次的试验条件应比对较高层次的试验条件严格一些。

2)软件的验证。通过对在研制早期使用模拟装置完成对软件的验证所需的费用，与在研制后期使用硬件产品来验证软件所需的费用进行权衡，即对研制模型装置所需的费用与使用模拟装置作验证所需的费用进行权衡，确定经济有效的软件验证方法。

3)试验设施和试验设备。要对使用现有的试验设施和试验设备，还是采购或研制新的具有较高性能的试验设施与设备进行权衡，选取满足产品安全性试验要求的试验设施和试验设备。

(3)故障的注入。应该考虑用诱发故障或模拟故障的方式来验证安全关键产品的故障模式，以及验证这类产品的安全性是否符合要求。

(4)样本量。一般来说，受试样品的数量应满足统计学的要求。但在要求以高置信度验证低故障率的情况下，有时样本会需要大到在经济上或时间上不可行，此时要改用可行的验证方法；或者结合适当的措施，采用可行的样本量。

6.5.5 安全性评价

安全性评价是针对已完成的各项安全性工作，综合评价系统的安全性所进行的工作。

1.评价的对象、目的与进行时机

(1)对象。本工作的对象主要是系统(或设施)，但也适用于需单独作试验和由转承制方研制的产品。

(2)目的。本工作的目的是全面评价系统所预计的风险，识别系统的所有安全特性和评审试验人员、使用人员应遵守的具体规程和注意事项，以确定系统残留的风险水平是否符合规定的要求，并使试验、使用人员了解系统设计中所残余的所有危险和应遵守的注意事项，使系统能安全地试验、使用，或能做出决断；系统是否可以进入下一个研制阶段。

(3)进行时机。本工作可在寿命周期的各阶段中选用，包括在各次研制试验与使用试验前、进入下一个研制阶段前和使用前进行。其报告至少要在试验前、相应里程碑或使用前的规定时间内提交给有关单位，以便使他们能及时把系统的安全性问题纳入系统试验、储运和使用的计划与规程中。

2.评价方法

常用的安全性评价方法包括风险评价和安全性综合评价两种方法。评价可以是定性的，也可以是定量的，但应尽可能定量化。

(1)风险评价。风险评价是根据危险事件发生的可能性及其后果严重性，评定系统或设备的预计损失、采取措施的有效性的一种安全性评价方法。风险评价过程由风险分析和风险评定两部分组成，前者包括风险鉴别和风险估算，后者包括风险处理和风险接受。常用的风险评价方法如下：

1)风险评价指数法(RAC)。它是GJB 900规定采用的一种定性评价方法，具有简单直观、使用方便的优点，其缺点是风险评价指数通常是主观制定的。

2)总风险暴露指数法(TREC)。它是RAC法的进一步发展，将危险严重性尺度的范围扩大了，并将所有损失的大小以货币表示，在一定程度上是一种定量评价方法。

3)基于可靠性工程的概率风险评价法(PRA)。目前概率风险评价有许多方法，本方法是以可靠性工程原理与实践经验为基础进行风险评价的一种定量评价方法，已在核工业、化工、航空与航天领域的安全性评价中得到应用。

4)火灾爆炸指数法(FEI)。它是根据易发生火灾和爆炸的原材料的物理化学性质，结合它们的具体危险和过程处理特点，对其潜在火灾爆炸的风险以指数方式进行估算的一种定量风险评价方法，主要用于评价弹药之类易爆、易燃物质在储存、装运或处理工作中存在的危险。

(2)综合评价。综合评价法是汇集所有安全性工作的报告和有关资料，根据这些资料对系统中残留危险的风险进行综合分析和评审并做出评价结论。

综合评价的主要内容包括：

1)对风险评价的方法和准则的评价。它包括风险评价所用的方法和危险严重性、危险可能性分级所用的准则，以及这些方法与准则所依据的前提，包括订购方规定的风险可接受水平。

2)对系统及其使用说明的评价。

①对系统所用的各种规程的说明，注意系统中与各种使用规程有关的安全特性、控制和应遵守的程序。

②对保证安全使用所需的专门规程包括应急规程的说明。例如，武器的防误射、迟射、早射规程，烟火弹及其发射器的装弹规程等。

③ 对安全使用、维修和退役所要求的防护设备、使用环境和具体的人员技能等级的说明，例如灭火设备、通风条件、防护服、护目镜等。

3)对安全性数据的评价。所有与系统研制有关的安全性数据，包括常见各类危险的、相似系统的、承制方和转承制方在研制中所提供的安全性数据，以及各种武器或爆炸性产品、辐射源使用危险区和靶场的安全性数据。

4)对与安全性有关的分析与试验结果的评价。它包括在设计、评价中进行的所有与安全性有关的分析与试验结果、全部主要危险及其纠正措施的清单，以及这些纠正措施的有效性。

5)对危险物与危险器材的数据、资料的评价。系统和设备中所产生的危险物或所应用的危险器材的数据、资料，包括它们的种类、数量和潜在的危险，以及在使用、包装、装卸、储存、运输和退役时所需的安全防护措施和规程。

3. 评价结论和建议

(1)说明对各项系统安全工作的结果的简要评价，并用表列出所有主要的危险以及具体的安全建议或确保安全所需的防护措施。所列的危险还要分类，说明在正常或不正常的使用条件下是否会发生危险。

(2)说明系统是否含有或会产生危险的(即爆炸性、毒性、放射性、致癌性等的)材料或物质。

(3)结论应包括已鉴别的所有危险是否已被消除或控制，系统是否含有或会产生危险的物质，以及系统是否可以试验、使用或进入下一个研制阶段。此外，承制方应对其系统与其他系统的接口安全提出适用的建议。

6.6　环境适应性技术

装备环境适应性作为装备对环境的适应能力，是其在实际环境下的性能、效益、可靠性达到理想环境下的程度，它由装备作战使用对实战性能的要求和环境对装备的影响程度来决定。虽然在使用中体现，但源于研制设计、生产制造阶段，是装备的重要质量特性。只有在全寿命开展环境工程工作，才能不断提高装备的环境适应性。

6.6.1 概述

1. 定义及内涵

美军在 MIL－STD－810F 中对环境适应性的定义是：“装备、分系统或部件在预期环境中实现其全部预定功能的能力。"预期环境包括装备从出厂、包装、运输、装卸、储存、使用、维修、换防等直到退役或报废过程中将要遇到的各种环境条件,即装备的寿命期环境剖面所涉及的各种环境条件。

《装备环境工程通用要求》(GJB 4239—2001)对环境适应性的定义是:"装备在其寿命期预计可能遇到的各种环境的作用下能实现其所有预定功能、性能和(或)不被破坏的能力,是装备的重要质量特性之一。"

对于装备环境适应性内涵的理解应把握以下四个方面。

(1)环境。定义中的环境是指装备寿命期中遇到的包含冒一定风险的极端环境,其基本思路是认为能适应极端环境的装备,一定也能适应较良好的环境。定义中的功能是指"能做什么",性能是指"做到什么程度"。功能是装备实现或产生规定的动作或行为的能力,有功能并不能说明达到规范规定的技术指标。因此还要求其性能满足要求,只有功能和性能都能满足要求,才能说明该装备在预定环境中能正常工作和能够产生预定的效果,这是衡量装备环境适应性好坏的一个重要标志。另一个标志是武器装备在预定环境中不被破坏的能力。例如,在受冲击、振动等力学环境因素作用时,结构不损坏;经受高、低温和太阳辐射等大气环境因素作用时,装备材料不老化、劣化、分解和产生裂纹,电气元器件不被破坏等。应当指出,若装备在某一极端环境中(如低温－55 ℃以下)不能工作或不能正常工作,当环境缓和(如－20 ℃)后,又能恢复正常工作时,只要技术规范不要求在此极端环境中正常工作,仍可认为其环境适应性满足要求。许多电子设备的元器件就经常出现这种现象。

(2)质量特性。装备的质量特性是一个综合的概念,它包括功能、性能、安全性、环境适应性、可靠性、测试性、维修性和保障性等。环境适应性与可靠性都是装备的质量特性,它们都与装备寿命期内所遇到的环境密切相关,人们往往不能很好区分这两个质量特性。装备寿命期内一旦出现故障,人们很自然地认为装备不可靠,进而认为是可靠性问题。其实,决定装备是否可靠和好用的因素不只是可靠性,还包括其他因素。环境适应性则是其中很重要的一个因素,而且也是最容易与可靠性产生混淆的因素。因此,对装备寿命期出现的故障,应当仔细分析其真正原因,确定是环境问题还是可靠性问题,以便找出更合理的解决办法。

(3)先天固有性。装备的环境适应性主要取决于其选用的材料、构件、元器件耐受环境效应的能力,这种能力大小与其结构设计和工艺设计时所采取的耐环境措施是否完整和有效密切相关。一旦装备完成定型,其选用材料、元器件、结构组成和选用的加工工艺已冻结,其耐环境能力也就基本固定。因此,环境适应性是装备固有的质量特性,它是靠设计、制造、管理等环节来保证的。

(4)后天渐变性。随着装备寿命期服役时间的增长以及各组成部分的磨损和自然老化,环境适应性也会有所变化,通常是降低的,因此应在不同的阶段进行环境适应性评估。

实践表明,装备的战术技术性能在良好的(或标准的)环境条件下符合要求,不能说明其在未来使用的极端环境中也符合要求。环境适应性对装备提出的适应范围主要是界定在严酷的极端环境条件下能正常储存、运输和使用。特别是在装备型号论证中,需要从技术发展和使用的客观规律出发,从提高作战效能和满足未来战争要求的全局出发,全面考虑寿命周期各阶段的环境适应性问题。

2.对装备的影响

(1)环境适应性要求对装备研制的影响。解决装备的环境适应性问题,是装备研制中的一项极为重要的工作,主要表现在以下三个方面。

1)环境适应性要求和装备所处环境条件是设计、试验的依据。在装备研制过程中,无论是设计、工程研制,还是过程中的质量评审与监督等,都将是否能够满足环境适应性要求作为衡量问题的重要依据,并且把环境适应能力作为装备作战使用性能中的一个重指标来考虑。事实上,长期以来也都是这样做的。例如装备研制中所进行的重要评审,都有环境适应性方面的内容,同时它也是鉴定和验收的主要工作内容之一。

2)环境影响和失效机理是环境适应性设计的基础。这方面的例子有很多,例如,在某种装备改型过程中,由于开始时忽略了两种装备上的振动环境不同,导致装机后经常发生波导,部队反应强烈。后经多次振动试验,发现该设备在减振设计上存在缺陷,进行改进设计后,彻底解决了该问题,满足了使用要求。又如某种装备中选用的连续波照射器,在低温环境试验时曾发生过高压电容漏电现象,实际使用中该电容也多次出现故障,经多方面分析比较后更换生产厂家并进行环境试验考核,使改进后的电容满足了要求。

3)通过环境试验,可发现设计缺陷,以便及时采取纠正措施。环境试验的结果还能为可靠性试验、分析和增长提供参考。我国广泛开展的装备可靠性增长工作,主要就是采用环境应力筛选方法,通过试验发现装备设计上的缺陷,进而改进设计,作为以后进行可靠性增长的主攻方向,这在许多方面都取得了较好的效果。正因为如此,在国内外的装备研制中都将提高环境适应性作为重要问题来研究和解决。

(2)环境适应性对装备作战效能的影响。装备的战术技术性能和可靠性受其环境适应性的影响很大。环境适应性差的装备在恶劣环境条件下的战术技术性能会大幅度地下降,甚至达不到作战使用要求,同时其可靠性也大大降低,甚至丧失战斗力。

(3)环境适应性对装备部署与选择的影响。进行环境适应性研究,要考虑装备的工作极值、工作条件等是否适合所部署的地区,考虑其对应的时间风险率、面积风险率等,为确定部署地区和装备的双向选择提供依据。例如,某地区高温的 1%、5%、10%工作极值分别为 45 ℃、42 ℃ 、38 ℃,武器装备 A、B 的工作极值为 42 ℃、38 ℃,则武器装备 A 比 B 更加适合该地区,时间风险率为 5%。

(4)环境适应性对装备储存、维修和管理的影响。在装备储存、使用、维修过程中,环境影响超过一定极限,可使装备发生不可逆损坏。因此,需要依据装备部署、储存、维修和使用地区的气候条件确定环境承受极值或承受条件。当技术上达不到或经费上难以支持时,需要考虑从局部上采取措施,如针对某些薄弱环节配备降低环境应力的辅助设备等。为此,应对各类装备进行环境适应性研究,摸清环境的影响特点和规律,为储存、使用、维护和修理提供决策依据。例如,在温度高的地区或季节加装降温设备,在温度低的地区或季节加装采暖设备,在湿度大的地区或季节加装去湿设备,在储存过程中还可根据不同要求采取密封防潮措施和压力调节装置改善局部环境条件等,通过这些工作,可以确保装备性能良好和延长寿命。

3.指标定位

在装备主要性能指标论证中,几乎所有方面的要求,如可靠性、维修性、兼容性、安全性、机动性、人-机-环境系统工程等和环境适应性要求都有密切联系,而这些方面都需要定相应标准,论证中应从构成器装备战术技术指标的全貌出发,在统一组织下,以实现系统优化为目标,很好地与这些指标进行协调,保证各项要求是一个有机的整体,做到内容不重复不遗漏。

特别应该注意的是,环境适应性与可靠性之间有着既相辅相成又相互制约的关系。装备良好的环境适应性必须有足够的可靠性来保证才能实现,而其可靠性又必须在一定的环境背景下才能产生和确定,所以可靠性的提高和保持需要以环境适应性为前提。一般来说,环境适应性高的装备其可靠性也高。但是如果考虑到研制经费和生产成本,两者又往往互相制约。

6.6.2 环境适应性要求

1.常用环境适应性指标与要求

产品的环境适应性要求作为产品的技术指标之一,在研制任务书、设计要求或合同等有关文件中规定,并纳入产品研制的有关技术文件。

(1)环境适应性指标的表征方法。装备在寿命期内储存、运输和使用过程中将暴露在各种自然环境和诱发环境中,这些环境涉及各种不同环境因素。由于不同的环境因素的强度(或严酷度)表征方式、对装备影响的机理和作用速度各不相同,表征装备环境适应性这一能力变得十分复杂,不能像可靠性那样用一些简单的参数如故障间隔时间和可靠度等来表示,而只能针对经分析确定应考虑的每一类环境因素分别提出相应的环境适应性要求,然后将其组合成一个全面的要求。

对每一环境因素的环境适应性要求可以是定量要求,也可以是定性要求,或两者组合。对于大多数可定量地表征其应力作用强度的环境因素如温度、振动等。环境适应性要求分两个方面表征:一方面是要求装备能在其作用下不受损坏或能正常工作的环境因素应力强度;另一方面则是装备的定量和定性合格判据,如是否允许破坏,允许破坏程度或允许性能偏差范围。对于无法定量表征其应力强度的环境因素如生物因素,只能定性地规定一个有代表性的典型环境,加上定量和定性的表征装备受损程度的合格判据。需要指出的是,产品受到环境应力的作用效果不仅取决于应力强度,还取决于应力作用的时间,产品破坏的时间累积效应是不容忽视的。理论上讲,应当给出应力作用时间,而且要使指标中给出的应力强度和应力作用时间产生的效果与实际寿命周期同样环境因素作用效果完全一致。在产品寿命周期内,一个环境因素作用于产品的应力大小往往会随时间变化,这种变化规律难以预先确定,此外,同一环境因素高量值和低量值对产品的影响之间不一定成规律性关系,因此要想找到等效于实际环境影响的、对应于确定的极端环境应力所需的作用时间非常困难。因此,在目前的环境适应性指标中,一般不规定应力作用时间,而往往是将其放到验证试验方法中去解决。例如,GJB 150/GJB 150A 的许多试验方法中均提供了试验验证时间,如高温储存时间 48 h、湿热试验 10 d、盐雾试验 48 h 或 96 h、振动功能试验 1 h 等,这一时间实际上是经验的总结。目前在型号研制总要求或研制合同协议中可以将 GJB 150 中规定的时间作为指标放入环境适应性要求。实际上，指标中可不列时间，而在总的验证要求中有就可以。

综上所述，环境适应性要求是一个十分复杂的战技指标，由于这一要求复杂多样，在以往装备的立项论证中往往只能将其原则化，例如某装备应在某地域范围环境中能正常工作，有时再加上工作温度和腐蚀方面的具体要求。由于要求提得过于笼统和原则，可操作性差，而且往往很不明确，承制方不得不根据这一原则要求，将其落实到装备下层产品，即落实到系统、分系统和设备各个等级，在各个等级中针对各种因素分别提出相应的环境适应性要求，这些要求构成了型号工程下层产品合同或协议书中环境适应性要求的内容。

2. 环境适应性要求

环境适应性要求是描述研制装备应达到的环境适应性这一质量特性水平的一组定量和定性目标。

环境适应性要求实质上也是一种设计要求，可称为装备进行环境适应性设计的最低要求，通常也是指设计用的最低环境条件，即必须满足的要求和条件；设计人员将产品的环境适应性水平设计得高于此条件，就会有裕度，高出的裕度越多越安全。

(1)环境适应性要求的范围。产品环境适应性要求应包括：

1)代表产品寿命期中每一阶段使用环境条件下的产品预期使用情况；

2)产品在其寿命期中应达到的一系列功能和性能；

3)产品在其寿命期中每一阶段的预期环境作用下应具有的完成规定任务的能力水平。

(2)环境适应性要求的确定原则。环境适应性要求的确定应遵循下列原则：

1)在按使用要求规定环境适应性时，应明确相应的寿命剖面、任务剖面、产品合格与失效判别准则和约束条件；

2)在按环境要求规定环境适应性时，应明确相应的验证方法和通过或不通过判据；

3)环境适应性要求是产品研制的原始依据，一般不得变更。在特殊情况下需要进行必要的调整时，应经过充分论证和严格审批。

(3)环境适应性要求的特点。环境适应性属于质量特性，既然与质量有关，环境适应性就主要取决于产品自身结构设计和选择的材料、元器件的防护或耐各种环境应力作用的能力。环境适应性要求具有以下特点。

1)唯一性。在产品的设计寿命期内，必定会反复遇到各种环境应力的单一和/或综合作用，在某些情况下必定会遇到极端应力。从环境适应性定义可以看出，产品在这种极端应力的作用下，不应受到破坏和/或失去功能性能，否则就是环境适应性不满足要求，因此只存在适应和不适应两种情况。可见环境适应性要求只有一个，即适应环境，否则就不能投入使用，因此这也是唯一的要求。环境适应性要求基本上是行、还是不行的问题，是零故障的概念，因此不可能用故障率来表示，这也就导致了环境适应性要求表征的复杂性。

2)综合性。产品寿命期遇到的环境多种多样，其环境适应性要求是指对所有遇到的各种环境都要适应。产品寿命期遇到的环境，有时是单一环境因素为主，有时是综合环境因素为主，有时是几个部分环境因素综合，有时存在这种环境，有时不存在这种环境。不管什么样的环境组合，产品在各种最严酷的环境应力作用下都不许出现故障，所以环境适应性要求的表征就不可能是一言中的，或一数定量；环境适应性必须是与各种环境应力强度结合起来表达，由此导致了环境适应性要求的多样性。环境适应性要求是产品对各种类型环境适应性的要求的集成，即对各种环境因素适应性要求的综合，而且只要产品对任何一种环境因素不能适应，其环境适应性就不合格，就不能投入使用。

3)半定量性。环境适应性要求不可能完全定量地加以表征，但也不是毫无定量的概念。例如，耐环境应力强度大小就可以从一个方面表示对产品的环境适应要求的高低；在同样应力作用下，产品失效判据中允许性能容差范围或其他劣化程度的大小则可以从另一个方面来表达对产品环境适应性要求的高低，允许容差范围越小，表明对装备环境适应要求越高。可见环境适应性要求虽然不能像可靠性那样用一个数值表示，但同样有定量表达的成分，其非定量表达的成分则是结构破坏、失去功能等，可见环境适应性要求具有半定量特征。

6.6.3 环境适应性设计与分析

1.确定环境类型及其量值

(1)通过研究确定环境类型及其量值，为产品设计和试验提供依据。一般称该项工作为“制定环境试验条件”，用于提供作为产品环境适应性设计和试验验证依据的实验室环境试验条件。在分析寿命周期环境剖面中涉及的全部环境具体数据的基础上，整理归纳出构成产品的环境设计工况的环境条件，按照相应设计规范制定出作为产品设计依据之一的环境试验条件。

(2)环境试验条件的编制应在产品正式研制开始之初完成。由于在产品研制之前不可能精确地描述某些与产品特性有关的环境，在初步的环境试验条件文件中，对这些环境仅是初始估计，需要随产品研制进程进行修正。因此，环境试验条件是一种动态文件，应随产品研制工作的进展定期检查和修订，环境试验条件的检查和修订应列入环境工程管理计划。

(3)总体设计部门制定地面使用环境条件、力学环境、热环境等环境试验条件。环境试验条件文件应作为产品设计的主要依据之一，包含在产品研制任务书或总技术要求文件中。设备承制单位在此基础上制定设备的环境试验条件。

2.实际产品试验的替代方案

(1)针对有环境适应性要求但可不用实际产品进行试验的产品，应研究制定其试验替代方案，以降低试验件生产和开展试验所带来的高费用。

1)在方案阶段，确定能用建模与仿真来代替实际产品。只有具备了相关类型数据时或者仿真技术预计的有效性已得到证实时，才能够利用环境影响数据库/知识库，利用仿真技术和虚拟验证技术替代实际产品试验，然后据此预计产品的环境适应性。

2)确定能用试验样机来代替实际产品试验的产品。

3)确定能有相似法来代替实际产品试验的产品。需要试验的设备，若在安装平台环境和结构、功能等方面都与已经通过试验设备几乎相同，且经分析认为这些方面的差别不会产生不同的环境响应，则可考虑免去试验。

(2)无论是采取上述哪一种方法取代实际产品试验，均应提供费用、效益、风险分析报告，组织评审，并按规定程序批准。

3. 制定环境适应性设计准则

（1）确定产品环境适应性设计准则，以指导设计人员进行环境适应性设计，提高产品的环境适应性，进而提高设计质量，以达到环境适应性的设计要求。

（2）对于产品的环境适应性设计要求包括环境类型和应力强度（量值和作用时间），以及环境适应性设计的限制性条件。

（3）在方案阶段或工程研制阶段早期，由总体设计部门根据有关标准、手册和工程经验规定，确定系统环境适应性设计准则。各设备的承制单位在设计产品时应遵循这些设计准则和设计要求。各级产品在设计过程中，设计人员应贯彻实施环境适应性设计准则，并在执行过程中修改完善这些设计准则。

4. 环境适应性设计

（1）进行环境适应性设计，使所设计的产品能满足规定的环境适应性要求。

（2）根据产品的寿命期环境剖面和相应的环境试验条件，对产品预计的环境效应进行工程分析，并在产品设计中采取相应的技术措施以满足环境适应性要求。

（3）产品设计过程中根据环境适应性要求，参考相应的环境适应性设计手册，采用适当的技术和方法，使产品达到规定的环境适应性水平：

1）在产品设计过程中，应按专用的环境适应性设计准则进行环境适应性设计。

2）应根据产品的寿命周期环境剖面和相应的环境条件，对产品在寿命期环境应力作用下预计的响应（环境效应）进行工程分析，参考相应的环境适应性设计准则或设计手册，提出产品的环境设计要求，并在产品设计中采取必要的防护措施以满足环境适应性要求。

3）环境适应性设计应与环境响应特性调查试验、环境适应性研制试验、环境鉴定试验等紧密结合，充分利用这些试验的信息，在产品失效分析中合理判断和解释试验结果，对所发现的环境适应性薄弱环节采取设计措施加以纠正。

4）环境适应性设计主要应考虑：成熟的环境适应性设计技术，适当的设计余量，防止瞬态过应力作用的措施，选用耐环境能力强的零部件、元器件和材料，采用改善环境或减缓环境影响的措施（如减振、隔冲等），环境防护设计（如保护涂层、进行密封设计等）。

5）考虑防热问题，并对热防护系统使用的材料策划实验室环境试验，考核相关材料对环境的适应能力以及经历各种环境后的性能变化情况。

6）设备应根据总体提出的环境条件，分析局部环境，通过贯彻环境适应性设计准则，并充分借鉴成熟的环境适应性设计技术，开展环境适应性设计。

5. 环境适应性预计

（1）通过预计产品的环境适应性，并对提出的设计方案或已研制出的产品的环境适应性设计能否满足规定的环境适应性要求作出评价。

（2）对产品的环境适应性进行预计时应充分考虑产品的每一种工作模式；应根据平台、产品自身工作特性和相邻产品工作情况确定产品所处的最恶劣环境（环境类型及量值）；同时利用材料、元器件及零部件的有关手册提供的有关数据确定产品的定量耐环境极限能力，进行分析比较，确定产品能否承受最恶劣环境的作用以及产品耐受最恶劣环境作用的余量。

6.6.4 环境适应性验证与评价

为了保证研制的产品满足环境适应性要求，应在研制的各个阶段对产品的不同装配级进行全面的验证，以证明产品的设计满足使用要求，并能在寿命期间保持其工作能力。

环境适应性验证最重要的方法是试验方法，此试验即“环境适应性试验”。除试验方法外，比较常用的方法包括计算、检验、演示、仿真、类比等。

1. 制订环境试验与评价总计划

(1)通过制订环境试验与评价的总计划，统一安排有关试验与评价工作。通常称该项工作为环境试验策划。环境试验包括自然环境试验、使用环境试验和实验室环境试验：

1)自然环境试验，包括需要进行的自然暴露试验的材料、构件、试样或产品，试验采用的程序和方法等。

2)使用环境试验，包括研制阶段和使用阶段的试验。

3)实验室环境试验，包括工程研制阶段的环境适应性研制试验、定型阶段的环境鉴定试验、批生产中的环境验收试验和环境例行试验等。

(2)根据产品寿命周期环境剖面进行环境试验策划，确定进行环境试验的具体项目和要求，以及各项环境试验的进度和顺序安排。

(3)根据设计和装备环境工程工作的进展情况，对环境试验与评价总计划进行修订和完善。

(4)工作要点：

1)明确实验室环境试验、自然环境试验、使用环境试验的范围，实施上述试验所必需的条件和费用。

2)总体设计部门在方案设计阶段完成环境试验策划，在进行环境试验策划时，应与其他总体试验(如发动机热试车、挂飞试验、飞行试验等)协调安排，统筹考虑，避免重复或遗漏。

3)根据参试产品的不同装配级别，总体的系统级环境试验策划应侧重获取相关环境数据，并适当兼顾设备考核；设备的环境试验策划应侧重进行产品的环境适应性验证和考核。

4)试验策划中应说明各项环境试验所采用的试验方法在评价产品环境适应性方面的局限性，分析地面试验状态与实际使用状态的差异性，落实试验边界条件模拟的真实性。

5)若某项环境试验是一系列环境试验序列中的一部分，应给出该项试验在环境试验顺序中的位置，并明确此项试验与其他试验的因果关系。环境试验顺序应根据试验目的、相关的环境试验标准(如 GJB 150A—2009)和剪裁过程的结果确定。

2. 环境适应性研制试验

(1)通过对产品施加一定的环境应力和工作载荷，寻找设计缺陷和工艺缺陷采取纠正措施，增强产品的环境适应性。

(2)工作要点：

1)根据环境试验策划制订一个具体的环境适应性研制试验计划，主要内容包括需要考虑的环境应力种类、量值和施加方法、产品的检测要求等。

2)根据试验计划开展环境适应性研制试验,并通过“试验-分析-改进”的反复过程逐步增强产品的环境适应性。

3)环境适应性研制试验可用加大应力量值的单应力和(或)综合应力进行。

4)根据系统的特点,环境适应性研制试验主要包括加速度试验、振动试验、分离试验、高低温试验等。这些试验既是确定力学环境和热环境的重要数据来源,又是进行力、热环境适应性考核的重要手段。

3.环境响应特性调查试验

(1)通过确定产品对主要环境(例如力学、热学环境等)的物理响应特性,确定影响产品的关键性能的环境应力临界值,为后续试验的控制和实施及使用方使用产品提供基本信息。

(2)工作要点:

1)确定产品对热环境的响应特性,包括产品热流分布、温度梯度;产品在规定的环境温度下达到温度稳定的时间,产品热容量最大的部位,产品对冷、热敏感的部位和薄弱环节等。热响应特性调查应尽可能地在材料和结构等方面基本确定的样机上进行,以确保所得数据的准确性。

2)确定产品对力学环境的响应特性,包括产品的共振频率和优势频率、振动响应最大的部位、对振动应力敏感的部位和薄弱环节等;振动响应特性调查尽可能在材料和结构等方面基本确定不变的样机上进行,以确保所得数据的准确性。确定产品可耐受到最大环境应力值,例如产品保持正常工作或不损坏的实际的最高温度、最低温度、最高温度变化速率和最大振动量值等。

3)确定在研产品在某些其他环境作用下的薄弱环节。

4)确定在研产品可耐受的最大环境应力值,例如在研产品保持正常工作或不损坏的实际的最高温度、最低温度、最高温度变化速率和最大振动量值等。

5)总体设计部门明确测点及测量要求,对试验获得的数据进行分析。

6)搭载测量时,总体设计部门和分系统承制单位应分别明确测点及测量要求,对试验获得的数据联合进行分析。

7)试验前后需要进行评审。

4.飞行器安全性试验

(1)通过进行飞行器首飞前的安全性环境试验,确保飞行器首飞的安全。

(2)在飞行器首飞前,承制方根据环境试验与评价总计划,制订一个具体的安全性环境试验计划,对涉及飞行安全的产品,选择关键(敏感)的环境因素安排相应的环境试验,保证首飞安全。

(3)工作要点:

1)飞行器安全性环境试验,原则上应采用会使产品很快产生破坏或很快影响产品正常功能从而影响飞行器安全的环境试验项目。

2)通常不选择通过长时间作用才产生影响的环境试验项目(如振动耐久试验、霉菌试验和盐雾试验等),也不选择一些对飞行安全影响不大的其他环境试验项目。

3)承制方根据要求编制相应的试验报告。

5. 环境鉴定试验

(1)在定型阶段进行环境鉴定试验,以验证产品环境适应性设计是否达到了规定的要求。

(2)根据产品的特点,制定环境鉴定试验方案。例如,明确试验实施场所、参试产品对象、试验样本技术状态、试验项目、试验分组、各组试验顺序、试验环境条件、负载条件、故障判别准则、提交的资料项目及其要求等。

(3)工作要点:

1)重要产品的环境鉴定试验应优先在独立于订购方和承制方的第三方实验室进行,也可在订购方代表监督下,在指定的其他实验室进行。

2)承担环境鉴定试验的单位均应通过资格认证和计量认证。

3)应制定具体产品的环境试验大纲并经订购方批准认可。

4)承试方应根据具体产品的试验大纲和相应试验项目的试验大纲制定环境试验程序。

5)试验件在环境鉴定试验之前,应按照 GJB 1032 或相关标准的规定进行环境应力筛选。

6)承试方应根据试验程序实施试验。

7)承试方应根据有关要求编制试验报告。

6. 批生产环境试验

通过在生产阶段进行环境验收试验和环境例行试验,检查批生产过程工艺操作和质量控制过程的稳定性,验证批生产产品环境适应性是否仍满足规定的要求。

工作要点:

(1)根据系统特点,配合批生产环境试验方案,明确参试产品对象、试验项目、试验顺序、试验环境条件等。

(2)批生产产品在订购方代表的主持下,按有关文件规定进行环境验收试验。

(3)批生产产品达到一定时间周期或达到一定数量时,订购方在承制方协助下,进行例行试验。

(4)订购方制定环境试验的主要事项,例如:

1)环境验收试验的试验项目和试验条件。

2)环境例行试验的试验项目和试验条件。

3)例行试验的时间间隔或抽样基数。

4)故障判别准则。

7. 自然环境试验

(1)通过开展自然环境试验,确定自然环境各种因素综合作用对产品的影响。

(2)根据产品的特点,制定自然环境试验方案,明确参试产品对象、试验项目、试验顺序、试验环境条件等。

(3)具体实施要求主要包括:

1)在批生产交付前完成自然环境试验。

2)总体设计部门配合制定自然环境试验方案。

3)设备承制单位根据研制任务书规定的验收环境试验项目、条件及要求,开展自然环境试验。

4)根据实际情况,部分自然环境试验在工程研制阶段开展,部分结合定型试验开展。

5)对环境试验过程中暴露的薄弱环节,采取相应的措施进行改进。

6)自然环境试验前后需要进行评审,必要时,还应安排试验过程中评审。

8. 使用环境试验

(1)进行使用环境试验,以确定产品使用过程中自然环境和诱发环境对其的影响,为改进环境适应性设计和评价产品环境适应性提供信息。使用环境试验中使产品经受自然、诱发环境和人的因素的综合作用,是实际使用环境对产品的考核,是实验室环境试验和自然环境试验无法替代的。

(2)开展使用环境试验前应制定并实施使用环境试验大纲,环境试验大纲报告应包括以下内容:

1)试验平台。

2)试验件。

3)平台的任务剖面。

4)环境测量方案。

5)故障判据和故障记录要求。

(3)具体实施要求主要包括:

1)试验过程中应尽可能准确记录故障现象及其发生的时间,以及故障发生时的平台环境条件,以便提供实测环境数据,分析故障原因,并为实验室复现故障和故障分析定位提供数据支持。

2)进行使用环境试验的环境,应能充分代表产品在其寿命周期中可能遇到的典型环境,以保证其试验结果的准确性。

3)在工程研制阶段应尽可能将使用环境试验与实验室环境试验相结合进行,以便利用实验室试验来复现使用环境中发生的故障,进行故障定位,采取纠正措施,并验证纠正措施的有效性。

9. 环境适应性评价

(1)环境适应性评价的目的是根据环境试验和分析的结果确定所研制的产品是否满足环境要求文件规定的各项环境适应性要求。

(2)环境适应性评价一般包括以下 3 项内容:

1)环境试验评估。

2)设计验证评估。

3)环境适应性评定。

(3)开展环境适应性评价工作的主要程序:

1)收集按自然环境试验计划安排的自然环境试验的结果和有关信息及相应的自然环境记录数据。

2)收集装备在一般的运输和储存过程中的有关故障和问题的信息。

3)收集根据使用环境试验计划安排的使用环境试验中得到的故障信息及相应的平台环境记录数据。

4)分析自然环境试验中遇到的自然环境条件和使用环境试验的平台环境条件的代表性和可信性。

5)综合考虑自然环境和使用环境试验及装备储存运输、使用中得到的故障信息和环境影响数据,对整个装备或某些系统的环境适应性做出评价。

6)收集飞行试验等实际使用试验中得到的故障信息及相应的平台环境记录数据,分析故障对产品效能的影响,对环境适应性进行评价。

质量管理技术篇

第7章 质量控制

7.1 过程控制基础

1. 过程质量控制概念

过程质量控制是为了达到质量要求所采取的作业技术和活动，其目的在于监视过程，并排除产品质量形成过程中导致质量问题的因素，以此来确保产品质量。无论是零部件产品还是最终产品，它们的质量都可以用质量特性围绕设计目标值波动的大小来描述。若波动越小，则质量水平越高。当每个质量特性值都达到设计目标值，即波动为零时，该产品的质量达到最高水平。但实际上这是永远不可能的，所以必须进行生产过程质量控制，最大限度地减少波动。

美国著名质量专家休哈特于 1924 年首次提出用于过程质量控制的技术手段——控制图，后来经过发展形成现在的统计过程控制(Statistical Process Control，SPC)技术。统计过程控制(SPC)是应用统计技术对过程进行控制，从而达到改进与保证产品质量的目的。统计技术泛指以控制图理论为主线的任何可以应用的数理统计方法。统计过程控制技术的研究虽然是从制造过程开始的，但其研究成果适于各种过程，如设计过程、管理过程、流程式生产等。

2. 过程质量统计观点

质量的统计观点是现代质量管理的基本观点之一，包括质量具有波动性和质量波动具有统计规律性。

(1)质量具有波动性。质量具有变异性是众所周知的事实。人们曾误认为：由机器生产出的产品应该是一样的。经过多年的实践，随着测量理论与测量工具的进步，人类终于认识到：尽管是机器生产，产品质量仍然具有波动性。公差制度的建立就是承认质量具有波动性的一个标志。

(2)质量波动具有统计规律性。质量波动是有规律性的，但它不是通常的确定性现象的确定性规律，而是随机现象的统计规律。

所谓确定性现象，就是在一定条件下必然发生的或不可能发生的事件。而质量问题经常遇到的却是随机现象，即在一定条件下事件可能发生也可能不发生的现象。例如，无法预知电灯泡的寿命是否一定在 1 000 h 以上，但在对大量统计数据进行分析的基础上，可以得出结论：电灯泡的寿命有 80% 的可能会大于 1 000 h。这就是对随机现象的一种科学的描述。

对于随机现象通常应用分布来描述,分布可以告诉波动的幅度有多大,以及出现波动幅度的可能性即概率。这就是统计规律。对于计量特性值,如长度、质量、时间、强度、纯度、成分等连续性数据,最常见的是正态分布,如图 7－1 所示。

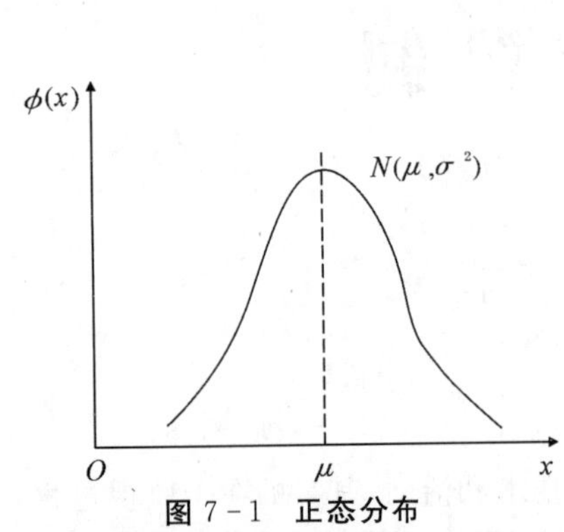

图 7－1　正态分布

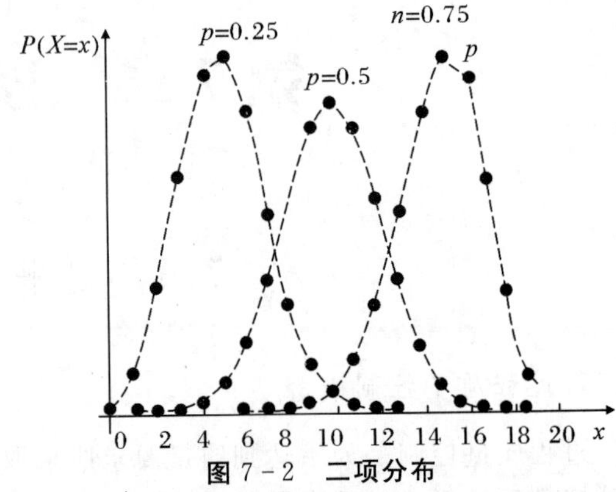

图 7－2　二项分布

对于计件特性值,如特性测量的结果只有合格与不合格两种情况的离散性数据,最常见的是二项分布,如图 7－2 所示。对于计点特性值,如铸件的沙眼数、布匹上的疵点数、电路板上的焊接不良数等离散性数据,最常见的是泊松分布,如图 7－3 所示。计件值与计点值又统称计数值,都是可以 0 个、1 个、2 个、……这样数下去的数据。掌握这些数据的统计规律可以用于保证和提高产品质量。

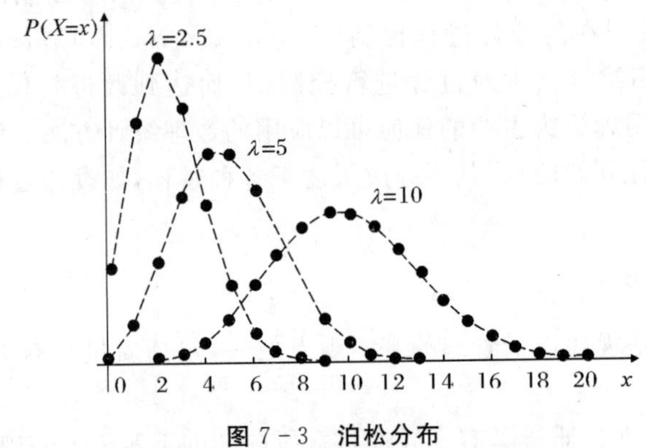

图 7－3　泊松分布

7.2　控制图原理

7.2.1　控制图统计模型

概率统计理论认为"概率很小的事件在一次试验中实际上是不可能发生的",如果概率很小的事件真的在一次试验中发生了,就认定该事件发生的概率不是很小。控制图就是将概率论的这种理论,运用于生产实践的抽样,认为从处于稳定状态(统计受控状态)的生产过程中抽取的任一产品,其特征值不符合过程总体分布的事件是一小概率事件。如果抽样中发生了此类事件,则说明过程不是处于稳定状态。控制图的诊断实质上是一种统计推断,它建立在生产过程处于稳定状态的基础上,根据抽取的一定数量的产品质量信息,利用概率统计理论推断全部产品质量状况。正是因为控制图的诊断是统计推断,是根据有限的样本信息来判断总体分布是否具有指定的特征,是一种假设检验,因此,利用控制图诊断存在假设检验固有的两类错误,即“弃真”的错误和“取伪”的错误。

工序质量控制过程就是利用样本统计量检验总体均值 μ 和 σ 标准差是否发生显著性变化的过程。当质量特性为连续值时,最常见的质量特性值分布为正态分布,若抽样得到的样本均值为 $\bar{x}$,n 为样本大小,使得

$$P\left(\left|\frac{\bar{x}-\mu}{\sigma/\sqrt{n}}\right| < z_{\alpha/2}\right) = 1-\alpha \tag{7-1}$$

成立,则认为当显著性水平为 α 时,总体均值 μ 未发生显著变化,即工序处于稳定状态。

式(7－1)说明如下:

$$P\left(\left|\frac{\bar{x}-\mu}{\sigma/\sqrt{n}}\right| < z_{\alpha/2}\right) - \left|\frac{\bar{x}-\mu}{\sigma/\sqrt{n}}\right| < z_{\alpha/2}\text{的概率;}$$

式中　μ——总体均值;

σ——总体标准差;

α——显著水平;

$z_{\alpha/2}$ ——标准正态分布右侧分位点。

式(7－1)中给出了总体均值 μ 没有发生显著变化的样本均值 $\bar{x}$ 的取值范围:$\left(\mu-z_{\alpha/2}\frac{\sigma}{\sqrt{n}},\mu+z_{\alpha/2}\frac{\sigma}{\sqrt{n}}\right)$。显然 $\mu-z_{\frac{\alpha}{2}}\frac{\sigma}{\sqrt{n}}$ 和 $\mu+z_{\alpha/2}\frac{\sigma}{\sqrt{n}}$ 是工序总体均值 μ 是否发生显著变化的分界线,如图 7－4 所示。

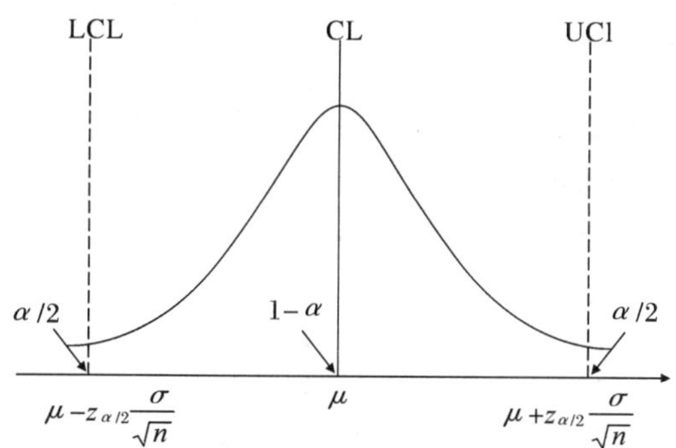

图 7－4　正态分布示意图

对于不同的 α 值,查正态分布表 $z_{\alpha/2}$,便可按下式计算出相应的控制界限。

上控制线(Upper Control Line,UCL):

$$\text{UCL} = \mu + z_{\alpha/2}\frac{\sigma}{\sqrt{n}}$$

中心线(Centre Line,CL):

$$\text{CL}=\mu$$

下控制线(Lower Control Line,LCL):

$$LCL=\mu-z_{\alpha/2}\frac{\sigma}{\sqrt{n}}{}_{\psi}$$

正态分布的一个结论对质量控制很有用，即无论均值 μ 和标准差 σ 取什么值，若取$\frac{z_{\alpha/2}}{\sqrt{n}}=3$，则 $\bar{x}$ 落在$\left(\mu-z_{\alpha/2}\frac{\sigma}{\sqrt{n}},\mu+z_{\alpha/2}\frac{\sigma}{\sqrt{n}}\right)$范围内的概率为 99.73%，也就是说，超出这个范围的概率仅为 0.27%。而超出范围一侧，即大于 $\mu+z_{\alpha/2}\frac{\sigma}{\sqrt{n}}$ 或小于 $\mu-z_{\alpha/2}\frac{\sigma}{\sqrt{n}}$ 的概率为 0.135%(约为 0.1%)。通常用的控制图是先将图 7-4 顺时针方向旋转 90°，如图 7-5(a)所示，然后以中心线为对称轴将上下控制线翻转 180°，这样就得到了一张控制图，如图 7-5(b)所示。

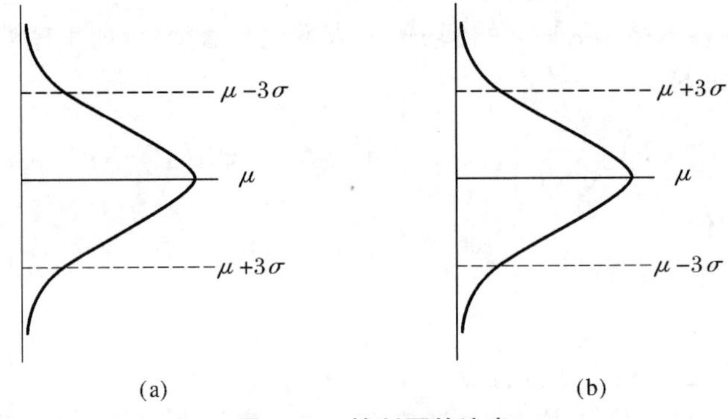

图 7-5　控制图的演变

(a) 顺时针方向旋转 90°；(b)上下控制线翻转 180°

7.2.2　控制图的设计思想

1. 两种错误

利用控制图对过程进行监控，不可避免地要面对两种错误。

(1)第一种错误：虚发警报的错误。过程正常而点偶然超出控制界外，根据“点出界就判异”的原则，判断过程处于异常，于是就犯了第一种错误，亦称为虚发警报的错误。通常将犯第一种错误的概率记为 α，如图 7-6 所示。

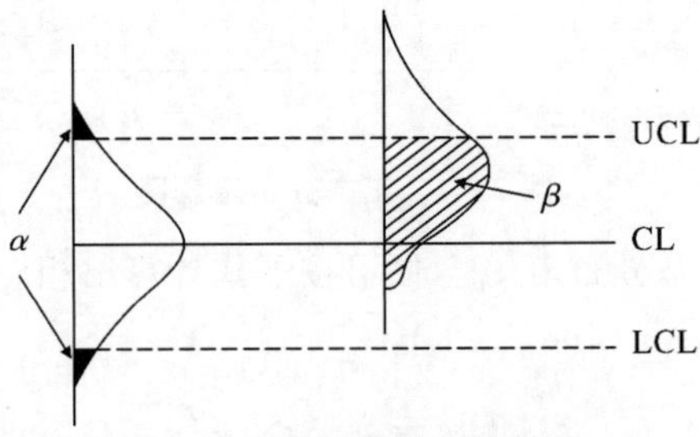

图 7-6　控制图的两种错误

(2)第二种错误：漏发警报的错误。过程已经出现了异常，但仍会有部分产品，其质量特性值的数值大小会位于控制界内。如果抽取到这样的产品，点就会落在控制界内，而不能判断过程出现了异常，从而犯了第二种错误，即漏发警报的错误。通常将犯第二种错误的概率

记为 β,如图 7－6 所示。

GB/T 4091—2001 对此做了如下解释：

应用控制图时可能发生两种类型的错误。第一种错误称作第一类错误。这是当所涉及的过程仍然处于控制状态,但有某点由于偶然原因落在控制限之外,而得出过程失控的结论时所发生的错误。此类错误将导致对本不存在的问题而去无谓地寻找原因而增加费用。

第二种错误称作第二类错误。当所涉及的过程失控,但所产生的点由于偶然原因仍落在控制限之内,而得出过程仍处于控制状态的错误结论。此时由于未检测出不合格品的增加而造成损失。第二类错误的风险是以下三项因素的函数:控制限的间隔宽度、过程失控的程度以及样本大小。这三项因素的性质决定了对于第二类错误的风险大小只能做出一般估计。

2. 减少两种错误所造成损失的方法

(1)两种错误不可同时避免。休哈特提出的常规控制图共有三根控制线,中心线 CL 居中,UCL 与 LCL 互相平行,UCL 和 LCL 关于 CL 对称,故能改动的只有 UCL 与 LCL 二者之间的间隔距离,因而,两种错误是不可同时避免的,如图 7－7 所示。

间距增大⇒α 减少,β 增大
间距缩小⇒α 增大,β 减小　} 故错误不可避免

图 7－7　两种错误是不可同时避免的

(2)解决办法。根据"使两种错误造成的总损失最小"这一点来确定控制图的最优间距。根据"点出界就判异"做出判断,即使有时判断错误,虚发警报,但从长远来看仍是经济的。当然,这个"最优间距"是随着产品不同、产地不同等引起的成本变化而变化,不存在放之四海而皆准的控制图最优间距。经验证明,休哈特所提出的 3σ 方式较好。

3. 3σ 方式

利用 3σ 方式构造的常规控制图的控制限为

$$UCL=\mu+3\sigma$$
$$CL=\mu$$
$$LCL=\mu-3\sigma$$

式中:μ 和 σ——统计量的总体参数。

这是常规控制图的总公式,具体应用时需要经过两个步骤：

(1)将 3σ 方式的公式具体化到所用的具体控制图。

(2)对总体参数进行估计。

注意：

(1)总体参数与样本参数不能混为一谈,总体包括过去已制成的产品、现在正在制造的产品以及未来将要制造的产品的全体,而样本只是过去已制成产品的一部分。故总体参数的数值是不可能精确知道的,只能通过以往已知的数据来加以估计,而样本参数的数值则是已知的。

(2)规格界限不能用做控制限。规格界限是区分合格与不合格的科学界限,控制限则是

区分偶然波动与异常波动的科学界限。二者完全是两码事，不能混为一谈。

如某车间根据现场数据进行计算所得到的工作差错率控制图如图 7-8(a)所示，但该车间又把设计要求的差错率指标作为 UCL，另编制了一张图[见图 7-8(b)]，而且设计要求与图 7-8(a)的 CL 水平相近。试分析图 7-8(b)是否还有控制图的作用？

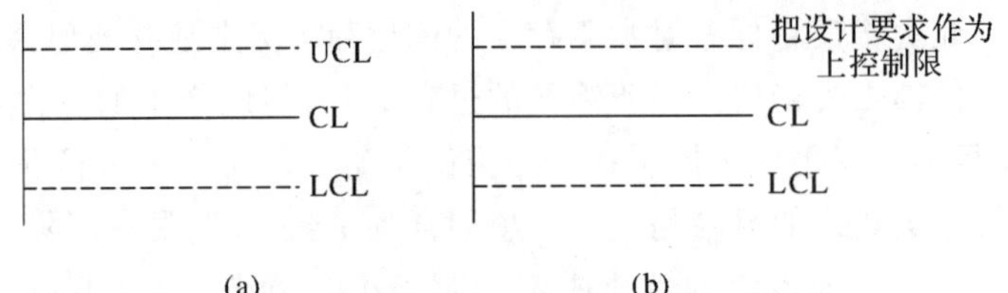

图 7-8　把设计要求作为上控制界的图只是显示图

(a)根据计算得出的控制图；(b)根据设计要求所作的控制图

应用分布的观点分析：将图 7-8(a)稳态下的正态分布图形平移到图 7-8(b)中，立即可以看出，在生产正常的情况下，点子超出 UCL 的概率有 50%之多，根本谈不上小概率事件，当然也就用不上小概率事件原理。故图 7-8(b)没有控制图的作用，而只是一张反映设计要求满足情况的显示图而已。

4. 常规控制图的设计思想

常规控制图的设计思想是先定 α，再看 β。

(1)按照 3σ 方式确定 UCL 和 LCL 就等于确定了虚发警报的概率 $\alpha=0.27\%$。当然，也有人取虚发警报的概率 $\alpha=0.2\%$，这样，控制限 $\mu\pm3\sigma$ 就变为 $\mu\pm3.09\sigma$。但是，为了方便实际使用，大多数的常规控制图都选择 $\mu\pm3\sigma$ 作为控制限。

(2)通常的统计假设检验一般采用 $\alpha=1\%$、5%、10%三档，但休哈特为了增强使用者的信心，把常规控制图的 α 取得特别小(若想把常规控制图的 α 取为零是不可能的，事实上，若 α 取为零，则 UCL 与 LCL 之间的间隔将为无穷大，从而 β 为 1，必然发生漏报)，但这样 β 就很大，故在休哈特提出常规控制图以后，人们又在判异准则"点出界就判异"的基础上，为常规控制图增加了其他的判异准则。

常规控制图并非依据"使两种错误造成的总损失最小"为原则来设计。从 20 世纪 80 年代起诞生了经济质量控制(Economic Quality Control，EQC)学派，这个学派的特点就是从"两种错误造成的总损失最小"这一点出发来设计控制图与抽样方案。

7.2.3 判稳准则与判异准则

1. 判稳准则

稳态是生产过程追求的目标。在控制图上如何判断过程是否处于稳态？为此，需要制定判断稳态的准则。

在统计量为正态分布的情况下，由于第一类错误的概率 $\alpha=0.27\%$，取得很小，所以只要有一个点落在界外就可以判断有异常。但既然 α 很小，第二类错误的概率 β 就大，只根据一个点在界内远不能判断生产过程处于稳态。如果连续有许多点，如 25 个点，全部都在控制界限内，情况就大不相同。这时，根据概率乘法定理，$\beta_{总}=\beta^{25}$ 要比 β 小很多。如果连续在控制界内的点更多，则即使有个别点子偶然出界，过程仍可看作是稳态的，这就是判稳准则的思路。

判稳准则：在点随机排列的情况下，符合下列条件之一就认为过程处于稳态。

(1)连续 25 个点都在控制界限内；

(2)连续 35 个点至多有 1 个点落在控制界限外；

(3)连续 100 个点至多有 2 个点落在控制界限外。

当然，即使在判断稳态的场合，为了保险，对于界外点也必须执行“查出异因，采取措施，保证消除，不再出现，纳入标准”的“20 字方针”来处理。

下面进行一些概率计算以便对上述准则有更深入的理解。先分析条件(2)，若过程正常为正态分布，令 d 为界外点数，则连续 35 点次 $d \leqslant 1$ 的概率为 P(连续 35 点，$d \leqslant 1$) $C_{35}^{0}(0.997\,3)^{35} + C_{35}^{1}(0.997\,3)^{34}(0.002\,7) = 0.995\,9$ ，则 $\alpha_2 = 1 - P$(连续 35 点，$d \leqslant 1 = 1 -$ 0.99 5，表示与 $\alpha_0 = 0.002\,7$)为同一个数量级的小概率。因此，若过程处于稳态，则连续 35 点在控制界外的点子超过 1 个点($d > 1$)的事件为小概率事件。它在一次试验中实际上不发生，若发生则判断过程失控，$\alpha_2 = 0.004\,1$ 就是条件 2 的显著性水平。

类似地，可求出 α_1 与 α_3，于是有

$$\alpha_1 = 0.065\,4, \quad \alpha_2 = 0.004\,1, \quad \alpha_3 = 0.002\,6$$

根据 α_1、α_2、α_3 的数值，可见它们依次递减，也就是说，这三条判稳准则判断的可靠性依次递增。另一方面，三条判稳准则的样品个数依次递增，也即成本越来越高。故对过程进行判稳时，应从判稳条件(1)开始，若不能判稳，则进行条件(2)；若仍不能判稳，则接着进行条件(3)；若条件(3)依旧不能判稳，则不能继续再应用判稳准则，而应该对该过程执行“20 字方针”，尽力查找出异因。注意：由于 $\alpha_1 = 0.065\,4$，比较大，虚报较多，应尽量采用判稳条件(2)与(3)。

2. 判异准则

众所周知 SPC 的基准是稳态，也即统计控制状态，若过程显著偏离稳态就称为异常。因此，所谓异常可以有异常好与异常坏两类。初学者很容易产生误会，以为判异一定是异常坏。

判异原理有两类：众所周知 SPC 的基准是稳态，也即统计控制状态，若过程显著偏离稳态就称为异常。因此，所谓异常可以有异常好与异常坏两类。初学者很容易产生误会，以为判异一定是异常坏。

判异原理有两类：

原理 1：点出界就判异；

原理 2：界内点排列不随机判异。

由于对点的数目未加限制，所以后者的模式理论上可以有许多种，但现场能够保留下来继续使用的只有具有明显物理意义的若干种，在控制图判断中要注意对这些模式加以识别。

休哈特控制图的国际标准 ISO 8258—1991，也即 GB/T 4091—2001 用了西方电气公司统计质量控制手册的 8 种判异准则，如图 7-9～图 7-16 所示。实际上，其中有些物理意义不够明显的准则，不易被参与质量管理的工程技术人员所理解和记忆。反之，图 7-12 中的准则 1“一点在 A 区之外(点出界就判异)”是休哈特亲自提出来的，称为准则 1。由于物理

意义非常明显，故应用最为广泛。

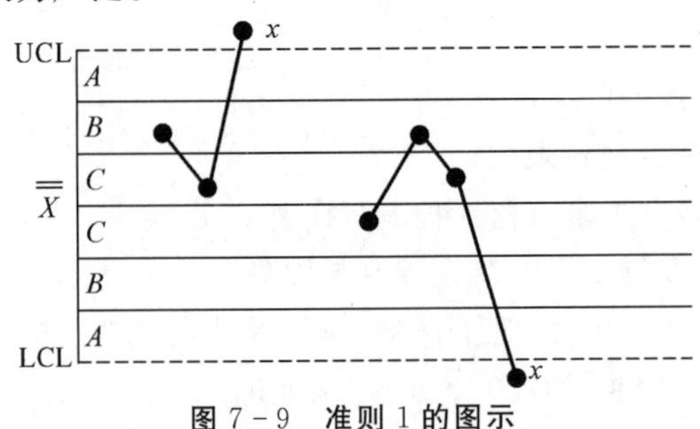

图 7-9　准则 1 的图示

为了在判异后能够采取纠正行动，需要搞清楚判异准则所判断的异常是由下列什么情况造成的：

(1)参数 μ 或 σ 发生变化。例如，若 μ 增大，则设法将其减少，反之亦然，以此保持稳态或所要求的状态。

(2)数据分层不够。这时应采取措施将数据分层。

现将 8 条判异准则分别介绍如下。

准则 1　一点落在 A 区以外。

图 7-9 中的 A、B、C 表示将整个控制图划分为 6 个相等的区域，每个区的高度为一个 σ 以便将判异准则表达得更清楚。

此准则由休哈特在 1931 年提出，在许多应用中，它甚至是唯一的判异准则。准则 1 可对参数 μ 的变化或参数 σ 的变化给出信号，变化越大，给出的信号越快。对于 $\overline{X}$-R 控制图而言，若 R 图保持为稳态，则可除去参数 σ 变化的可能。准则 1 还可对过程中的单个失控作出反应，如计算错误、测量误差、原材料不合格、设备故障等。若过程正常，准则 1 犯第一种错误，即虚发警报的概率，或称显著性水平，$\alpha_0=0.0027$。8 条判异准则都是尽量保持 α 在 $\alpha_0=0.0027$ 左右来设计的。

准则 2　连续 9 点落在中心线同一侧。

连续出现在中心线同一侧的点称为链，链中包含的点数目称为链长。故上述准则 2 也可表述为：链长≥9，判异。

准则 2 通常是为了补充准则 1 而设计的，以便改进控制图的灵敏度。选择 9 点是为了使其犯第一种错误的概率以与准则 1 的 $\alpha_0=0.0027$ 大体相仿，同时也使得准则 2 采用的点数比格兰特和列文沃斯在 1980 年提出的“7 点链判异”准则所增加点数仅多两点。

出现图 7-10 中居于中心线之下的 9 点链现象，主要是分布的 μ 值减小的缘故。当然，若分布的 μ 增加，9 点链也可以出现在中心线之上。

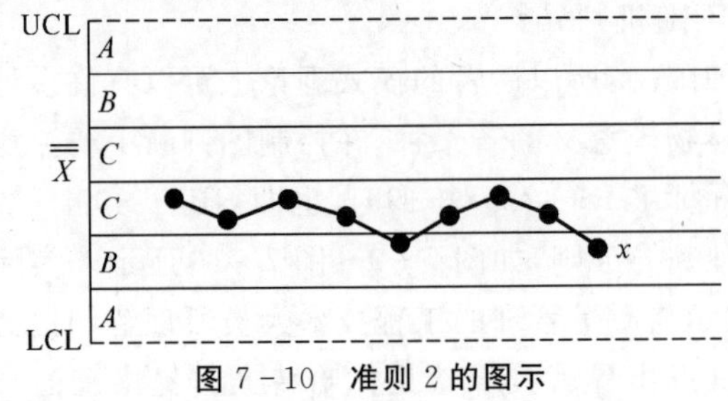

图 7-10　准则 2 的图示

现对准则 2 进一步分析如下：若过程正常，那么在控制图中心线一侧出现下列点数的链的，分别为

$$P(\text{中心线一侧出现长为 7 的链})=2\left(\frac{0.9973}{2}\right)^7=0.0153=\alpha_7$$

$$P(\text{中心线一侧出现长为 8 的链})=2\left(\frac{0.9973}{2}\right)^8=0.0076=\alpha_8$$

$$P(\text{中心线一侧出现长为 9 的链})=2\left(\frac{0.9973}{2}\right)^9=0.0038=\alpha_9$$

$$P(\text{中心线一侧出现长为 10 的链})=2\left(\frac{0.9973}{2}\right)^{10}=0.0019=\alpha_{10}\text{。}$$

旧国标 GB 4091—1983 采取“7 点链判异”，则 $\alpha_7=0.0153$，比准则 1 的 α_0 大得多了。

准则 3　连续 6 点递增或递减。

准则 3 是针对过程平均值的倾向进行设计的，它在判定过程平均值的较小倾向上要比准则 2 更为灵敏，如图 7-11 所示。

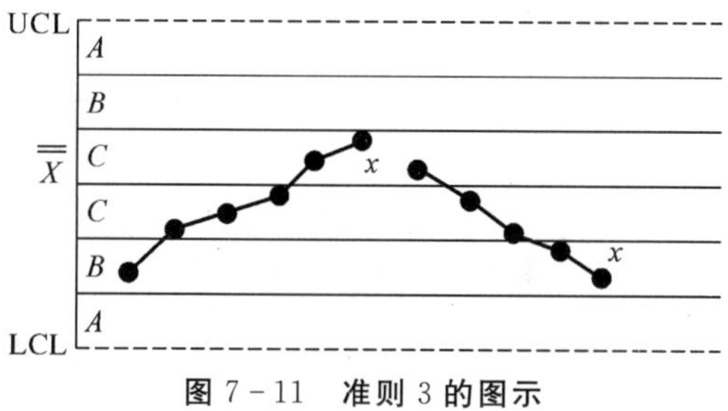

图 7-11　准则 3 的图示

产生倾向的原因可能是工具逐渐损坏、维修水平逐渐变差、操作人员技能的逐渐改进等，从而使得参数 μ 值随着时间而变化。若过程正常，不难导出：

$$P(n\text{ 点倾向})=\frac{2}{n!}(0.9973)^n$$

故

$$P(5\text{ 点倾向})=0.01644=\alpha_5$$

$$P(6\text{ 点倾向})=0.00273=\alpha_6$$

$$P(7\text{ 点倾向})=0.00039=\alpha_7$$

显然，6 点倾向的 α_6 最接近准则 1 的 $\alpha_0=0.0027$，故 6 点倾向判异是合适的。旧国标 GB 4091—1983 的相应准则为 7 点倾向判异，显然，是过分小了。注意：对于递减的下降倾向，后面的点一定要低于或等于前面的点，否则倾向中断，需要重新计算，递增的倾向也如此。

准则 4　连续 14 点中相邻点上下交替。

出现准则 4 的现象(见图 7-12)是由于一位操作人员轮流使用两台设备或由两位操作人员轮流操作一台设备而引起的系统效应。如在食品工业，为了加快包装速率，常常采用两头秤甚至多头秤来加速包装的秤料。实际上，这就是一个数据分层不够的问题。选择 14 点

是通过蒙特卡罗统计模拟试验而得出的，以使其 α 大体与准则 1 的 $\alpha_0 = 0.002\ 7$ 相当。

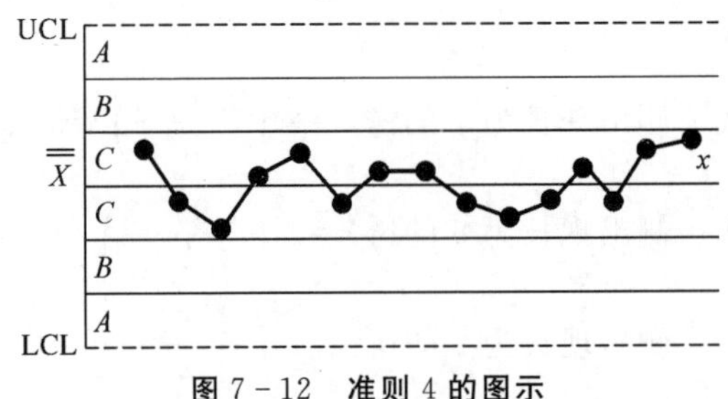

图 7-12　准则 4 的图示

准则 5　连续 3 点中有 2 点落在中心线同一侧的 B 区以外（见图 7-13）。

过程平均值的变化通常可由本准则判定，它对于变异的增加也较灵敏。这里需要说明：3 点中的 2 点可以是任何两点，至于这第 3 点可以在任何处，甚至可以根本不存在。

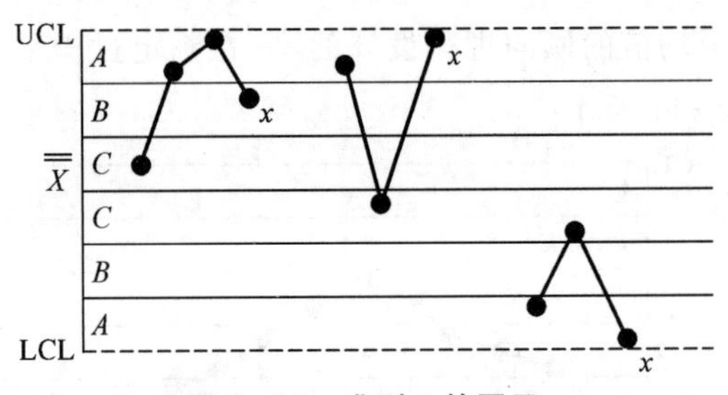

图 7-13　准则 5 的图示

现在计算一下本准则的 α。若过程正常，那么点落在中心线一侧 2σ 界限与 3σ 界限之间的概率等于 0.021 4。

准则 5 包含以下两种情况：

(1)3 点中有 2 个点落在中心线同一侧的 A 区，另一个点在控制界限内的任何处。这表明参数 μ 产生了变化。若过程正常，发生这种情况的概率为

$$2 \times C_3^2 \times 0.021\ 4^2 \times (0.997\ 3 - 0.021\ 4) = 0.002\ 68$$

这与 $\alpha_0 = 0.002\ 7$ 接近。

(2)若再考虑下列情况：3 点中的 2 个点，一个在中心线一侧的 A 区中，另一个在中心线另一侧的 A 区中，第 3 个点在控制界限内的任何处。这表明参数 σ 增大。发生这种情况的概率为

$$C_3^2 \times 0.021\ 4^2 \times (0.997\ 3 - 2 \times 0.021\ 4) = 3 \times 0.000\ 437\ 123 \approx 0.001\ 3$$

则上述情况(1)与(2)的概率之和为

$$0.002\ 68 + 0.001\ 31 = 0.003\ 99$$

这个概率值较 $\alpha_0 = 0.002\ 7$ 大得过多了，因此，准则 5 不包含上述情况(2)。故准则 5 中有“同一侧”的字样是合理的。旧国标 GB 4091—1983 则包含情况(2)，概念值大得多。

准则 6　连续 5 点中有 4 点落在中心线同一侧的 C 区以外（见图 7-14）。

与准则 5 类似，这第 5 点可在任何处。本准则对于过程平均值的偏移也是较灵敏的。

出现本准则的现象是由于参数 μ 发生了变化。

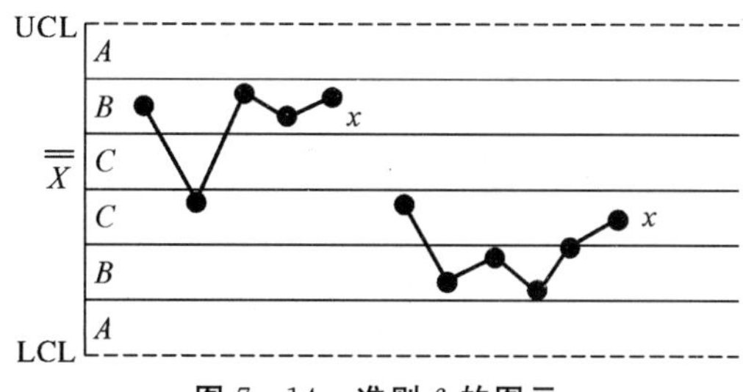

图 7－14　准则 6 的图示

接下来计算准则 6 的 α。若过程正常，那么在控制图中点落在 1σ 与 3σ 之间的概率为

$$\Phi(1)-\Phi(3)=0.158\,66-0.001\,35=0.157\,31$$

故

$$P(5\text{ 点中有 4 点在 }A+B\text{ 区})=2\times C_5^1\times 0.157\,31^4\times(0.5-0.001\,35-0.157\,31)$$
$$=0.002\,099\,74\approx 0.002\,1$$

结果与准则 1 的 $\alpha_0=0.002\,7$ 接近。

注意，这里只考虑 5 点中有 4 点在上($A+B$)区或在下($A+B$)区的情况，而没有考虑下列两种情况：

(1)5 点中有 3 点在上($A+B$)区、1 点在下($A+B$)区，或者 1 点在上($A+B$)区、3 点在下($A+B$)区。发生这种情况的概率为

$$2\times C_5^1\times C_4^1\times 0.157\,31^4\times(0.997\,3-2\times 0.157\,31)=0.0167\,979$$

(2)5 点中有 2 点在上($A+B$)区、2 点在下($A+B$)区。发生这种情况的概率为

$$C_5^1\times C_4^1\times 0.157\,31^4\times(0.997\,3-2\times 0.157\,31)=0.008\,398\,95$$

上述情况(1)与(2)的概率之和为

$$0.016\,797\,9+0.008\,398\,95=0.025\,196\,85\approx 0.025$$

显然，此概率较之 $\alpha_0=0.002\,7$ 大得多，不能考虑。因此，准则 6 只考虑 5 点中有 4 点在上($A+B$)区或在下($A+B$)区的情况。

准则 7　连续 15 点在 C 区中心线上下。

出现准则 7 的现象是由于参数 σ 变小。对于准则 7，不要被它的良好“外貌”所迷惑(见图 7－15)，而应该注意到它所隐含的非随机性。造成准则 7 现象的原因可能是数据虚假，也可能是数据分层不够等。

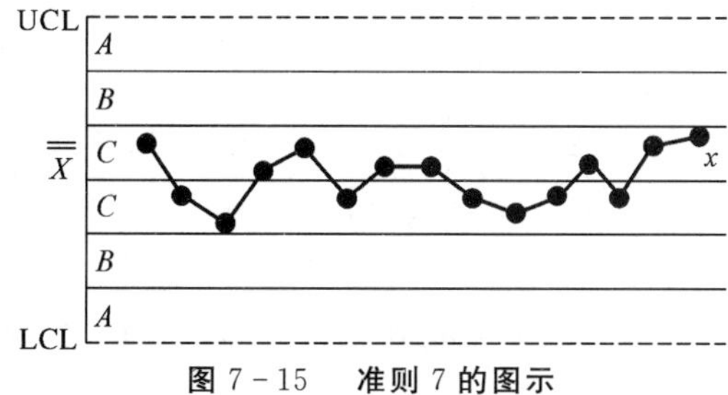

图 7－15　准则 7 的图示

因此碰到这种情况，首先需要检查下面两种可能性：

(1)是否应用了假数据，弄虚作假；

(2)是否数据分层不够。

以老师傅车制螺丝为例，设老师傅与年轻工人早晚两班倒，操作同一台车床，作控制图时两人的数据未分层，即未分类。于是，由数理统计知

$$\sigma_{息}^2=\sigma_{老}^2+\sigma_{壹}^2$$

故

$$\sigma_{总}>\sigma_{吉}$$

现在若用 $6\sigma_{总}$(控制图上、下控制界限的间隔距离)作控制图，恰好又碰上用老师傅的数据打点，这样就会出现本模式。

在排除了上述两种可能性之后，这时才能总结现场减少标准差 σ 的先进经验。

现在分别计算下列各种点集中在中心线附近的 α。若过程正常，

(1)连续 14 个点集中在中心线附近的 α 为 $\alpha_{14}=0.682\ 68^{14}\approx0.00\ 478$；

(2)连续 15 个点集中在中心线附近的 α 为 $\alpha_{15}=0.682\ 68^{15}\approx0.00\ 326$；

(3)连续 16 个点集中在中心线附近的+为 $\alpha_{16}=0.682\ 68^{16}\approx0.002\ 23$。

其中，$\alpha_{15}=0.003\ 26$ 比较接近准则 1 的 $\alpha_0=0.002\ 7$，故有准则 7。

注意，本准则也可用来判断数据的分层不够。

准则 8　连续 6 点在中心线两侧，且无一在 C 区中(见图 7-16)。

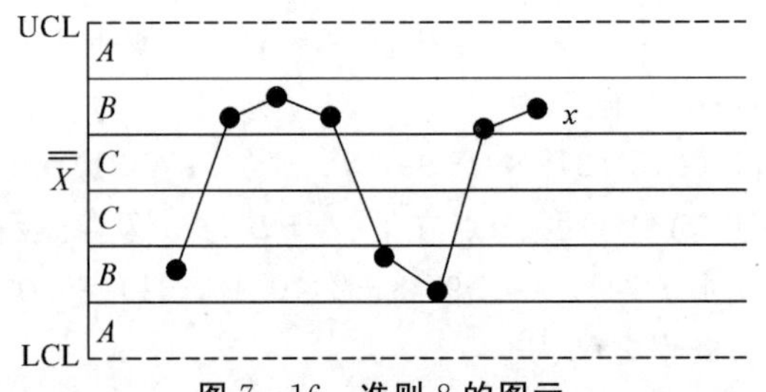

图 7-16　准则 8 的图示

造成本准则现象的主要原因是数据分层不够。现在计算本准则的 α。若过程正常，则由于点落在 1σ 界限与 3σ 界限之间的概率为

$$\Phi(1)-\Phi(3)=0.158\ 66-0.001\ 35=0.157\ 31$$

于是本准则的 α_6 为

$$\alpha_6=2\times[C_6^1+C_6^2+C_6^3+C_6^4+C_6^5+C_6^6]\times0.157\ 31^6=2\times63\times0.157\ 31^6\approx0.00\ 19$$

这里，α_6 是在连续 6 点情形下的各种组合，即 1 点、2 点、……、6 点在上($A+B$)区的概率之和。

类似地，可求出

$$\alpha_7=2\times127\times0.157\ 31^7\approx0.000\ 6$$

$$\alpha_6=2\times63\times0.157\ 31^6\approx0.00\ 19$$

$$\alpha_5=2\times31\times0.157\ 31^5\approx0.006$$

根据上述计算，显然 $\alpha_6=0.001\ 9$ 与 α_0 比较接近，属于同一个数量级。故准则 8“连续 6 点在中心线两侧，但无一在 C 区中”是合理的。

判异准则的小结见表 7-1。从表中可见，判异准则 1～7 的控制范围已经覆盖了整个控制图，而判异准则 4 和 8 则用来判断数据分层问题。由于数据分层问题绝不止于表 7-1

中所提到的两三种，故可断言，表 7－1 中的 8 种判异准则不可能用于判别休哈特控制图所有可能发生的异常情形。当然，出现判别不了情形的可能性是相当小的。

表 7－1　判异准则小结

判异准则	针对对象	控制图上的控制范围
准则 1：点出界	界外点	控制界限以外
准则 2：链长≥9	参数 μ 的变化	控制界限内全部
准则 3：6 点倾向	参数 μ 随时间的变化	控制界限内全部
准则 4：14 点中相邻点上下交替	数据分层不够	数据分层不够
准则 5：3 点中 2 点落在中心线同一侧 B 区外	参数 μ 的变化	控制图 A 区
准则 6：5 点中 4 点落在中心线同一侧 C 区外	参数 μ 的变化	控制图 B 区
准则 7：15 点落在中心线两侧的 C 区内	参数 C 变小或数据分层不够	控制图 C 区或数据分层不够
准则 8：6 点落在中心线两侧且无一在 C 区内	数据分层不够	数据分层不够

7.2.4　控制图分类

1. 按控制图的用途分

（1）分析用控制图。分析用控制图就是利用控制图对已经完成的生产过程进行分析，以此评估该过程是否稳定，也可以利用分析用控制图确认改进的效果。

（2）控制用控制图。控制用控制图是对正在进行的生产过程实施质量控制，以保持过程的稳定状态所采用的控制图。

从控制图原理可知，控制图的主要功能是使生产过程（或工序）处于稳定状态，因此，在应用上述两种控制图时，应首先采用分析用控制图对要控制的生产过程（或工序）进行分析和诊断，当确定生产过程处于稳定受控状态时，再将分析用控制图的控制界限延长，转化为控制用控制图。

2. 按控制对象质量数据的性质分

常用的质量数据有计量值和计数值之分，因此，按质量数据的性质可将控制图分为计量值控制图和计数值控制图两大类。

（1）计量值控制图。质量控制中常用的计量值控制图有以下 4 种：

1）均值-极差控制图（$\overline{X}-R$ 图）；

2）均值-标准差控制图（$\overline{X}-S$ 图）；

3）中位数-极差控制图（$\overline{X}-R$ 图）；

4）单值-移动极差控制图（$\overline{X}-R_s$ 图）。

(2)计数值控制图。质量控制中常用的计数值控制图有以下 4 种：

1)不合格品率控制图(p 图)；

2)不合格品数控制图(np 图)；

3)单位缺陷数控制图(u 图)；

4)缺陷数控制图(c 图)。

7.2.5 控制图界限计算

控制图中的上下控制界限是判断工艺过程或工序是否失控的主要依据。因此，在应用控制图工具时，如何经济、合理地确定上下控制界限便成为关键。

在产品的生产过程中，如果工序处于稳定状态，即使有各种偶然性因素的影响，但产品总体的质量特性值还是呈正态分布的。根据正态分布曲线的性质，质量特性值在 $\mu\pm3\sigma$ 范围内的概率值为 99.73%，如果取 $\mu\pm3\sigma$ 作为控制图的上下控制界限，则产品质量特性值出现在 3σ 界限以外的概率很小，只有 0.27%，并在 $\mu\pm3\sigma$ 范围能使 99.73%的产品处于合格状态，从而使生产过程基本上达到受控的目的。

以质量特性值的平均值 μ(或 $\overline{x}$)作为中线，取质量特性值的平均值 $\pm3\sigma$ 作为上下控制界限，这样作出来的控制图称为 $\overline{x}$ 控制图。这就是休哈特博士最早提出的控制图形式。在传统的工业企业中，人们一般都是按照 3σ 原理控制质量，以保证不合格品率在 0.3%以下，这时采用的控制图又称为 3σ 控制图。在 3σ 质量管理中，控制图的上下控制界限是根据 3σ 法来计算的，计算公式如下：

中心线： $\mathrm{CL}=\mu$

上控制界限： $\mathrm{UCL}=\mu+3\sigma$

下控制界限： $\mathrm{LCL}=\mu-3\sigma$

式中：μ 为质量特性的平均值。

控制界限更一般的表达式如下：

上控制界限： $\mathrm{UCL}=E(x)+3D(x)$

下控制界限： $\mathrm{UCL}=E(x)-3D(x)$

中心线： $\mathrm{CL}=E(x)$

式中 x——样本统计量；

$E(x)$——x 的期望值；

$D(x)$——x 的标准差。

下面以最常用的均值－极差控制图($\overline{X}$ - R 图)为例，介绍控制图上下控制界限的确定方法。

由数理统计理论可知，当质量特性值 x 服从总体为 $N(\mu,\sigma^2)$ 的正态分布时，n 个样本 $x_1,x_2,\cdots,x_n$ 的平均值 $\overline{x}$、极差 R 具有以下性质：

(1)$\overline{x}$ 的期望值 $E(\overline{x})=\mu$；

(2)$\overline{x}$ 的标准偏差 $D(\overline{x})=\dfrac{\sigma}{\sqrt{n}}$；

(3)R 的期望值 $E(R)=d_2\sigma$；

(4)R 的标准偏差 $D(R)=d_3\sigma_0$。

μ 和 σ 可以通过样本容量为 n 的 4 组样本数据求得：

$$\mu\text{的估计值}=\bar{\bar{x}},\quad \sigma=\text{的估计值}=\frac{R}{d_2}$$

式中　$\bar{\bar{x}}$——x 的平均值；

$\bar{R}$——R 的平均值；

d_2 和 d_3——由 n（这里 n 为子组大小，不是样本大小）确定的系数，可由控制图系数表查出(见附录 C 中表 C－2)。

因此，$\bar{x}$ 图的控制界限为

$$\text{UCL}=E(\bar{x})+3D(\bar{x})=\mu+\frac{3\sigma}{\sqrt{n}}=\bar{x}+\frac{3R}{d_2\sqrt{n}}=\bar{x}+A_2\bar{R}$$

$$\text{LCL}=E(\bar{x})-3D(\bar{x})=\mu-\frac{3\sigma}{\sqrt{n}}=\bar{x}-\frac{3\bar{R}}{d_2\sqrt{n}}=\bar{x}-A_2\bar{R}$$

$$\text{CL}=\bar{x}$$

R 图的控制界限为

$$\text{UCL}=E(R)+3D(R)=d_2\sigma+3d_3\sigma=\left(1+3\,\frac{d_3}{d_2}\right)\bar{R}=D_4\bar{R}$$

$$\text{LCL}=E(R)-3D(R)=d_2\sigma-3d_3\sigma=\left(1-3\,\frac{d_3}{d_2}\right)\bar{R}=D_3\bar{R}$$

$$\text{CL}=\bar{R}$$

式中：A_2、D_4、D_3 为由 n 确定的系数，其值可以通过计算得到，也可由附录 C 中表 C－2 直接查出。

其他类型控制图的控制界限的确定方法与 $\bar{X}-R$ 图类似，而且几种常用控制图的控制界限目前已经标准化，见 GB/T 4091—2001。常用控制图控制界限计算公式见表 7－2，因此，在工程实际应用中，不需要再去推导烦琐的控制界限公式，而只需要查表 7－2(表中系数由表附录表中 C－2 查出)就可以直接得到所需控制图的控制界限。

表 7－2　常用控制图的控制界限及应用范围

序号	质量数据分布形式	控制图名称	代号	图名	中心线	控制界限	标 准	应用范围
1	正态分布(计量值数据)	均值-极差控制图	$\bar{x}-R$	X 图	$\bar{x}$	$\bar{\bar{x}}\pm A_2\bar{R}$	GB/T 4091.2	计量值数据控制，检出力较强
				R 图	$\bar{R}$	$D_4\bar{R},D_2\bar{R}$		
2		均值-标准差控制图	$\bar{x}-s$	X 图	$\bar{x}$	$\bar{\bar{x}}\pm A_2\bar{s}$	GB/T 4091.3	计量值数据控制，检出力最强
				S 图	$\bar{s}$	$B_4\vec{s}_*\quad B_2\vec{s}$		
3		中位数-极差控制图	$\bar{x}-R$	& 图	$\bar{x}$	$\bar{x}\pm A_4\bar{R}$	GB/T 4091.4	计量值数据控制，检验时间应短于加工时间
				R 图	$\bar{R}$	$D_4\dot{R}_s,D_2\bar{R}$		

续 表

序号	质量数据分布形式	控制图名称	代号	图名	中心线	控制界限	标 准	应用范围
4	二项分布（计件值数据）	单值-移动极差控制图	$X-R$	X 图	$\bar{x}$	$\tilde{x}\pm 2.66\bar{R}_2$	GB/T 4091.5	计量值数据控制，用于一定时间内只能取得一个数据的场合
				R 图	$\bar{R}$	$UCL=3.267\bar{R}_2$		
5		不合格品率控制图	p	P 图	$\bar{p}$	$\bar{p}\pm 3\sqrt{\bar{p}(1-\bar{p})/n}$	GB/T 4091.6	关键件全检场合
6		不合格品数控制图	np	np 图	$\overline{np}$	$\overline{np}\pm 3\sqrt{\overline{np}(1-\bar{p})}$	GB/T 4091.7	零部件的样本容量一定的场合
7	泊松分布（计点值数据）	单位缺陷数控制图	μ	K 图	$\bar{\mu}$	$\tilde{\mu}\pm 3\sqrt{\bar{\mu}/n}$	GB/T4091.8	全数检验单位缺陷数的场合
8		缺陷数控制图	c	c 图	$\bar{c}$	$\bar{c}\pm 3\sqrt{\bar{c}}$	GB/T4091.9	要求每次检验样本容量一定的场合

7.2.6 控制图的应用程序

一般来讲，控制图的应用程序如图 7－17 所示。

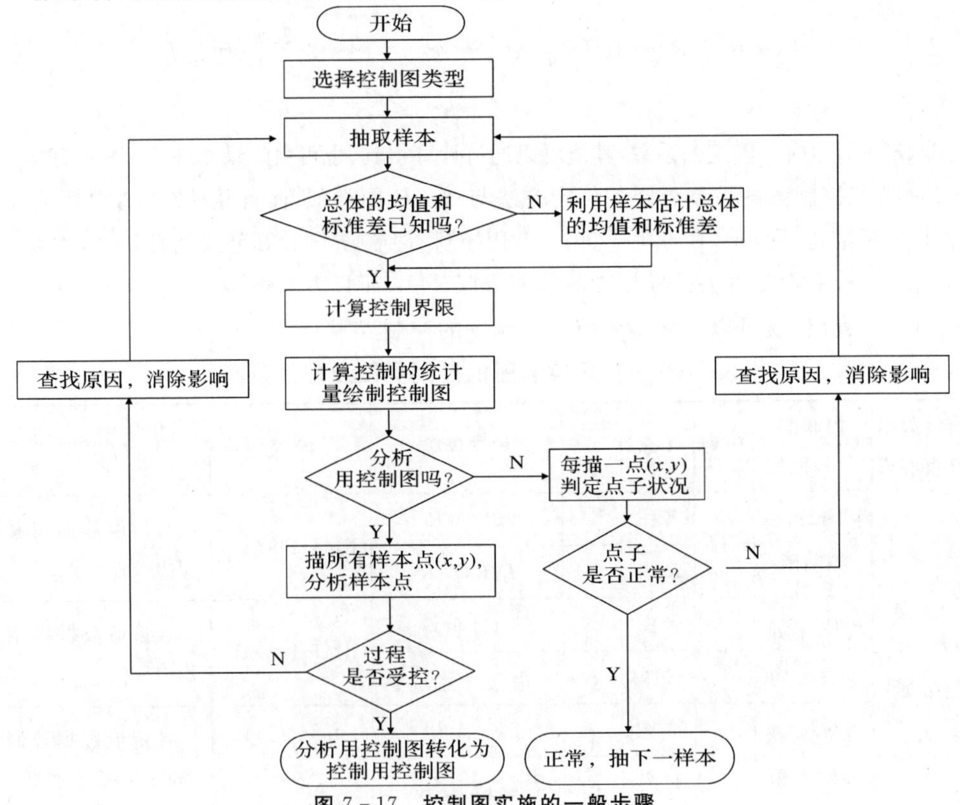

图 7－17 控制图实施的一般步骤

注：n 为样本序号，y 为序号 x 对应的控制统计量。

(1)明确采用控制图的目的。应用控制图时,应首先明确控制图的使用目的。通常应用控制图的目的有:发现工序异常点,追查原因并加以消除,使工序保持受控状态;对工序的质量特性数据进行时间序列分析,以掌握工序的质量状态。

(2)确定受控对象的质量特性。确定受控对象的质量特性就是选出符合应用控制图目的、可控、易于评价的主要质量特性。如对产品的使用效果有重大影响的质量特性;对下道工序加工质量有重大影响的质量特性;本工序的主要质量指标;生产过程中波动大的质量特性;对经济性、安全性和可靠性有重大影响的质量特性等。

(3)选择控制图类型。控制图的类型要根据质量特性和质量数据的收集方式来决定,其选择过程如图 7-18 所示。

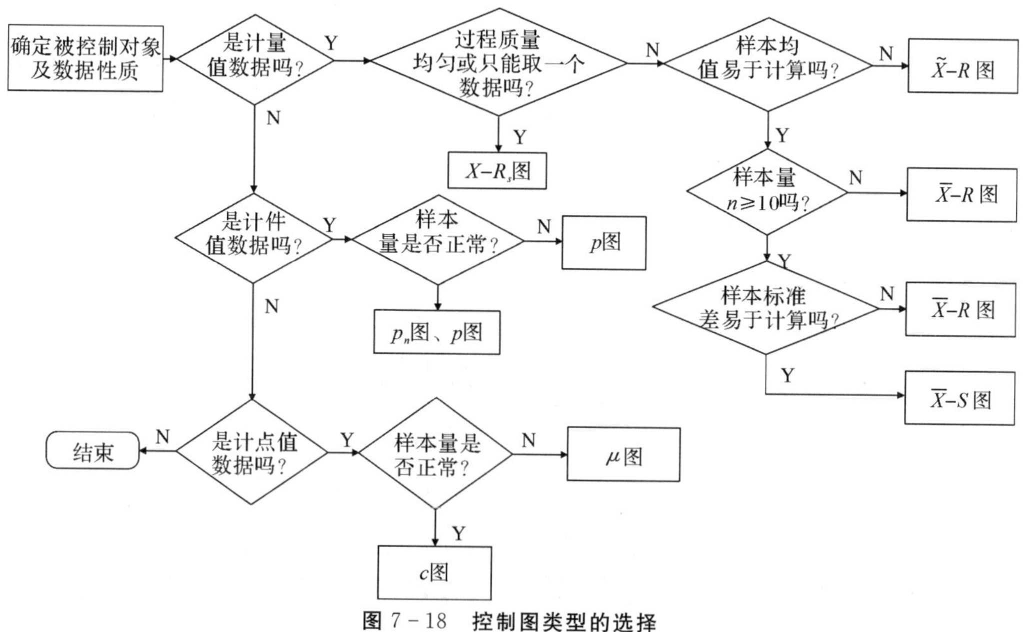

图 7-18　控制图类型的选择

(4)绘制分析用控制图。随机收集 20～25 个以上的样本,绘成控制图,描出质量波动折线,分析判断过程是否处于受控状态。如果判定过程处于受控状态,则转入下一步骤;否则,继续追查原因,采取措施,直到过程回到受控状态。

(5)绘制控制用控制图。当判定过程处于控制状态,且过程能力指数达到规定要求时,可延长控制线,作为控制用控制图。

(6)进行日常工序质量控制。在日常生产活动中,随机间隔取样,进行测量和计算,在控制图上描点并观察分析过程状态。若无异常现象,则维持现状进行生产;若出现质量降低的信息,则应采取措施消除异常;若出现质量提高的信息,则应总结经验,进行标准化和制度化。

(7)修订控制界限。为使控制图的控制界限能反映工序的实际质量状况,应定期修订控制界限。除定期修订外,当遇到下列情况时,还应进行不定期的修订:

1)通过对积累的数据进行分析,表明工序质量发生了显著变化。

2)工序条件(如材料成分、工艺方法、工艺装备)和环境条件发生了显著变化。

3)取样方法已改变。修订时,应重新收集数据,通过第(4)、(5)两步,得到新的控制界限。

下面以最常用的均值-极差控制图($\overline{X}-R$)应用为例来说明控制的应用步骤。某航空发动机制造厂要求对叶片的制造过程建立 $\overline{X}-R$ 图以进行质量控制。

叶片的 $\overline{X}-R$ 图应用步骤如下

(1)预备数据的收集。随机抽取近期生产的 25 组叶片直径样本,每个样本包括 5 个叶片直径的观测值,见表 7-3。

表 7-3　航空叶片直径数据表

子组号	直径/mm					平均值 $\bar{x}$	极差 R
	x_1	x_2	x_3	x_4	x_5		
1	74.030	74.002	74.019	73.992	74.008	74.010	0.038
2	73.995	73.992	74.001	74.011	74.001	74.000	0.019
3	73.998	74.024	74.021	74.005	74.002	74.010	0.026
4	74.002	73.996	73.993	74.015	74.002	74.002	0.022
5	73.992	74.007	74.015	73.989	74.014	74.003	0.026
6	74.009	73.994	73.997	73.985	73.996	73.996	0.024
7	73.995	74.006	73.994	74.000	74.005	74.000	0.012
8	73.985	74.003	73.993	74.015	73.998	73.997	0.030
9	74.008	73.995	74.009	74.005	74.004	74.004	0.014
10	73.998	74.000	73.990	74.007	73.995	73.998	0.017
11	73.994	73.998	73.994	73.995	73.990	73.994	0.008
12	74.004	74.000	74.007	74.000	73.996	74.001	0.011
13	73.983	74.002	73.998	73.997	74.012	73.998	0.029
14	74.006	73.967	73.994	74.000	73.990	73.991	0.039
15	74.012	74.014	73.998	73.999	74.007	74.006	0.016
16	74.000	73.984	74.005	73.998	73.996	73.997	0.021
17	73.994	74.012	73.998	74.005	74.007	74.003	0.018
18	74.006	74.010	74.018	74.003	74.000	74.007	0.018
19	73.984	74.002	74.003	74.005	73.997	73.998	0.021
20	74.000	74.010	74.013	74.020	74.003	74.009	0.020
21	73.998	74.001	74.009	74.005	73.996	74.002	0.013
22	74.004	73.999	73.990	74.006	74.009	74.002	0.019
23	74.010	73.989	73.990	74.009	74.014	74.002	0.025
24	74.015	74.008	73.993	74.000	74.010	74.005	0.022
25	73.982	73.984	73.995	74.017	74.013	73.998	0.035
小　计						1 850.024	0.581
平　均						$\bar{x}=74.001$	$\bar{R}$

(2)计算统计量。计算每一组样本的平均值元 $\bar{x}_i = \frac{1}{5}\sum_{j=1}^{5} x_{ij}$,记入表 7－3 中。如第一组：

$$\bar{x}_1 = \frac{74.030+74.002+74.019+73.992+74.008}{5} = 74.010$$

计算每一组样本的极差 R_i,记入表 7－3 中。如第一组：

$$R_1 = x_{\max} - x_{\min} = 74.030 - 73.992 = 0.038$$

计算 25 组样本平均值的总平均值 $\bar{\bar{x}} = \frac{1}{25}\sum_{i=1}^{25}\bar{x}_i$。本例 $\bar{\bar{x}} = 74.001$。

计算 25 组样本极差的平均值 $\bar{R} = \frac{1}{25}\sum_{i=1}^{25} R_i$。本例 $\bar{R} = 0.023\bar{R} = 0.023$。

(3)计算 $\bar{X}$ 图和 R 图的控制界限。当 $n=5$ 时,由附录 C 中表 C－2 可查得：$A_2 = 0.577$,$D_4 = 2.115$,D_3不考虑。又由表 7－2 可查得：

$\bar{X}$ 图的控制界限：

$$\mathrm{UCL} = \bar{\bar{x}} + A_2\bar{R} = 74.001 + 0.577 \times 0.023 = 74.014$$

$$\mathrm{LCL} = \bar{\bar{x}} - A_2\bar{R} = 74.001 - 0.577 \times 0.023 = 73.988$$

$$\mathrm{CL} = \bar{\bar{x}} = 74.001$$

R 图的控制界限：

$$\mathrm{UCL} = D_4\bar{R} = 2.115 \times 0.023 = 0.049$$

$$\mathrm{LCL} = D_3\bar{R} = 0$$

$$\mathrm{CL} = \bar{R} = 0.023$$

(4)作分析用控制图。根据所计算的 $\bar{X}$ 图和 R 图的控制界限数值,分别建立两个图的坐标系,并对坐标轴添加刻度。分别以各组数据的统计量、样本号相对应的一组数据在控制图上打点、连线,即得到分析用控制图。本例图形如图 7－19 所示。

(5)作控制用控制图。从图 7－19 可以看出,$\bar{X}$ 图和 R 图都处于稳定状态,且又知该叶片生产过程能力指数达到规定要求,因此,可以将图 7－19 的控制界限加以延长,作为控制用控制图。

(6)归档。在控制图的空白处记录零件名称、件号、工序名称、质量特性、测量特性、测量单位、标准要求、使用设备、操作者、记录者和检验者等内容,并记载查明原因的经过和处理意见等,计算过程和数据也应保留。

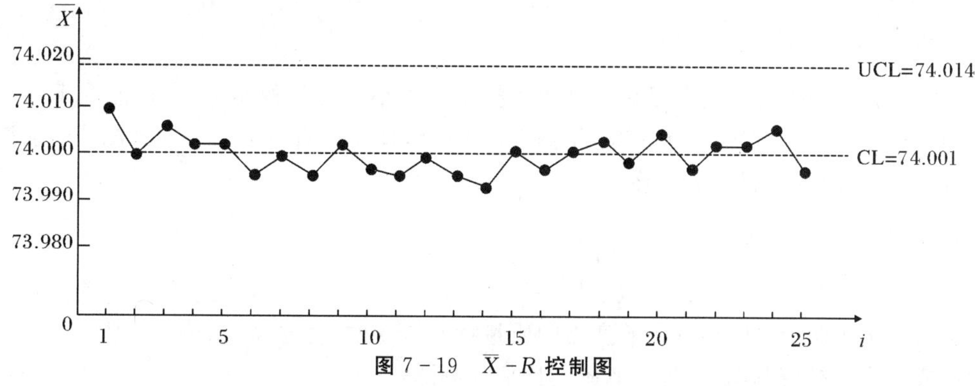

图 7－19　$\bar{X}$－R 控制图

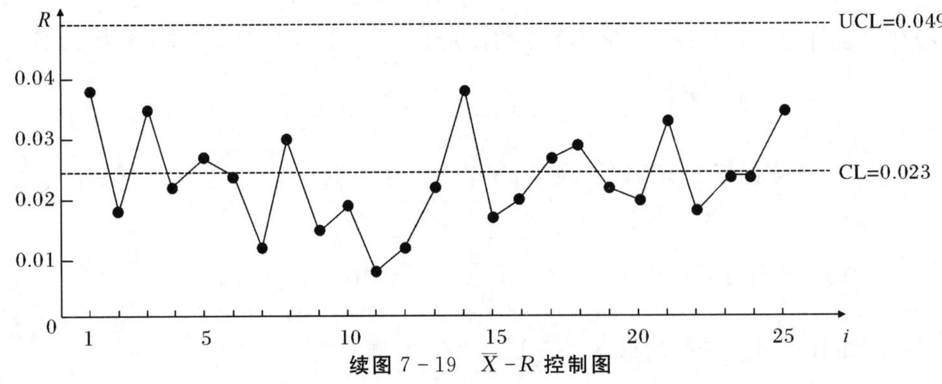

续图 7-19 $\overline{X}-R$ 控制图

7.3 典型控制图

7.3.1 控制图技术的发展

自控制图概念于 1924 年首次被休哈特提出后，经过 80 多年的发展，控制图技术得到了长足的发展，总体而言，比较重要的有下列几种。

1. 常规控制图

常规控制图是基于休哈特提出的控制图原理构建的所有控制图的统称，所以也叫休哈特控制图。常规控制图要求从过程中近似等间隔来抽取子组数据，每个子组由具有相同可测量单位和相同子组大小的同一产品或服务组成。从每一子组可以得到一个或多个子组统计特性，如子组平均值 $\overline{X}$、子组极差 R 及子组标准差。基于这些统计特征及 3σ 原理确定控制界限，并利用子组特性值与子组序号绘制相应图形。基于小概率事件在一次试验中不可能发生的原理，根据图形形状来确定质量状况，主要包括如表 7-2 所列的 8 种控制图。

2. 累积和控制图

常规控制图仅利用了过程当前点的信息，并未充分利用整个样本点的信息，因此对过程的小变动(例如小于 1σ 的变动)不够灵敏。为此，1954 年佩基应用序贯分析原理，首先提出了累积和控制图。它可以将一系列点的微弱信息累积起来，因此对过程的小变动比较灵敏。

3. 指数加权移动平均控制图

指数加权移动平均控制图是另一种用于检出过程小波动的控制图，其性能几乎与累积和控制图相同，最早由罗伯茨于 1959 年提出。由于该图是所有过去与当前观测值的加权平均，所以它对正态分布假设不敏感。

4. 小批量生产控制图

小批量生产控制图包括无先验信息小批量生产控制图(小样本单值-移动极差控制图和 Q 控制图)；将相似工序同类分布的产品的质量特性值数据，通过数学变换成为同一分布，从而累积成大样本的控制图(目标控制图与比例控制图)。

5. 高合格品率过程控制图

现代电子元器件生产的不合格品率已经达到$10^{-6}\sim10^{-9}$的水平，为了监控这些高质量与“零缺陷”的生产线，20 世纪 80 年代 IBM 公司的专家卡尔因提出了累积合格品数控制图，用于高合格率产品生产过程的计数型变量的过程控制，避免当不合格率极低时，计数型变量控制图的样品量过大的问题。

6. 多元控制图

最早的多元控制图是 1947 年侯特林提出的多元均值 T^2 控制图，多元控制图在 20 世纪 80 年代到 90 年代初得到较快发展。多元控制图比一元控制图复杂得多。例如，在生产线的工序中，指标往往是多个，对于多指标的控制问题，一个很自然的想法就是，应用休哈特控制图分别对每一个指标进行控制。但是这样做没有考虑指标间的相关性，通常会导致错误的结论。因为在一定的显著性水平下，各变量的分别控制与全部变量的联合控制的控制域不同，用前者代替后者会出现过控或欠控两种报警错误。因此，无论各变量之间是否存在相关关系，都不能用对各变量的分别控制代替对全部变量的联合控制。多元情况时必须采用多元控制图进行控制。

多元控制图有两种基本的类型：一种用来控制均值向量，如 χ^2 图和 T^2 图等；另一种用来控制离差（协方差），如 W 图、L 图和$|S|$图等。实际应用时，两种多元控制图也需要联合使用。

7. 选控控制图

上述各类控制图都是对生产过程中的所有异常因素都加以控制的控制图，被称为全控图。我国质量管理界著名学者张公绪教授于 1979 年提出了选控控制图理论，即有选择地对引起质量波动的部分因素加以控制，从而缩小查找异常因素的范围，提高了工作效率。选控图应用数学变换实现选控，选控图与全控图具有一一对应的关系。

由于现在产品生产过程质量水平要求越来越高，生产过程稳定性越来越高，异常波动越来越小，小波动控制图已经开始在工程实践中得到广泛应用。2006 年，我国颁布了《累积和图——运用累积和技术进行质量控制和数据分析指南》(GB/T 4887—2006)。为此，本节在介绍典型休哈特控制图均值-标准差（计量）与不合格品率（计数）的基础上，还简要介绍了两种典型的小波动控制图的基本原理：累积和控制图、指数加权移动平均控制图。

7.3.2　均值-标准差控制图

1. 原理

根据数理统计公式，样本均值与标准差的计算公式为

$$\bar{x}_i = \frac{\sum_{n_i}^{j=1} x_{ij}}{n_i} \quad (i = 1,2,\cdots,m)$$

$$s_i = \sqrt{\frac{\sum_{j=1}^{n_i} (x_{ij} - \bar{x}_i)^2}{n_i - 1}} \quad (i = 1,2,\cdots,m)$$

式中 x_{ij}——第 i 个样本的第 j 个观测值；

$\bar{x}_i$——第 i 个样本的均值；

n_i——第 i 个样本的大小，也称为样本容量；

m——样本个数；

s_i——第 i 个样本的标准差。

根据统计理论，若 α^2 为一概率分布的未知方差，则样本方差 $s^2=\dfrac{1}{n-1}\sum_{i=1}^{n}(x_i-\bar{x})^2$ 的无偏估计量，但样本标准差 s 并非是总体标准差 σ 的无偏估计量。若总体服从正态分布，s 与 σ 的关系为

$$s=c_4\sigma$$

c_4 是一个与子样大小 n 有关的常数，c_4 如附录 C 中表 C－2 所列。

均值-标准差控制图的控制限计算步骤如下：

(1)α 已知。在 α 已知时，$E(s)=c_4\sigma$，因此可以得到 S 控制图的控制线，即

$$\left.\begin{aligned}\mathrm{UCL}&=c_4\sigma+3\sigma\sqrt{1-(c_4)^2}\\ \mathrm{CL}&=c_4\sigma\\ \mathrm{LCL}&=c_4\sigma-3\sigma\sqrt{1-(c_4)^2}\end{aligned}\right\}\tag{7-2}$$

定义：

$$B_5=c_4-3\sqrt{1-(c_4)^2},\quad B_6=c_4+3\sqrt{1-(c_4)^2}$$

则代入式(7－2)后，得到已知情况的 S 控制图的控制线为

$$\begin{cases}\mathrm{UCL}=B_6\sigma\\ \mathrm{CL}=c_4\sigma\\ \mathrm{LCL}=B_5\sigma_4\end{cases}$$

系数 B_5 和 B_6 可由附录 C 中表 C－2 查出。

$\overline{X}$ 控制图的控制界限按下式计算：

$$\begin{cases}\mathrm{UCL}=\mu+3\sigma\\ \mathrm{CL}=\mu\\ \mathrm{LCL}=\mu-3\sigma\end{cases}$$

(2)σ 未知。在 σ 未知时，则必须对 σ 进行估计。由于 $E(s)=c_4\sigma$，因此 $E(s)=c_4\sigma$ 为样本标准差的平均值，即 $\bar{s}=\dfrac{1}{m}\sum_{i=1}^{m}s_i$，此时 S 控制图的控制线为

$$\left.\begin{aligned}\mathrm{UCL}&=\bar{s}+3\frac{\bar{s}}{c_4}\sqrt{1-(c_4)^2}\\ \mathrm{CL}&=\bar{s}\\ \mathrm{LCL}&=\bar{s}-3\frac{\bar{s}}{c_4}\sqrt{1-(c_4)^2}\end{aligned}\right\}\tag{7-3}$$

定义

$$B_3=1-\frac{3}{c_4}\sqrt{1-(c_4)^2},\quad B_4=1+\frac{3}{c_4}\sqrt{1-(c_4)^2}$$

则代入式(7－3)后，得到 σ 未知情况的 S 控制图的控制线为

$$\begin{cases}\mathrm{UCL}=B_4\bar{s}\\ \mathrm{CL}=\bar{s}\\ \mathrm{LCL}=B_3\bar{s}_4\end{cases}$$

系数 B_3 和 B_4 可由附录 C 中表 C－2 查出。

相应的 $\overline{X}$ 图的控制界限也要用 $\hat{\sigma}=\bar{s}/c_4$，这时 $\overline{X}$ 图的控制线为

$$\begin{cases}\mathrm{UCL}=\bar{\bar{x}}+\dfrac{3\bar{s}}{c_4\sqrt{n}}\\ \mathrm{CL}=\bar{\bar{x}}=\dfrac{1}{m}\sum\limits_{i=1}^{m}\bar{x}_i\\ \mathrm{LCL}=\bar{\bar{x}}\ \dfrac{3\bar{s}}{c_4\sqrt{n}}\end{cases}$$

定义：

$$A_3=\frac{3}{c_4\sqrt{n}}$$

则 $\overline{X}$ 图的控制界限可以写成：

$$\begin{cases}\mathrm{UCL}=\bar{\bar{x}}+A_3\bar{s}\\ \mathrm{CL}=\bar{\bar{x}}\\ \mathrm{LCL}=\bar{\bar{x}}-A_3\bar{s}\end{cases}$$

系数 A_3 可由附录 C 中表 C－2 查出。

2. 绘制步骤

(1)数据准备。

1)收集数据。制定检验规程，并使有关人员正确掌握；确定数据合理分组的原则，组(样本)内样品应在基本相同的条件下生产，即组内变化只由随机原因造成，组间变化是由异常原因造成的，也就是组内散差仅由偶然因素造成，组间若有显著差别则是系统因素造成的，因此每组样本要尽量在短时间内抽取；确定抽样间隔时间与样本大小，抽样间隔或抽样频数取决于生产需要和检查成本，长时间大样本可以查明均值的较小变动，而短间隔小样本可以更快查明均值的较大变化，抽样间隔在达到控制状态前应较短而达到控制状态后可较长。

2)若有现成的数据可选取，则选取的数据应尽可能是近期的数据，且能与目前和今后过程的工序状态一致。

3)$\overline{X}-S$ 图样大小取 4～5，分析用控制图的样本个数取 25 以上。

(2)控制图的绘制。均值-标准差控制图控制的统计量是样本均值与标准差，控制图的实施步骤如图 7－17 所示，现结合实例讲解 $\overline{X}-S$ 控制图的绘制过程。

表 7－4 所列数据是从某轴承生产工序随机抽得的样本，$m=30$，每个样本的样本大小 $n=10$，测得各个样品的电阻值。试利用 $\overline{X}$-S 控制图分析该工序是否处于稳定受控状态。

1)计算各个样本的均值。抽样的样品测量值见表 7－4 中 $x_{ij}\sim x_{i10}$ 列，利用均值计算公式计算各个样本的均值 $\bar{x}_i$。如第 1 个样本的均值为

$$\bar{x}_1=\frac{x_{11}+x_{12}+\cdots+x_{1,10}}{n}=\frac{81.50+81.86+\cdots+82.05}{10}=81.767$$

其余各样本的均值见表 7－4 中的样本“均值”栏。

表 7－4　样本数据　　单位：kΩ

序号	测量值										均值 $\bar{x}_i$	标准差 s_i
	x_{i1}	x_{i2}	x_{i3}	x_{i4}	x_{i5}	x_{i6}	x_{i7}	x_{i8}	x_{i9}	x_{i10}		
1	81.50	81.86	81.61	81.34	82.79	82.12	80.90	81.65	81.85	82.05	81.767	0.507
2	80.78	81.32	80.20	82.56	83.52	82.10	79.54	81.25	82.32	79.55	81.314	1.327
3	79.87	80.76	81.35	82.00	79.99	81.65	82.78	80.76	79.83	80.99	80.998	0.972
4	82.15	82.35	80.77	81.01	80.84	83.02	83.09	81.82	80.98	81.78	81.781	0.873
5	81.52	80.55	79.52	80.76	83.15	79.89	81.89	81.90	83.00	82.16	81.434	1.231
6	83.19	81.33	82.31	81.56	81.65	80.77	79.98	82.03	80.00	82.17	81.499	1.021
7	79.76	80.76	82.19	82.33	81.67	80.79	79.66	80.87	81.04	79.22	80.829	1.052
8	82.75	79.87	81.96	79.87	79.78	81.99	81.47	79.72	82.21	79.90	80.952	1.226
9	81.38	81.73	81.54	81.55	80.54	82.16	82.76	79.99	81.20	82.06	81.491	0.796
10	81.82	82.56	80.65	81.94	81.87	81.69	81.89	81.90	83.11	81.33	81.876	0.653
11	82.08	83.12	79.90	82.33	81.54	83.19	80.82	82.29	82.09	83.34	82.070	1.087
12	83.00	80.56	79.85	81.78	80.88	80.77	79.88	81.35	80.76	82.56	81.139	1.047
13	81.88	80.64	81.58	82.37	81.98	80.65	81.45	81.84	79.95	81.78	81.412	0.754
14	82.52	81.66	81.84	81.09	79.76	79.86	83.01	82.37	81.03	82.05	81.519	1.086
15	80.67	81.97	81.33	80.44	82.65	82.65	82.77	81.48	82.49	81.22	81.767	0.861
16	81.52	82.39	82.67	81.46	83.12	80.33	81.96	81.65	80.72	82.01	81.783	0.847
17	80.97	82.39	79.76	79.42	79.65	83.18	79.83	80.81	80.18	81.87	80.806	1.291
18	82.15	81.87	80.65	82.84	80.12	79.76	79.87	80.62	79.45	79.98	80.731	1.157
19	81.33	81.56	79.11	83.06	81.84	80.88	80.98	79.81	82.88	82.34	81.379	1.259
20	79.89	80.68	79.87	81.37	81.75	81.54	81.54	82.14	82.76	81.87	81.341	0.936
21	80.85	80.36	82.73	81.42	80.54	82.04	82.80	81.36	80.78	79.86	81.274	0.992
22	81.67	81.56	81.93	80.66	79.82	81.09	83.43	82.36	81.33	80.76	81.461	0.997
23	81.53	82.34	81.25	79.65	81.65	79.95	82.03	82.56	82.09	80.87	81.392	0.980
24	82.53	81.89	80.79	79.77	79.99	80.00	80.31	80.53	83.21	81.87	81.089	1.200
25	80.88	83.05	79.57	82.42	82.54	82.31	81.08	81.64	81.42	80.02	81.493	1.130
26	82.66	82.01	82.36	81.65	81.79	82.09	82.33	81.89	81.43	80.87	81.908	0.514
27	82.42	81.72	81.21	81.98	80.76	79.87	80.11	82.77	80.65	81.56	81.305	0.961
28	81.53	81.54	81.98	80.33	81.19	81.65	82.65	80.09	79.87	81.00	81.183	0.878
29	81.54	80.54	82.51	82.78	80.75	81.56	81.04	79.66	80.22	82.01	81.261	1.004
30	82.54	81.78	80.45	79.87	81.25	80.76	83.05	79.34	81.08	82.26	81.238	1.186
合　计											2 441.492	29.824
总均值											81.383	0.994

2)计算样本的标准差。各个样本的标准差利用标准差计算公式可得，如第 30 号样本：

$$s_{30}=\sqrt{\frac{(82.54-81.238)^2+(81.78-81.238)^2+\cdots+(82.26-81.238)^2}{9}}=1.186$$

3)计算控制图的控制线。根据 $\overline{X}-S$ 控制图控制线计算公式可得

$$\bar{\bar{x}}=\frac{\bar{x}_1+\bar{x}_2+\cdots+\bar{x}_m}{m}=\frac{81.767+81.314+\cdots+81.238}{30}=81.383$$

$$\bar{s}=\frac{1}{m}\sum_{i=1}^{m}s_i=\frac{0.507+1.327+\cdots+1.186}{30}=0.994$$

$\overline{X}$ 控制图：

$$\mathrm{UCL}=\bar{\bar{x}}+A_3\bar{s}=81.383+0.975\times 0.994=82.352$$

$$\mathrm{CL}=\bar{\bar{x}}=81.383$$

$$\mathrm{LCL}=\bar{\bar{x}}-A_3\bar{s}=81.383-0.975\times 0.994=80.414$$

S 控制图：

$$\mathrm{UCL}=B_4\bar{s}=1.716\times 0.994=1.706$$

$$\mathrm{LCL}=B_3\bar{s}=0.284\times 0.994=0.282$$

$$\mathrm{UCL}=1.706,\quad \mathrm{CL}=0.994,\quad \mathrm{LCL}=0.282$$

4)绘制 $\overline{X}-S$ 图。把 $\overline{X}$ 图和 S 图绘制在同一张纸上，$\overline{X}$ 图在上，S 图在下。横坐标为样本序号 i，纵坐标为 $\overline{X}$ 和 S，先画出控制线，然后，在相应的图上描出样本的点，如图 7-20 所示。

5)分析图。从图 7-20 上的描点来看，所有的点均在控制界限内，且随机分布，表明该过程处于稳定受控状态。

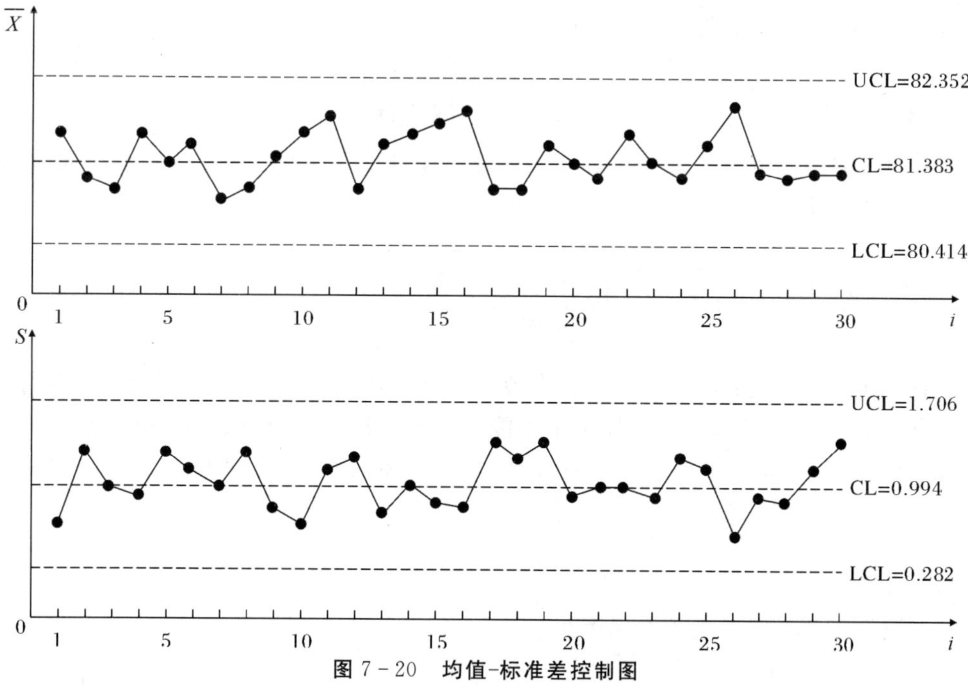

图 7-20　均值-标准差控制图

7.3.3 不合格品率控制图

不合格品率控制图(简称 p 控制图)用于判断生产过程的产品不合格率是否处于或保持在所要求的水平。不合格品率控制图通过控制产品不合格品率的变化来控制过程质量。p 控制图所表述的含义是:过程处于稳定状态是指任何单位产品是不合格品的概率为一常数 P,并且所生产的各个单位产品都是独立的。p 控制图属于计数值控制图中的计件值控制图,主要用于对电子元器件和光学元器件的不合格品率进行控制,也用于极限规格检查零件外形尺寸或用目测检查零件外观而确定不合格品率的场合。除了不合格品率外,合格率、材料利用率、缺勤率和出勤率等也可使用 p 控制图。

1.原理

p 控制图的理论基础是二项分布,即若生产过程处于受控状态,则认为所生产的每一单位产品合格与否都是具有常数 p(单位产品是不合格品的概率)的二项随机变量的一个结果。概率理论认为,从稳定状态下大量生产的一批产品中,随机抽取样品数(样本大小)为 n 的样本,如果单位产品出现不合格品的概率是 p,则样本中样品不合格的个数 x 的概率分布服从参数为 n 和 p 的二项分布,即有:

$$P(x)=C_n^x p^x\ (1-p)^{n-x}\quad (x=0,1,2,\cdots,n)$$

式中:$C_n^x=\dfrac{n!}{x!\ (n-x)!^*}$。

样本中,不合格数 x 的数学期望 $E(x)=np$,x 差 $\sigma^2=np(1-p)$。当 p 较小,n 够大时(一般 $n>50$,且 $np>5$),上述二项分布近似为正态分布 $N[np,np(1-p)]$。

样本的不合格率 p 等于样本不合格数 x 与样本大小 n 之比,即 $p=x/n$。作为随机变量,不合格率 p 的均值和标准差分别为

$$\mu_p=p$$

$$\sigma_p=\sqrt{p(1-p)/n}$$

如果过程的不合格率 p 已经知道,根据控制线计算公式,可得到各个样本相同时,p 控制图 3σ 方式的控制线为

$$\begin{cases}\text{UCL}=p+3\sqrt{p(1-p)/n}\\ \text{CL}=p\\ \text{LCL}=p-3\sqrt{p(1-p)/n}\end{cases}$$

如果 p 未知,则要根据以往的经验,先预测所要抽取样本的可能 p 值,确定抽取每个样本的大小 n(原则上 n 要满足每个样本中不能没有不合格品,通常每个样本中应有 1~5 个不合格品)。样本数 m 不能小于 25。假设第 i 个样本的大小为 n_i,样本中的不合格数为 x_i,那么第 i 个样本的不合格率为

$$p_i=\frac{x_i}{n_i}$$

样本数为 m 的样本平均不合格率为

$$\bar{p}=\frac{\sum_{i=1}^{mm}x_i}{\sum_{ii=1}^{m}n_i}$$

$\bar{p}$ 可作为不合格品率 p 的估计量，因此，$\bar{p}$ 未知时的 $\bar{p}$ 控制图第 i 个样本的精确控制线为

$$\begin{cases}\mathrm{UCL}=\bar{p}+3\sqrt{\bar{p}(1-\bar{p})/n}\\ \mathrm{CL}=\bar{p}\\ \mathrm{LCL}=\bar{p}-3\sqrt{\bar{p}(1-\bar{p})/n}\end{cases}$$

样本大小不同时，如果 $\bar{n}=\frac{1}{m}\sum_{i=1}^{n}n_i$ 满足 $\frac{1}{2}n_{\max}<\bar{n}$ 和 $n_{\min}>\frac{1}{2}\bar{n}$，则可用下式简化计算得到近似的控制线

$$\begin{cases}\mathrm{UCL}=\bar{p}+3\sqrt{\bar{p}(1-\bar{p})/\bar{n}}\\ \mathrm{CL}=\bar{p}\\ \mathrm{LCL}=\bar{p}-3\sqrt{\bar{p}(1-\bar{p})/\bar{n}}\end{cases}$$

对于落在近似控制界限附近的点子，应进行精确计算，以确定该点究竟在控制界限内还是在控制界限外。

2.绘制步骤

(1)数据准备。与计量值控制图的数据抽取原则相同，同时要求每个样本大体包含 1～5 个不合格品，若要计算控制线，样本应不少于 25 个。为了便于计算，各样本大小应尽量相同。

(2)绘图。p 控制图的统计量是 p，绘图步骤参照图 7-17。

下面结合实例来介绍 p 控制图的具体绘制方法。如某生产集成电路的公司，大量生产某型号的模拟电路。试绘制出分析用 p 控制图，分析生产是否处于统计受控状态。

1)确定抽样时间、样本大小及样本数。根据生产的情况，公司上、下午各工作 4 h，决定抽样时间为早班、中班和晚班。样本数为 30，根据以前的经验，不合格率估计为 0.03，故样本大小 n 取 $\frac{1}{0.03}$～$\frac{5}{0.03}$。抽样情况与结果见表 7-5。

表 7-5　样本数据

样本序号 i	样本大小 n_i	不合格品数 x_i	不合格品率 p_i	UCL_I	LCL_i
1	85	3	0.04	0.111	−0.023
2	75	5	0.07	0.116	−0.027
3	100	2	0.02	0.106	−0.017
4	105	4	0.04	0.105	−0.016
5	80	6	0.08	0.113	−0.025
6	90	4	0.04	0.110	−0.021

续 表

样本序号 i	样本大小 n_i	不合格品数 x_i	不合格品率 p_i	UCL_I	LCL_i
7	95	3	0.03	0.108	−0.019
8	100	5	0.05	0.106	−0.017
9	80	4	0.05	0.113	−0.025
10	85	6	0.07	0.111	−0.023
11	95	5	0.05	0.108	−0.019
12	100	2	0.02	0.106	−0.017
13	100	5	0.05	0.106	−0.017
14	95	3	0.03	0.108	−0.019
15	110	6	0.05	0.103	−0.015
16	95	4	0.05	0.111	−0.023
17	80	5	0.06	0.113	−0.025
18	90	5	0.06	0.110	−0.021
19	90	5	0.06	0.110	−0.021
20	90	3	0.03	0.110	−0.021
21	95	6	0.06	0.108	−0.019
22	100	2	0.02	0.106	−0.017
23	85	3	0.04	0.111	−0.023
24	100	6	0.06	0.106	−0.017
25	95	4	0.04	0.108	−0.019
26	95	3	0.03	0.108	−0.019
27	100	5	0.05	0.106	−0.017
28	100	3	0.03	0.106	−0.017
29	85	3	0.04	0.111	−0.023
30	80	4	0.05	0.113	−0.025
合计	2775	124	0.045		

2)计算各样本的不合格品率 p_i。利用 $p_i=\frac{x_i}{n_i}$计算各样本不合格品率,得到的各样本不合格品率见表 7-5 中的“不合格品率 p_i”栏。

3)计算样本的平均不合格品率 $\bar{p}$。

$$\bar{p}=\frac{\sum_{i=1}^{m}x_i}{\sum_{i=1}^{m}n_i}=\frac{x_1+x_2+\cdots+x_{30}}{n_1+n_2+\cdots+n_{30}}=\frac{124}{2\ 775}\approx 0.045$$

4)计算控制图的控制线。利用控制线公式计算出各样本 UCL 和 LCL 的值,见表 7-5 各相应的栏。因为不合格品率不可能小于 0,因此把 LCL<0 的控制线定为 LCL=0。

5)绘图。在纸上画出 $p-i$ 坐标系。横坐标为样本序号 i,纵坐标为 p。画出 CL=

0.045，用实线表示；LCL＝0（因所有计算出的 LCL 都是负数，故将 LCL 定为 0），用虚线表示。然后，在相应的图上描出样本 UCL 和 p 值的点。UCL 值用虚线相连，p 值用实线相连，如图 7－21 所示。

6）分析图。从图 7－21 上可以看出，所有的点都在控制界限内。本控制图的 1σ 界限为

$$0.045-\sqrt{0.045(1-0.045)/n_i}\,(\approx 0.021)$$

$$\sim 0.045+\sqrt{0.045(1-0.045)/n_i}\,(\approx 0.066)$$

点 11～30 连续 20 个点都在此界限内。根据点随机排列的准则，有连续 15 点在离中心线 1σ 之内判定点排列异常，因此判定生产不是处于受控状态。

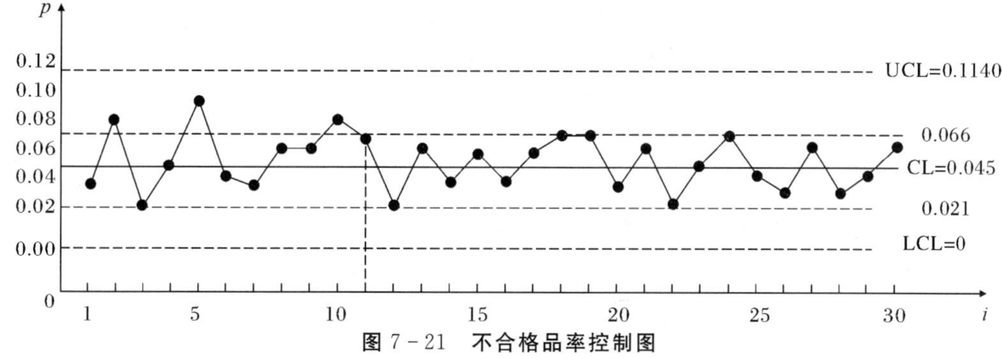

图 7－21　不合格品率控制图

7.3.4　累积和控制图

累积和控制图利用序贯分析原理，以历次样本观测结果的累积和为依据，根据样本中检验的质量特性值对其目标值 T（或参考值 K）偏差的累积和，对过程是否异常进行判定。累积和控制图与休哈特控制图相比，对判断生产过程小波动是否异常具有更高的灵敏度，对样本信息的利用也更充分，可以节省检验工作量。应用累积和控制图的生产过程必须满足过程的连续性与过程的平稳性两个要求。

1. 原理

（1）理论基础。假设 $x_1,x_2,\cdots,x_m$ 是按生产顺序抽取的表示质量特性值水平的独立样本统计量，过程要求作的假设是：

零假设 H_m——所有样本都取自相同分布，有分布函数 $F(x|\theta=\theta_0)$ 或 $P(x|\theta=\theta_0)$，其中 θ 为函数的参数。

备择假设 H_i——前 i 个样本（即 $x_1,x_2,\cdots,x_i$）取自 $F(x|\theta=\theta_0)$ 或 $P(x|\theta=\theta_0)$，而后面的 $m-i$ 个样本（即 $x_{1+i},x_{2+i},\cdots,x_m$）来自 $F(x|\theta=\theta_1)$ 或 $P(x|\theta=\theta_1)$，其中 i 未定，但满足 $0\leqslant i<m$。

将上述过程检验问题当作一个假设检验来考虑。令 $\theta_1>\theta_0$，将给定的样本序列以 $X=(x_1,x_2,\cdots,x_m)$ 表示，那么有 $m+1$ 个假设来检验，其中备择假设内改变点在 $i(i=1,2,\cdots,m-1)$ 。

令 $L_m(x,\theta_0)$ 表示 H_m 成立时，获得 $x_1,x_2,\cdots,x_m$ 的密度函数或概率密度函数；令 $L_m(x,\theta_0)$ 表示 H_i 成立时，获得 $x_1,x_2,\cdots,x_m$ 的密度函数或概率密度函数。那么，$\dfrac{L_m(x,\theta_1)}{L_m(x,\theta_0)}$

对 H_m 的似然比，$0\leqslant i<m$。

检验准则：

(1)若 $\frac{L_m(x,\theta_1)}{L_m(x,\theta_0)}\leqslant B(0\leqslant i<m)$ 成立，则认为 $\theta=\theta_0$，接受 H_m；

(2)若 $\frac{(x,\theta_1)}{L_m(x,\theta_0)}\geqslant A(0\leqslant i<m)$ 成立，则认为 $\theta=\theta_1$，接受 H_i；

(3)若 $B<\frac{L_m(x,\theta_1)}{L_m(x,\theta_0)}<A(0\leqslant i<m)$ 成立，则抽取下一个样本，过程不必纠正。

(2)统计量。休哈特控制图和通用控制图是以每次的观测值 x_i 作为观测序数 x_i 的函数而绘图，x_i 可以是单值，也可以是一个样本的统计量，而累积和控制图是以每次观测值与目标值之差的累积和 C_{jT} 作为观测序号 C_{jT} 的函数而绘图：

$$C_{jT}=\sum_{i=1}^{j}(x_i-T)$$

式中：T 为目标值。

2.计量型变量的累积和控制图

计量型累积和控制图判异准则有两种形式，即满足下列条件之一就判定为异常：

① $\sum(x_i-K_1)\geqslant H$ 或 $\sum(x_i-K_2)\leqslant -H$；

② $\sum(x_i-T)\geqslant H+m\times F$ 或 $\sum(x_i-T)\leqslant -H-m\times F$。

式中：$K_1=T+F$，$K_2=T-F$，$H=h\sigma$；

H——各样本点相对于 K_1 值的偏差累积和临界值(称为判定矩)；

K_1 和 K_2——目标状态 T 与某个明确的异常状态间的一个中间状态(称为参考值，通常用 K 表示)；

F——目标状态 T 与 K_1 或 K_2 状态的偏差(称为 V 形模板斜率)；

m——参与累积的样本数。

当实际过程的均值与目标值 T 的偏差不超过 F 时，相对 K_1 或 K_2 的偏差累积和就不会超过 H，因此就认为此刻实际状态相对于目标值 T 的偏差是由于偶然原因造成的，过程不存在异常因素。相反，则说明偏差已达到足以认为过程已经受到异常因素的干扰，即过程存在异常因素。

根据上述两种判定形式，实际使用的累积和图有两种形式：列表法(带控制界限的累积和图)与图上作业法(又称为 V 形模板法)。

下面分别说明应用列表法和 V 形模板法的步骤。假定样本统计量服从正态分布，已知方差为 σ_0^2，得到一组样本序列 $X_1, X_2,\cdots,X_m$。利用累积和技术，分析这组数据所代表的实际过程是否有显著变化。

(1)带控制界限的累积和图列表法计算与应用步骤如下：

1)选择合适的方案参数 H_1K_1 和 K_2，一般 $F=\frac{\Delta}{2}=\frac{|\mu_1-\mu_0|}{2}$，规定从 $C_{OK}=C_{iK}=0$，$i=1$ 开始计算。

2)计算累积和，即

$$C_{iK}=\max[C_{(i-1)K}+(x_i-K_1),0]$$
$$C'_{iK}=\min[C'_{(i-1)K}+(x_i-K_2),0]$$

3)若 $C_{iK}\geqslant H$,则认为对本段累积和做出贡献的样本观测值所代表的该段过程均值显著变大;若 $C'_{iK}<-H$,则判定过程均值显著变小。

$i=i+1$,重复步骤 2)和 3),一直到所有样本观测值都经过判定为止。

步骤 3)判定了过程均值变化的起始点。实际上,一般只需要判定某点均值已变就可以了,由于累积和方法利用了过去的信息,因此可以判定过程均值是在本段累积和开始点上变动的。

在步骤 2)中,当 $C_{iK}<0$ 时就不再在此基础上继续计算,而从下一点重新开始计算。这是因为计算 C_{iK} 的目的是监测均值增大的变化,当某段累积和 C_{iK} 小于 0 时,完全可认为这段数值所代表的过程均值至少不会高于目标值,因此只需要对以下一个观测数据为始点的新的一段数据所代表的过程状态进行检测即可,所以从 0 开始重新进行计算。对 $C_{iK}>0$ 时的处理方法与之类似。

应用步骤如下:

1)列表。计算

$$C_{mb}=\sum_{i=m_0}^{m}(x_i-K)$$

按前述方法判别 C_{mb},确定累积和的起始点;将 C_{mb} 与 H 比较,根据表判定过程正常与否。

2)绘制带控制界限的累积和图。将列表法的数据画在 $C_{mK}-m$ 直角坐标系中,并将 $C_{mK}=H$ 和 $C_{mK}=-H$ 画出,根据图判定过程正常与否。列表法示意图如图 7-22 所示。

(2)累积和控制图均值 V 形模板法步骤。V 形模板法因为要制作一个形如英文字母“V”的模板而得名。V 形模板法的示意图如图 7-23 所示。

1)选择合适的方案参数 T、H 和 F。依据商定,发生第一类错误的概率为 α,发生第二类错误的概率为 β,假设检验过程的均值由 μ_0 偏移到 $\mu_1=\mu_0+\delta\sigma$,其中 $\delta>0$,σ 是过程的标准差已知,就可确定 H 和 F。

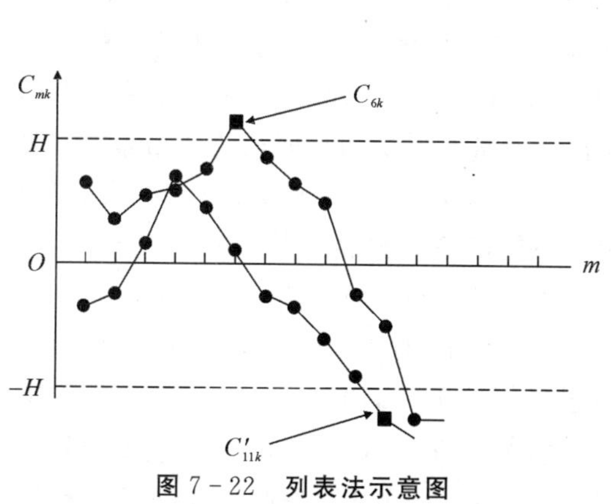

图 7-22　列表法示意图

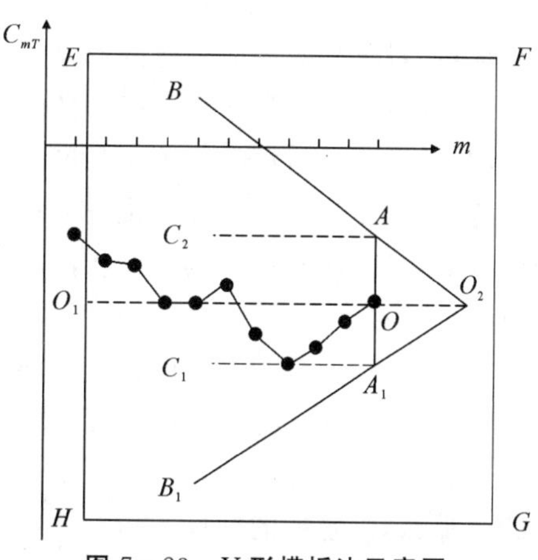

图 7-23　V 形模板法示意图

2)在合适的媒介上制作V形模板。如图7－23所示,矩形 $EFGH$ 是制作V形模板的媒介,$BAO_2A_1B_1$ 一个V形模板。如果媒介是透明的,则通常将折线 $BAOA_1B_1$ 粗线,O_1OO_2 画成细线。如果媒介是不透明的,则将折线 $BAOA_1B_1$ 内的左半部分切除,OO_2 画成细线,V形模板以 O_1OO_2 为对称轴对称。

3)V形模板的使用:

①画直角坐标系,以样本序号 m 为横轴,累积和 $C_{mT}=\sum_{i=1}^{n}(x_i-T)$ 为纵轴,将对应横轴各点 m 所计算出的累积和 $C_{mT}=\sum_{i=1}^{n}(x_i-T)$ 标在图上,各点用折线相连。

②从第1点开始,将V形模板的 O 点与检测点(称为基点)重叠,而且 O_1O 与横轴平行,V形模板开口朝 m 方向,若有一点达到或超过V形模板边缘 AB 或(和)A_1B_1,则认为过程均值发生了异常,与V形模板的 O 点重叠的检测点(即基点)就是异常点,达到或超过V形模板边缘的点就是均值开始变化的点。具体说来,若有一点达到或超过射线 AB,则判定过程均值从该点(称为异常始点)至基点这段时间内的实际值低于目标值 T;若有一点达到或超过射线 A_1B_1,则判定过程均值从该点至基点这段时间内的实际值高于目标值 T;若上述两种情况都没有发生,则判定这段时间内均值没有变动,仍保持为目标值 T(准确地说是没有理由认为该段时间内的过程均值有变化)。

实际使用时,常常只画出V形模板的一半,即 $BAOO_1$ 或 $B_1A_1OO_1$,检测时对称使用。

(3)计量型累积和控制图目标值及纵坐标单位长度的选择。

1)选择目标值 T 主要考虑绘制累积和图的目的。

①对预测模型,需要知道的是预测是否正确,因此将某一时刻的实际值作为该时刻预测值的目标值。

②对两个时段(过程)的样本数据进行对比研究时,应将前一时段或过程的样本数据的均值作为后一时段的目标值。

③在抽样检查产品质量是否满足规定标准时,将规定标准定为目标值。

④一般情况下,将样本的均值作为目标值。

2)纵坐标单位长度的选择。对于列表法的累积和控制图,无论是使用列表还是使用直角坐标系,对纵坐标和横坐标的单位长度都没有要求,以方便描点为原则。

对于使用V形模板的累积和控制图,由于是利用模板的缺口作为判断是否异常的判据,因此对纵坐标与横坐标单位长度表示的数值大小有一定的要求。若 A 是累积和坐标轴的尺度系数(A 是在坐标轴单位长度相同时,纵轴所度量的累积和与横轴两个相邻样本序号间的距离之比,即坐标单位长度相同时纵轴的数值与横轴的数值之比),A 选择过大,将使图上折线过于接近水平线,会压缩有用的信息,导致不能清楚地显示平均水平的变化;A 选得过小,会增大正常波动的图面信息。根据经验,一般取 $A=2\sigma_{\bar{x}}$,即应使得纵轴坐标代表大小为 $2\sigma_{\bar{x}}$ 累积和的单位长度相当于横轴坐标单位长度。例如,对于一个 $\sigma_{\bar{x}}=0.05$ 的累积和控制图坐标,若横坐标两个样本的间距为0.5 cm(横坐标的单位刻度为0.5 cm,代表两样本的间距),那么,纵坐标的标尺为每0.5 cm代表的累积和是 $2\sigma_{\bar{x}}=2\times0.05=0.1$ 。考虑到绘图的方便,在计算出 $2\sigma_{\bar{x}}$ 之后将其修改为1.0、2.0、2.5、5.0和10.0等方便数值,而当 $2\sigma_{\bar{x}}$ 位于两个数值之间时，取较小的一个。

(4)均值累积和控制图中 H 和 F 的确定。假定样本统计量服从正态分布，方差已知。要求检验出过程的均值由 μ_0 偏移到 $\mu_1=\mu_0+\delta\sigma$ 的变化，$\delta>0$，σ 是过程的标准差且已知。商定发生第一类错误的概率为 α，发生第二类错误的概率为 β。令样本大小为 n，得到一组样本均值序列为 $\bar{x}_i(i=1,2,\cdots,m)$ 。

令 $\sigma_{\bar{x}}=\sigma/\sqrt{n}$，$\delta'=\delta\sqrt{n}$，$\delta=\dfrac{\Delta}{\Lambda/\sigma_{-}}$，$\Delta=|\mu_1-\mu_0|$，则 $\bar{x}_i$ 的概率密度函数为

$$f(\bar{x}/\mu)=\frac{1}{\sqrt{2\pi\sigma_{\bar{x}}}}\exp\left[-\frac{1}{2\sigma_{\bar{x}}^2}(\bar{x}-\mu)^2\right]$$

H_i 对H_m的似然比为

$$\frac{L_m(X,\mu_1)}{L_m(X,\mu_0)}=\exp\left\{-\frac{1}{2\sigma_{\bar{x}}^2}\sum_{j=i+1}^{m}\left[(\bar{x}_j-\mu_0-\delta'\sigma_{\bar{x}})^2-(\bar{x}_j-\mu_0)^2\right]\right\}$$

式中：
$$L_m(X,\mu)=L_m(\bar{x}_1,\bar{x}_2,\cdots,\bar{x}_m;\mu)=\prod_{i-1}^{m}f(\bar{x}_i/\mu)$$

对于监控过程，关键在于对过程异常做出判断，故在 H_i成立时，应有

$$\frac{L_m(X,\mu_1)}{L_m(X,\mu_0)}=\exp\left\{-\frac{1}{2\sigma_{\bar{x}}^2}\sum_{j=i+1}^{m}\left[(\bar{x}_j-\mu_0-\delta'\sigma_{\bar{x}})^2-(\bar{x}_j-\mu_0)^2\right]\right\}\geqslant\frac{1-\alpha}{\beta}$$

检验过程均值的决策准则：若任一个 $i(0\leqslant i<m)$ 存在，使得

$$C_{mk}-C_{ik}\geqslant\frac{1}{\delta'}\ln\frac{1-\beta}{\alpha} \tag{7-1}$$

或者

$$C'_{mk}-C'_{iT}\geqslant\frac{1}{\delta'}\ln\frac{1-\beta}{\alpha}+\frac{1}{2}\delta'(m-i)$$

成立，则认为过程已经发生异常。

式中：

$$C_{ik}=\frac{1}{\sigma_{\dot{x}}}\sum_{j=1}^{i}(\bar{x}_j-k),\left[i=1,2,\cdots,m(C_{0k}=0);k=\mu_0+\frac{1}{2}\delta'\sigma_{\dot{x}}\right]$$

$$C'_{iT}=\frac{1}{\sigma_{\dot{x}}}\sum_{j=1}^{i}(\bar{x}_j-\mu_0),\left[i=1,2,\cdots,m(C'_{0T}=0)\right]$$

式(7-4)就是应用 V 形模板下界限的决策准则，如图 7-24 所示。在图 7-24 中：

$$\tan\theta=\frac{1}{2}\delta'=f,\ \tan\theta=h/d$$

$$h=\frac{1}{\delta'}\ln\frac{1-\beta}{\alpha}$$

$$d=h/\tan\theta=\frac{2}{(\delta')^2}\ln\frac{1-\beta}{\alpha}$$

$$\theta=\arctan\frac{1}{2}\delta'$$

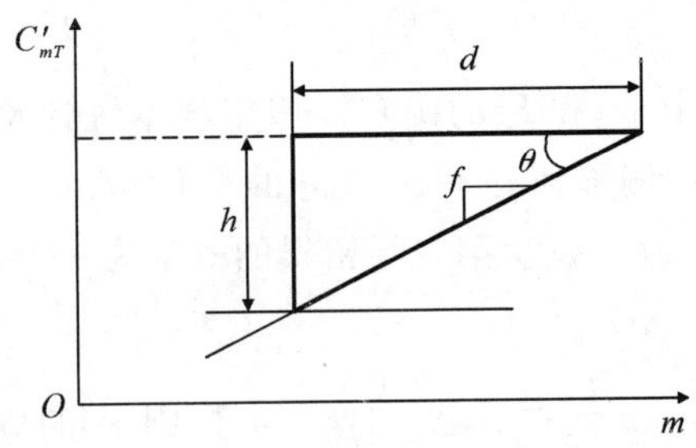

图 7-24　V 形模板下界限示意图

注：f 为参考值，指 V 形模板臂的斜度。

根据 θ 和 d 就可绘出 V 形模板，θ 和 d 分别称为 V 形模板的倾角和前置距离。如图 7-23所示，线段OO_2 等于 d，d 的单位长度与横坐标相同，$\angle OO_2A_1=\theta$。

AA_1 的长度相当于判断准则中 H 的两倍，直线 AB 或 A_1B_1 斜率的绝对值相当于判断准则中的 F，有：

$$H = h\sigma_{\bar{x}} = \frac{\sigma_{\bar{x}}}{\delta'}\ln\frac{1-\beta}{\alpha} = \left(\frac{1}{\delta\sqrt{n}}\ln\frac{1-\beta}{\alpha}\right)\times\sigma_{\bar{x}} = \frac{\sigma}{n\delta}\ln\frac{1-\beta}{\alpha} \tag{7-5}$$

$$F = f\sigma_{\bar{x}} \tag{7-6}$$

在实际工作中，若是应用 V 形模板，通常不是利用式(7-5)和式(7-6)计算 H 和 F 来制作 V 形模板，而是考虑坐标轴的尺度系数，利用 d 和$\angle C_1A_1B_1$ 来制作 V 形模板。考虑坐标轴的尺度系数为 A，前置距离 d 任由原式求得，V 形模板的倾角$\angle C_1A_1B_1$ 式求得

$$\angle C_1A_1B_1=\theta'=\arctan\frac{\delta\sigma}{2A}$$

3. 均值累积和控制图的应用

某零件外形直径规格要求为(12±0.5)mm，根据以前的统计，过程的 $\sigma=0.1$，试利用样本累积和控制图对其外形直径进行过程控制。约定：$\alpha=0.01$，$\beta=0.05$。

(1)根据规格要求确定均值的上、下最大偏差 μ_1 和 μ_{-1}。根据生产要求，确定生产过程控制图上、下界限的不合格品率都应低于万分之一(此时正态分布分界点 $z_{0.0001}=3.73$)，即

$$(12.5-\mu_1)/\sigma = (\mu_{-1}-11.5)/\sigma = 3.73$$

$$\mu_1 = 12.5-3.73\times\sigma = (12.5-3.73\times0.1)\ \text{mm} = 12.13\ \text{mm}$$

$$\mu_{-1} = 11.5+3.73\times\sigma = (11.5+3.73\times0.1)\ \text{mm} = 11.87\ \text{mm}$$

因为 $T=\mu_0=12$ mm，那么

$$\delta=\frac{12.13-12}{0.1}=1.3$$

(2)若取样本大小 n 为 5，据上式可得

$$\ln\frac{1-\beta}{\alpha}=\ln\frac{1-0.05}{0.01}=4.55$$

$$F=f\sigma_x=\left(\frac{1}{2}\times1.3\times\sqrt{5}\right)\times\frac{0.1}{\sqrt{5}}=0.065$$

$$H=h\sigma_x=\left(\frac{1}{\sigma}\times4.55\right)\times\sigma_x=\left(\frac{1}{1.3\times\sqrt{5}}\times4.55\times\frac{0.1}{\sqrt{5}}\right)\ \text{mm}=0.35\ \text{mm}$$

$K_1=T+F=(12+0.065)\ \text{mm}=12.065\ \text{mm}$

$K_2=T-F=(12-0.065)\ \text{mm}=11.935\ \text{mm}$

根据 H 和 F 的值可绘制出 V 形模板。根据 K_1、K_2 及 H 值可得到列表判断的标准。每次抽取 5 个样品进行描点或计算就可进行过程质量的控制。

若考虑 $A=2\sigma_x=2\times 0.1/\sqrt{5}=0.089$，当 n 取 5 时，可得

$$d=\frac{2}{(\delta\sqrt{n})^2}\times\ln\frac{1-\beta}{\alpha}=\frac{1}{1.3\times 1.3\times 5}\times\ln\frac{1-0.05}{0.01}=2.41$$

$$\theta'=\arctan\frac{\delta\sigma}{2A}=\arctan\frac{1.3\times 0.1}{2\times 0.089}=41.8°$$

即坐标系的尺度系数 $A=2\sigma_x=2\times 0.1/\sqrt{5}=0.089$ 时，V 形模板倾角 θ 和前置距离 d 分别为 41.8°和 2.41。

7.3.5 指数加权移动平均控制图

指数加权移动平均控制图，是移动平均控制图的一种变形图。考虑了当前样本的信息比先前样本提供的信息更重要的移动平均控制图就称为指数加权移动平均控制图。它不仅能够及时检测出生产过程均值所发生的较小波动（小于 2 σ），而且对当前过程的突变性波动具有一定的检出效果。

1. 参数

假设有一过程总体参数是服从正态分布 $N(\mu_0,\sigma_0^2)$ 的特征量，其特征值为 $\bar{x}$，按顺序抽取样本序列 $\bar{x}_1,\bar{x}_2,\bar{x}_3,\cdots,\bar{x}_m,\cdots$ 在 m 时刻（第 m 个样本），指数加权移动平均值 Z_m 定义为

$$Z_m=\lambda\bar{x}_m+(1-\lambda)Z_{m-1}\quad(m=1,2,\cdots)$$

式中 λ——加权系数，$0<\lambda<1$；

Z_0——开始的值。

下面对 Z_m 进行变换：

$$\begin{aligned}Z_m&=\lambda\bar{x}_m+(1-\lambda)Z_{m-1}=\lambda\bar{x}_m+(1-\lambda)[\lambda\bar{x}_{m-1}+(1-\lambda Z_{m-2})]\\&=\lambda\bar{x}_m+\lambda(1-\lambda)\bar{x}_{m-1}+(1-\lambda)^2[\lambda\bar{x}_{m-2}+(1-\lambda)Z_{m-3})]\\&=\sum_{i=0}^{m-1}[\lambda(1-\lambda)^i\bar{x}_{m-i}]+(1-\lambda)^m Z_0\end{aligned}$$

若接近的样本 $\bar{x}_m$ 对 Z_m 权重为 λ，则第 i 个 $\bar{x}$ 即 $\bar{x}_i$ 在 Z_m 中的权重为

$$\omega_{m-i}=\lambda(1-\lambda)^i\quad(i=0,1,\cdots)$$

设 μ 为过程均值，σ 为过程标准差，则 Z_m 的数学期望和方差分别为

$$E(Z_m)=\lambda\mu\sum_{i=0}^{m-1}(1-\lambda)^i+(1-\lambda)^m E(Z_0)=\mu+(1-\lambda)^m[E(Z_0)-\mu]$$

$$D(Z_m)=\sigma_{\text{EWMA}}^2=\frac{\lambda\sigma^2}{n}\times\frac{1-(1-\lambda)^{2m}}{2-\lambda}+(1-\lambda)^{2m}\times D(Z_0)$$

(1)如果开始过程的 Z_0 是一个接近目标值的常数，则

$$E(Z_m)=\lambda\mu\sum_{i=0}^{m-1}(1-\lambda)^i+(1-\lambda)^m E(Z_0)=\mu+(1-\lambda)^m(Z_0-\mu)$$

$$D(Z_m)=\sigma_{\text{EWMA}}^2=\frac{\lambda\sigma^2}{n}\times\frac{1-(1-\lambda)^{2m}}{2-\lambda}$$

(2)当开始过程的 $Z_0=\bar{x}_1$ 时,则有

$$E(Z_m)=\lambda\mu\sum_{i=0}^{m-1}(1-\lambda)^i+(1-\lambda)^m E(Z_0)=\mu+(1-\lambda)^m[E(\bar{x}_1)-\mu]=\mu$$

$$D(Z_m)=\sigma_{\text{EWMA}}^2=\frac{\lambda\sigma^2}{n}\times\frac{1-(1-\lambda)^{2m}}{2-\lambda}+(1-\lambda)^{2m}\times D(Z_0)$$

$$=\frac{\sigma^2}{n(2-\lambda)}[\lambda+2(1-\lambda)^{2m-1}]$$

(3)当 m 足够大时,无论 Z_0 为何值,可得

$$E(Z_m)=\mu$$

$$D(Z_m)=\sigma_{\text{EWMA}}^2=\frac{\lambda\sigma^2}{(2-\lambda)n^2}$$

上述计算都是假设过程参数服从正态分布。对于非正态分布,根据中心极限定理,只要选择合适的 n,仍可认为 Z_m 服从正态分布。

2.控制界限与判定准则

(1)控制界限。在上节已经介绍,对于不同的 Z_0(等于目标值或非目标值),严格意义上讲,$D(Z_m)=\sigma_{\text{EWMA}}^2$ 的计算公式不同,但在实际工作中相差不大;并且在过程稳定的情况下,Z_0 很接近目标值,且基本是一个常数,因此通常用

$$D(Z_m)=\sigma_{\text{EWMA}}^2=\frac{\lambda\sigma^2}{n}\times\frac{1-(1-\lambda)^{2m}}{2-\lambda}$$

计算指数加权移动平均的方差。

如果指数加权移动平均控制图的控制界限系数为 K,总体服从正态分布 $N(\mu_0,\sigma_0^2)$,则抽样的样本大小为 n,其控制线为

$$\begin{cases}\text{UCL}=\mu_0+K_{\sigma\text{EWMA}}\\ \text{CL}=\mu_0\\ \text{LCL}=\mu_0-K_{\sigma_{\text{EWMA}}}\end{cases}$$

式中的 σ_{EWMA}^2 根据上述“参数”中所介绍的方法求得,一般采用

$$\sigma_{\text{EWMA}}=\sqrt{\frac{\lambda\sigma_0^2}{n}\times\frac{1-(1-\lambda)^{2m}}{2-\lambda}}$$

若过程均值和标准差未知,则先用样本的平均值和样本标准差来估计过程均值和标准差。标准差的估计方法可用极差法和样本方差法,当然,样本数不应少于 20。当 $m\geqslant5$ 时,可用 $\sigma_{\text{EWMA}}=\sqrt{\lambda\sigma_0^2/[n(2-\lambda)]}$ 计算标准差。

(2)判定准则。若有任意样本指数加权移动平均值落在移动平均控制图的控制界限上或之外,则认定过程均值发生偏移,即过程存在异常;否则,认为过程正常。

3. 绘制示例

指数加权移动平均控制图的绘制与移动平均控制图的绘制基本相同，区别在于需要考虑加权系数以及第 m 样本点描点坐标(m, Z_m)，具体步骤见下例。

利用表 7-6 中的数据，设 $Z_0=\mu_0=22.00$，$\lambda=0.20$，绘制一个 $3\sigma_{\mathrm{EWMA}}$ 的指数加权移动平均控制图。

表 7-6　样本数据

m	$\bar{x}_i$	M_m	$\mathrm{UCL}(M_m)$	$\mathrm{LCL}(M_m)$
1	22.000	22.000	21.995	22.045
2	21.99	21.995	21.968	22.032
3	22.02	22.003	21.973	22.026
4	22.01	22.005	21.997	22.023
5	22.00	22.005	21.997	22.023
6	22.00	22.007	21.997	22.023
7	22.00	22.002	21.997	22.023
8	21.98	21.995	21.997	22.023
9	22.00	21.995	21.997	22.023
10	22.00	21.995	21.997	22.023
11	22.01	21.997	21.997	22.023
12	21.99	22.000	21.997	22.023
13	22.00	22.000	21.997	22.023
14	22.00	22.000	21.997	22.023
15	21.97	21.990	21.997	22.023
16	21.97	21.985	21.997	22.023
17	22.00	21.985	21.997	22.023
18	21.99	21.982	21.997	22.023
19	22.00	21.990	21.997	22.023
20	21.98	21.992	21.997	22.023

取 $n=4$，有

$$Z_1=\lambda\bar{x}_1+(1-\lambda)Z_0=0.20\times 22.00+(1-0.20)\times 22.00=22.00$$

$$Z_2=\lambda\bar{x}_2+(1-\lambda)Z_1=0.20\times 21.99+(1-0.20)\times 22.00=21.998$$

$$Z_3=\lambda\bar{x}_3+(1-\lambda)Z_2=0.20\times 22.02+(1-0.20)\times 21.998=22.002$$

利用

$$\sigma_{\mathrm{EWMA}}=\sqrt{\frac{\lambda\sigma_0^2}{n}\times\frac{1-(1-\lambda)^{2m}}{2-\lambda}},\quad \mathrm{UCL}=\mu_0+3\sigma_{\mathrm{EWMA}},\quad \mathrm{LCL}=\mu_0-3\sigma_{\mathrm{EWMA}}$$

计算指数加权移动平均控制图的控制线，如第 1 个样本

$$\mathrm{UCL}(Z_1)=\left[22.00+3\times 0.030\times\sqrt{\frac{0.2(1-0.8^{2\times 1})}{4\times(2-0.2)}}\right]\mathrm{mm}=22.009\ \mathrm{mm}$$

$$\mathrm{LCL}(Z_1)=\left[22.00-3\times0.030\times\sqrt{\frac{0.2(1-0.8^{2\times1})}{4\times(2-0.2)}}\right]\mathrm{mm}=21.991\ \mathrm{mm}$$

其他结果见表 7-7。

表 7-7 计算结果

m	$\bar{x}_i$	Z_m	UCL(Z_m)	LCL(Z_m)
1	22.000	22.000	22.009	21.991
2	21.99	21.998	22.012	21.988
3	22.02	22.002	22.013	21.987
4	22.01	22.003	22.014	21.986
5	22.00	22.003	22.014	21.986
6	22.00	22.003	22.014	21.986
7	22.00	22.002	22.015	21.985
8	21.98	21.998	22.015	21.985
9	22.00	21.998	22.015	21.985
10	22.00	21.998	22.015	21.985
11	22.01	22.000	22.015	21.985
12	21.99	22.000	22.015	21.985
13	22.00	22.000	22.015	21.985
14	22.00	22.000	22.015	21.985
15	21.97	21.994	22.015	21.985
16	21.97	21.989	22.015	21.985
17	22.00	21.991	22.015	21.985
18	21.99	21.991	22.015	21.985
19	22.00	21.993	22.015	21.985
20	21.98	21.990	22.015	21.985

由表 7-7 可见，当 m 足够大时，控制界限保持不变。通常 $m\geqslant5$ 就认为 m 足够大。

所绘制的指数加权移动平均控制图如图 7-25 所示，结果显示指数加权移动平均值是正常的，未发生偏移。

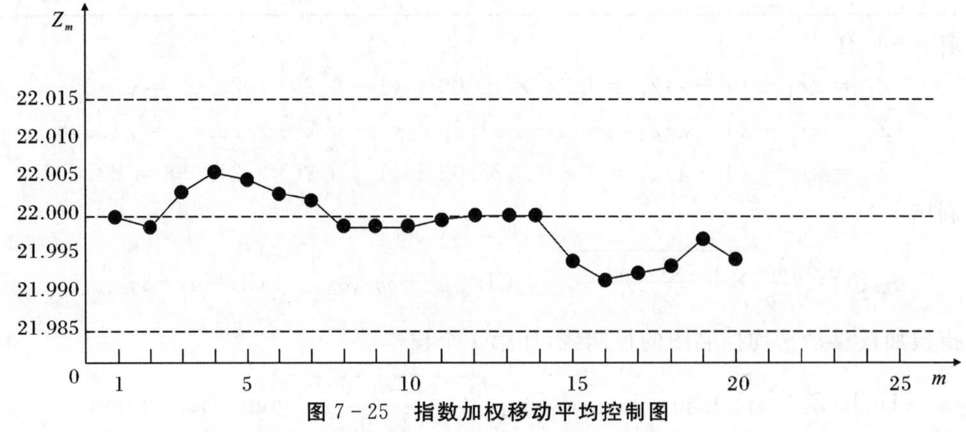

图 7-25 指数加权移动平均控制图

7.4 过程能力分析

在过程质量分析与控制中，计算与分析过程能力指数是一项非常重要的工作，许多企业都定期在企业内部各主要过程上计算过程能力指数。通过过程能力分析，可以发现过程的质量瓶颈和过程中存在的问题，从而进一步明确质量改进的方向。实践中，一般采用 C_p 和 C_{pk}两个指数来衡量计量值的过程能力。也有一些学者提出了其他的过程能力指数，如基于田口玄一提出的质量损失函数的过程能力指数 C_{pm}，还有一些过程能力指数太复杂，没有太大的应用价值。多波动分析是用来分析过程质量特征值波动规律的一个重要方法，通过多波动分析，可为过程能力分析确定合理的抽样方案，对过程质量分析和控制起着重要的作用。

本节将主要介绍 C_p 和 C_{pk}的基本概念和计算，给出过程能力分析的流程，简要介绍计数值的过程能力分析。

7.4.1 基本概念

1. 过程能力和过程波动

产品的制造过程能力是指过程处于受控状态或稳定状态下在加工精度方面的实际能力。过程能力体现了过程稳定地实现加工质量的范围。但任何过程客观上都会存在波动，显然，过程的波动是衡量过程质量特征值一致性的指标。产生过程波动的主要因素有 6 个，即 5M1E。

5M1E 导致的波动有两种：随机性波动和系统性波动。随机性波动引起产品质量的正常波动，系统性波动引起产品质量的异常波动。通常情况下，受控过程仅受随机性因素的影响，因此，过程质量特征值服从正态分布。

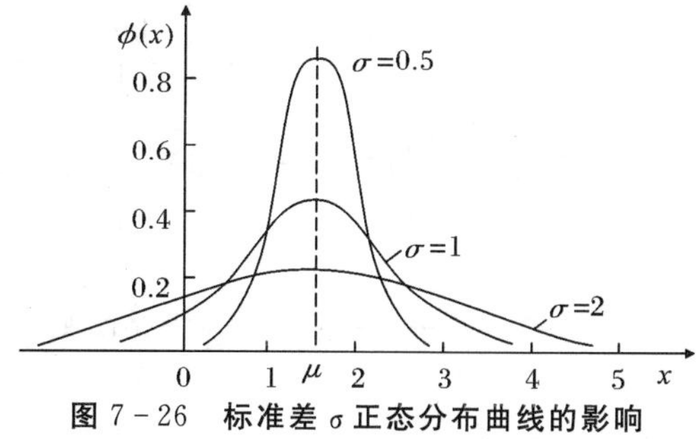

图 7-26 标准差 σ 正态分布曲线的影响

由概率理论可知，一个正态分布曲线可用两个参数表征，即均值 μ 和标准差σ。均值 μ 是个位置参数，它反映了正态分布曲线所处的位置；标准差 σ 是形状参数，它反映了正态分布曲线形状的“高矮”和“胖瘦”(见图 7-26)。σ 越小则正态分布曲线就越“高”、越“瘦”，表明过程质量波动的范围就越小，过程能力就越强；反之，σ 越大则正态分布曲线就越“矮”、越“胖”，过程质量波动的范围就越大，过程能力就越弱。

2. 过程能力分析的目的

研究过程的波动相对于公差的满足程度，称之为过程能力分析。通过过程能力分析，可达到以下目的：

(1)预测过程质量特征值的波动对公差的符合程度；

(2)帮助产品开发及过程开发者选择和设计产品/过程；

(3)对新设备的采购提出要求；

(4)为供应商评价和选择提供依据；

(5)为制定工艺规划提供依据；

(6)找出影响过程质量的瓶颈因素；

(7)减少制造过程的波动，从而进一步明确质量改进的方向。

3. 过程能力分析的流程

过程能力分析首先从确定关键质量特征值开始，确定其是否为计量值。若是，则按照计量值过程能力分析的步骤进行；若关键质量特征值是计数值，则按照计数值过程能力分析的步骤进行。为了便于实际应用，给出了过程能力分析的一般流程，如图 7－27 所示。

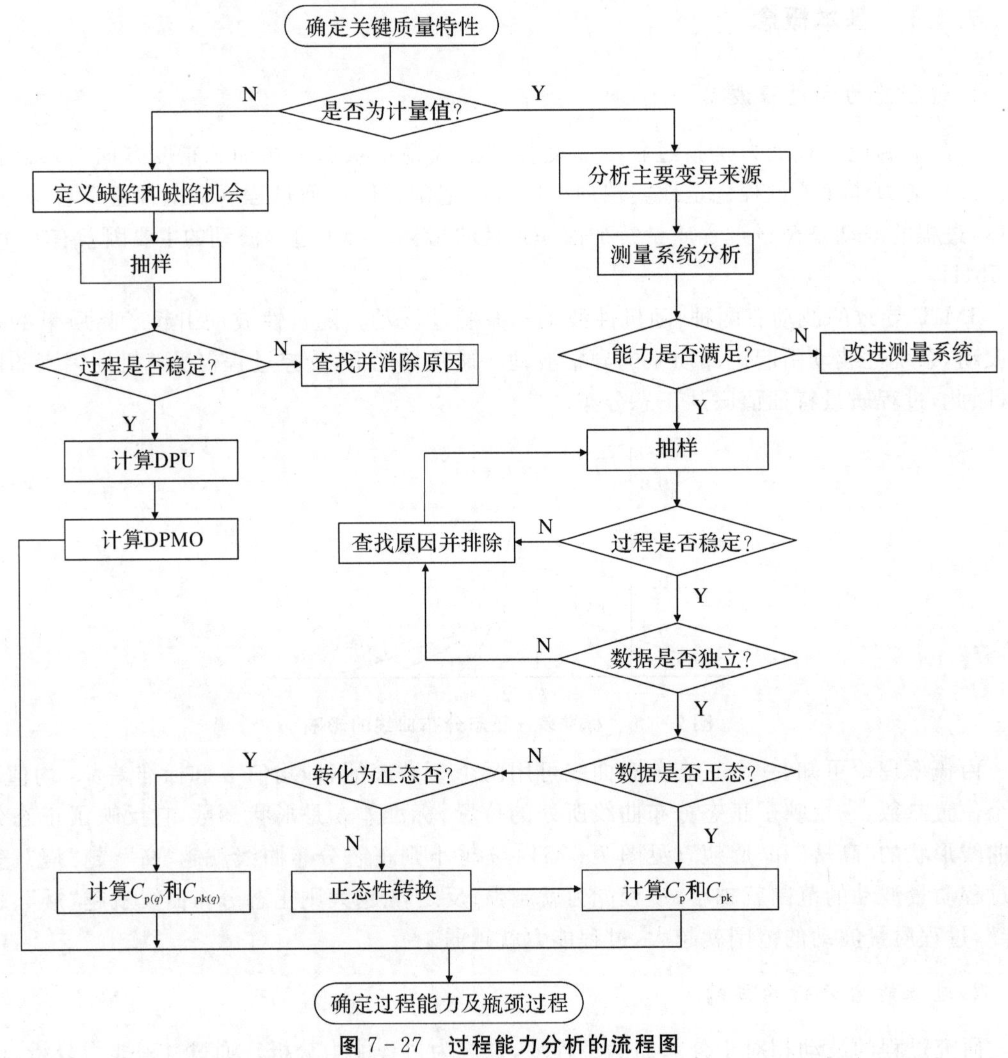

图 7－27　过程能力分析的流程图

4. 过程多波动分析试验

通过设计多波动分析试验，收集数据，并进行方差分析和方差估计，可以清楚地了解过程质量变异的主要来源，为改善过程质量或在过程控制中合理抽样指明了方向。这一方法对过程质量分析和控制的意义体现在以下几个方面：

(1)进行过程能力分析时。若产品质量特征值存在上述三种波动，应根据多波动分析结果确定合理的抽样方案。对于短期过程能力分析，一般要求样本数据应包含产品内波动和产品间波动。在进行长期过程能力分析时，还应考虑时间波动。

(2)进行过程控制时。首先在选择和设计控制图之前应进行多波动分析，明确波动来源，才能选择适宜的控制图和设计合理的抽样方案。

(3)进行试验设计时。试验设计的目标往往是为了减少波动，在产品质量特征值存在多波动的情形下，也应事先进行多波动分析找出波动的来源，确定采用重复试验或仿真试验，以及试验数据的测量方法等，从而为安排合理的试验设计方案提供依据。

7.4.2　过程能力指数计算

1. 过程能力指数 C_p

如前所述，由于标准差 σ 能反映过程能力的强弱，因此实践中对计量型质量特征值，人们常用 σ 为基础来表征过程能力。通常，人们使用 $\pm 3\sigma$ 表示过程能力，即 $B=6\sigma$。当过程处于受控状态时，质量特征值落在 $\mu \pm 3\sigma$ 的概率为 99.73%，这一范围基本上表征了过程质量特征值的正常波动范围，如图 7－28 所示。

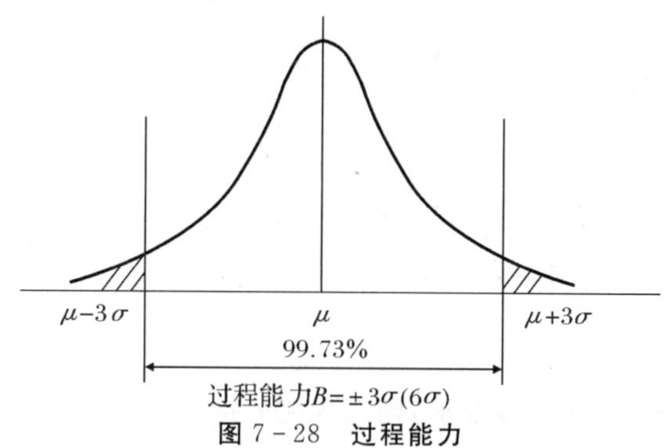

图 7－28　过程能力

实践中一般用过程能力指数来衡量过程能力的相对大小。过程能力指数最早是由朱兰博士提出的，他将公差范围与过程质量特征值的波动范围之比定义为过程能力指数，用符号 C_p 表示。过程能力指数的计算必须满足以下 3 个条件：

(1)过程处于受控状态，即影响过程能力指数的因素只有随机性波动，没有系统性波动；

(2)质量特征值是相互独立的；

(3)产品的质量特征值服从正态分布。

过程能力指数 C_p 的计算公式为

$$C_p=\frac{\text{公差范围}}{\text{过程质量特征值得波动范围}}$$

如果公差范围用 T 表示，过程能力用 6σ 描述，则过程能力指数的一般表达式为

$$C_{\mathrm{p}}=\frac{T}{6\sigma}$$

当过程分布中心 μ 与公差中心 M 重合时（见图 7－29），对于双侧规格情况，C_{p} 计算公式为

$$C_{\mathrm{p}}=\frac{T}{6\sigma}=\frac{T_{\mathrm{U}}-T_{\mathrm{L}}}{6\sigma}$$

式中 T_{U}——公差上限；

T_{L}——公差下限。

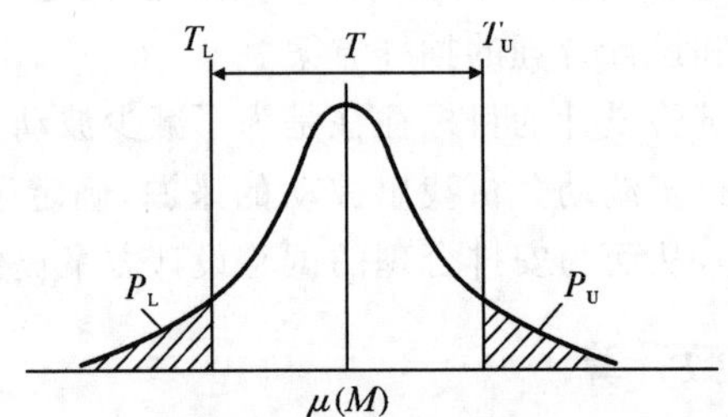

图 7－29　过程分布中心与公差中心重合的情况

实际上，σ 是未知参数，一般用样本标准差 s 作为对 σ 的估计，即

$$s=\sqrt{\frac{\sum_{i=1}^{n}(x_i-\bar{x})^2}{n-1}}$$

式中 x_i——第 i 个观测值；

n——样本容量。

这样，$\hat{C}_{\mathrm{p}}$ 的计算式为

$$\hat{C}_{\mathrm{p}}=\frac{T_{\mathrm{U}}-T_{\mathrm{L}}}{6s}$$

从上式中可以看出，C_{p} 值与公差范围的大小成正比，与标准差的大小成反比。

对于单侧规格情况，若只有公差上限要求而无下限要求，则过程能力指数计算公式为

$$C_{\mathrm{pu}}=\frac{T_{\mathrm{U}}-\mu}{3\sigma}$$

若只有公差下限要求而无上限要求，则过程能力指数计算公式为

$$C_{\mathrm{pl}}=\frac{\mu-T_{\mathrm{L}}}{3\sigma}$$

某批零件直径的设计尺寸为（10±0.03）mm，通过随机抽样检验，经计算得知样本的均值与公差中心重合，$s=0.01$，该过程的过程能力指数 C_{p} 计算为

$$\hat{C}_{\mathrm{p}}=\frac{T}{6s}=\frac{T_{\mathrm{U}}-T_{\mathrm{L}}}{6s}=\frac{0.03-(-0.03)}{6\times 0.01}=1$$

2. 过程能力指数 C_{pk}

由 C_{p} 计算公式可以看出，C_{p} 只是反映了过程的潜在能力，也有人称其为理想的过程能力指数，因为 C_{p} 的计算并未考虑均值的大小偏移。同样的 C_{p} 值，当均值发生偏移时，即产

品质量分布中心 μ 与公差中心 M 不重合时(见图 7-30),过程的不良品率会发生很大的变化。为了弥补 C_p 的不足,又引入另一个过程能力指数 C_{pk},其计算公式为

$$C_{pk}=\min\{C_{pu},C_{pl}\}=\min\left\{\frac{T_U-\mu}{3\sigma},\frac{\mu-T_L}{3\sigma}\right\}=\frac{T_U-T_L-2\Delta}{6\sigma}=(1-k)C_p$$

式中 Δ——分布中心和公差中心的绝对偏移量,$\Delta=|\mu-M|=\left|\mu-\frac{T_U+T_L}{2}\right|$;

μ——实际过程分布中心;

M——公差中心,$M=\frac{(T_U+T_L)}{2}$;

k——相对偏移系数,$k=\frac{2\Delta}{(T_U-T_L)}$。

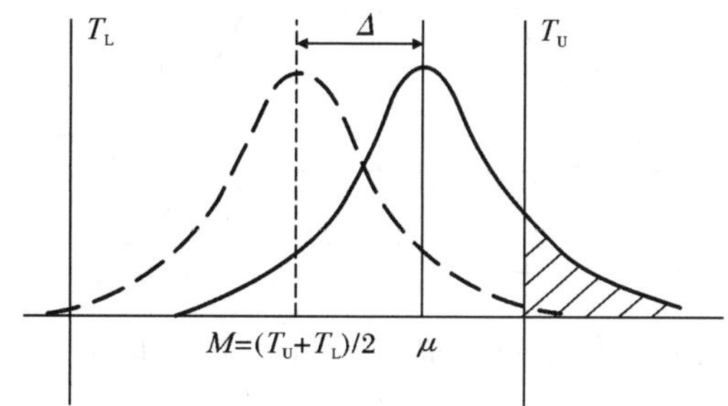

图 7-30 产品质量分布中心与公差中心不重合情况

当仅有公差上限要求而无下限要求时,$C_{pk}=C_{pu}$;当只有公差下限要求而无上限要求时,$C_{pk}=C_{pl}$;另外,当 $\mu=M$ 时,$k=0$,$C_{pk}=C_p$;当 $\mu=T_U$ 或 $\mu=T_L$ 时,$k=1$,$C_{pk}=0$。

这里 $C_{pk}=0$ 表示过程能力由于过程发生漂移而严重不足,需要采取措施加以纠正。当 $\mu\neq M$ 时,$C_{pk}<C_p$。C_{pk} 和 C_p 的差异反映了过程分布中心与公差中心偏离程度的大小。例如:

(1)若 C_p 和 C_{pk} 都较小而两者差别不大,如 $C_p=0.70$,$C_{pk}=0.67$,则说明过程能力严重不足,过程的主要问题是 σ 太大,改进过程应首先着眼于降低过程的波动。

(2)若 C_p 较大而 C_{pk} 很小,如 $C_p=1.50$,$C_{pk}=0.67$,则说明过程的主要问题是过程分布中心 μ 偏离 M 太多,改进过程应首先移动 μ 使之更接近 M。

(3)C_p 和 C_{pk} 都较小而两者相差较大,如 $C_p=0.80$,$C_{pk}=0.36$,则说明过程的 μ 和 σ 都有问题,解决的办法通常是先移动 μ 使之更接近于 M,然后设法降低过程的波动。

因此考虑问题时要同时考虑 C_{pk} 和 C_p 两个指数,以便对整个过程的状况有较全面的了解。如某批零件孔径设计尺寸的上、下限分别为 $T_U=\phi15.02$,$T_L=\phi14.98$,通过随机抽样检验并经过计算得知 $\mu=14.990$,$s=0.005$,其过程能力指数计算为

$$C_p=\frac{T}{6s}=\frac{T_U-T_L}{6s}=\frac{0.04}{6\times0.005}=1.33$$

$$M=\frac{T_U+T_L}{2}=\frac{15.02+14.98}{2}=15$$

由于 $\mu=14.990\neq M$,因此公差中心与实际分布中心不重合。

$$\Delta=|\mu-M|=|14.990-15.00|=0.01$$

$$\hat{C}_{pk}=\frac{T_U-T_L-2\Delta}{6s}=\frac{15.02-14.98-2\times0.01}{6\times0.005}=0.67$$

3. 过程能力指数与不合格品率的关系

当质量特性 y 的分布呈正态分布时，一定的能力指数与一定的不合格品率相对应。例如，当 $C_p=1$ 时，即 $B=6\sigma$ 时，质量特性的标准的上、下限与 $\pm 3\sigma$ 重合，由正态分布的概率函数可知，此时的不合格品率为 0.27%，如图 7-31 所示。

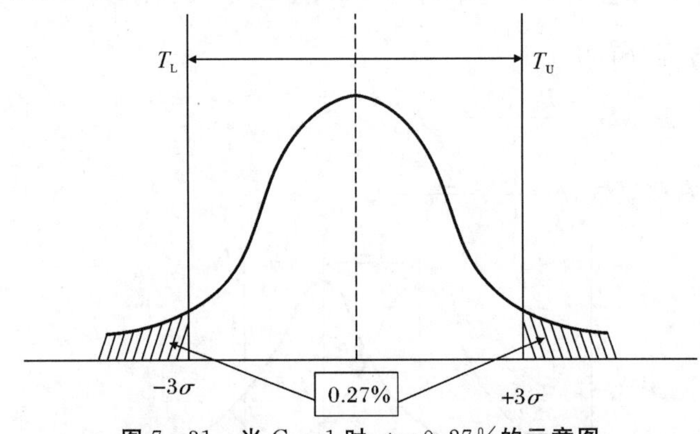

图 7-31　当 $C_p=1$ 时，$p=0.27\%$ 的示意图

(1)重合时。当受控过程的质量特征值 y 服从正态分布 $N(\mu,\sigma^2)$ 时，其不合格品率 p 的计算公式为

$$p=p_L+p_U=P(y<T_L)+P(y>T_U)=\Phi\left(\frac{T_L-\mu}{\sigma}\right)+\left[1-\Phi\left(\frac{T_U-\mu}{\sigma}\right)\right]$$

式中：Φ 为标准正态分布的概率分布函数。

(2)不重合时。如果过程分布中心 μ 位于公差中心 M 与公差上限 T_U 之间，则

$$C_{pk}=C_{pu}=\frac{T_U-\mu}{3\sigma} \tag{7-7}$$

另外，

$$\frac{T_L-\mu}{3\sigma}=\frac{(T_U-\mu)-(T_U-T_L)}{3\sigma}=C_{pk}-2C_p \tag{7-8}$$

把式(7-7)和式(7-8)代入下式可得

$$p=\Phi[3(C_{pk}-2C_p)]+1-\Phi(3C_{pk})=\Phi[-3(2C_p-C_{pk})]+\Phi(-3C_{pk}) \tag{7-9}$$

如果过程分布中心 μ 位于公差下限 T_L 与公差中心 M 之间，则同样也可得到式(7-9)，它又可表达成

$$p=\Phi[-3(1+k)C_p]+\Phi[-3(1-k)C_p]$$

当 $k=0$ 时，$p=2\Phi(-3C_p)=2-2\Phi(3C_p)$。

当 $C_p=1.0, k=0.2$ 时，计算其不合格品率 p。

$$\begin{aligned}p&=\Phi[-3\times(1+0.2)\times1.0]+\Phi[-3\times(1-0.2)\times1.0]\\&=\Phi(-3.6)+\Phi(-2.40)\\&=1-\Phi(3.60)+1-\Phi(2.40)\\&=2-0.999\,841-0.991\,802\\&=0.008\,357\end{aligned}$$

4. 计数值特征的过程能力分析

这里的计数值只指计点值。某些过程质量特征往往难以用计量值数据来表示，只能根据生产过程的单位产品缺陷数(DPU)分析过程质量的高低。当缺陷以随机方式出现时，可以认为单位产品的缺陷服从泊松分布，则单位产品出现 d 个缺陷的概率为

$$P(x=d)=\frac{(\mathrm{DPU})^{d}\mathrm{e}^{-\mathrm{DPU}}}{d!}$$

当 $d=0$ 时，表示产品无缺陷，即一次送检合格率。一次送检合格率用 FTY 表示，则 $\mathrm{FTY}=P(x=0)=\mathrm{e}^{-\mathrm{DPU}}$。

DPU 和 FTY 的关系可写成

$$\mathrm{DPU}=-\ln(\mathrm{FTY})$$

对于某些生产过程，往往没有必要检测出所有缺陷，一旦发现产品质量缺陷即判定不合格(不返修)，可由上述公式近似估计 DPU。为了方便计算与交流，DPU 还可用 DPHU(每百单位产品缺陷数)表示：

$$\mathrm{DPHU}=100\times\mathrm{DPU}$$

DPU 虽然可以较好地反映过程质量，但不同复杂度产品的 DPU 不具备横向可比性。为了使不同复杂度的产品具备横向可比性，这里引入“缺陷机会”的概念。所谓缺陷机会是指在生产过程中由于工人、机器或零部件等原因可能对产品造成的缺陷的机会。一般来讲，过程越多，产品越复杂，产品可能出错的机会就越多。例如，在 PCB 上插 10 个插件和 100 个插件，其缺陷机会肯定不同，前者为 10 个缺陷机会，后者为 100 个缺陷机会。百万缺陷机会缺陷数(DPMO)就是考虑到不同复杂度产品缺陷机会后的规范化的指标，它可用于不同复杂度产品间的横向比较。

$$\mathrm{DPMO}=\frac{\mathrm{DPU}}{\text{单位产品平均缺陷机会数}}\times10^{6}$$

DPMO 的公式还可以具体表示成

$$\mathrm{DPMO}=\frac{\text{总缺陷数}}{\text{产品数}\times\text{机会数?}}\times10^{6}$$

根据 DPU 和 DPMO 可分析计数值质量特征的过程能力。需要指出的是，有些学者或企业使用 ppm(百万分之缺陷率)作为衡量过程质量的指标，实际上 ppm 与 DPMO 的概念是一致的，但 ppm 经常会使人误解，建议使用 DPMO 指标。

7.4.3　过程能力评价

1. 过程能力判定

当工序能力指数求出后，就可以对工序能力是否充分作出分析和判定；即判断 C_{p} 值在多少时，才能满足设计要求。

(1)根据工序能力的计算公式，如果质量特性分布中心与标准中心重合，这时 $k=0$，当标准界限范围是 $\pm3\sigma$(即 6σ)时，这时的工序能力指数 $C_{\mathrm{p}}=1$，可能出现的不良品率为 0.27%，工序能力基本满足设计质量要求。

(2)如果标准界限范围是$\pm 4\sigma$(即8σ),$k=0$,则工序能力指数为$C_p=1.33$。这时的工序能力不仅能满足设计质量要求,而且有一定的富余能力,这种工序能力状态是比较理想的状态。

(3)如果标准界限范围是$\pm 5\sigma$(即10σ),$k=0$,则工序能力指数为$C_p=1.67$。这时工序能力有更多的富余,也就是说工序能力非常充分。

(4)当工序能力指数$C_p<1$时,就认为工序能力不足,应采取措施提高工序能力。

根据以上分析,工序能力指数C_p值(或C_{pk})的判断标准列于表7-8,可作参考。

表7-8　工序能力的判断标准

级别	项目			
	工序能力指数C_p或C_{pk}	对应关系T与σ	不合格品率p	工序能力分析
1	$C>1.67$	$T>10\sigma$	$p<0.000\ 060\%$	很充分
2	$1.67\geqslant C>1.33$	$10\sigma\geqslant T>8\sigma$	$0.006\%\leqslant p\leqslant 0.006\%$	充　分
3	$1.33\geqslant C_1>1$	$8\sigma\geqslant T>6\sigma$	$0.006\%\leqslant p\leqslant 0.27\%$	尚　可
4	$1\geqslant C_1\geqslant 0.67$	$60\geqslant T>4\sigma$	$0.27\%<p<4.45\%$	不　足
5	$C_p\leqslant 0.67$	$T\leqslant 4\sigma$	$p\geqslant 4.45\%$	严重不足

2.提高过程能力的对策

(1)$C_p>1.33$。当$C_p>1.33$时,表明工序能力充分,这时就需要控制工序的稳定性,以保持工序能力不发生显著变化。如果认为工序能力过大,则应对标准要求和工艺条件加以分析,这样一方面可以降低要求,以避免设备精度的浪费;另一方面也可以考虑修订标准,提高产品质量水平。

(2)$1.0\leqslant C_p\leqslant 1.33$。当工序能力处于1.0～1.33时,表明工序能力基本满足要求,但不充分。当C_p值很接近1时,则会产生超差的危险,应采取措施加强对工序的控制。

(3)$C_p<1.0$。当工序能力小于1时,表明工序能力不足,不能满足标准的需要,应采取改进措施,改变工艺条件,修订标准,或严格进行全数检查等。

3.提高过程能力指数的途径

在实际的工序能力调查中,工序能力分布中心与标准中心完全重合的情况是很少的,在大多数情况下都存在一定量的偏差,所以在进行工序能力分析时,计算的工序能力指数一般都是修正工序能力指数。从修正工序能力指数的计算公式$C_{pk}=\dfrac{T-2\varepsilon}{6\sigma}$中看出,有3个影响工序能力指数的变量,即质量标准$T$、绝对偏移量$\varepsilon$和工序质量特性分布的标准差$\sigma$。那么要提高工序能力指数就有3个途径,即减小偏移量、降低标准差和扩大精度范围。

(1)调整工序加工的分布中心,减少偏移量。偏移量是工序分布中心和技术标准中心偏移的绝对值,即$\varepsilon=|M-\mu|$。当工序存在偏移量时,会严重影响工序能力指数。假设在两个中心重合时工序能力指数是充足的,但由于存在偏移量,使工序能力指数下降,造成工序能力严重不足。

如某零件尺寸标准要求为$\phi 8^{-0.05}_{-0.10}$,随机抽样后计算出的样本特征值为$\overline{x}=7.945$,$s=$

0.005 19，计算工序能力指数。

已知

$$T_L = 7.9, T_U = 7.95$$

$$T = T_U - T_L = 7.95 - 7.9 = 0.05$$

$$M = \frac{T_U + T_L}{2} = \frac{7.95 + 7.9}{2} = 7.925$$

$$\varepsilon = | \bar{X} - M | = | 7.945 - 7.925 | = 0.02$$

$$K = \frac{2\varepsilon}{T} = \frac{2 \times 0.02}{0.05} = 0.8$$

$$C_p = \frac{T}{6s} = \frac{0.05}{6 \times 0.005\,19} = 1.6$$

$$C_{pk} = C_p(1 - k) = 1.6 \times (1 - 0.8) = 0.32$$

由上述例子看出，$C_p = 1.6$ 是很充足的，但由于存在偏移量，工序能力指数下降到0.32，造成工序能力严重不足。所以调整工序加工的分布中心，消除偏移量，是提高工序能力指数的有效措施。

（2）提高工序能力，减少分散程度。由 $B = 6\sigma$ 可知，工序能力 $B = 6\sigma$，是由人、机、物、法和环境等 5 个因素所决定的，也是工序固有的分布宽度。当技术标准固定时，工序能力对工序能力指数的影响是十分显著的，因此，减小标准差 σ 就可以减小分散程度，从而提高工序能力，以满足技术标准的要求程度。一般来说，可以通过以下一些措施减小分散程度。

1）修订工艺，改进工艺方法；修订操作规程，优化工艺参数；补充或增添中间工序，推广应用新工艺、新技术。

2）改造更新与产品质量标准要求相适应的设备，对设备进行周期点检，按计划进行维护，从而保证设备的精度。

3）提高工具、工艺装备的精度，对大型的工艺装备进行周期点检，加强维护。

4）按产品质量要求和设备精度要求保证环境条件。

5）加强人员培训，提高操作者的技术水平和质量意识。

6）加强现场质量控制，设置关键、重点工序的工序管理点，开展 QC 小组活动，使工序处于控制状态。

（3）修订标准范围。标准范围的大小直接影响对工序能力的要求，当确信若降低标准要求或放宽公差范围不致影响产品质量时，就可以修订不切实际的现有公差的要求。这样既可以提高工序能力指数，又可以提高劳动生产率。但必须以切实不影响产品质量、不影响用户使用效果为依据。

第8章 质量检验

8.1 质量检验概述

8.1.1 质量检验定义

国际标准ISO 9000对质量检验下的定义是:通过观察和判断,必要时结合测量、试验或度量所进行的符合性评价。对于产品而言,质量检验是指根据产品标准或检验规程对原材料、半成品、成品进行观察、测量或试验,并把所得到的特性值和规定值作比较,判定出各个物品或成批产品合格与不合格,以及决定接收还是拒收该产品或零件的技术性检查活动。

质量检验的另外一项功能是,根据检测结果判断工序的质量状况,尽早发现工序异常现象并予以消除。质量检验数据作为重要的质量记录,也是判断质量管理体系是否正常运行的重要依据。

从以上的定义可以看出,质量检验过程实质上是一个观察、测量和分析判定的过程,并根据判定结果实施处理。这里的处理是指单个或一批被检物品的合格放行以及对不合格品作出返工、报废或拒收的结论。

在产品质量形成过程中,质量检验起着非常重要的作用。它是产品质量管理和质量保证的重要环节,是企业生产经营活动中必不可少的组成部分。任何一种产品,在生产制造完成后,如果未经质量检验,就无法判断其质量的好坏。

8.1.2 质量检验的目的

1.质量检验的目的

(1)判断产品质量是否合格。

(2)确定产品质量等级或产品缺陷的严重性程度,为质量改进提供依据。

(3)了解生产工人贯彻标准和工艺的情况,督促和检查工艺纪律,监督工序质量。

(4)收集质量数据,并对数据进行统计、分析和计算。提供产品质量统计考核指标完成的情况,为质量改进和质量管理活动提供依据。

(5)当供需双方因产品质量问题发生纠纷时,实行仲裁检验,以判定质量责任。

2.质量检验的意义

(1)通过进货质量检验,企业可以获得合格的原材料、外购件及外协件,这对保证企业产品质量特别重要。此外,通过进货检验还可以为企业的索赔提供依据。

(2)通过过程检验不仅可以使工艺过程处于受控状态,而且还可以确保企业生产出合格的零部件。

(3)通过最终检验可以确保企业向用户提供合格的产品,不仅可以减少用户的索赔、换货等损失,而且可以得到用户的信赖,不断扩大自己的市场份额。

总之,加强质量检验可以确保不合格原材料不投产,不合格半成品不转序,不合格零部件不装配,不合格产品不出厂,避免由于不合格品投入使用给用户、企业和社会带来损失。此外,在质量成本中,检验成本往往占很大的份额,通过合理确定检验工作量,对降低质量成本具有重要意义。

因此,企业的质量检验工作在任何情况下都是完全必要、不可缺少的。开展质量管理工作绝不意味着可以削弱、合并甚至取消检验机构。恰恰相反,越是深入开展质量管理,就越应充实、完善和加强质量检验工作,充分发挥检验工作的职能作用。

8.1.3 质量检验的职能和工作程序

1.质量检验的职能

在产品质量的形成过程中,检验是一项重要的质量职能。概括起来说,质量检验职能就是在正确鉴别的基础上,通过判定把住产品质量关,通过质量信息的报告和反馈,采取纠正和预防措施,从而达到防止质量问题重复发生的目的。

(1)鉴别职能。检验活动实质上是进行质量鉴别的过程。它是根据产品规范,按规定的程序和方法,对受检对象的质量特性进行度量,并将结果与规定的要求进行比较,对被检查对象合格与否做出判定。这就是检验的质量鉴别职能。

(2)把关职能。在生产的各个环节,通过质量检验挑选并剔除不合格产品,并对不合格产品做出标记,进行隔离,防止在做出适当处理前被误用。通过产品质量形成全过程的检验,层层把住“关口”,保证产品的符合性质量,这就是检验的质量把关职能。

(3)预防职能。通过检验可获得质量数据和信息,为质量控制提供依据。通过工序质量控制,把影响工序质量的因素管理起来,以实现“预防为主”的目的。

(4)报告职能。把检验过程中获得的数据和异常情况认真记录下来,及时进行整理、分析和评价,并向有关部门和领导报告企业的产品质量状况和质量管理水平,提供质量改进信息。

(5)监督职能。参与企业对产品质量实施的经济责任制考核,为考核提供数据和建议;对不合格产品的原材料、半成品、成品和包装实施跟踪监督;对产品包装的标志以及出、入库等情况进行监督管理;对不合格品的返工处理及产品降级后更改产品包装等级标志进行监督;配合工艺部门对生产过程中违反工艺纪律的现象进行监督等。

2.质量检验的工作程序

(1)熟悉和掌握技术标准,制订质量检验计划。把有关的技术标准转换成具体、明确的质量要求和检验方法,通过标准的具体化,使有关人员熟练掌握产品的合格标准。

(2)测量。测量就是采用各种计量器具、检验设备和理化分析仪器,对产品的质量特性进行定量或定性的测量，以获取所需信息。

(3)比较。比较就是把检验结果与质量标准进行对比，观察质量特性值是否符合规定的标准。

(4)判定。根据比较的结果，判定被检验对象是否合格。

(5)处理。处理措施包括对合格产品予以放行，及时转入下道工序；对不合格产品给出返修、降级使用或报废的决定；对不合格品进行跟踪管理；对批量产品(包括外协配套件、原材料等)根据产品批质量情况和检验判定结果，分别作出接受、拒收、筛选或复检等结论，向有关部门和领导进行"报告"。

8.1.4 质量检验的分类及特点

1. 按生产过程划分

(1)进货检验。进货检验是由企业的检验部门对进厂的物品，如原材料、辅料、外购件、外协件等进行入库前的检验。进货检验分为首批检验和成批检验两种。所谓首批检验，就是对满足下列条件的进厂物品进行严格检验：

1)首次交货。

2)产品结构和原材料成分有较大的改变。

3)制造方法有较大的变化。

4)该物品在停产较长时间后又恢复生产等。

首批检验的目的是了解物品的质量水平，以便建立明确具体的验收标准，在以后成批验收物品时，就以这批货物的质量水平为标准。

所谓成批检验，就是对批量进厂的物品进行检验。其目的是防止由于不合格物品入厂而降低产品质量，破坏正常的生产秩序。在进货检验中，对关键物品一般采用全数检验，对次要物品或无法全检的重要物品进行抽样检验，对一般物品可进行少量的抽检或只查合格证。

(2)过程检验。过程检验是对零件或产品在工序过程中进行的检验。其目的是确保不合格品不流入下道工序，并防止产品成批不合格的现象。此外，过程检验的结果可以作为判断工序是否处于受控状态的依据。过程检验可分为逐道工序检验和集中检验两种。逐道工序检验是指对零部件生产的每个工序都进行检验，逐道工序检验对保证产品质量、预防不合格产品的产生具有良好的效果，但检验工作量大，花费高，只在重要工序上采用。集中检验不是在每个工序都进行检验，而是在几道工序完成后集中进行检验。如果产品质量比较稳定，而又不便于进行逐道工序检验时，可以在几道工序完毕后集中进行检验。

过程检验的重点是首件检验，如果首件检验不合格时，则应立即采取措施对工序进行调整。进行首件检验的条件是：

1)交接班后生产的第一件产品。

2)调整设备后生产的第一件产品。

3)调整或更换工装后加工的第一件产品。

4)改变工艺参数和加工方法后生产的第一件产品。

5)改变原材料、毛坯、半成品后加工出来的第一件产品。

(3)零件完工检验。零件完工检验是对已经全部加工结束后的成品零件进行的检验。应着重检验以下几个方面:

1)应加工的工序是否全部完成。

2)是否符合质量的要求。

3)外观是否有磕、碰、刮伤等表面缺陷。

4)零件的编号是否齐全和清楚等。完工检验是保证不合格件不出车间、不出厂的重要工作内容。

(4)成品检验。所谓成品检验,是指对组装成的产品在准备入库或出厂前所进行的检验。由于成品检验是在成品入库或出厂前所进行的最后一次检验,对防止不合格品出厂至关重要,因此必须予以重视。成品检验的内容包括:

1)按照技术要求逐条、逐项进行产品性能检验。

2)对产品的外观进行检验。

3)对产品的安全性进行检验。

4)对备用件进行检查。

5)认真做好记录。

2.按检验地点划分

(1)固定地点检验。在固定地点设置检验站,由生产工人或搬运工将产品送到检验站进行检验。固定地点检验适用于检验设备不便移动或检验设备频繁使用的情况。检验地点的选择应使搬运路线最短,当然还应考虑检验设备对环境的要求。

(2)流动检验。流动检验又可分为巡回检验和派出检验两种。巡回检验是由检验人员到生产现场进行的定期或随机性检验。巡回检验的优点是:

1)能及时发现质量问题,充分发挥检验的预防作用,特别是可以预防成批质量问题的发生。

2)有利于对操作工人进行技术指导,帮助做好质量分析工作,并监督工序质量控制工作。

3)减少零件的搬运工作量,并避免搬运中的磕、碰、刮伤等现象。

4)节省操作工人等待检验的辅助时间。

5)可以指导操作工人正确地进行自检和互检,正确使用量具,也可以将检验结果随时标注在控制图上,有利于改进和提高产品质量。

但巡回检验提高了对检验工人的要求,如检验工人应熟悉工艺过程,应有丰富的实际工作经验,有较高的技术水平,要有较强的责任心,坚持原则等。

派出检验是把检验工人派到用户单位和供货单位进行的检验,对于重要产品和长期供货的产品,常采用这种检验方式。但派出检验方式不能取代企业的正常检验,只能作为一种辅助措施。

3.按检验目的划分

(1)生产检验。生产检验是在工作过程中进行的检验。其目的是及时发现问题,使工序处于受控状态，也可以防止不合格品流向下道工序。

(2)验收检验。验收检验的目的是检查产品是否合格，以决定是否出厂(对生产者而言)、是否接受(对接收方而言)；另外，通过验收检验还可分清质量责任，避免质量纠纷。

(3)复查检验。复查检验是对已检查过的零部件和产品进行抽检，以考核检验工人的工作质量。

4.按检验数量划分

(1)全数检验。全数检验是对一批产品中的所有个体逐一进行检验，以判断其是否合格。全数检验适用于下列情况：零件的检验是非破坏性的；需要检验的质量特性的数量允许全部检验；关键件的关键项目必须确保质量；如果不全数检验就不能保证产品质量。

(2)抽样检验。抽样检验是按数理统计的方法，从待检的一批产品中随机抽取一定数量的样本，并对样本进行检验，然后根据样本的合格情况推算这批产品的质量状况。

5.按检验的后果性质划分

(1)非破坏性检验。在检验时产品不会受到破坏，检验后受检产品应保持完好。

(2)破坏性检验。在检验时产品受到一定程度的损坏，检验后产品可能完全无法使用，或降低了使用价值。破坏性检验常采用抽样检验方法。

6.按检验人员划分

(1)自检。自检是由生产工人自己对零部件或产品质量进行检验，可随时发现问题，是提高工人积极性和责任心的重要手段之一。

(2)互检。互检是指生产工人之间对工序过程中的产品进行相互检验。互检的方式包括同班组之间进行互检，同机床倒班者之间的交接互检，下道工序对上道工序的交接检验，生产班组所设的兼职质量员对本组工人加工质量的抽检，同工序间生产工人的“结对”互检等。

(3)专检。专检是指由专职检验人员进行的质量检验活动，具有权威性。

以上的自检、互检和专检称为“三检制”。在实行三检时，应做好以下几方面的工作：

1)根据企业的生产特点、员工素质和其他情况，合理地确定专检、自检和互检的职责范围。明确各自的任务和所负的责任。一般来讲，专职检验人员应负责原材料入库、半成品流转、成品包装出厂等检验工作；而生产过程中的工序检验应强调自检和互检相结合，同时辅以专检人员巡检。

2)对于自检的生产工人，应明确规定岗位责任和质量责任制。

3)应向生产工人提供必要的条件和检验手段，并进行必要的培训。

4)健全原始记录，完善统计报表。

5)采取必要的激励措施。

7.按检验方法划分

(1)感官检验。依靠人的感觉器官(皮肤、眼、耳、鼻、嘴等)进行产品质量的评价和判定，称为感官检验。感官检验常用于对产品外观的颜色、伤痕、锈蚀，物体的温度、粗糙度、噪声、振动、气味等进行检验。感官检验结果的表达方式有以下三种。

1）评分法。根据人的感觉直接给出被检对象的分数，以区别其质量的高低。表 8-1 所列是一种评分标准。

表 8-1　评分标准

非常好	相当好	略微好	正常	略微差	相当差	非常差
+5	+3	+1	0	−1	−3	−5

2）排队法。将被检对象按其质量特性的好坏排列出顺序。当然，在给出排列顺序时也可给出相应的分数。

3）比较法。比较法是感官检验中常用的一种方法，其特点是把被检产品与标准样品（如粗糙度、色彩图片等）进行比较，以确定被检物的等级。

（2）器具检验。器具检验是指利用计量仪器和量具，应用物理和化学方法对产品质量特性进行的检验。如利用成分分析仪对材料的化学成分进行检验，利用噪声计对噪声进行检测，利用硬度计对表面硬度进行检测，利用坐标测量仪对形位公差进行检测等均属于器具检验。利用计量器具进行检验有结果准确、客观性强等特点。表 8-2 是感官检验与器具检验特点的比较。

表 8-2　感官检验与器具检验的比较

名 称	感官检验	器具检验
测定过程	生理的、心理的	物理的、化学的
输出	通过人的语言表达，精确性差	以物理量数值输出
误差	与人的性格、性别、年龄、习惯、教育、训练等关系很大，所得结果差别也很大	误差小，重复度高
校正	即使同样的刺激，也可能得到不同的结果，所以难以比较	易于进行比较
环境的影响	大	小

（3）试用性检验。试用性检验是把产品交给用户或其他人试用，在试用一段时间后再收集试用者的反映，以此来判定产品的性能质量。在开发新产品（特别是汽车）、新材料、新工艺时常采用这种方法。在采用这种方法时，一定要求试用者做出详尽的记录，以便为产品鉴定提供可靠的依据。

8. 质量检验的依据

在制订检验计划、实施检验和对检验结果进行评定时，都必须有一定的客观依据。常用的检验依据有国家质量法律和法规、各种技术标准、质量承诺、产品图样、工艺文件和技术协议等。

（1）国家质量法律和法规。长期以来，国家非常重视质量立法工作，逐步形成了以《产品质量法》为基础，辅之以其他配套法规、特殊产品专门立法、标准与计量立法、产品质量监督管理立法等，使质量立法体系初具规模。与此同时，有关部门还颁布了有关质量工作的法规、规章和决定等。在质量检验工作中，要认真学习、贯彻法律、法规和规章的有关规定，做到不折不扣地执行。另外，企业也要善于利用法律、法规和规章作为武器维护自己的合法权益。

(2)技术标准。标准是以科学、技术和实践经验的综合成果为基础，经有关方面协商一致，由主管部门批准，以特定的程序和特定的形式发布，作为共同遵守的准则和依据。标准分为技术标准和管理标准两大类。技术标准又可分为基础标准、产品标准、方法标准、安全和环境保护标准等四大类。我国的技术标准体系如图 8－1 所示。在选用标准时，应优先选择国家标准，其次是行业标准，最后才是地方标准和企业标准。在选用国际标准时，应结合我国国情，可以采用等同采用、等效采用和参照采用等方式。

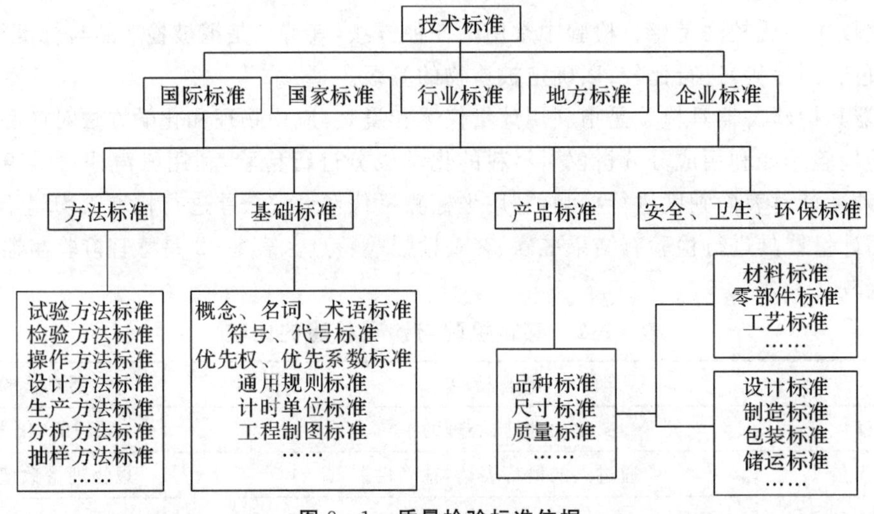

图 8－1　质量检验标准依据

(3)质量承诺。质量承诺是生产者或销售者对产品或服务质量做出的书面保证或承诺。它可以作为质量检验的依据。

(4)产品图样。产品图样是企业组织生产和加工制造的最基本的技术文件。图样中标注的尺寸、公差、表面粗糙度、材质、数量、加工技术要求、装配技术要求和检验技术要求都是质量检验的重要依据。

(5)工艺文件。工艺文件是指导生产工人操作和用于生产、检验和管理的主要依据之一。工艺文件对工序质量控制至关重要，工艺文件的质量检验卡片是过程质量检验的重要文件。

(6)技术协议。企业在生产制造过程中，外购件往往占很大的比例。为了保证外购件的质量，应签订合同和技术协议书。技术协议书中必须明确质量指标、交货方式和地点、包装方式、数量、验收标准、随机数量等内容，这些都是进货验收时的重要依据。

9.检验状态的标志与管理

(1)质量检验状态。产品或零部件是否已经得到检验，检验的结论如何，对检验结果进行处理的方式如何，这些称为检验状态。对检验状态进行标志和管理，是质量检验工作的一项重要内容。

质量检验状态一般有待检品、待判定品、合格品和不合格品四种。应对处于这四种检验状态的产品采取隔离和标志措施。

(2)隔离区及标志。根据检验的四种状态，一般应划出四个区域，分别存放不同检验状态的物品。待检品放在具有“待检”标志的待检区；对于已经进行过检验，但等待判定结论的物品应存放在具有“待判定区”标志的临时性区域；对于判定为合格的物品，应填写合格证并加上合格性标志后放在“合格品区”等待记账入库；对于不合格品，应做不合格标志，并存放在“不合格品区”等待处理。

检验状态的标志可采用标记、标签、印章、合格证等方式。在存放和搬运的过程中，要特别注意保护标志，使标志总是与物品在一起。标志中一般应明确以下内容：物品名称、型号规格、生产日期、入厂及入库日期和数量、检验人员姓名及编号、检验时间、检验结论等。

(3)不合格品管理。在企业的生产制造过程中，由于人、机、料、法、环、测等因素的影响，出现不合格品往往是不可避免的。为此，应加强对不合格品的管理，不仅要做到不合格原材料、外购件、外协件、配套件不进厂，不合格制品不转工序，不合格零部件不装配，不合格产品不出厂，还要通过对不合格品的管理，找出造成不合格的原因，并采取措施防止后续不合格品的产生。

1)不合格品的分类。不合格品根据其可用状态可分成废品、次品和返修品 3 种。

①废品。废品是指零件的质量严重不满足标准的要求，无法使用，但又不能修复的产品。废品的出现给企业造成的损失是巨大的，因此应采取一切措施避免废品的产生。

②次品。次品(又称疵品)是指零件的质量特性轻微地不满足标准的要求，但不影响产品的使用性能、寿命、安全性、可靠性等指标，也不会引起用户的强烈不满。在经过充足的分析论证，并按规定的手续审批后，打上明显的“次品”标记，允许出厂或转入下一道工序。对次品的使用有时称为“让步使用”。

③返修品。返修品是指那些不符合质量标准，但通过返修可以达到合格标准的产品或零件。

2)不合格品的标识和记录。在检验过程中，一旦发现不合格品，就应立即做标记和详细记录。对于不同类型的不合格品，应采用区别明显的标志(例如不同颜色的油漆)。使用标签时，必须使标签牢固地拴在不合格品上，以免相互分离。

3)不合格品的隔离。对已经做了记录和标志的不合格品，应按其性质进行隔离放置，等待进一步处理。因此，在检验区应设置专门放置不合格品的隔离区。未经允许，任何人不得随意搬动处于隔离区的不合格品。此外，应尽量缩短不合格品在隔离区的存放时间，及时进行后续处理。

4)不合格品的处理。经检验确定的不合格品，必须根据适当的程序进行处理，处理程序(参考)如图 8－2 所示。不合格品处理的内容主要包括废品处理、次品处理和返修品的处理。

①废品处理。对废品的处理比较简单，如果是外购物品，在隔离后等待做出退货处理；如果是本企业生产的不合格品，就按报废处理程序进行报废处理。对废品应做出明显的标

记，将之存放在“废品隔离区”，并填写废品通知单。

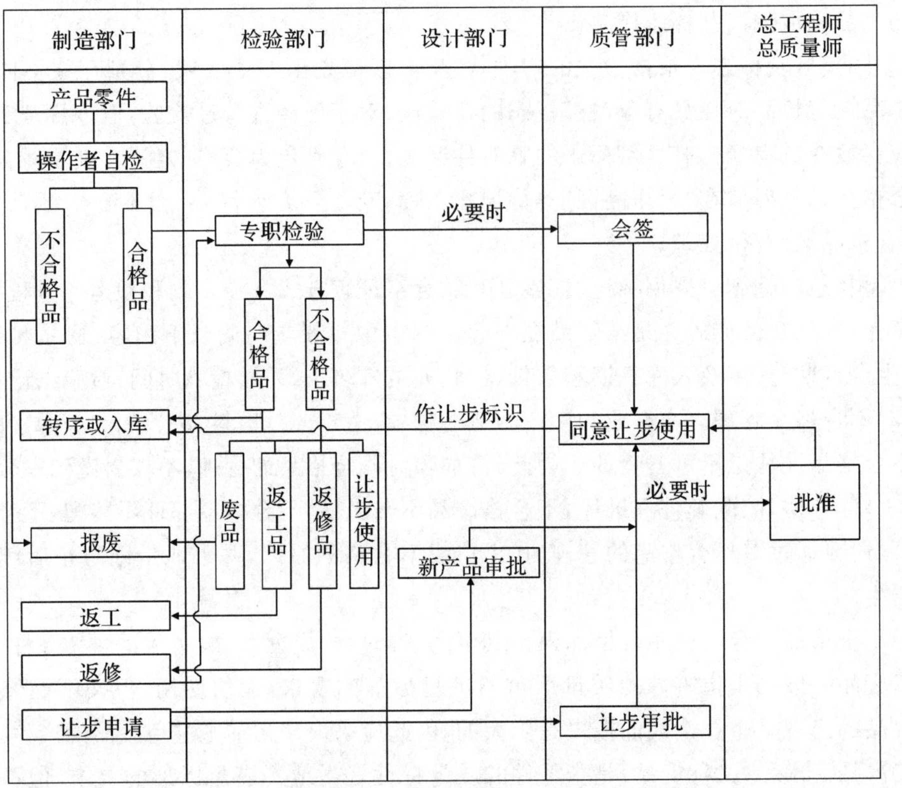

图 8-2　不合格品的处理程序

②次品处理。在判定不合格品为次品后，首先应由有关人员组成的评审小组进行评审。如果认为次品的应用不会影响产品功能、性能、安全性和可靠性，同时不会触犯有关产品责任方面的法律，也不会影响企业的信誉，则可确定为“回用品”。这时，应由责任单位提出回用申请，并填写“产品回用单”，说明回用的理由及采取的措施，经有关部门批准后打上“回用品”标志，然后登记入库。对外购物品的回用，还应向供货方提出赔偿要求。对次品的处理有以下三种情况：

a. 对产生轻微缺陷的非成批次品，可由质量管理部门负责人直接处理。

b. 对产生一般缺陷或成批存在轻微缺陷的次品，由责任单位提出申请，再由质量管理部门会同检验、设计、工艺和生产等部门共同进行处理。

c. 对产生严重缺陷但不影响产品使用的次品，由责任单位提出申请，企业质量管理部门会同设计、工艺、检验和生产等部门研究提出处理意见后，最后由总工程师作出处理决定。

③返修品的处理。如果不合格品是返修品，在经过返工处理后即可达到规定的质量标准。这时应由检验工人做好标识后隔离存放，再由有关部门进行研究。在确认返修的费用是可以接受的后，再填写“返修通知单”，由责任者或责任单位进行返修。返修后再进行检验，确认合格后再登记入库或转入下道工序。必要时，还应由技术部门编写返修工艺规程，再按规程进行返修。

根据质量责任制的规定，产生不合格品的责任人或责任单位应承担一定的经济责任。

8.1.5　全数检验与抽样检验

1. 全数检验

全数检验适用于非破坏性检验;检验费用少,影响产品质量的重要特性项目,生产中尚不够稳定的比较重要的特性项目,单件、小批量的产品,昂贵、高精度或重型产品,有特殊要求的产品,检验数量、项目较少;能够应用自动检验方法的产品。

全数检验的优点是判定比较可靠,能够提供更完整的检验数据,获得更充分可靠的质量信息。要得到百分之百是合格品,唯一的办法就是全数检验,甚至通过一次以上的全检。其缺点是检验工作量大、周期长、成本高,需要更多检验人员和检验设备,检验工具磨损快,检验人员易疲劳,导致较大的错检率和漏检率(当产品批量大、不合格品率低,检验工作单调,检验工具使用方法复杂,检验人员水平低、责任心不强时,全数检验的错误就会增加)。

全数检验和抽样检验的重要差别如下:

(1)全数检验与抽样检验的判定的过程不同,可用图 8-3 和图 8-4 来说明。

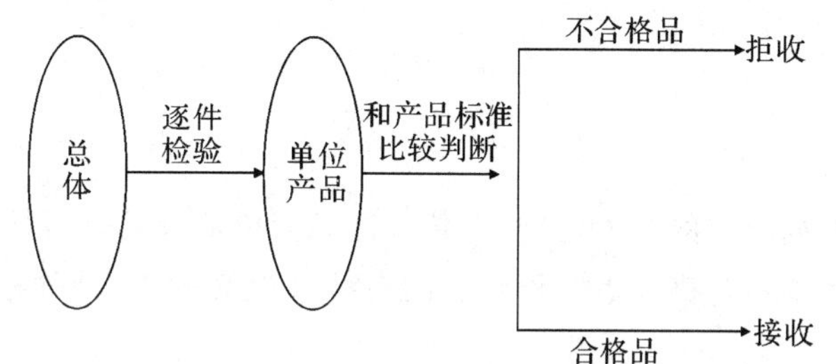

图 8-3　**全数检验判定过程**

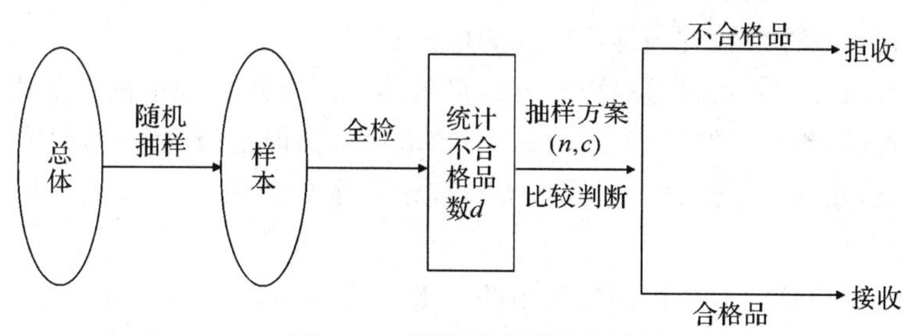

图 8-4　**抽样检验判定过程**

(2)全数检验判定对象是单位产品(单件产品),抽检判定对象是产品批。

(3)全数检验如果检验本身不出现差错,则检验剔除不合格品后接收的产品批只存在合格品,抽检判定合格的产品批中仍含有不合格品,同样,抽检为不合格的产品批中仍含有合格品。但要注意的是,全数检验在实践中不可能完全无差错,甚至某些情况下还会大于抽检判定差错(主要包括检测差错的判定差错和漏检)。

(4)全数检验判不合格是拒收少量产品;抽样检验判不合格是拒收整个产品批,能产生较大压力,促进生产者提高产品质量。

2. 抽样检验

为了弥补全数检验的缺点,抽样检验就是利用所抽样的样本对产品或过程进行的检验,这样既提高了效率，又降低了成本。如果抽样检验的目的是想通过检验所抽取的样本对这批产品的质量进行估计，以便对这批产品做出合格与否、能否接收的判断，那么就称这种抽样检验为抽样验收。因此，本书中的抽样检验与抽样验收可以视为同一概念。

经过抽样检验判为合格的批，不等于批中每个产品都合格；经过抽样检验判为不合格的批，不等于批中全部产品都不合格。

抽样检验一般用于下述情况：

(1)破坏性检验，如产品的可靠性试验、产品寿命试验、材料的疲劳试验、零件的强度检验等；

(2)测量对象是流程性材料，如钢水、铁水化验，整卷钢板的检验等；

(3)希望节省单位检验费用和时间。

8.2 抽样检验原理

8.2.1 概述

1. *名词术语*

(1)计数检验：根据给定的技术标准，将单位产品简单地分成合格品或不合格品的检验，或是统计出单位产品中不合格品数的检验。前一种检验又称为“计件检验”，后一种检验又称为“计点检验”。

(2)计量检验：根据给定的技术标准，将单位产品的质量特性（如质量、长度、强度等）用连续尺度测量出其具体数值并与标准对比的检验。

(2)单位产品：为实施抽样检验而划分的单位体。对于按件制造的产品来说，一件产品就是一个单位产品，如一个螺母、一台机床、一台电视机。但是，有些产品的单位产品的划分是不明确的，如钢水、布匹等，这时必须人为地规定一个单位量，如 1m 布、1kg 大米、$1m^2$ 玻璃等。

(4)检验批：作为检验对象而汇集起来的一批产品，有时也称交检批。一个检验批应由制造条件基本相同、一定时间内制造出的同种单位产品构成。

(5)批量：检验批中单位产品的数量，常用符号 N 来表示。

(6)缺陷：质量特性未满足预期的使用要求，即构成缺陷。

(7)不合格：单位产品的任何一项质量特性未满足规定要求。

(8)不合格品：具有一项或一项以上质量特性不合格的单位产品，称为不合格品。

(9)抽样方案：规定了每批应检验的单位产品数（样本量或系列样本量）和有关批接收准则（包括接收数、拒收数、接收常数和判断准则等）的组合。

(10)抽样计划：一组严格度不同的抽样方案和转移规则的组合。

2. *批质量表示方法*

(1)批不合格品率 p。批不合格品率 p 等于批的不合格品数 D 除以批量 N，即

$$p = \frac{D}{N} \tag{8-1}$$

(2)批不合格品百分数。批不合格品百分数等于批的不合格品数 D 除以批量 N，再乘以 100 ，即

$$100p = \frac{D}{N} \times 100 \tag{8-2}$$

这两种表示方法常用于计件抽样检验。

(3)批每百单位产品不合格数。批每百单位产品不合格数等于批的不合格数 C 除以批量 N，再乘以 100 ，即

$$100p = \frac{C}{N} \times 100 \tag{8-3}$$

这种表示方法常用于计点检验。

3. 随机抽样方法

(1)简单随机抽样:这种方法就是通常所说的随机抽样方法,之所以称为简单随机抽样法,就是指总体中的每一个不明确个体被抽到的机会是相同的。为实现抽样的随机化,可采用抽签(或抓阄)、查随机数表(这是一个最随机的方法)的方法,每个成员都有被选择的机会,事先不作任何的分组分层,完全凭偶然机会获得样本。它更适合需要调查的整体目标群体数量不算太大,且个体互相之间差异较小的情况。

(2)系统抽样:由于系统抽样法操作简便,实施起来不易出差错,因而在生产现场人们乐于使用它。像在某道工序上定时去抽一件产品进行检验,就可以看作是系统抽样的例子。

由于系统抽样的抽样起点一旦被确定后(如抽到了第 3 号),整个样本也就完全被确定,因此这种抽样方法容易出现大的偏差。当总体含有一种周期性的变化,而抽样间隔又同这个周期相吻合时,就会得到一个偏移很大的样本。因此,在总体会发生周期性变化的场合,不宜使用这样的抽样方法。

(3) 分群抽样:分层抽样法也叫类型抽样法,它是从一个可以分成几个子总体(或称为层)的总体中,按规定的比例从不同层中随机抽取样品(个体)的方法。这种抽样方法的优点是,样本的代表性比较好,抽样误差比较小。其缺点是抽样手续比简单随机抽样还要烦琐。这个方法常用于产品质量验收。

(4) 分层抽样:整群抽样法又叫集团抽样法。这种方法是将总体分成许多群,每个群由个体按一定方式结合而成,然后随机抽取若干群,并由这些群中的所有个体组成样本。这种抽样法的背景是:有时为了实施方便,常以群体(公司、工厂、车间、班组、工序或一段时间内生产的一批零件等)为单位进行抽样,凡抽到的群体就全面检查,仔细研究。这种抽样方法的优点是抽样实施方便。其缺点是,由于样本只来自个别几个群体,而不能均匀地分布在总体中,因而代表性差,抽样误差大,这种方法常用在工序控制中。

8.2.2 抽样挑选检验法

对于连续性不良的检验与处理,一般是采用抽样挑选检验法。

所谓抽样挑选检验,就是按一定间隔来检验工序所生产的产品,做出合格与不合格的判

断。如果判为不合格，则进一步检验抽样点前后的产品，挑出并剔除其中的不合格品，以防止不合格品流入后道工序或出厂，保证产品的出厂质量。

根据产品出现不良的性质和抽样挑选检验的特点，主要解决以下两个问题：

(1)产品出厂要不要进行抽样挑选检验，其界限是什么？

(2)要进行抽样挑选检验时，使总损失最少的最宜抽检间隔是多少？

首先回答第(2)个问题。最宜抽检间隔 n 可由下式求出：

$$\begin{cases}1-e^{-x}\left(1+x+\dfrac{1}{2}x^2\right)=\dfrac{B}{2(A_0-A)y\bar{p}}\\ n=yx\end{cases}$$

式中　A——单位不合格品的平均损失；

B——次抽检的平均费用；

A_0——不合格品给用户造成的平均损失；

$\bar{p}$——剔除不合格品前的不合格品率；

y——发生一次不合格品时的平均不合格品量(即不合格品连续产生的平均持续量)，为保证抽检有意义，一般要求 $y>5$；

x——参数，由已知$\dfrac{B}{2(A_0-A)y\bar{p}}$值，通过查计算表 8-3 求得。

表 8-3　计算表

x	$\frac{B}{2(A_0-A)y\bar{p}}$	F	x	$\frac{B}{2(A_0-A)y\bar{p}}$	F
0.1	0.000 155	0.000 164	1.5	0.191	0.281
0.2	0.001 15	0.001 21	1.6	0.217	0.327
0.3	0.003 60	0.003 89	1.7	0.243	0.376
0.4	0.007 93	0.008 77	1.8	0.270	0.428
0.5	0.014 0	0.016 3	1.9	0.296	0.483
0.6	0.023 1	0.026 9	2.0	0.323	0.541
0.7	0.034 1	0.040 8	3.0	0.577	1.249
0.8	0.047 4	0.058 1	4.0	0.762	2.110
0.9	0.062 8	0.079 1	4.6	0.837	2.666
1.0	0.080 3	0.104	4.7	0.848	2.761
1.1	0.0996	0.132	5.0	0.875	3.407
1.2	0.121	0.164	6.0	0.938	4.020
1.3	0.143	0.199	7.0	0.970 4	5.008
1.4	0.167	0.238	8.0	0.986 3	6.003

如已知 $A=120$ 元，$A_0=500$ 元，$y=30$ 件，$B=160.1$ 元，$\bar{p}=0.01$，则

$$\frac{B}{2(A_0-A)y\bar{p}}=\frac{160.1}{2\times(500-120)\times30\times0.01}=0.702$$

由表 8－3 知，对应于 0.702 的 x 值约等于 4，故最宜抽检间隔为

$$n=yx=30\times4=120 \text{ 件}$$

对于第(1)个问题，不检验直接出厂意味着 $n=\infty$，由于 y 为有限数，故 $x\to\infty$，由于

故

$$1-e^{-x}\left(1+x+\frac{1}{2}x^2\right)\to1(x\to\infty)$$

再根据式(9－18)，可得临界不良率 $\bar{p}_b$ 满足：

$$\frac{B}{2(A_0-A)y\bar{p}_b}=1$$

即

$$\bar{p}_b=\frac{B}{2(A_0-A)y}$$

当不合格品率 $\bar{p}<\bar{p}_b$ 时，则不检验直接出厂有利；当 $\bar{p}>\bar{p}_b$ 时，则抽样挑选检验有价值。上述例子中：

$$\bar{p}_b=\frac{B}{2(A_0-A)y}=\frac{160.1}{2\times(500-120)\times30}\approx0.007\ 02$$

由于 $\bar{p}=0.01>0.007\ 02=\bar{p}_b$，故进行抽样挑选检验是有意义的。

8.2.3　产品批质量的抽样验收判断过程

为了对提交检验的产品批实施抽样验收，必须先科学合理地制定一个抽样方案。在最简单的计数型抽样方案中通常要确定两个参数。一个是抽取的样本量 n；另一个是对样本进行检验时，判断批合格与否的合格判定数 A。有了这两个参数，就能够很容易地进行抽样检验并评定产品批是否合格。对于计数抽样检验来说，批质量的验收判断过程是：从批量 N 中随机抽取容量为 n 的一个样本，检验测量样本中全部产品，记下其中的不合格品数(或不合格数)d。如果 $d\leqslant A$，则认为该批产品质量合格，予以接收；如果 $d\geqslant R$(称不合格判定数或拒收数，一般 $R=A+1$)，则认为该批产品质量不合格，予以拒收。其判断程序如图 8－5所示。

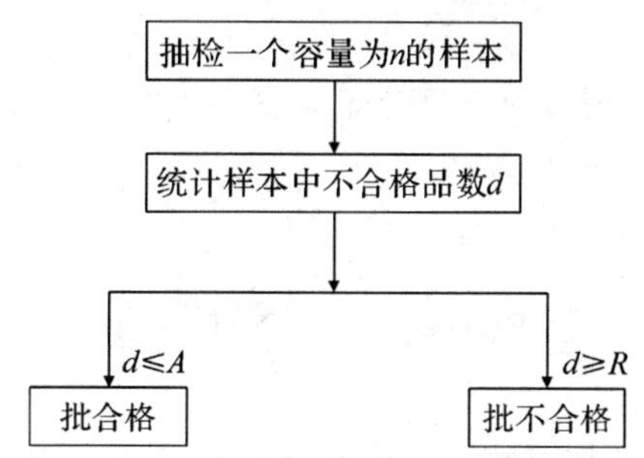

图 8－5　一次抽样批合格性判断程序框图

8.2.4 接收概率与 OC 曲线

1.接收概率

接收概率是指当使用一个确定的抽样方案时，具有给定质量水平的批或过程被接收的概率，在国家标准中称为合格概率。一般可以这样去理解：用给定的抽样方案(n,A)(n 为样本量；A 为批合格判定数)去验收批量 N 和批质量已知的连续检验批时，把检验批判断为合格而接收的概率，记为 $L(p)$。接收概率是批不合格品率 p 的函数，所以 $L(p)$ 又称为抽样方案(n,A)的抽检特性函数。

计数抽样检验的接收概率的计算方法有 3 种：

(1)超几何分布计算法，其公式为

$$L(p)=\sum_{d=0}^{A}\frac{\binom{Np}{d}\binom{N-Np}{n-d}}{\binom{N}{n}}=\sum_{d=0}^{A}H(d;n,p,N) \tag{8-4}$$

式中 $\binom{Np}{d}$——从批的不合格品数 Np 中抽取 d 个不合格品的全部组合数；

$\binom{N-Np}{n-d}$——从批的合格品数 $N-Np$ 中抽取 $n-d$ 合格品的全部组合数；

$\binom{N}{n}$——从批量 N 的一批产品中抽取 n 个单位产品的全部组合数。

式(8-4)是有限总体计件抽检时计算接收概率的公式。如对批量为 50 的外购产品批做抽样验收，采用的抽样方案为(5,1)，试计算批不合格品率 $p=5\%$时的接收概率 $L(p)$。

$$L(p)=L(5\%)=\sum_{d=0}^{1}\frac{\binom{3}{d}\binom{50-3}{5-d}}{\binom{50}{5}}=\frac{\binom{3}{0}\binom{47}{5}}{\binom{50}{5}}+\frac{\binom{3}{1}\binom{47}{4}}{\binom{50}{5}}=$$

$$\frac{\frac{3!}{0!3!}\times\frac{47!}{5!42!}}{\frac{50!}{5!5!}}+\frac{\frac{3!}{1!2!}\times\frac{47!}{4!43!}}{\frac{50!}{5!45!}}=0.724+0.253=0.977$$

当 $N\leqslant 100$ 时，可以利用超几何概率分布表直接查得 $H(d;n,p,N)$值；当 $N>100$ 时，应利用阶乘对数表计算 $H(d;n,p,N)$值。

(2)二项分布计算法，其公式如下：

$$L(p)=\sum_{d=0}^{A}B(d;n,p)=\sum_{d=0}^{A}\binom{n}{d}p^{d}(1-p)^{\pi-d} \tag{8-5}$$

式中 $\binom{n}{d}$——从样本量 n 中抽取 d 个不合格品的全部组合数；

p——一批不合格品率。

式(8－5)是无限总体计件抽检时计算接收概率的公式。

当有限总体$\frac{n}{N}\leqslant 0.1$时,可以用二项分布概率去近似超几何概率,于是式(8－5)也可以代替式(8－4)做接收概率的近似计算。

另外,当 $0.0005\leqslant p\leqslant 0.50, n\leqslant 50$ 时,也可以查 GB 4086.5—1983 的二项分布函数表得到 $B(d;n,p)$ 累积值。

如已知 $N=3\,000$ 的一批产品提交做外观检验,若用(30,1)的抽样方案,当 $p=1\%$时,计算 $L(p)$。

$$
\begin{aligned}
L(p) = L(1\%) &= \sum_{d=0}^{1}\binom{n}{d}p^{d}(1-p)^{n-d} \\
&= \binom{30}{0}(0.01)^{0}(0.99)^{30} + \binom{30}{1}(0.01)^{1}(0.99)^{29} \\
&= 0.739\,7 + 0.224\,2 = 0.963\,9
\end{aligned}
$$

(3)泊松分布计算法,其公式如下:

$$
L(p) = \sum_{d=0}^{A}\frac{(np)^{d}}{d\,!}\mathrm{e}^{-np} = \sum_{d=0}^{A}p(d;np) \quad (\mathrm{e} = 2.718\,2\cdots) \tag{8-6}
$$

式(8－6)是计点抽检时计算接收概率的公式。

当有限总体$\frac{n}{N}\leqslant 0.1$且 $p\leqslant 0.1$ 时,式(8－6)可以代替式(8－4)做接收概率的近似计算。另外,当 $0.005\leqslant np\leqslant 15$ 时,也可以查 GB 4086.8—1983 泊松分布函数表得到 $p(d;np)$ 累积值。

如有一批轴承用的钢球 10 万个需要进行外观检验,如果采用(100,15)的抽检方案,当 $p=10\%$时,计算批接收概率 $L(p)$。

$$
\begin{aligned}
L(p) = L(10\%) &= \sum_{d=0}^{A}p(d;np) = \sum_{d=0}^{15}\frac{(np)^{d}}{d\,!}\mathrm{e}^{-np} \\
&= \frac{(10)^{0}}{0!}\mathrm{e}^{-10} + \frac{(10)^{1}}{1!}\mathrm{e}^{-10} + \frac{(10)^{2}}{2!}\mathrm{e}^{-10} + \cdots + \frac{(10)^{15}}{15!}\mathrm{e}^{-10} = 0.951
\end{aligned}
$$

2. *OC* 曲线

批接收概率 $L(p)$ 随批质量 p 变化的曲线称为抽检特性曲线或 *OC* 曲线。

有一个抽样方案,就一定能绘出一条与之相对应的 *OC* 曲线。*OC* 曲线表现了一个抽样方案对一个产品的批质量的判别能力。

如已知 $N=1\,000$,今用抽样方案(50,1)去反复检验 $p=0.005, 0.007, 0.01, 002, 0.03, 0.04, 0.05, 0.06, 0.07, 0.076, 0.08, 0.10, 0.20, \cdots, 1.00$ 的连续交检批时,结果如表 8－4 所示。

表 8－4　用抽样方案 (50,1)去检验 $N=1\,000$,p 取不同值时的结果

p	0.000	0.005	0.007	0.010	0.020	0.030	0.040	0.050
$L(p)$	1.000	0.973 9	0.959	0.910 6	0.735 8	0.553 3	0.400 5	0.279 4
p	0.060	0.070	0.076	0.080	0.100	0.200	…	1.00
$L(p)$	0.190 0	0.126 5	0.0982	0.082 7	0.0337	0.000 2	…	0.000 0

以 p 为横坐标，$L(p)$为纵坐标，将表 8-4 的数据描绘在平面上，如图 8-6 所示的曲线。这条曲线称为抽样方案(50,1)的抽检特性曲线(OC 曲线)。

OC 曲线的类型有：

(1)理想的 OC 曲线。理想的 OC 曲线如图 8-7 所示，它是由两段直线组成的，代表这样一种抽样方案：当 $p \leqslant p_t$时，接收概率 $L(p)=1$；当 $p > p_t$时，接收概率 $L(p)=0$。

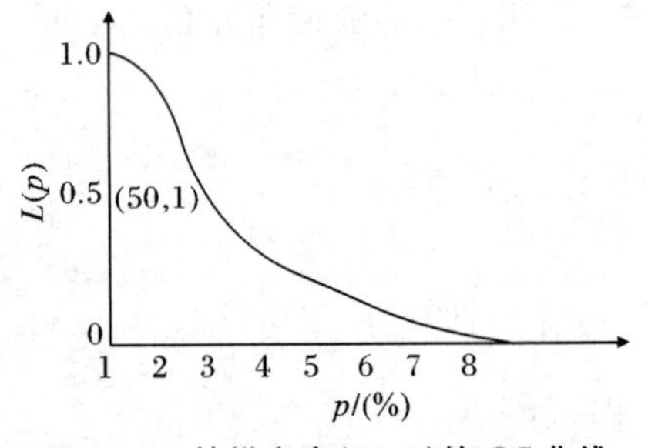

图 8-6 抽样方案(50,1)的 OC 曲线

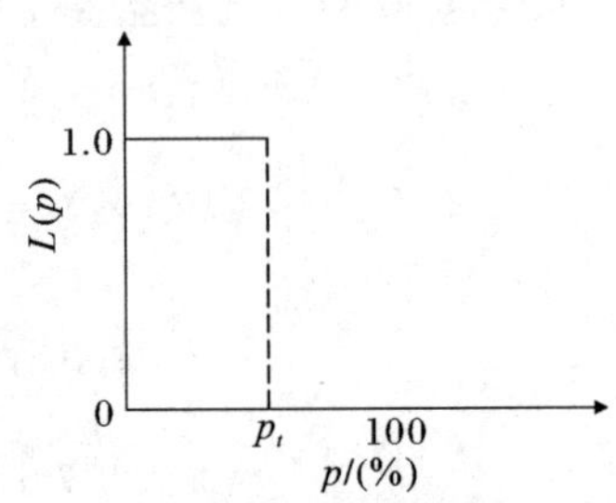

图 8-7 理想抽样方案的 OC 曲线

但是由于抽样中存在着两类错误，这样的理想方案实际上是不存在的，就是采用百分之百的全数检验，也会有错检和漏检，因此也不能肯定地得到理想的抽样方案。

(2)单线型 OC 曲线。设有一批产品，批量 $N=10$，采用抽样方案(1,0)来验收这批产品。即从这批 10 个产品中随机抽取 1 个产品进行检验。如果它是合格品，则判断这批产品合格，予以接收；如果它是不合格品，则判断这批产品不合格，予以拒收。这样很容易得到如表 8-5 所示的结果。

表 8-5 用抽样方案 (1,0)检验 $N=10$ 的结果

批中不合格品数 D	批不合格品率 ρ/(%)	接收概率 $L(P)$	批中不合格品数 D	批不合格率 ρ/(%)	接收概率 $L(P)$
0	0	1.00	6	60	0.4
1	10	0.90	7	70	0.3
2	20	0.80	8	80	0.2
3	30	0.70	9	90	0.1
4	40	0.60	10	100	0.00
5	50	0.50			

显然当 $p=0.5$ 时，接收概率仍有 50%，也就是说，当这批产品的质量已经低到含有一半的不合格品时，两批中仍有一批可被接收。可见，这种抽检方案对批质量的判别能力和对用户的质量保证都是很差的。其抽检特性曲线如图 8-8 所示，这是一条很不理想的抽检特性曲线。

(3)$A=0$ 的 OC 曲线。$A=0$ 的 OC 曲线如图 8-9 所示。这种 OC 曲线不足之处是：当 p 较小时，$L(p)$值不高，不能很好地保护供方的利益。

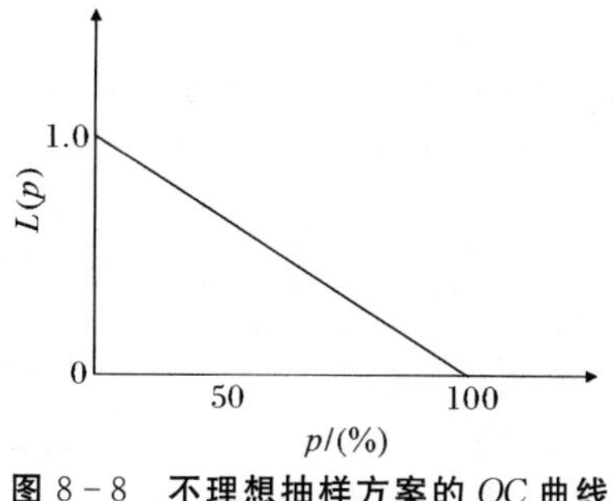

图 8-8　不理想抽样方案的 OC 曲线

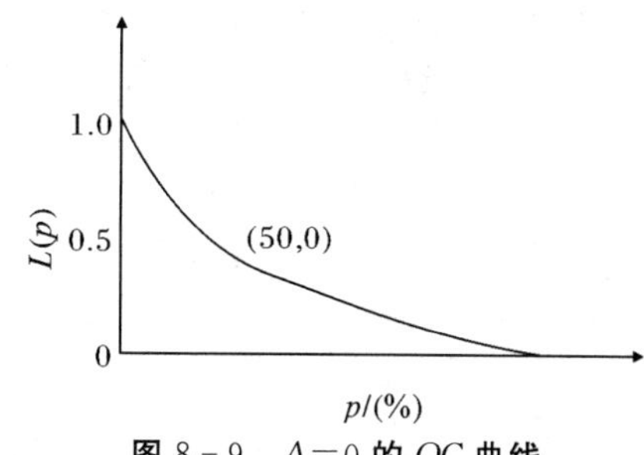

图 8-9　$A=0$ 的 OC 曲线

(4)$A\neq0$ 的 OC 曲线。如图 8-10 所示，这种 OC 曲线能弥补 $A=0$ 的 OC 曲线的缺陷，起到保护供方利益的作用。

抽样检验时，人们常以为要求样本中一个不合格品都未出现的抽样方案是好方案，即认为采用 $A=0$ 的抽样方案最严格，最让人放心。其实并不是这样，现在研究下面 3 个抽样方案：

1) $N=1\ 000$，$n=100$，$A=0$。

2) $N=1\ 000$，$n=170$，$A=1$。

3) $N=1\ 000$，$n=240$，$A=2$。

这 3 个抽样方案的 OC 曲线如图 8-10 所示。

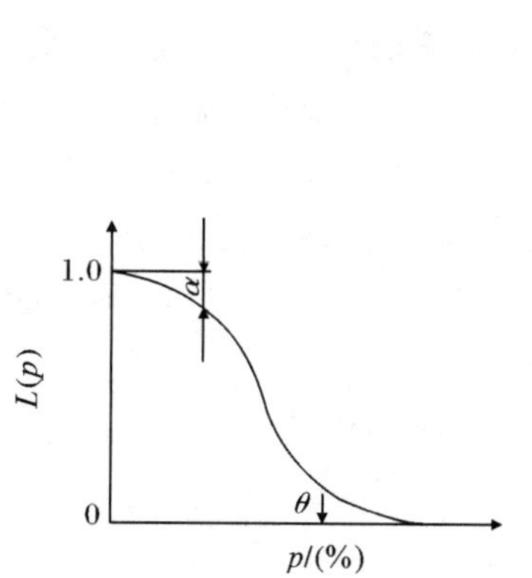

图 8-10　抽样方案(30,3)的 OC 曲线

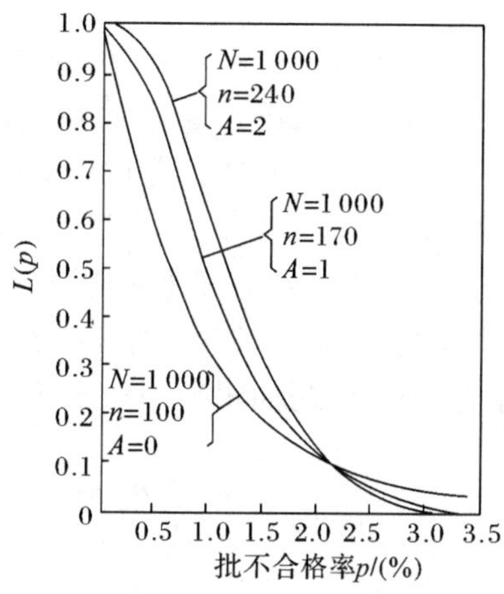

图 8-11　$A=0$ 同 $A=1,2$ 的抽样方案比较

从图 8-11 的 OC 曲线可以看出，不论哪种抽样方案，不合格品率 $p=2.2\%$ 时的接收概率基本上在 0.10 左右；但对于 $A=0$ 的方案来说，表面上看，p 只要比 0 稍大一些，$L(p)$ 就迅速降低。实际上，对比之下，增加 n 后的 $L(p)$ 值仍低于同样优质条件下 $A=1$，$A=2$ 时被判为合格的概率。可见，在实际操作中，如能增大 n，则采用增大 n 的同时也增大 $A(A\neq0)$ 的抽样方案，比单纯采用 $A=0$ 的抽样方案更能在保证批质量的同时保护生产方。

综上所述，任何一条 OC 曲线都代表一个抽样方案的抽检特性，它对一批产品的质量都能起到一定的保证作用。接近于理想的 OC 曲线对批质量的保证作用大；反之，对批质量的保证作用小。

3. N、n、A 对 OC 曲线的影响分析

(1) n、A 固定，N 变化对 OC 曲线的影响。固定 $n=20$，$A=2$，设 $N=60$、80、100、200、

400、600、1 000、∞，计算它们的接收概率 $L(p)$，见表 8－6。

表 8－6　$n=20$，$A=2$，N 为不同取值时的 $L(p)$ 计算结果

N	60	80	100	200	400	600	1 000	∞
N/n	3	4	5	10	20	30	50	
$L(p=5\%)$	0.966	0.954	0.947	0.935	0.929	0.928	0.927	0.925
$L(p=15\%)$	0.362	0.375	0.378	0.394	0.400	0,401	0,403	0.405
$L(p=25\%)$	0,053	0,063	0,069	0.080	0,085	0.068	0.089	0.091

从表 8－6 中，取 $N=60$、400、∞，画出各自的 OC 曲线，如图 8－12 所示。

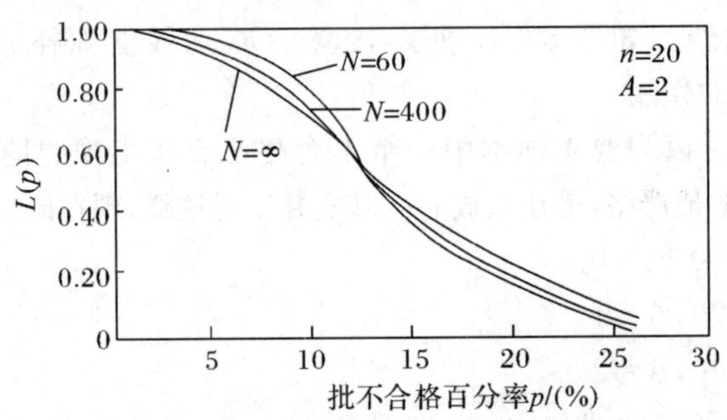

图 8－12　N 变化对 OC 曲线的影响

从图 8－12 中可见，N 变化对 OC 曲线的斜率影响不大，一般当 N 比较大且 $N \geqslant 10n$ 时，可以把批量 N 看作无限。这时可以认为抽样检验方案的设计与 N 无关，因此一般只用 (n,A) 来表示抽样方案。但是不能由此认为，既然 N 对 OC 曲线的影响不大，而 N 越大，单位产品中分摊的检验费用越小，那么可以任意加大 N 值。应当认识到，N 取得太大，若一批产品不合格，则不论对生产方还是对使用方造成的经济损失都是巨大的。

(2) N、A 固定，n 变化对 OC 曲线的影响。固定 $N=1\ 000$，$A=1$，设 $n=5$、10、20、30、50，画出它们的 OC 曲线，如图 8－13 所示。

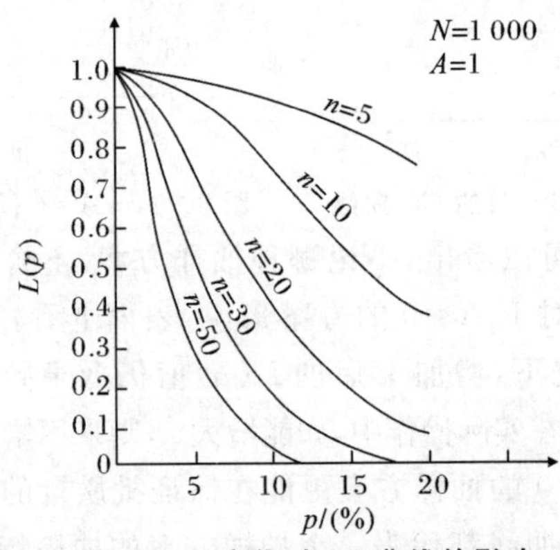

图 8－13　n 变化对 OC 曲线的影响

可见，当 N、A 固定，n 增加，OC 曲线急剧倾斜，越来越陡峭，致使生产方的风险率 α 变大，而使用方风险率 β 显著减少。因此，大样本的抽样方案，对于区分优质批和劣质批的能力是比较强的，亦即使用方接收劣质批和拒收优质批的概率都比较小。

(3) N、n 固定，A 变化对 OC 曲线的影响。固定 $N=2\ 000$，$n=50$，设 $A=0$、2、4，画出它

们的 OC 曲线，如图 8－14 所示。

可见，A 越大，OC 曲线越平缓，接收概率变化越小；A 越小，OC 曲线越陡峭。这样，容易得出结论：值得采用 $A=0$ 的抽样方案。其实这是一种误解，因为只要 n 适当地取大些，即使 $A\neq0$，亦可使 QC 曲线变得比 $A=0$ 的 OC 曲线还要陡峭，如图 8－14 中虚线所示。另外，许多生产方和使用方对于样本中只有 1 个不合格品就遭到拒收的抽样方案（即 $A=0$ 的抽样方案）较反感。因此，通常认为，采用较大的样本量 n 和较大的合格判定数 A 是比较好的。

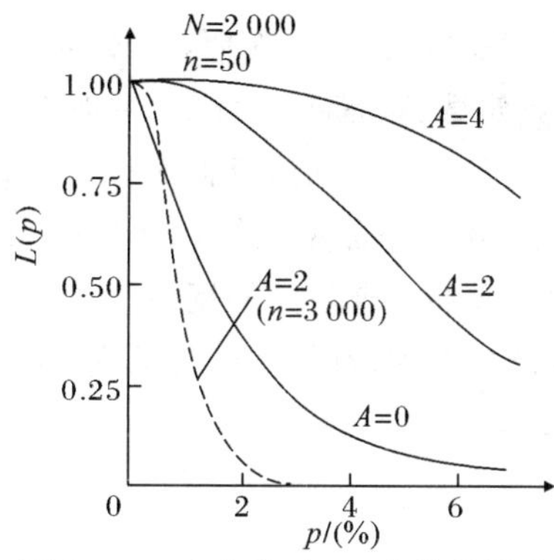

图 8－14　A 变化对 OC 曲线的影响

8.2.5　抽样检验中的两类错误

只要采用抽样检验方法，就可能产生两种错误的判断，即可能将合格批判断为不合格批，也可能将不合格批判断为合格批。前者称为“第一类错误判断”，后者称为“第二类错误判断”。

以图 8－6 为例来进行分析，假定 $p_0=0.7\%$，$p_1=8\%$。也就是说，当 $p\leqslant0.7\%(p_0)$时，认为这批产品的质量是好的，应当以 100％的概率接收，但由于是抽样检验，仍然有 0.048 的概率把这批产品判为不合格而拒收。同样，当 $p\geqslant8\%(p_1)$时，可以认为这批产品的质量是很差的，应 100％地拒收，但由于是抽样检验，仍然有将近 0.10 的概率把这批产品判为合格而接收。在此，前面的 0.048 值称为“第一类错误判断”，习惯记为 α；后面的 0.10 值称为“第二类错误判断”，习惯记为 β。

可见，当一批产品质量比较好时，如果采用抽样检验，只能要求“以高概率接收”，而不能要求一定接收，因为还有小概率拒收这批产品。这个小概率就叫作“第一类错判概率”，它反映了把质量较好的批错判为不合格批的可能性的大小。正是因为这种错判的结果会对生产方带来经济上的损失，所以又称它为“生产方的风险概率”。

另一方面，当采用抽样检验时，即使批不合格品百分率 $p\geqslant p_t$，也不能肯定 100％地拒收，还会有一定的小概率接收它。这个小概率就叫作“第二类错误判断”，它反映了把质量差的批错判为合格批的可能性的大小。因为这种错判的结果使用户蒙受经济损失，所以又称它为“使用方的风险概率”。

通常将第一类错判概率和第二类错判概率取为 0.01、0.05 或 0.10 等数值。p_0、p_1、α、β 之间的关系如下：

$$\alpha=1-L(p_0)=1-\sum_{d=0}^{n}H(d;n,p_0,N)$$

式中：p_0 为与 α 对应的批不合格品率。

$$\beta = L(p_1) = \sum_{d=0}^{A} H(d; n, p_1, N)$$

式中 ：p_1 为与 β 相对应的批不合格品率。

8.2.6 百分比抽样方案评价

百分比抽样方案就是不论产品的批量 N 如何，均按同一百分比抽取样品，而在样品中可允许的不合格品数（即合格判定数 A）都是一样的，一般设 $A=0$ 。如按 5%的比率抽样，当 $N=2\,000$ 时，抽 100 个样品；当 $N=100$ 时，只抽 5 个样品，并且规定不允许有 1 个不合格品（即 $A=0$）。显然，若两批的不合格品率相等，则前一批 100 个样品中包含的不合格品的概率大于后一批 5 个样品中包含的不合格品的概率。

现假定有批量不同的三批产品交检，都按 10%抽取样品，于是有下列 3 种抽样方案：

(1) $N=900, n=90, A=0$；

(2) $N=300, n=30, A=0$；

(3) $N=90, n=9, A=0$。

表面上看，这种“百分比抽样方案”似乎很公平合理，其实是一种错觉。因为当这三批产品的不合格品率均相同时，则有：

$$L_{(90,0)}(p) = \binom{90}{0} p^0 (1-p)^{90-0} = (1-p)^{90}$$

$$L_{(30,0)}(p) = \binom{30}{0} p^0 (1-p)^{30-0} = (1-p)^{30}$$

$$L_{(9,0)}(p) = \binom{9}{0} p^0 (1-p)^{9-0} = (1-p)^{9}$$

式中：$L_{(90,0)}(p)$为抽样方案(90,0)的接收概率，其余类推。

因为 $1 \geqslant 1-p \geqslant 0$，所以

$$L_{(90,0)}(p) \leqslant L_{(30,0)}(p) \leqslant L_{(8,0)}(p)$$

这 3 个方案的 OC 曲线如图 8-15 所示。

由图 8-15 可知，当 $p=5\%$时，有

$$L_{(90,0)}(p=0.05) = 2\%$$

$$L_{(30,0)}(p=0.05) = 22\%$$

$$L_{(9,0)}(p=0.05) = 63\%$$

可见，在不合格品率相同的情况下，批量 N 越大，方案越严，批量越小，方案越松。这等于对批量大的交检批提高了验收标准，而对批量小的交检批降低了验收标准。因此，百分比抽样方案是不合理的，不应当在工厂企业中继续使用。

为了克服上述百分比抽样方案的不合理性，有些产品的计数标准中规定采用“双百分比抽样”，即让合格判定数随样本量的变化而成比例地变化。今假设 $n=a_1N, A=a_2N, p \leqslant 0.1$，则双百分比抽样方案的抽检特性函数可表达为

$$L(p)=\sum_{d=0}^{\alpha_1\alpha_2 N}\frac{(\alpha_2 Np)^d}{d!}e^{-\alpha_2 Np}$$

式中：α_1 和 α_2 为指定的百分数。

然而，根据上式，很容易验证“双百分比抽样方案”仍然未克服百分比抽样的缺点，即对大批量的交检批过严，对小批量的交检批过宽。此“双百分比抽样”也是不合理的。

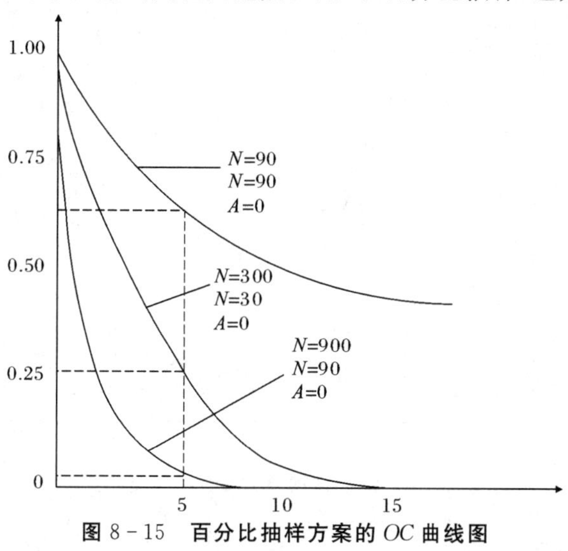

图 8－15　百分比抽样方案的 OC 曲线图

8.3　计数标准型抽样检验

8.3.1　概念和特点

计数标准型抽检方案是最基本的抽检方案。所谓标准型，就是同时严格控制生产方与使 用方的风险，按供需双方共同制订的 OC 曲线的抽检方案抽检。它能同时满足生产方和使用方的质量保护要求。对生产方的保护，是通过限定对不合格品率 p_0 的优质批的拒收概率来进行的，常用 α 表示，即错判合格批为不合格批的概率限定为 α。对使用方的保护则通过确定不合格品率 $p_l(p_l>0)$ 的接收概率 β 来提供，即错判不合格批为合格批的概率定为 β_0，常取 $\alpha=0.05$，$\beta=0.10$，于是标准型抽检方案要通过两个点，这两个点是 $[p_0, L(p_0)=1-\alpha]$ 和 $[p_1, L(p_1)=1-\beta]$，这就是标准型抽样检验方案 OC 曲线的特征。标准型抽样检验方案可用于任何供检验的产品批，它不要求提供检验批制造过程的平均不合格品率，因此，它适合于对孤立批的验收。

8.3.2　抽检方案

标准型抽检方案的 OC 曲线图如图 8－16 所示。

通过选择适当大小的 α、β 值，来对生产方和使用方同时都提供保护。

$$\begin{cases}L(p)\geqslant 1-\alpha & (p\leqslant p_0)\\ L(p)\leqslant \beta & (p\geqslant p_1)\end{cases}$$

由此可得

$$\begin{cases}L(p_0)=1-\alpha\\L(p_1)=\beta\end{cases}$$

标准型抽检方案的 OC 曲线应通过$(p_0,1-\alpha)$和(p_1,β)两点。解联立方程可解出样本大 小 n 和合格判定数 A。在实际工作中采用查表方法得到抽检方案(n,A)。

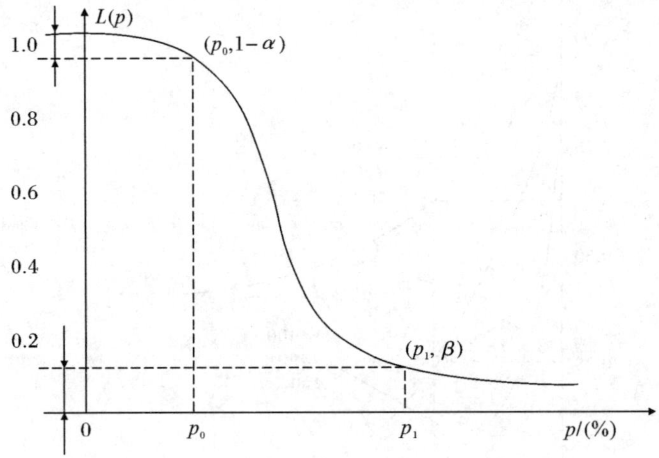

图 8－16　标准型抽检方案的 OC 曲线图

8.3.3　抽检步骤

1. 指定 p_0 和 p_1 的值

p_0 和 p_1 需由生产方和接收方协商确定。作为限定 p_0 和 p_1 的依据，通常取生产方风险 $\alpha=0.05$，接收方风险 $\beta=0.10$。决定 p_0 和 p_1，要综合考虑生产能力、制造成本、质量要求，以及检验的费用等因素。接收方是将允许的批量最大不合格品率定为 p_1，对应的接收概率 $\beta=0.10$，生产方是将希望尽可能判定批合格的不合格品率定为 p_0，对应的接收概率为 0.95，误判率 $\alpha=0.05$。

p_1/p_0 最好大于 3，通常多数取 $p_1=(4\sim10)p_0$，但也不能太大，太大会增加接收方的风险率。

2. 划分检验批

划分检验批的原则是同一批内的产品，应是在同一制造条件下生产出来的。通常的生产批、交验批或按包装条件及贸易习惯组成的批，不能直接作为检验批。如果生产批量过大，须将生产批划分成几个检验批来处理。

3. 确定抽检方案(n,A)

根据给定的 p_0 和 p_1 值，在表 8－8 中找到 p_0 所在的行和 p_1 所在的列，行列相交栏里的数字就是 n 和 A。相交栏是箭头时，应沿箭头指向找到数字为止。遇到“＊”号用表 8－8 计算 n 和 A。表 8－7 的左下方是空栏表示没有抽检方案。这是因为抽检要求 $p_1>p_0$，而空栏则满足不了这个条件。

表 8-7 计数标准型一次抽样检验表

P_1(%) \ P_0(%)	0.71~0.90	0.91~1.12	1.13~1.40	1.41~1.80	1.81~2.24	2.25~2.80	2.81~3.35	3.36~4.50	4.51~5.60	5.61~7.10	7.11~9.00	9.01~11.2	11.3~14.0	14.1~18.0	18.1~22.4	22.5~28.0	28.1~35.5	P_1(%) \ P_0(%)
0.090~0.112	*	400.1	↓	←	↓	→	60.0	50.0	←	↓	↓	←	↓	↓	↓	↓	↓	0.090~0.112
0.113~0.140	*	↓	300.1	↓	←	↓	→	↓	40.0	←	↓	↓	←	↓	↓	↓	↓	0.113~0.140
0.141~0.180	*	500.2	↓	250.1	↓	←	↓	→	↑	30.0	←	↓	↓	←	↓	↓	↓	0.141~0.180
0.181~0.224	*	*	400.2	↓	200.1	↓	←	↓	→	↑	25.0	←	↓	↓	←	↓	↓	0.181~0.224
0.225~0.280	*	*	500.3	300.2	↓	150.1	↓	←	↓	→	↑	20.0	←	↓	↓	←	↓	0.225~0.280
0.281~0.355	*	*	*	400.3	250.2	↓	120.1	↓	←	↓	→	↑	15.0	←	↓	↓	←	0.281~0.355
0.356~0.450	*	*	*	500.4	300.3	200.2	↓	100.1	↓	←	↓	→	↑	15.0	←	↓	↓	0.356~0.450
0.451~0.560	*	*	*	*	400.4	250.3	150.2	↓	80.1	↓	←	↓	→	↑	10.0	←	↓	0.451~0.560
0.581~0.710	*	*	*	*	500.6	300.4	200.3	120.2	↓	60.1	↓	←	↓	→	↑	7.0	←	0.581~0.710
0.711~0.900	*	*	*	*	*	400.6	250.4	150.3	100.2	↓	50.1	↓	←	↓	→	↑	5.0	0.711~0.900
0.901~1.12		*	*	*	*	*	300.6	200.4	120.3	80.2	↓	40.1	↓	←	↓	↑	↑	0.901~1.12
1.10~1.40			*	*	*	*	###	250.6	150.4	100.3	60.2	↓	30.1	↓	←	↑	↑	1.10~1.40
1.41~1.80				*	*	*	*	###	200.6	120.4	80.3	50.2	↓	25.1	↓	←	↑	1.41~1.80
1.81~2.24					*	*	*	*	###	150.6	100.4	60.3	40.2	↓	20.1	↓	←	1.81~2.24
2.25~2.80						*	*	*	*	###	120.6	70.4	50.3	30.2	↓	15.1	↓	2.25~2.80
2.81~3.55							*	*	*	*	###	100.6	60.4	40.3	25.2	↓	10.1	2.81~3.55
3.56~4.50								*	*	*	*	###	80.6	50.4	30.3	20.2	↓	3.56~4.50
4.51~5.60									*	*	*	*	###	60.6	40.4	25.3	15.2	4.51~5.60
5.61~7.10										*	*	*	*	###	50.6	30.4	20.3	5.61~7.10
7.11~9.00											*	*	*	*	70.1	40.6	25.4	7.11~9.00
9.01~11.2												*	*	*	*	60.1	30.6	9.01~11.2
P_0(%) \ P_1(%)	0.71~0.90	0.91~1.12	1.13~1.40	1.41~1.80	1.81~2.24	2.25~2.80	2.81~3.35	3.36~4.50	4.51~5.60	5.61~7.10	7.11~9.00	9.01~11.2	11.3~14.0	14.1~18.0	18.1~22.4	22.5~28.0	28.1~35.5	P_1(%) \ P_0(%)

注：栏内左边字为 n，右边数字为 A，$\alpha \approx 0.05$，$\beta \approx 0.10$。

表 8-8 抽检设计辅助表

P_1/P_0	A	n
17 以上	0	$2.56/P_0+115/P_1$
16～7.9	1	$17.8/P_0+194/P_1$
7.8～5.6	2	$40.9/P_0+266/P_1$
5.5～4.4	3	$68.3/P_0+334/P_1$
4.3～3.6	4	$98.5/P_0+400/P_1$
3.5～2.8	6	$164/P_0+527/P_1$
2.7～2.3	10	$308/P_0+770/P_1$
2.2～2.0	15	$502/P_0+1065/P_1$
1.99～1.86	20	$704/P_0+1350/P_1$

注：求得 n 值不是整数时，应取其近似的整数。

下面通过一些实例来说明确定抽检方案（n,A）。

例 给定 $p_0=2\%$，$p_1=12\%$，求其所对应的抽检方案(n,A)。

解 查表 8-7，p_0 所在的行为[1.81%～2.24%]，p_1 所在的列为[11.3%～14.0%]，行与列相交栏中，得到数值 40.2，故得样本大小 $n=40$，合格判定数 $A=2$，抽检方案为(40,2)。

例 给定 $p_0=0.5\%$，$p_1=10\%$，求所对应的抽检方案(n,A)。

解 查表 8-7，p_0 所在的行为[0.451%～0.560%]，p_1 所在的列为[9.01%～11.2%]，行与列相交栏中为"↓"号，沿箭头指向看下面一栏，见符号"←"，再沿箭头指向看左边一栏，见符号"↓"，继续沿箭头方向看下面一栏，得到数值[50,1]，故抽检方案为(50,1)。

例 给定 $p_0=0.4\%$，$p_1=1.2\%$，，求所对应的抽检方案(n,A)。

解 查表 8-7，p_0 所在的行为[0.356%～0.450%]，p_1 所在的列为[1.13%～1.40%]，行与列相交栏中为"*"号，应采用表 8-7 计算 n 和 A。

先计算出 p_1/p_0 值，$p_1/p_0=1.2/0.4=3.0$，然后在表 8-7 中找到 $p_1/p_0=3.0$ 的行为[3.5～2.8]，该行所对应的 $A=6$，$n=164/p_0+527/p_1=164/0.4+527/1.2=850$，最后得到抽检方案为(850,6)。

8.4 计数调整型抽样检验

8.4.1 计数调整型抽检方案

上节所述的计数标准型抽样检验方案是针对孤立的单批产品的验收，验收时不必考虑产品与验收质量的历史情况。调整型抽检方案则要根据生产过程的稳定性来调整检验的宽严程度。当生产方提供的产品批质量较好时，可以放宽检验；如果生产方提供的产品批质量下降，则可以用加严检验。这样可以鼓励生产方加强质量管理，提高产品质量的稳定性。这是调整型抽样检验方案的主要特点。计数调整型抽样检验方案主要适用于大量的连续批的检验，是目前使用最广泛、理论上研究得最多的一种抽样检验方法。

1974年，国际标准化组织(ISO)在美国军用标准 MIL-STD -105D 的基础上，制定、颁发了计数调整型抽样检验的国际标准，代号为 ISO 2859。我国在 1981 年颁发了 GB 2828—1981“逐批检查计数抽样程序及抽样表”和 GB 2829—1981“周期检查计数抽样程序及抽样表”两个计数抽样的国家标准。

ISO 2859 是国际公认较好的一个计数型抽样方案，已为各国采用。该方案是由一套抽样方案组成的，其中包括正常抽样方案、加严抽样方案和放宽抽样方案，通过一组转换规则将这三个方案联系起来，形成一个方案系统。下面介绍其基本内容。

8.4.2　可接收的质量水平(AQL)

1. AQL 含义和作用

可以接收的质量水平(AQL)就是生产方和接收方共同认为满意的不合格品率(或每百单位的缺陷数)的上限，它是控制最大过程平均不合格品率的界限，是 ISO 2859 抽样方案的设计其础。

过程平均不合格品率用 $\bar{p}$ 表示，是指若干批产品初次（不包括第一次不合格经过返修再次提交检验的批次）检验的不合格品率的平均值。其计算公式为

$$\bar{p} = \frac{D_1 + D_2 + \cdots + D_k}{N_1 + N_2 + \cdots + N_k} \times 100\%$$

N_k 和 D_k 分别是第 k 批的批量和不合格品数，k 为批数。

AQL 是可接收和不可接收的过程平均不合格品率的界限。当生产方提供的产品批过程平均不合格品率 $\bar{p}$ 优于 AQL 值时，抽样方案则以高概率接收产品批；若交验批的 $\bar{p}$ 稍差于 AQL 时，则转换用加严检查；若拒收比例继续增加，则要停止检查验收。当然，只规定 AQL 并不能完全保证接收方不接收比 AQL 质量差的产品批，因为 AQL 是平均质量水平。该抽样方案是通过转换抽检方案的措施来保护接收方利益的。

2. AQL 的确定

(1)按用户要求的质量来确定。当用户根据使用的技术、经济条件提出了必须保证的质量水平时，则应将该质量要求定为 AQL。

(2)根据过程平均来确定。此种方法大多用于少品种、大批量，而且质量信息充分的场合，AQL 值确定一般稍高于过程平均。

(3)按缺陷类别和产品等级指定。对于不同的缺陷类别及产品等级，分别规定不同的 AQL 值。越是重要的项目，验收后的不合格品造成的损失越大，AQL 值就越小。这种方法多用于小批量生产和产品质量信息不充分的场合。

(4)考虑检验项目来决定。同一类检验项目有多个(如同属严重缺陷的检验项目有 3 个)时，AQL 的取值应比只有一个检验项目时的取值要适当大一些。

(5)同供应者协商决定。为使用户要求的质量同供应者的生产能力协调,双方共同协商合理确定 AQL 值。这样可减少由 AQL 值引起的一些纠纷。这种方法多用于质量信息不充分(如新产品)的场合。

3. AQL 在抽检表中的设计

AQL 在抽检表中是这样设计的:AQL 在 10%以下时,可表示为不合格品率,如 10%、6.5%、4.0%等,也可以表示每百单位缺陷数,但在 10%以上它只表示每百单位缺陷数。所以在抽检表的设计中,不合格品率是 0.015%~10%,共分 16 级;每百单位缺陷数则是 0.010~1 000,共分 26 级。在确定 AQL 时,应从这些级中找其近似值。批中每百单位缺陷数可按公式 $p=\frac{100C}{N}$ 计算。

8.4.3 检验水平

ISO 2859 规定了 7 个检验水平:一般检验水平Ⅰ、Ⅱ、Ⅲ和特殊检验水平 S-1、S-2、S-3、S-4。检查水平与检查宽严程度无关。

检查水平级别反映了批量与样本大小之间的关系。ISO 2859 的原则是,如果批量增大,样本大小也随之增大,但不是成比例地增大,而是大批量中样本大小的比例比小批量样本大小的比例要小,表 8-9 给出一般水平的批量与样本大小之间的关系。

一般检查水平中,Ⅱ级为正常检查水平。检查水平Ⅰ适合于检查费用较高的情况;检查水平Ⅲ适合于检查费用较低的情况。

特殊检查水平一般用于破坏性检查,或费用较高的检查。因为特殊检查所抽取的样本大小较少,所以又称小样本检查。

一般检验水平判别能力大于特殊检验水平判别能力。

表 8-9 检查水平的批量与样本大小的关系(一次正常检查)

$\frac{n}{N}$/(%)	水平Ⅰ	水平Ⅱ	水平Ⅲ
	N	N	N
≤50	≥4	≥4	≥10
≤30	≥7	≥27	≥167
≤20	≥10	≥160	≥625
≤10	≥50	≥1 250	≥2 000
≤5	≥640	≥4 000	≥6 300
≤1	≥2 500	≥50 000	≥80 000

8.4.4 抽样表的构成

ISO 2859 主要由抽样样本字码表(见附录 D 中表 D-1)、标准抽样方案表(见附录 D 中表 D-2~附录 D 中表 D-7)、放宽抽样界限表(见附录 D 中表 D-8)以及转换规则所组成。抽样方案中,凡 AQL>10%的适用于每百单位缺陷数的检查;AQL≤10%的抽样方案,既适用于不合格品率的检查，也适用于每百单位缺陷数的检查。

样本字码表的用途：当已经知道批量大小并确定了检查水平时，由样本字码表给出相应的字码，然后按样本字码和 AQL 值，从抽样方案表中查得正常、加严和放宽的抽样方案。

ISO 2859 的抽样方案包括一次、两次和多次抽检表，它所对应的正常、放宽和加严抽样方案也是由多个抽样方案所组成的。通常是以一次和两次抽样方案为例来介绍该抽样表的应用。

8.4.5　抽样方案的确定

确定抽样方案就是选定 n、A_C 和 R_e，步骤如下：

1. 根据批量 N，确定样本字码

利用附录 D 中表 D-1 找到批量大小 N 所在的行，指定检查水平所在的列，行列相交栏可得样本字码。

2. 选定主检表

主检表见表 8-10 所列。

表 8-10　主检表

抽检形式	检查的宽严度	主检查表
一次抽检	正常检查	附录 D 中表 D-2
	加严检查	附录 D 中表 D-3
	放宽检查	附录 D 中表 D-4
二次抽检	正常检查	附录 D 中表 D-5
	加严检查	附录 D 中表 D-6
	放宽检查	附录 D 中表 D-7

3. 选取抽样方案

(1)一次抽样。利用主检查表(见附录 D 中表 D-2～附录 D 中表 D-4)，按样本字码确定对应的样本大小 n，再从样本字码所在的行与 AQL 所在列的相交栏，找到合格判定数 A_C 和不合格判定数 R_e。

(2)二次抽样。利用主检查表(见附录 D 中表 D-5～附录 D 中表 D-7)，按样本字码确定对应的第一样本大小 n_1 和第二样本大小 n_2，再从样本字码所在的行与 AQL 所在列的相交栏，找到第一合格判定数 A_{C1}，第一不合格判定数 R_{e1}，第二合格判定数 A_{C2}，以及第二不合格判定数 R_{e2}。

如采用 ISO 2859 对某产品进行抽样验收，按条件：AQL＝1.5%，N＝1 500，检查水平为Ⅱ，确定一次正常、加严和放宽抽样方案。

步骤如下：

(1)正常检查方案的确定。从附录 D 中表 D-1 找到包含批量大小 N＝1 500 的行是 1 201～3 200，从这一行与检查水平Ⅱ所在列的相交栏，找到样本字码为 K。因为是一次正常抽检，所以用附录 D 中表 D-2 的检查表。查表可知 K 对应的样本大小 n＝125，该行与

AQL=1.5%列的相交栏为 $A_C=5$,$R_e=6$,由此得抽样方案:$N=1500$,$n=125$,$A_C=5$,$R_e=6$。

检验过程是:从 1 500 个产品中随机抽取 125 个产品为样本进行测试,如果不合格品数 $d \leqslant A_C=5$,则接收该产品批;如果 $d \geqslant 6$,则拒收该产品批。如果用每百单位缺陷数进行质量的衡量,那就将样本中的缺陷数(一个不合格品可能不只有一个缺陷)与 A_C 及 R_e 进行比较。

(2)加严检查和放宽检查方案的确定。这两个方案除所用的主检表与正常检查不同外,其他步骤和正常检查方案的确定过程一样。

加严检查用附录 D 中表 D-3 查得抽样方案结果为:$n=125$,$A_C=3$,$R_e=4$。放宽检查用附录 D 中表 D-4 查得抽样方案结果为:$n=50$,$A_C=2$,$R_e=5$。

对于放宽检查有个特殊情况,就是当样本中的不合格数 $A_C<d<R_e$ 时(如本例 $d=3$ 或 4 时),仍可判该批合格,但从下一批起就恢复正常检查,并称此批为附条件合格。

在上述条件下,确定二次正常、加严及放宽检查方案时,则分别利用附录 D 中表 D-5、附录 D 中表 D-6、附录 D 中表 D-7 进行。步骤和上述一次检查方案确定步骤一样。

$N=1\,500$,水平Ⅱ,字母为 K,二次正常查附录 D 中表 D-5,$n=80$,AQL=1.5%,$A_{C1}=2$,$R_{e1}=5$,$A_{C2}=6$,$R_{e2}=7$。

加严检查和放宽检查的判定过程和正常检查一样,只是判定标准不同而已。

二次抽样方案见表 8-11 所列。

表 8-11 二次抽样方案

检查类型	批量 N	样 本	样本大小 n	累计样本大小	合格判定数 A_C	不合格判定数 R_e
正常检查	1 500	第 1	80	80	2	5
		第 2	80	160	6	7
加严检查	1 500	第 1	80	80	1	4
		第 2	80	160	4	5
放宽检查	1 500	第 1	32	32	0	4
		第 2	32	64	3	6

二次正常检查判定过程如图 8-17 所示,二次放宽检查判定过程如图 8-18 所示。

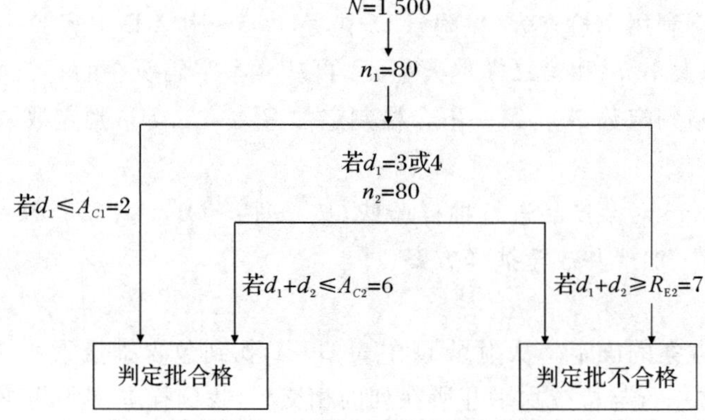

图 8-17 二次正常检查判定过程

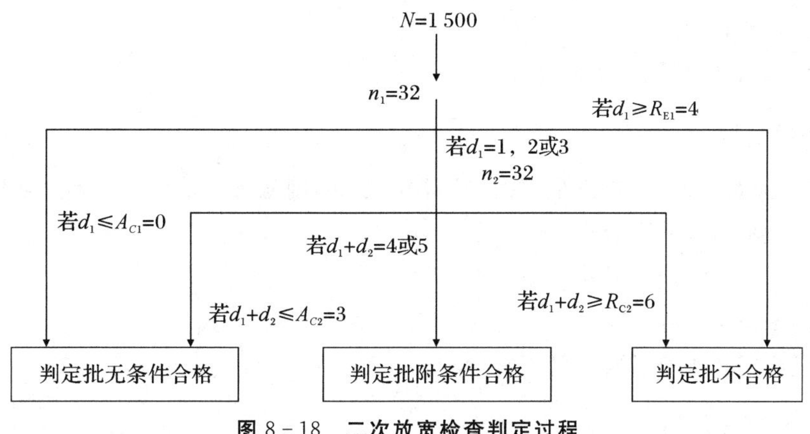

图 8－18　二次放宽检查判定过程

8.4.6　转移规则

ISO 2859 属于调整型抽样检查，它是通过检查的宽严程度，要求供货方提供符合规定质量要求的产品批，ISO 2859 的抽样方案与转移规则必须一起使用，两者是不可分割的有机整体。

ISO 2859 规定可以采用三种不同的抽样方案：

(1)当一批批产品不合格率处在 AQL(可接收质量水平)时，采用正常检验；

(2)当一批批产品的不合格率高于 AQL 时，希望很快转移到加严检验；

(3)当一批批产品的不合格品率低于 AQL 时，则以适当的速度转移到放宽检验。

每种检验所对应的抽样方案不同。所谓“加严”主要是使样本大小加大，或者使样本中合格判定数减少。为了实施满足上述要求的转移，ISO 2859 采用了如下一些转移规则：

1. 正常转加严

当进行正常检验时，如果不多于连续 5 批中有 2 批经初次检验(不包括再次提交检验批)不合格，则从下一批检验转到加严检验。如若检验批是用自然数顺序连续编号的，并开始执行正常检验，在检验过程中，发现第 i 批不合格，之后又发现第 j 批不合格，若 $j-i<5$，则从第 $j+1$ 批开始执行加严检验。

2. 加严转正常

当进行加严检验时，如果连续 5 批经初次检验(不包括再次提交检验批)合格，则从下一批检验转到正常检验。

3. 正常转放宽

当进行正常检验时，如果下列 4 个条件同时得到满足：

(1)连续 10 批(不包括再次提交检验批)正常检验合格；

(2)在此连续 10 批或要求多于连续 10 批所抽取的样本中，不合格品(或缺陷)总数小于或等于放宽检验的界限数表所列的界限数(见附录 D 中表 D－8)；

(3)生产正常；

(4)质量部门同意,则转到放宽检验。

4.放宽转正常

在进行放宽检验时,如果出现下列4种情况之一,则从下一批检验转到正常检验:

(1)有一批放宽检验不合格；

(2)有一批“附条件合格”；

(3)生产不正常；

(4)质量部门认为有必要回到正常检验。

5.加严转暂停检验

加严检验开始后,如果接连10批进行加严检验仍不能转回正常检验,则暂时停止按本标准进行的检验。

6.暂停检验转加严

暂停检验后,如果质量确有改进,质量部门认为可以恢复到加严检验。

8.4.7 ISO 2859与GB 2828的主要区别

GB 2828主要是参照ISO 2859而制定的,但对有些内容作了合理修改。这些修改的内容,部分已得到国际上的认可,部分还有待于实践中进一步验证,现将ISO 2859与GB 2828的主要区别分述如下:

1.适用范围

ISO 2859适用于连续提交检验批,也可用于孤立提交检验批,但在后一种情况,使用者应仔细分析抽检特性曲线,找出具有要求的保护能力的方案。

GB 2828只适用于连续提交检验批,不适用于孤立提交检验批的检验。

2.抽样方案

(1)正常抽样方案,ISO 2859与GB 2828的二次正常抽样方案有两列判断数组不一样,与ISO 2859的$\begin{bmatrix}1 & 4\\4 & 5\end{bmatrix}$,$\begin{bmatrix}3 & 7\\8 & 8\end{bmatrix}$相对应,GB 2828分别改为$\begin{bmatrix}1 & 3\\4 & 5\end{bmatrix}$,$\begin{bmatrix}3 & 6\\9 & 10\end{bmatrix}$。

(2)加严抽样方案,ISO 2859与GB 2828的二次加严抽样方案有两列判断数组不一样,与ISO 2859的$\begin{bmatrix}1 & 4\\4 & 5\end{bmatrix}$,$\begin{bmatrix}3 & 7\\8 & 9\end{bmatrix}$相对应,GB 2828分别改为$\begin{bmatrix}1 & 3\\4 & 5\end{bmatrix}$,$\begin{bmatrix}4 & 7\\10 & 11\end{bmatrix}$。

(3)放宽检验方案。ISO 2859只有一个放宽检验方案表,它含有“无条件”和“附条件”检验两部分。

GB 2828放宽检验方法表将ISO 2859放宽检验方案表一分为二,增设了特宽检验的抽样方案,即由放宽检验方案表和特宽检验方案表组成。它分别与ISO 2859“无条件”和“附条件”放宽检验抽样方案相对应。

(4)多次抽样方案。ISO 2859 的多次抽样方案为“七次”,GB 2828 的多次抽样方案为“五次”。

3. 转移规则

(1)加严检验到暂停检验的规则:ISO 2859 的规则为“连续 10 批停留在加严检查”,GB 2828的规则为“加严检验后累计 5 批不合格”。

(2)放宽检验界限数法。放宽检验抽样方案是为刺激生产方而设计的,它对保证产品质量并无积极作用,特别对于我国目前的产品质量现状更是如此。使用放宽检验并非强制性的,必须采取慎重态度。比较 ISO 2859 与 GB 2828 放宽检验界限表,GB 2828 的放宽检验界限数比较严格,这符合我国的实际情况。

GB 2828 对放宽检验界限表的使用条件也与 ISO 2859 不同。GB 2828 规定转入放宽检验中的一个条件“在此连续 10 批或多于 10 批所抽取的样本中不合格品总数要小于或等于放宽检验界限数表所列的界限数”,这比 ISO 2859 规定的增加了“多于连续 10 批”的表述。

4. 抽样特性曲线(OC 曲线)

ISO 2859 的 OC 曲线是按样本字码为序,按正常检验每个 AQL 给出 OC 曲线,横坐标是 p。

GB 2828 是按合格判定数表示的,均以质量比 $K_p(=p/\text{AOL})$为横坐标,并与正常检验相对应的加严、放宽、特宽抽样特性曲线在一起。

5. 计算接收概率 $L(p)$

ISO 2859 在 AQL≤10%,n≤80 范围内采用二项分布公式计算 $L(p)$,其余情况采用泊松分布计算 $L(p)$。GB 2828 在所有范围都采用泊松分布计算 $L(p)$。

8.5　计量型抽样检验

8.5.1　概述

计量抽样检验是指按规定的抽样方案从批中随机地抽取部分单位产品进行计量检验,并判断该批产品是否接收的过程。

计量抽样检验与前面介绍的计数抽样检验的根本区别在于计数抽样检验只将抽取到的产品划分为合格与不合格品,或者只计算产品的不合格数,因而计数抽样检验得到的信息量较少,往往要检验较大的样本量才能对检验批的可接受性做出判断。而计量抽样检验是以样本中各单位产品的计量质量特性数据作为依据,因而,它比计数抽样检验能够提供更多、更详细的产品质量信息,当产品质量下降的时候,计量抽样检验会更早发出警告。同时,在

同样的质量保护下,计量抽样检验的样本量比计数抽样检验要小得多。总之,与计数抽样检验相比,计量抽样检验具有如下特点:

(1)从难易程度来讲,计数抽样检验较简单,计量抽样检验较复杂。

(2)从取得的信息来看,计量抽样检验能获得更多、更精密的信息,能指出产品的质量状况,一旦质量下降能及时提出警告。

(3)计量抽样检验的可靠性比计数抽样检验更大。这是因为对每批产品的某种质量特性进行严格的计量检验要比对每批产品的质量仅仅区别其为合格与否的计数检验更为确切。

(4)与计数抽样检验相比,在同样的质量保护下,计量抽样检验的样本量可以减少30%,因而当检验过程的费用比较大的时候,计量抽样检验显示出其巨大的优越性。

(5)计数抽样检验较易被接受和理解,计量抽样检验却非如此。如使用计量抽样检验时有可能会出现在样本中没有发现不合格品而检验批被拒收的情况。

(6)计量抽样检验的局限性是要求被检质量特性必须服从或近似服从正态分布,因为设计计量抽样检验方案的依据是正态分布理论。

我国最新颁布的计量型抽样检验的标准是《计量标准型一次抽样检验程序及表》GB/T 8054—2008,该标准规定了以均值和不合格品率为质量指标的计量标准型一次抽样检验的程序与实施方法。

8.5.2 抽样原理

计量标准型抽样方法主要包括σ法与S法。

1.σ法

批标准差已知时,利用样本均值与批标准差来判断批能否接收的方法。抽样原理见表8-12所列。

表8-12 σ法抽样原理

工作步骤	工作内容	检验方式		
		上规格限	下规格限	双侧规格限
①	规定质量要求	$\mu_0 U,\mu_1 U$	$\mu_0 L,\mu_1 L$	$\mu_0 U,\mu_1 U;\mu_0 L,\mu_1 L$
②	确定σ值	根据批历史数据,参照GB/T 8054—2008标准估计σ		
③	计算	$\dfrac{\mu_1 U-\mu_0 U}{\sigma}$	$\dfrac{\mu_0 L-\mu_1 L}{\sigma}$	$\dfrac{\mu_1 U-\mu_0 U}{\sigma}$ 或 $\dfrac{\mu_0 L-\mu_1 L}{\sigma}$
④	确定抽样方案	$n=\sigma^2\left[\dfrac{\Phi^{-1}(\alpha)+\Phi^{-1}(\beta)}{\mu_1-\mu_0}\right]^2$ $k=\dfrac{\mu_1\Phi^{-1}(\alpha)+\mu_0\Phi^{-1}(\beta)}{\Phi^{-1}(\alpha)+\Phi^{-1}(\beta)}$	查GB/T 8054—2008标准,确定n,k	查GB/T 8054—2008标准,确定n,k

2. S 法

S 法即批标准差未知时，利用样本均值与样本标准差来判断批能否接收的方法。抽样原理见表 8－13 所列。

表 8－13　S 法抽样原理

工作步骤	工作内容	检验方式		
		上规格限	下规格限	双侧规格限
1	规定质量要求	$\mu_0 U, \mu_1 U$	$\mu_0 L, \mu_1 L$	$\mu_0 U, \mu_1 U; \mu_0 L, \mu_1 L$
2	确定 σ 值	根据批历史数据，计算样本标准差 S		
3	计算	$\frac{\mu_1 U-\mu_0 U}{\hat{\sigma}}$	$\frac{\mu_0 L-\mu_1 L}{\hat{\sigma}}$	$\frac{\mu_1 U-\mu_0 U}{\hat{\sigma}}$ 或 $\frac{\mu_0 L-\mu_1 L}{\hat{\sigma}}$
4	确定抽样方案	查 GB/T 8054—2008 标准，确定 n,k	查 GB/T 8054—2008 标准，确定 n,k	

如一批钢材，其硬度越小越好。已知 $\sigma^2=4$，规定 $\mu_0=70$，$\mu_1=72$，$\alpha=0.05$，$\beta=0.10$，试确定：

(1)满足要求的计量一次抽样方案；

(2)当 $\mu=71$ 时的接收概率。

查附录 A 中表 A－1 得：

$$\Phi^{-1}(0.05)=-1.64,\quad \Phi^{-1}(0.1)=-1.28$$

$$n=\sigma^2\left[\frac{\Phi^{-1}(\alpha)+\Phi^{-1}(\beta)}{\mu_1-\mu_0}\right]^2=4\left(\frac{-1.64-1.28}{72-70}\right)^2=8.53$$

$$k=\frac{\mu_1\Phi^{-1}(\alpha)+\mu_0\Phi^{-1}(\beta)}{\Phi^{-1}(\alpha)+\Phi^{-1}(\beta)}=\frac{72(-1.64)+70(-1.28)}{-1.64-1.28}=71.12$$

因此，抽样方案为(8.53,71.12)，即从批中随机抽取 9 个单位产品，测试并计算样本的硬度均值，若样本的硬度均值不超过 71.12，则接收此批产品，否则拒收该批产品。

当 $\mu=71$ 时的接收概率为

$$L(\mu)=P(\bar{x}\leqslant k)=P\left(\frac{\bar{x}-\mu}{\sigma/\sqrt{n}}\leqslant\frac{k-\mu}{\sigma/\sqrt{n}}\right)=\Phi\left(\frac{k-\mu}{\sigma/\sqrt{n}}\right)=\Phi\left(\frac{71.12-71}{2/\sqrt{9}}\right)=\Phi(0.18)=0.5714$$

第9章 质量评价

9.1 质量评价概述

9.1.1 质量评价的数量化问题

对评价对象的质量特性做出科学、客观的评价活动，包括评价队伍的建立、评价标准的制定、评价方法的选择、评价程序的确定等，这些都称为质量评价。

有些质量特性是可以测定并用具体数值表示的，质量评价只需对反映特性的数据作简单比较就可以做出结论，但生产和管理中也经常遇到下列情况。

(1)有些质量特性(如收音机的质量、电视机清晰度等)是不能或难以用仪器测定的。

(2)对产品质量的总体评价时，虽然产品质量的性能、可靠性、经济性可分别测定，但它们之间由于没有一个通用的评价尺度，因此没有办法对产品质量的总体做出评价。

(3)对故障的分析，需要确定致命故障、严重故障、一般故障、次要故障的相对权数，但这个权数又往往因单位不同、产品不同、方案不同而异。

(4)有些质量特性在标准、极限或合格与不合格之间，由于实际上存在中间过渡阶段，虽然可以用数据表示，但标准的边界变模糊了，也难以做出明确的评价结论，如学生的考试成绩，60 分及格，59 分不及格，这两者并无实质性的区别。

由上述情形可见，质量评价涉及数量化或量化问题，在此重点介绍量化评价方法。这些方法在质量管理中具有普遍意义，是一项实用、有效的工具。

9.1.2 评价工作主要特点和要求

为了合理地选择评价方法和有针对性地开展质量评价工作，必须掌握评价工作的特点。根据实践的总结，质量评价有以下特点。

1.复杂性

随着科学技术的发展，评价对象越来越复杂，使得评价面对的往往是一个多目标、高水平的复杂系统，因而评价中要做到精确化和数量化就很困难。但多数情况下并不会因评价对象的复杂性增加而允许降低评价精度。

2. 模糊性

在质量评价中，特别是管理性的评价，存在着大量的模糊现象。如质量体系的有关要素的考核，采用满足、改进、不满足三个水平，由于三者之间并无严格界限，不同评审员对同一情况可能会做出不同的评价。另外，对一些可测定的质量特性，如温度、体积等，又是由于受时间限制或经济上的目的，往往采用"模糊"点的方法进行评价。

3. 散差性

不同的人对同一对象的评价结果（观察值）是有散差的。这种散差可以分为正常散差和异常散差。那种难以避免，主观上难以控制的散差称为正常散差。由于评审员对评价条件的不同理解、水平参差不齐或对评价对象的主观倾向等因素造成的散差，一般是可识别、可避免的，这种散差称为异常散差，它对评价结果影响很大。两种散差是相对的，有时并无严格界限，只能用统计的观点从总体上加以区别。

4. 规律性

评价过程中的偶然散差是具有统计规律的。一般认为，不同评审人员对同一对象的评价结果（观察值）服从正态分布 $N(\mu,\sigma^2)$，因此可以用正态分布的规律来整理、分析和检验评价数据，从而使评价结论从总体上达到科学、合理。

5. 可检验性

可检验性包括对评价结果可信性和一致性的检验，即使选择的评价方法科学、合理。常用的检验和统计分析方法有 χ^2 检验、正态性检验、方差分析及格拉布斯剔出异常数据检验等。

要做好质量评价工作，一般要注意下列要求：

(1)建立一支相对稳定、专业配套的评价队伍。评审人员要经过专门的训练并取得资格证书。

(2)对综合性的评价要突出重点，做到点面结合，虚实结合。

(3)评价中尽可能用数据、事实说话，要重文字资料、重措施落实、重原始数据、重实际效果。

(4)当评价系统各因素能用定量指标表示时，应采用实际"达标"值代替直接评分。

(5)如有可能，可先将评价系统分层，对每一层次逐一评价后，再加以综合比较，这也可以提高评价精度。

(6)尽可能采取"幕后评价"的原则。

(7)评价结束后，对评价结果的一致性（有效性）要进行统计分析。

(8)如果评价人员主观倾向性有可能对评价结果起主导作用时，宁可牺牲一部分信息，采用以下办法：

1)将评审结果取中位数代表评价对象的水平；

2)删去最高分和最低分再平均；

3)用格拉布斯方法对由低到高的评价结果(观察值)的最小、最大值进行检验,将异常数据剔除后再计算平均值。

表 9-1 是格拉布斯检验简表,该表给出了显著性水平 α 下的剔除标准,只适用于数据服从正态分布时的情形。

表 9-1 格拉布斯检验简表

n	3	4	5	6	7	8	9	10	11	12
$T_{0.05}$	1.15	1.46	1.67	1.82	1.94	2.03	2.11	2.13	2.23	2.29
$T_{0.025}$	1.15	1.48	1.71	1.89	2.02	2.13	2.21	2.29	2.36	2.41
$T_{0.01}$	1.15	1.49	1.75	1.94	2.10	2.22	2.32	2.41	2.48	2.55

n:评审员给出的评价结果数; T_a:第一类错误为 α 值下的剔除标准,如果数据的统计量 $T>T_a$,则数据应剔除。如 9 名评审员对某一对象给出下列评分:

69.5,72.0,72.5,74.0,74.6,75.2,76.0,78.0,84.7

试检验上述数据有无异常($a=0.05$)。

(1)将评价对象数据按由大到小的顺序排列,使 $X_1<X_2<X_3<\cdots<X_n$ 且计算 $\bar{X}$ 和 S 的值。

$$\bar{X}=\frac{\sum_{i=1}^{n}X_i}{n},\quad S=\sqrt{\frac{1}{n-1}\sum_{i=1}^{n}(X_i-\bar{X})^2}$$

将数据代入得

$$\bar{X}=75.17,\quad S=4.34$$

(2)计算统计量 T:

$$T_n=\frac{X_n-\bar{X}}{S}T_1=\frac{\bar{X}-X_1}{S}$$

将数据代入得

$$T_9=\frac{84.70-75.17}{4.34}=2.20$$

$$T_1=\frac{75.17-69.5}{4.34}=1.31$$

(3)比较 T_9、T_1 和 T_a的大小,查表 9-1 得

$$T_{0.05}=2.11,\quad T_9=2.20>2.11,\quad T_1=1.31<2.11$$

则 $X_9=84.7$ 应剔除。

(4)剔除异常数据后,按上述步骤检验其余 8 个数据,反复进行检验到无异常为止。

9.1.3 评价方法分类

常用的质量评价方法一般可分为两类:综合评价法和两两比较法。综合评价法有直接评分法、总分法、加权综合评价法、模糊综合评价法、待定系数法及分类法,两两比较法有顺序法、优序法。

综合评价法适用于多因素(或多项目)复杂系统的评价,这些因素或项目的质量特性可以是定性的,也可以是定量的。两两比较法的基本思想是:在众多的评价对象中,将每两个归为一组进行择一比较,然后将比较结果进行统计分析,从而对这些评价对象排出优劣次序。两类方法可以单独使用,也可以组合起来使用。

9.2　层次分析综合评价

9.2.1　综合评价中的共性问题

1. 评价系统因素的确定

一个评价系统是由若干因素组成的。作为评价系统通常要考虑的因素,推荐两种评价系统的价值基准。

(1)切斯纳特评价系统的基准。美国切斯纳特评价系统价值的 5 项基准是:

1)性能——反映系统水平的质量指标;

2)时间——产品研制周期、交货时间、方案制订时间等;

3)费用——采购价格、产品寿命周期中的使用费用、研制费用、停工损失等;

4)可靠性——完成规定功能的概率、安全性等;

5)适应性——对寿命周期中环境变化的适应性。

(2)兰勃五性能评价法。即可靠性、有效性、适应性、经济性、重复生产性综合评价法,每一评价项目从 5 分到 0 分,分 6 个水平进行评价。

性能、寿命、可靠性、安全性、经济性可作为评价产品质量的 5 项指标。

2. 隶属函数的建立

为了提高评价精度,要建立指标完成情况和评价等级间的隶属函数。例如,根据预测某产品的成本,大体在 2 万～4.5 万元,将成本分为 6 个等级(见表 9-2)。

表 9-2　产品成本分级表

成本/万元	<2	2～2.5	2.5～3	3～1.5	1.5～4	>4
等级/分	5	4	3	2	1	0

可用回归分析法建立起成本和得分的隶属函数为

$$y = 9 - 2x$$

也可用下列公式求出指标值和得分之间的隶属函数。对于要求指标值越大越好的情形,可用式(9-1)计算。

$$y = \frac{\text{达标值} - \text{指标规定的最小值}}{\text{指标规定的容差}} \times \text{分制} \tag{9-1}$$

对于要求指标越小越好的情形,可用式(9-2)计算。

$$y = \frac{\text{指标规定的最大值} - \text{达标值}}{\text{指标规定的容差}} \times \text{分制} \tag{9-2}$$

如两个设计方案,其产品的实际成本是:方案 1 为 21 000 元,方案 2 为 22 500 元,预算成本见表 9-2,试计算两个方案的得分。

若按成本的等级给分,两个方案均得 4 分,如将两个方案的实际成本代入式(9-2),则得

$$y_1 = \frac{45\ 000 - 21\ 000}{45\ 000 - 2\ 000} \times 5 = 4.80$$

$$y_2 = \frac{45\ 000 - 22\ 500}{45\ 000 - 20\ 000} \times 5 = 4.50$$

将达标值代入线性方程 $y=9-2x$(注意,此时 x 分别取 2.1 万元和 2.25 万元),得分与上述结果一致。

9.2.2 权数的分配

在综合评价中,由于系统中各因素对评价对象的影响不同,需要对不同因素确定不同的权数。权数确定可采用以下方法。

1. 专家调查法(德尔菲法)

假定调查 k 个有经验的专家,第 k 个专家对 m 个因素对评价对象的影响给定的权数为

$$W_{1k}, W_{2k}, W_{3k}, \cdots, W_{mk}(k = 1,2,\cdots,n)$$

然后集中 k 个专家的意见,经统计

$$\bar{W} = \frac{1}{n}\sum_{k=1}^{n} W_{ik}(i = 1,2,\cdots,m)$$

把统计结果返回给 k 个专家,请他们再次斟酌修正。这样经过几次反复,最后确定 m 个因素的权重为 $W_1, W_2, W_{3,} \cdots, W_m$,其中 $0 < W_i < 1, \sum_{x=1}^{m} W_i = 1$。

2. 特征值方法

为确定 m 个元素相对重要程度,可通过逐对比较来实现。人们作定性区分的能力可用下列属性表示:同等重要、稍微重要、较重要、更加重要、重要得多。为了使判断定量化,引入范围为 1~9 的标度见表 9-3。标度中所用的数量 1、3、5、7、9 是绝对的,而不是顺序的数字,当需要更高的精确度时,可以取相邻属性之间的数 2、4、6、8,这样共 9 个数值。

表 9-3 标度及其含义

标度	定义	说明
1	两个元素相同重要	两个元素对于某特性值具有相同贡献
3	一个元素比另一个元素稍微重要	从经验判断,两个元素中稍微偏重于一个元素
5	一个元素比另一个元素较重要	从经验判断,两个元素中较偏重于一个元素
7	一个元素比另一个元素更加重要	一个元素强烈偏重,其主导作用在实际中显示出来
9	一个元素比另一个元素重要得多	两个元素偏重于其中一个元素的证据是判断的最高等级
2、4、6、8	两个相邻判断的中值元素 i 和 j,则 j 与 i 比较得 $a_{ji}=1/a_{ij}$	需要有两个判断的折中

假设要确定相对重要权数的元素有 m 个：$\mathbf{A}_1,\mathbf{A}_2,\cdots,\mathbf{A}_m$，对它们进行逐对比较并按上述标度的定义赋值，就可得到下列矩阵(称为判断矩阵)：

	$\mathbf{A}_1$	$\mathbf{A}_2$	$\cdots$	$\mathbf{A}_m$
$\mathbf{A}_1$	a_{11}	a_{12}	$\cdots$	a_{1m}
$\vdots$	$\vdots$	$\vdots$		$\vdots$
$\mathbf{A}_m$	a_{m1}	a_{m2}	$\cdots$	a_{mm}

(9－3)

其中：$a_{ij}=\mathbf{A}_i/\mathbf{A}_j,a_{ii}=1,a_{ij}=1/a_{ji}(i,j=1,2,\cdots,m)$。

从给定的矩阵中计算优先级矢量，可采用方根法计算，其步骤如下：

(1)计算判断矩阵每一行的乘积 P_i：

$$P_i=\prod_{j=1}^{m}a_{ij}(i=1,2,\cdots,m)$$

(2)计算 P_i 的 m 次方根：

$$\overline{W}_i=\sqrt[m]{P_i}(i=1,2,\cdots,m)$$

(3)对矢量 $\overline{\mathbf{W}}=(\overline{W}_1,\overline{W}_2,\cdots,\overline{W}_m)^{\mathrm{T}}$ 进行归一化处理

$$W_i=\frac{\overline{W}_i}{\sum\limits_{i=1}^{m}}(i=1,2,\cdots,m)$$

则 $\mathbf{W}=(W_1,W_2,\cdots,W_m)^{\mathrm{T}}$ 为所求的特征矢量，$W_1,W_2,\cdots,W_m$，即为 $\mathbf{A}_1,\mathbf{A}_2,\cdots,\mathbf{A}_m$ 的权数。

	$\mathbf{A}_1$	$\mathbf{A}_2$	$\mathbf{A}_3$
$\mathbf{A}_1$	1	1/3	1/2
$\mathbf{A}_2$	3	1	3
$\mathbf{A}_3$	2	1/3	1

(1)计算各行元素乘积的三次方根：

$$\overline{W}_1=\sqrt[s]{1\times\frac{1}{3}\times\frac{1}{2}}=0.550\ 3$$

$$\overline{W}_2=\sqrt[s]{3\times1\times3}=2.080\ 1$$

$$\overline{W}_3=\sqrt[s]{2\times\frac{1}{3}\times1}=0.873\ 6$$

(2)将所得结果进行归一化处理：

$$\sum_{i=1}^{3}\overline{W}_i=0.550\ 3+2.080\ 1+0.873\ 6=3.504$$

$$W_1=\frac{\overline{W}_1}{\sum\limits_{i=1}^{3}\overline{W}_i}=\frac{0.550\ 3}{3.504}=0.157\ 1$$

$$W_2=\frac{\overline{W}_2}{\sum_{i=1}^{3}\overline{W}_i}=\frac{2.080\ 1}{3.504}=0.593\ 6$$

$$W_3=\frac{\overline{W}_3}{\sum_{i=1}^{3}\overline{W}_i}=\frac{0.873\ 6}{3.504}=0.249\ 3$$

则优先级矢量为$\boldsymbol{W}$=(0.157 1,0.593 6,0.249 3)。

$\boldsymbol{W}$的权数矢量是否可以接受,要经过一致性检验。

判断矩阵的最大特性根$\lambda_{\max}$为

$$\lambda_{\max}=\frac{1}{m}\sum_{i=1}^{3}\frac{(AW)_i}{W_i} \tag{9-4}$$

定义一致性指标:

$$\mathrm{CI}=\frac{\lambda_{\max}-m}{m-1} \tag{9-5}$$

当CI<0.10CI<0.1时,即认为$\boldsymbol{W}$的权数矢量是可接受的。本例的一致性检验为

$$\boldsymbol{AW}=\begin{pmatrix}1 & 1/3 & 1/2\\ 3 & 1 & 3\\ 2 & 1/2 & 1\end{pmatrix}\begin{pmatrix}0.157\ 1\\ 0.593\ 6\\ 0.249\ 3\end{pmatrix}=\begin{pmatrix}0.479\ 6\\ 1.812\ 4\\ 0.761\ 3\end{pmatrix}=\begin{pmatrix}(AW)_1\\ (AW)_2\\ (AW)_3\end{pmatrix}$$

$$\lambda_{\max}=\frac{1}{m}\sum_{i=1}^{3}\frac{(AW)_i}{W_i}=\frac{1}{3}\times\left(\frac{0.479\ 6}{0.157\ 1}+\frac{1.812\ 4}{0.593}+\frac{0.761\ 3}{0.249}\right)=3.053\ 3$$

$$\mathrm{CI}=\frac{\lambda_{\max}-m}{m-1}=\frac{3.053}{3-1}=0.03<0.10$$

所以判断矩阵$\boldsymbol{A}$是可接受的,$\boldsymbol{A}_1,\boldsymbol{A}_2,\boldsymbol{A}_3$的相对重要性权数分别为$W_1=0.157\ 1$,$\boldsymbol{W}_2=0.593\ 6$,$\boldsymbol{W}_3=0.249\ 3$。

3.频率分布确定权数法

这个方法的主要步骤,实际上是做一个频率分布表,具体做法如下例说明。

为了解某地区厂级领导干部学习质量管理有关内容的需要,现列出4项15个内容,对88名厂长进行调查。4项内容是:质量和可靠性、TQM理论、数理统计知识、质量管理方法。首先让被调查的人员根据自己的需要,提出自己的权数分配方案。如某厂长的权数分配方案是(0.4,0.2,0.1,0.3),其余类推。将收集到的88张调查表按下列步骤进行统计分析。

(1)按单项内容统计权数,从88个数据中找出最大权数($X_{\max}$)和最小权数($X_{\min}$),仅以第1项内容为例,$X_{\max}=0.53$,$X_{\min}=0.21$。

(2)确定组数K(选$K=7$)。

(3)按下式确定组距h。

$$h=\frac{X_{\max}-X_{\min}}{K}=\frac{0.53-0.21}{7}=0.05$$

(4)统计每组的频数 f_i，并计算频率 f^*（$f^*=f_i/88$）。

(5)选频率最大组的组中值(0.38)作为第 1 项的权数。

重复上述步骤，得其他三项内容的权数分别为 0.23,0.12,0.33。

9.2.3　综合评价的方法

1. 直接评分法和总分法

这是我国质量评价中最常用的一种方法,其做法如下。

(1)将评价系统分解为若干因素或评价内容。

(2)根据内容的多少和复杂程度确定分制,如千分制、百分制等。

(3)根据评价内容的重要程度确定它们的评分幅度。

(4)评审员根据事先规定的标准对评价的内容逐条评分,并计算总分。

(5)计算总平均分,并按平均分高低做出评价,若评价的目的是对若干评价对象进行比较时,可按平均分高低排出优劣次序。

总分法是将各因素得分之和作为评价结果,是直接评分法的另一种形式。对于直接评分法评分后,对结果要进行必要的统计分析。

2. 加权综合评价法

其做法如下:

(1)合理选定评价因素(V_i)。

(2)确定各因素的评价标准。

(3)确定各因素的权数(A_i)。

(4)按标准对评价对象 j 的各因素分别作出评价(P_{ij})。

(5)计算评价对象 j 的评价结果（$\sum A_iP_{ij}$），并进行综合评价。

以上前两项主要取决于评审人员对评价对象的了解,是工程问题;后三项是统计方法问题。评价时,一般以决策矩阵 **B** 的形式进行。

$$\boldsymbol{B}=\left(\sum_{i=1}^{m}A_iP_{ij}\right)=(A_1,A_2,\cdots,A_n)\begin{bmatrix}P_{11} & P_{12} & \cdots & P_{1m}\\ P_{21} & P_{22} & \cdots & P_{2m}\\ \vdots & \vdots & & \vdots\\ P_{n1} & P_{n2} & \cdots & P_{nm}\end{bmatrix}$$

某厂生产的发火管的质量特性，主要由 4 个因素决定。权数依次为 0.15、0.20、0.35、0.30。因素的技术要求及 6 个质量等级划分见表 9-4,为了考验设计方案，工厂用了 3 种不同的设计方案,试制了 3 批发火管,经测试 3 个方案的达标情况见表 9-5,现需从 3 个方案中选择一个方案，问哪个方案最好？

表 9－4　发火管各种因素评价标准

等级 n	因素 V			
	燃爆压力 V_1/Pa	抗电强度 v_2/V	最小发火电流 V_3/mA	最大安全电流 V_4/mA
5	＞120	⩾2 050	⩽500	⩾2 650
4	110～120	1 900～2 050	500～600	550～650
3	100～110	1750～1 900	600～700	450～550
2	90～100	1 600～1 750	700～800	350～450
1	80～90	1 450～1 600	800～900	250～350
0	70 以下	1 300 以下	1 000 以上	150 以下

表 9－5　各方案的达标情况

因　素	方案Ⅱ	方案Ⅱ	方案Ⅲ
V_1 燃爆压力/Pa	115	108	88
V_2 抗电强度/V	2 050	1 770	1 550
V_3最小发火电流/mA	670	690	580
U 最大安全电流/mA	480	520	420

(1)建立各因素达标值 x 与质量等级间的隶属函数

$$V_1(x)=\frac{x-70}{120-70}\times 5,\qquad V_3(x)=\frac{1\ 000-x}{1\ 000-500}\times 5$$

$$V_2(x)=\frac{x-1\ 300}{2\ 050-1\ 300}\times 5,\quad V_4(x)=\frac{x-150}{650-150}\times 5$$

(2)将各因素达标值代入隶属函数得各因素不同方案的评价值 $P_{ij}(i=1,2,3,4;j=1,2,3)$：

$$(P_{ij})=\begin{bmatrix}4.50 & 3.80 & 1.80\\ 5.00 & 3.13 & 1.67\\ 3.30 & 3.10 & 4.20\\ 3.30 & 3.70 & 2.70\end{bmatrix}$$

(3)计算各方案的综合评价结果 $\boldsymbol{B}=(\sum_{j=1}^{m}A_iP_{ij})$。

$$\boldsymbol{B}=(0.15,0.20,0.35,0.30)\begin{bmatrix}4.50 & 3.80 & 1.80\\ 5.00 & 3.13 & 1.67\\ 3.30 & 3.10 & 4.20\\ 3.30 & 3.70 & 2.70\end{bmatrix}$$

$$=(3.82,3.39,2.88)$$

(4)选择方案：方案Ⅰ相对较优。

9.3　模糊综合评价

用模糊数学方法进行综合评价，简称模糊评价。其运算程序是：

(1)合理选定评价项目；

(2)确定每个因素所对应的权数；

(3)对因素进行分层评价；

(4)综合运算。

这个程序同加权综合评价法是相类似的，但也有不同，主要不同点如下：

(1)模糊数学方法可用于不同评价对象的评价，更多地用于对多因素单一评价对象的评价。

(2)评价时，一般不采用直接打分法，而是在(0,1)范围内取值，用于描述事物的模糊性。

(3)加权综合评价法可以用矩阵法求出评价结果，模糊评价则用“择小，择大”法做出评价结论。

9.3.1　数学模型建立

1 因素集的建立

因素集 U 是由各因素 U $(i=1,2,\cdots,n)$组成的集合，$U=(U_i)$。

因素通常具有不同程度的模糊性。

2. 权数集的建立

因素集 U 中的各因素对评价系统的影响程度是不同的，需要对 U_i 给予不同的权数 $a_i(i=1,2,\cdots,n)$，由各权数组成的集合设为 $\underset{\sim}{A}$。

$\underset{\sim}{A}(a_i)$称为因素权重集或权数集。

通常，各权数 $a_i(i=1,2,\cdots,n)$应满足归一性和非负性条件，即

$$\sum_{i=1}^{n} a_i = 1,(a_i > 0;i = 1,2,\cdots,n)$$

3. 评价集(备择集)的建立

评价集是对评价系统各因素可能作出的评价指标 $V_j(j=1,2,\cdots,m)$的集合 $V=(V_j)$。

4. 评定矩阵的建立

设 M_{ij} 表示对第 i 个因素的第 j 种评定$(i=1,2,\cdots,n;j=1,2,\cdots,n)$。$\underset{\sim}{\boldsymbol{R}}$ 是从因素集 U 到评价集 V 的一个模糊集，是一个 $n\times m$ 维的模糊矩阵，且令

$$\underset{\sim}{\boldsymbol{R}}=(M_{ij})$$

为了合理地反映各因素的综合影响，在 $\underset{\sim}{\boldsymbol{R}}=(M_{ij})$前乘以各因素相应的权数，则综合评价可表示为

$$\underset{\sim}{B}=\underset{\sim}{A}\underset{\sim}{R}$$

上式按模糊矩阵乘法进行运算，即

$$\underset{\sim}{B}=(a_j)(M_{ij})=(b_j)$$

进行模糊矩阵乘法运算时，需引入两个符号“∧”和“∨”,称模糊算子。在评价系统只包含有限元素时,其意思分别是“取最小值(择小)”和“取最大值(择大)”。例如 $\boldsymbol{A}\wedge\boldsymbol{B}=\min(\boldsymbol{A},\boldsymbol{B})$，$\boldsymbol{A}\vee\boldsymbol{B}=\max(\boldsymbol{A},\boldsymbol{B})$。

9.3.2 评价指标处理

从上述模糊矩阵乘法运算得到的评价指标 $b_j(j=1,2,\cdots,m)$，可直接作为评价结果。为了更加直观，可将 $\hat{b}_j$ 进行归一化处理，也就是使最后评价指标之和等于1,其做法是

$$\underset{\sim}{B}=\begin{bmatrix}-\dfrac{b_j}{\sum\limits_{j=1}^{m}b_j}\\ \sum_{j-1}\end{bmatrix}=(\hat{b}_j)$$

此时，$\sum\limits_{j=1}^{m}\hat{b}_j=1$。

从归一化处理结果可得出评价集中各评价等级所占百分比。评价结果的处理还可以采用与最大评价指标法 $\max\{b_j\}$相对应的评价元素作为评价结果，但当 $\max\{b_j\}$不止一个时就难以确定。

此外，还可以将 b_j 作为权数，利用各评价元素 V_i 的加权平均值作为评价结果，即

$$V=\frac{\sum\limits_{j=1}^{m}b_jV_j}{\sum\limits_{j=1}^{m}b_j}$$

但上式不适用于定性评价的评价集。

9.3.3 应用

在服装展评中,决定服装质量的因素主要是款式、耐穿、颜色,评分时分三 个等级:满意、较满意、不满意,根据用户意见对某款服装进行综合评价。

(1)建立数学模型，令 U=(款式、耐穿、颜色)，V=(满意、较满意、不 满意)，$A(0.5,0.17,0.33)$。

(2)统计用户意见并建立评价矩阵：

$$\underset{\sim}{R}=\begin{bmatrix}0.4&0.5&0.1\\0.3&0.4&0.3\\0.55&0.45&0\end{bmatrix}$$

(3)计算 $\underset{\sim}{B}$。

$$\underset{\sim}{B}=(0.5,0.17,0.33)\begin{bmatrix}0.4&0.5&0.1\\0.3&0.4&0.3\\0.55&0.45&0\end{bmatrix}$$

$$
\begin{aligned}
&=[(0.5\wedge 0.4)\vee(0.17\wedge 0.3)\vee(0.33\wedge 0.55),\\
&\quad(0.5\wedge 0.5)\vee(0.17\wedge 0.4)\vee(0.33\wedge 0.45),\\
&\quad(0.05\wedge 0.1)\vee(0.17\wedge 0.3)\vee(0.33\wedge 0)]\\
&=(0.4\vee 0.17\vee 0.33,0.5\vee 0.17\vee 0.33,0.1\vee 0.17\vee 0)\\
&=(0.4,0.5,0.17)
\end{aligned}
$$

(4) 归一化后处理得(0.37,0.47,0.16)。

(5) 评价结果处理：上述结果表明，大体上38%的用户对该服装满意，46%比较满意，15%不满意，也可以用 $\max\{b_j\}=0.46$ 作为该服装的综合评价，即较满意。

第 10 章 质量分析与改进

10.1 质量分析与改进概述

10.1.1 方法分类

在产品的质量管理与质量工程实践中，管理者需要通过质量数据分析对产品质量情况做出决策。有效的决策是建立在大量数据和信息分析的基础上，质量分析工具与方法正是便于决策者从质量数据中获取相关结论的技术认识水平。同时在激烈的市场竞争中，企业为了求得生存与发展，其产品质量水平不能总是停留在一个水平上，而应在维持的基础上加以提高。改进现状即质量改进，其目的是致力于增强满足质量要求的能力，是对现有的质量水平在控制的基础上加以提高，使产品质量达到一个新的水平。

质量改进活动涉及质量管理的全过程，改进对象既包括产品质量，也包括各部门的工作质量。改进项目的选择重点，应是长期性的缺陷。产品质量改进是指改进产品自身的缺陷，或是改进与之密切相关事项的工作缺陷的过程。

根据质量分析与改进的方法的性质，可以将其分为两类：

(1)定量分析方法。它是利用统计学等数学分析方法处理质量数据，通过分析质量数据的频次、均值等统计指标来分析质量发展趋势，或采用回归分析与方差分析等统计技术来分析多个质量特性之间的函数依赖关系等，包括直方图、排列图、散布图、分层法、矩阵数据分析法、调查表法。

(2)定性分析法。它是在系统工程思想指导下，利用事理逻辑来分析质量问题数据，建立起众多质量影响因素的关系图，包括因果图、关联图、KJ 图、系统图、PDPC 法、矩阵图等。

10.1.2 工作步骤与内容

质量分析与改进通常按照 PDCA 来进行，即计划(Plan)、实施(Do)、检查(Check)、处理(Action)。4 个阶段又可分成 8 个步骤，主要内容如下：

1. P 阶段——计划阶段

(1)分析现状，找出存在的质量问题。在寻找存在的质量问题时，通常可借助于排列图、直方图和控制图等技术来进行。

(2)分析产生质量问题的原因。分析过程经常借助于因果图法、关联图法、系统图法等技术进行。

(3)找出影响质量问题的主要原因。影响质量问题的主要原因可能很多,但起关键作用的因素往往只有少数几个,可借助于散布图、排列图等技术来进行确定。

(4)针对主要原因制定对策措施,可通过回答 5W1H 问题,制定出切实可行的具体措施。

2. D 阶段——实施阶段

把 P 阶段制定的对策措施按计划付诸实施。

3. C 阶段——检查阶段

检查各项措施的实施进度和实施效果,可借助于排列图、直方图、控制图等技术进行检查和验证。

4. A 阶段——处理阶段

(1)总结经验,巩固成果。根据 C 阶段的检查结果,把成功的经验和失败的教训纳入有关标准、规定和制度,防止同样的问题再次出现。

(2)把遗留的问题转入下一个 PDCA 循环。对检查中发现的未解决问题,转入下一次 PDCA 循环中加以解决。

在 PDCA 的 4 个阶段中,A 阶段是关键。一方面起到承上启下的作用,确保改进持续进行;另一方面是巩固所取得的改进成果,确保改进成效。运用 PDCA 步骤进行质量改进需要收集、整理与分析相关的数据资料,正确而有效地利用一定的工具和技术对数据资料进行加工分析,有利于质量改进的成功。

10.2　调　查　表

调查表又称检查表、统计分析表,是一种收集整理数据和粗略分析质量原因的工具,是为了调查客观事物、产品和工作质量,或为了分层收集数据而设计的图表,即把产品可能出现的情况及其分类预先列成统计调查表,在检查产品时只需在相应分类中进行统计,并可从调查表中进行粗略的整理和简单的原因分析,为下一步的统计分析与判断质量状况创造良好条件。

为了能够获得良好的效果、可比性和准确性,调查表格设计应简单明了,突出重点,填写方便,符号好记;填写好的调查表要定时、准时更换并保存,数据要便于加工整理,分析整理后及时反馈。常用的调查表有如下三类。

1. 不良品调查表

不良品是指产品生产过程中不符合图纸、工艺规程和技术标准的不合格品和缺陷品的总称，它包括废品、返修品和次品。不良品检查表有三种：第一种是调查不良品的原因，第二种是调查不良品项目，第三种是不良品的类型调查表。

(1)不良品原因调查表。为了调查不良品原因，通常把有关原因的数据与其结果的数据一一对应地收集起来。记录前应明确检验内容和抽查间隔，由操作者、检查员、班组长共同执行抽检的标准和规定。以下是某车间机械零件不良品原因调查表，见表 10－1。

表 10－1　不良品原因调查表

序号	抽样数	不良品数	批不良品率/(%)	不良品原因					
				操作不慎	机床原因	刀具影响	工艺	材料	其他
1	1 000	3	0.3	1	1			1	
2	1 000	2	0.2	1		1			
3	1 000	3	0.3		2			1	
4	1 000	4	0.4	1			2		1
5	1 000	2	0.2	1				1	
6	1 000	1	0.1			1			
7	1 000	2	0.2		1	1			
合计	7 000	17	0.243	4	4	3	2	3	1

(2)不良品项目调查表。一个工序或一种产品不能满足标准要求的质量项目，叫作不良品项目。为了减少生产中出现的各种不良品，需要了解发生了哪些项目不合格以及各种不合格项目所占的比例有多大。为此，可采用不合格项目调查表，不合格项目调查表主要用来调查生产现场不合格品项目频数和不合格品率，以便用于排列图等分析研究。

下面是某合成树脂成型工序的不良品项目调查表。对 114 件不良品进行了调查，调查结果见表 10－2。当发生不良品项目时，操作人员就在相应栏内画上一调查符号。一天工作完了，发生哪些不良品项目以及各种不合格项目发生了多少便知道了，这等于指出了改进质量的方向。显然，发生不合格较多的项目应予以优先考虑进行改进。

表 10－2　不良品项目调查表

不良品项目	不良品个数	合计
表面缺陷	正正正正正正T	32
砂眼	正正正正	20
加工不合格	正正正正正正正正正正	50
形状不合格	正	5
其他	正T	7
合计		114

(3)不良品类型调查表。为了调查生产过程中出现了哪些不良品以及各种不良品的比例，可采用不良品类型调查表，表 10－3 就是一个不良品类型调查表。

表 10－3　不良品类型调查表

序号	成品数	不良品数	不良品类型		
			废品数	次品数	返修品数
1	1 000	8	3	4	1
2	1 000	9	2	3	4
3	1 000	7	2	2	3
4	1 000	8	1	3	4
5	1 000	7	1	2	4
合计	5 000	39	9	14	16

2. 缺陷位置调查表

在很多产品中都会存在“气孔”“疵点”“碰伤”“砂眼”“脏污”“色斑”等外观质量缺陷，一般采用缺陷位置调查表比较好，这种调查表多是画成示意图或展开图，每当发生缺陷时，将其发生位置标记在图上。

这种调查分析的做法是：

(1)画出产品示意图或展开图，并规定不同的外观质量缺陷的表示符号；

(2)逐一检查样本，把发现的缺陷，按规定的符号在同一张示意图中的相应位置上表示出来。

这样，这张缺陷位置调查表就记录了这一阶段样本的所有缺陷的分布位置、数量和集中部位，便于进一步发现问题，分析原因，采取改进措施。

缺陷位置调查表可用来记录、统计、分析不同类型的外观质量缺陷所发生的部位和密集程度，进而从中找出规律性，为进一步调查或找出解决问题的办法提供事实依据，缺陷位置调查表是工序质量分析中常用的方法。掌握缺陷发生之处的规律，可以进一步分析为什么缺陷会集中在某一区域，从而追寻原因，采取对策，能更好地解决出现的质量问题。

3. 质量分布调查表

质量分布调查表是对计量值数据进行现场调查的有效工具。了解工序某质量指标的分布状态以及与标准的关系，可用质量分布调查表。这是根据以往的资料，将某一质量特性项目的数据分布范围分成若干区间而制成的表格，用以记录和统计每一质量特性数据在某一区间的频数。

从表格形式看，质量分布调查表与直方图的频数分布表相似。所不同的是，质量分布调查表的区间范围是根据以往的资料，首先划分区间范围，然后制成表格，以供现场调查记录数据；而频数分布表则是首先收集数据，再适当划分区间，然后制成图表，以供分析现场质量分布状况之用。

做完调查表就可研究工序质量分布状态，如果分布不是所期望的类型或出现异常状态，那么就要查明原因，采取必要的措施以便求得改进。

10.3 排 列 图

排列图法是一种通过数据资料的分析，寻找出重点和关键的方法，最早是由意大利经济学家 V. Pareto 提出的，他在分析社会财富的分布情况时发现了这样的现象：少数的富人占有了社会的大部分财富，而大多数人则处于贫困状态（即仅占有少数的财富），即少数的富人左右着国家的经济命脉。这就是著名的“关键的少数，次要的多数”原理。后来美国的质量管理专家 J. M. Juran 把这一原理应用于质量管理，并用图形（即排列图）加以描述，使之更加形象和直观，成为质量管理中用来确定重要的少数和不重要的多数的常用方法，称之为排列图法。

在质量管理中，经常会遇到各种各样的问题，如果不分主次，平均分配资源，其结果是不但有限的资源没发挥应有的作用，而且根本问题也得不到解决。应用“关键的少数，次要的多数”原理的排列图法，有助于在众多的质量问题中迅速找到重点问题，在产生质量问题的众多原因中迅速找到主要原因。因此有效地运用排列图法，对于提高质量、工作效率和效果、合理使用资源将起到积极的促进作用。

排列图法的主要工具是排列图，能否有效制作排列图并加以科学分析，是应用排列图法取得成功的关键。

10.3.1 排列图绘制

按一定的标准把所收集的数据进行整理和分类，依各项目所占比例大小从高到低画出若干个矩形，再加上累积值的图形，就形成排列图。利用排列图来确定出重点项目和不重点项目的方法，就是排列图法。

为更好地理解排列图法的应用，下面结合实例说明如何制作和分析排列图。

(1)选择需要进行质量分析的项目。

(2)选择用于质量分析的度量单位，如出现的次数（频数）、成本、不合格品数、金额或其他度量单位。

(3)选择进行质量分析的时间范围。所选定的时间段应足够长，以确保所获得的数据有代表性。

(4)收集资料，即依照事先选定的时间范围，收集各项目的数据资料。

例如，已知造成某种电阻不合格的不良项目有 15 种，根据各种不良项目出现的机会大小归为 6 种；油漆、沾污、裂纹、电镀、变形和其他等。某电阻生产厂为了进一步提高电阻的质量水平，决定根据某段时间所生产的 140 个不合格电阻分别统计各种不良项目发生的频数，结果见表 10－4。

表 10－4 电阻不合格品的统计 1

不良项目	油漆	沾污	电镀	裂纹	变形	其他	合计
频数/个	26	102	14	50	4	4	200

(5)根据各项目对应数据的大小，从大到小对项目进行排列。

根据表 10－4 的数据，按频数从大到小对不良项目进行排列，其结果如表 10－5 第 2 行所示。

表 10－5　电阻不合格品的统计 2

不良项目	沾污	裂纹	油漆	电镀	变形	其他	合计
频数/个	102	50	26	14	4	4	200
累计频数/个	102	152	178	192	196	200	
百分比/(%)	51	25	13	7	2	2	100
累计百分比/(%)	51	76	89	96	98	100	

(6)求百分比，即求各项目对应的数据在合计数中所占的百分比。上例计算所得百分比结果如表 10－5 第 4 行所示。

(7)求累计百分比，即利用各项目对应的累积和除以合计数，求各项目的累计百分比。上例计算所得累计百分数结果如表 10－5 第 5 行所示。

(8)作图。

1)画坐标。画两个纵坐标，一个横坐标。为美观起见，横坐标的长度一般不大于纵坐标的高度，但不小于纵坐标高度的 2/3；在横坐标的左端点画左纵坐标，表示质量问题的度量单位，其高度等于合计数；在横坐标的右端点画右纵坐标，其高度与左纵坐标的高度相同，表示百分数，最高点为 100%。

由表 10－5 可知，上例中的合计数为 $N=200$，坐标如图 10－1 所示。

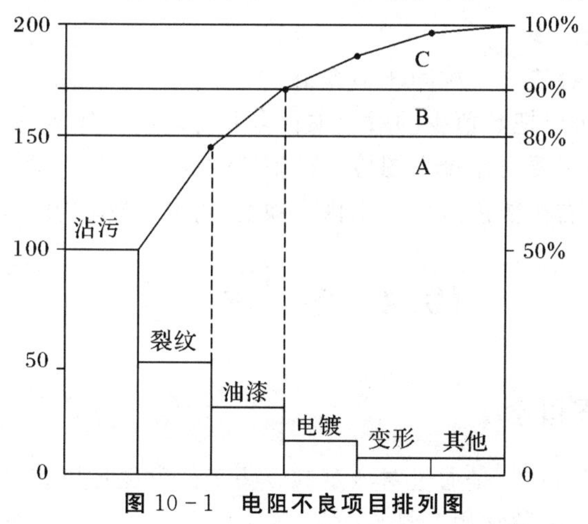

图 10－1　电阻不良项目排列图

2)确定横坐标的等分数，画矩形。即以项目总个数为等份数，把横坐标分成若干等份，根据各项目对应数据的大小，从左到右在各等份下方标出项目；以等份为宽，各项目对应的数据为高，画每个项目对应的矩形。

上例项目总数为 6，故把横坐标分成 6 个等份，按上表的不良项目顺序在图 10－1 横坐标的下方标出不良项目，同时以各个不良项目对应的频数为高画矩形，结果如图 10－1 所示。

3)标累计百分比点，画累计百分比曲线。以各个项目所在矩形的右端为横坐标，以该项目的累计百分比为右纵坐标，画累计百分比点；把相邻的累计百分数点用线段连接起来，即得到累计百分比曲线。

4)确定重点，即关键的少数。过右纵坐标的 80%、90%点画水平横线，把图分成 3 部分，从下至上依次记为 A 区、B 区、C 区。落在 A 区的累积百分比点对应的项目称为重点项目，落在 B 区的累积百分比点对应的项目为次重点项目，落在 C 区的累积百分比点对应的项目为不重要的项目。

由图 10-1 可知，重点项目为沾污、裂纹，次重点项目为油漆。因此如果能够把沾污、裂纹这两个导致不合格的主要原因解决了，那么电阻的质量水平就能得到明显的提高。

10.3.2 排列图应用

1.排列图法的用途

(1)指出重点，即按重要性顺序显示出每个项目对问题的作用。

(2)识别质量改进的机会。

(3)用于检查改进措施的效果。利用制作实施改进措施前后的排列图，并进行对比，就能判定改进措施是否有效。

(4)排列图不仅可以用来分析产品质量问题的原因，还可以用排列图解决其他问题。例如，排列图可以用来分析产品的主要缺陷形式，进行成本分析时确定经济损失的主次关系等。

2.应用排列图法注意事项

(1)A 类项目不能过多。

(2)项目分类不当会造成主次问题不突出。

(3)项目较多时，可以把数值少的对应项目合并为一项："其他"。

(4)实施改进措施后要再作排列图检查措施的效果。

(5)横坐标从左至右按数值从大到小排列项目，若有"其他"项目均放最后。

10.4 直 方 图

10.4.1 直方图概念

直方图又称质量分布图，是通过对测定或收集来的数据加以整理，来判断和预测生产过程质量和不合格品率的一种常用工具。

直方图法适用于对大量计量值数据进行整理加工，找出其统计规律，分析数据分布的形态，以便对其总体的分布特征进行分析。直方图的基本图形为直角坐标系下若干依照顺序排列的矩形，各矩形底边相等称为数据区间，矩形的高为数据落入各相应区间的频数。

实际工作中，尽管收集到的各种数据含义不同、种类有别，但都具有这样一个基本特征：具有分散性，即它们之间参差不齐。例如，同一批机加工零件的几何尺寸不可能完全相等；同一批材料的机械性能各有差异，等等。数据的分散性是产品质量本身的差异所致，是由生产过程中条件变化和各种误差造成的，即使条件相同、原料均匀、操作谨慎，生产出来的产品质量数据也不会完全一致。但是这仅是数据特征的一个方面。另一方面，如果收集数据的方法恰当，收集的数据又足够多，经过仔细观察或适当整理，可以看出这些数据并不是杂乱无章的，而是呈现出一定的规律性。要找出数据的这种规律性，最好的办法就是通过对数据的整理做出直方图，通过直方图可以了解到产品质量的分布状况、平均水平和分散程度。这有助于判断生产过程是否稳定正常，分析产生产品质量问题的原因，预测产品的不合格品率，提出提高质量的改进措施。

10.4.2　直方图制作

1. 收集数据

收集数据就是随机抽取 50 个以上的质量特性数据，而且数据越多作直方图效果越好。表 10-6 是收集到的某产品的质量特性数据，其样本大小为 $n=100$。

表 10-6　质量特性实测数据表

行	列									
	1	2	3	4	5	6	7	8	9	10
1	61	55	58	39	49	55	50	55	55	50
2	44	38	50	48	53	50	50	50	50	52
3	48	52	52	52	48	55	45	49	50	54
4	45	50	55	51	48	54	53	55	60	55
5	56	43	47	50	50	50	57	47	40	43
6	54	53	45	43	48	43	45	43	53	53
7	49	47	48	40	48	45	47	52	48	50
8	47	48	54	50	47	49	50	55	51	43
9	45	54	55	55	47	63	50	49	55	60
10	45	52	47	55	55	56	50	46	45	47

2. 找出数据中的最大值、最小值并计算极差值

数据中的最大值用 x_{max} 表示，最小值用 x_{min} 表示，极差用 R 表示。根据表 10-6 中的数据可知 $x_{max}=63$，$x_{min}=38$，$R=x_{max}-x_{min}=25$。

3. 确定组数和组距

组数一般用 k 表示，组距一般用 h 表示。根据数据的个数进行分组，分组多少的一般原则是数据在 50 以内的分 5～7 组，50～100 分 7～10 组，100～250 分 10～20 组。一般情况下，正态分布为对称形，故常取 k 为奇数，本例可分 9 组，即 $k=9$。

组距就是组与组之间的间隔，等于极差除以组数，即

$$h=\frac{x_{max}-x_{min}}{k}=\frac{63-38}{9}=2.78\approx 3$$

4. 确定组限值

组的上、下界限值称为组限值。从全部数据的下端开始，每加一次组距就可以构成一个

组的界限,第一组的上限值就是第二组的下限值,第二组的下限值加上组距就是第二组的上限值。在划分组限前,必须明确端点的归属。故在决定组限前,只要比原始数据中的有效数字的位数多取一位,则不存在端点数据的归属问题。本例最小值为 38,则第一组的组限值应该为(37.5,40.5),以后每组的组限值依次类推。

5.计算各组的组中值

组中值就是处于各组中心位置的数值,其计算公式为

$$组中值=\frac{组下限+组上限}{2}$$

如第一组的组中值为$\frac{37.5+40.5}{2}=39$,依次类推。

6.统计各组频数及频率

频数就是实测数据中处在各组中的个数,频率就是各组频数占样本大小的比例。统计结果见表 10-7。

表 10-7 频数统计表

组号	组界限	组中值	频数	累计频数	累计频率/(%)
1	37.5~40.5	39	3	3	3
2	40.5~43.5	42	7	10	10
3	43.5~46.5	45	10	20	20
4	46.5~49.5	48	23	43	43
5	49.5~52.5	51	25	68	68
6	52.5~55.5	54	24	92	92
7	55.5~58.5	57	4	96	96
8	58.5~61.5	60	3	99	99
9	61.5~64.5	63	1	100	100

7.画直方图

以各组序号为横坐标,频数为纵坐标,组成直角坐标系,以各组的频数多少为高度作一系列直方形,即可得到直方图,如图 10-2 所示。

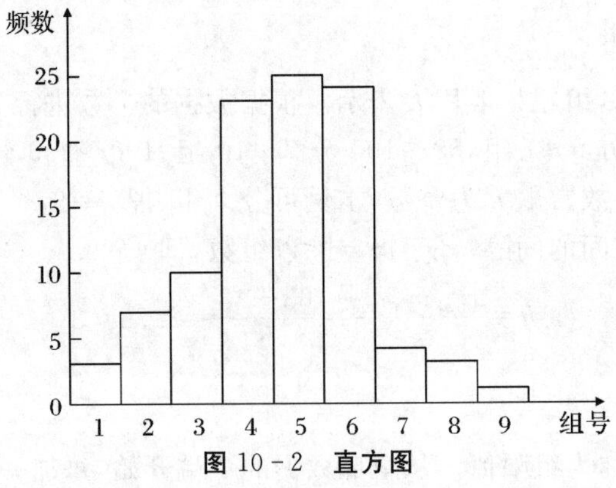

图 10-2 直方图

10.4.3　直方图观察与分析

1.对图形形状的观察分析

常见直方图的主要形态如图 10－3 所示。正常型直方图[见图 10－3(a)]说明过程处于统计的控制状态。偏向型直方图[见图 10－3(b)]的形成可能由单向公差(形位偏差)要求或加工习惯引起。双峰型直方图[见图 10－3(c)]说明数据来自两个不同的总体,如来自两个不同班别或两批不同产地的材料加工的产品混在一起。孤岛型直方图[见图 10－3(d)]说明过程中可能发生原料混杂、一时操作疏忽、短时间内不熟练人员顶岗或测量工具有误差等。高原型直方图[见图 10－3(e)]说明加工过程可能受缓慢变化因素的影响,如刀具磨损,或数据来自不同类型引起。锯齿型直方图[见图 10－3(f)]可能是由于分组过多或测量数据不准等原因引起的。

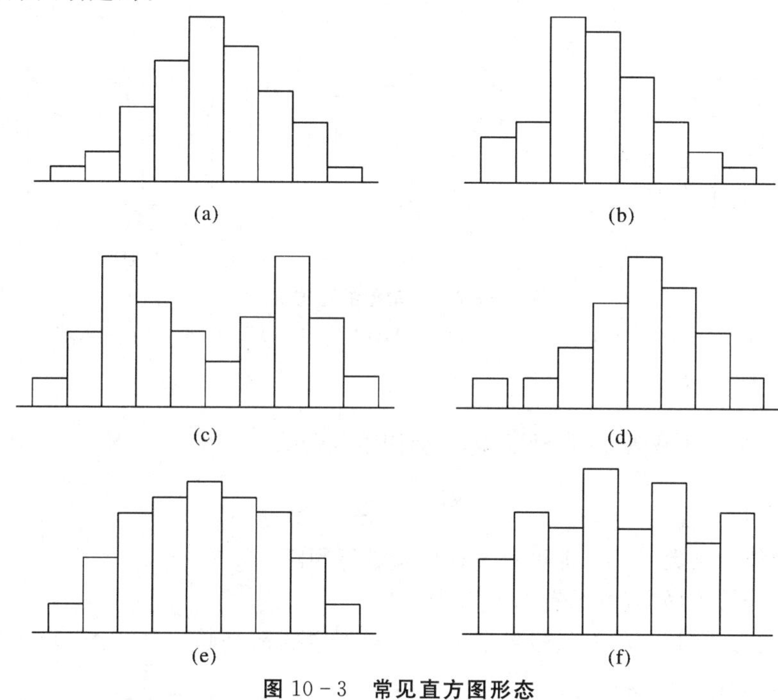

图 10－3　**常见直方图形态**

(a)正常型;(b)偏向型;(c)双峰型;(d)孤岛型;(e)高原型;(f)锯齿型

2.对照规范进行分析比较

当直方图为正常型时,还应与规范进行比较,以判断过程满足规范要求的程度(即过程能力大小问题)。常见的正常型的直方图如图 10－4 所示。

观察直方图时,要考虑直方与公差的相互位置,由代表有限数据的直方推断过程的状况:

(1)C_p＝1.33,质量分布满足过程要求,有足够余量,不会出现不合格品,如图 10－4(a)所示。

(2)1≤C_p≤1.33 ,质量分布偏向公差一侧,有超差的可能,如图 10－4(b) 所示,必须采取措施把中心移到中间;

(3)$C_p=1$,质量分布刚好满足公差要求,稍不注意就会超差,如图 10-4(c) 所示;

(4)$C_p<1$,这种质量分布太分散,必然出现不合格品,应采取措施,否则应全数检查,挑出不合格品,如图 10-4(d) 所示;

(5)$C_p>1.67$,质量分布大大满足公差要求,但不经济,如图 10-4(e) 所示。

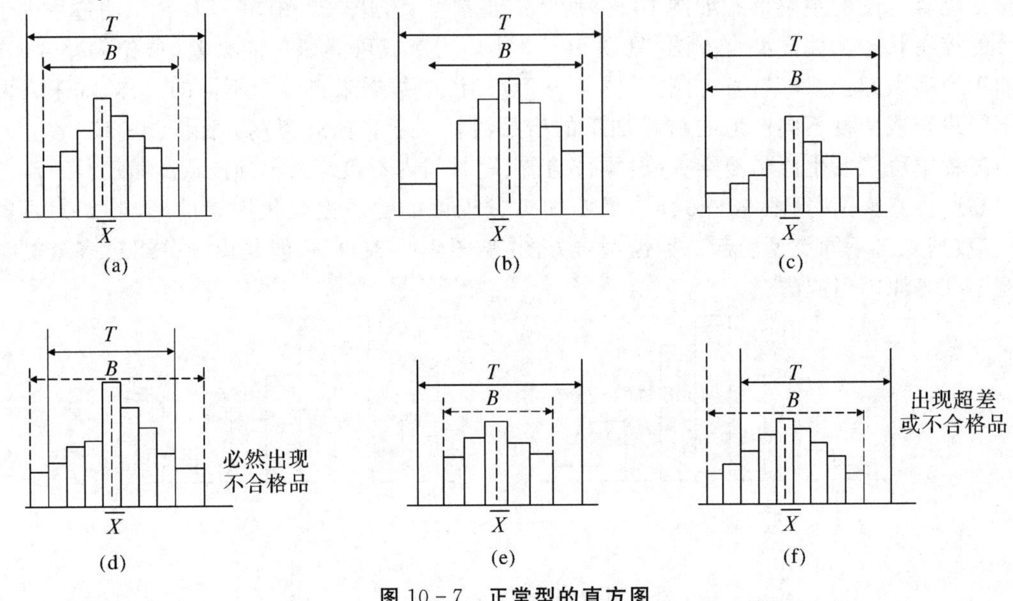

图 10-7 正常型的直方图

(a)$C_p=1.33$;(b)$1\leqslant C_p\leqslant 1.33$;(c)$C_p=1$;(d)$C_p<1$;(e)$C_p>1.67$;(f)$C_p<1.33$

3.考察过程能力

利用直方图(或频数表)求得标准差 S,应用下列公式:

$$C_p=\frac{T}{6S}$$

计算过程能力指数 C_p 值,即可对过程质量进行判断。

综合上述分析,可知直方图有以下用法:

(1)用于报告:在每月的质量报告书上不用罗列数据而是画出直方图,并记上数据 N、$\bar{X}$、S,则他人一看就一目了然。

(2)用于分析:按各种类别或日期画出直方图,可立即判断出它们的差别。另外,判断直方图属于何种类型,有助于分析问题的原因。

(3)调查过程能力、设备能力。

(4)用于管理:在生产现场贴出直方图,可给予产品散差的概念,有助于提高管理意识。

10.5 散 布 图

两种对应数据之间有无相关性、相关性程度多大,只从数据表中观察很难得出正确的结论。如果借助于图形就能直观地反映数据之间的关系,散布图就有这种功能。散布图,又称相关图,是描绘两种质量特性值之间相关关系的分布状态的图形,即将一对数据看成直角坐标系中的一个点，多对数据得到多个点组成的图形即为散布图，如图 10－5 所示。

在散布图中，两种质量特性因素的成对数据形成点，研究点的分布状态，可以推断两因素之间的相关情况。

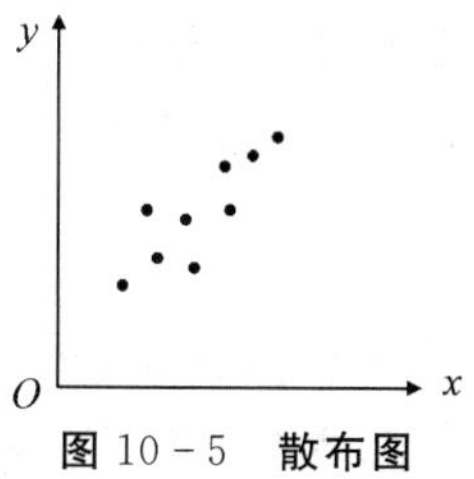

图 10－5　散布图

1. 相关关系

一切客观事物总是相互联系的，每一事物都与它周围的其他事物相互联系、互相影响。产品质量特性与影响质量特性的诸因素之间，一种特性与另一种特性之间也是相互联系、相互制约的。反映到数量上，就是变量之间存在着一定的关系。这种关系一般说来可分为确定性关系和非确定性关系。

所谓确定性关系，是指变量之间可以用数学公式确切地表示出来，也就是由一个自变量可以确切地计算出唯一的一个因变量，这种关系就是确定性关系。比如欧姆定律就是确定性关系 $V=I\times R$（V 为电压，R 为电阻，I 为电流），如果电路电阻值 R 一定，要求该电路必须保证电压在一定范围。此时，可以不直接测量电压 V，只要测量电流 I，并加以控制就可以达到目的。

但是，在另外一些情况下，变量之间的关系并没有这么简单。例如，人的体重与身高之间有一定的关系。不同身高的人有不同的体重，但即使是相同身高的人，体重也不尽相同。因为身高与体重还受年龄、性别、体质等因素的制约，所以相同身高的人体重也不尽相同。它们之间不存在确定的函数关系。质量特性与因素之间的关系几乎都有类似的情形。例如炼钢时，钢液含碳量与冶炼时间这两个变量之间，就不存在确定性关系。对于相同的含碳量，在不同的炉次中，冶炼的时间并不一样。同样，冶炼时间相同的两炉钢，初始的含碳量一般也不相同。这是因为冶炼时间并不单由初始含碳量一个因素决定，钢水温度以及各种工艺因素都可以使冶炼时间延长或缩短。

在实际中，由于影响一个量的因素通常是很多的，其中有些是一时还没有认识或掌握的，再加上随机误差的存在，所有这些因素的综合作用，就造成了变量之间关系的不确定性。通常，产品特性与工艺条件之间，试验结果与试验条件之间，也都存在非确定性关系。把变量之间这种有关联，但又不能由一个或几个变量去完全或唯一确定另一个变量的这种关系，称为相关关系。

2. 散布图做法

(1)选定对象。可以选择质量特性值与因素之间的关系，也可以选择质量特性与质量特性值之间的关系，或者是因素与因素之间的关系。

(2)收集数据。一般需要收集成对的数据 30 组以上。数据必须是一一对应的，没有对应关系的数据不能用来做相关图。

(3)画出横坐标 x 与纵坐标 y,填上特性值标度。一般横坐标表示原因特性,纵坐标表示结果特性。进行坐标轴的分计标度时,应先求出数据 x 与 y 的各自最大值与最小值。划分间距的原则是:应使 x 最小值至最大值(在 x 轴上的)的距离,大致等于 y 最小值至最大值(在 y 轴上的)的距离。其目的是防止判断的错误。

(4)根据每一对数据的数值逐个画出各组数据的坐标点。

3. 散布图的类型

散布图的类型主要是看点的分布状态,判断自变量 x 与因变量 y 有无相关性。两个变量之间的散布图的形状多种多样,归纳起来有 6 种类型,如图 10-6 所示。

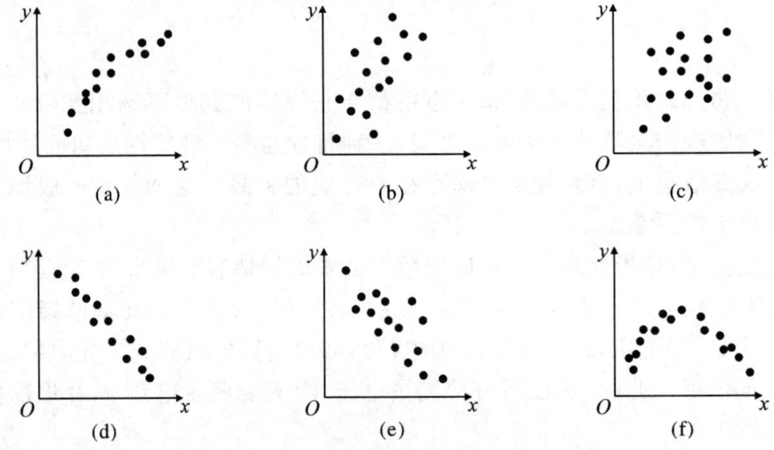

图 10-6 散布图的几种典型形状

(a)强正相关;(b)弱正相关;(c)不相关;(d)强负相关;(e)弱负相关;(f)非线性相关

(1)强正相关的散布图,如图 10-6(a)所示,其特点是 x 增加,导致 y 明显增加。这说明 x 是影响 y 的显著因素,x,y 相关关系明显。

(2)弱正相关的散布图,如图 10-6(b)所示,其特点是 x 增加,也导致 y 增加,但不显著。这说明 x 是影响 y 的因素,但不是唯一因素,x,y 之间有一定的相关关系。

(3)不相关的散布图,如图 10-6(c)所示,其特点是 x 和 y 之间不存在相关关系,这说明 x 不是影响 y 的因素,要控制 y,应寻求其他因素。

(4)强负相关的散布图,如图 10-6(d)所示,其特点是 x 增加,导致 y 减少,这说明 x 是影响 y 的显著因素,x、y 之间相关关系明显。

(5)弱负相关的散布图,如图 10-6(e)所示,其特点是 x 增加,也导致 y 减少,但不显著。这说明 x 是影响 y 的因素,但不是唯一因素,x 和 y 之间有一定的相关关系。

(6)非线性相关的散布图,如图 10-6(f)所示,其特点是 x 和 y 之间虽然没有通常所指的那种线性关系,却存在着某种非线性关系。图形说明 x 仍是影响 y 的显著因素。

4. 散布图的相关性检验

两个变量是否存在着线性相关关系,通过画散布图,大致可以做出初步的估计。但实际工作中,由于数据较多,常常会做出误判。因此,还需要相应的检验判断方法。通常采用中值法和相关系数法进行检验。

(1)中值法。中值法的具体步骤如下：

1)作中值线。在相关图上分别作出两条中值线 A 和 B，使得中值线 A 左右两侧的点数相同，使中值线 B 上下两侧的点数相同，中值线将相关图上的点划分成了 4 个区间Ⅰ、Ⅱ、Ⅲ、Ⅳ，如图 10－7 所示。

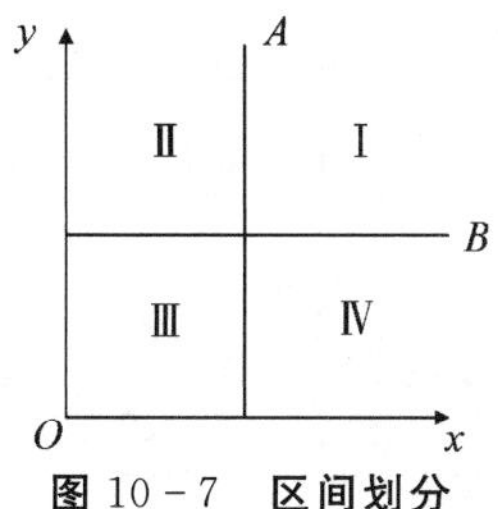

图 10－7　区间划分

2)数点。数出各个区间及线上的点数。例如，有一个用 $N=50$ 组数据做成的散布图，各个区间及线上的点数见表 10－8 所列。

表 10－8　频次统计

区　间	Ⅰ	Ⅱ	Ⅲ	Ⅳ	线　上	合　计
点　数	19	4	20	5	2	50

3)计算。分别计算两个对角区间的点数和，然后找出两者之间的最小值，作为判定值。

$$n_1+n_3=39,\quad n_2+n_4=9$$

因此判定值为 9。

4)查表判定。将计算结果与检定表比较，如果判定值小于临界值，应判为相关，否则为无关。相关检定表如表 10－9 所示。

本例中，由于 $N=50$，落在线上 2 点，因此查 $N=48$ 时的临界值，当显著性为 1%时临界值为 14，显著性为 5%时临界值为 16。上面计算得出的判定值均小于临界值，因此判定为两个变量具有相关关系。

表 10－9　相关检定表

N	临界值		N	临界值	
	1%	5%		1%	5%
…	…	…	51	15	18
40	11	13	52	16	18
41	11	13	53	16	18
42	12	14	54	17	19
43	12	14	55	17	19
44	13	15	56	17	20
45	13	15	57	18	20
46	13	15	58	18	21
47	14	16	59	19	21
48	14	16	60	19	21
49	15	17	61	20	22
50	15	17	…	…	…

(2)相关系数检验法。相关系数是衡量变量之间相关性的特定指标,用 r 表示,它是一个绝对值在 0～1 之间的系数,其值大小反映两个变量相关的密切程度。相关系数有正负号,正号表示正相关,负号表示负相关。

当 x 增加 y 亦随之增加时,$r>0$,是正相关;在 x 增加 y 随之减少时,$r<0$,是负相关。当 r 的绝对值越接近于 1 时,表明 x 与 y 越接近线性关系。如果 r 接近于 0 甚至等于 0,只能认为 x 与 y 之间没有线性关系,不能确定 x 与 y 之间是否存在其他关系。

相关系数的计算公式为

$$r=\frac{\sum(x-\bar{x})(y-\bar{y})}{\sqrt{\sum(x-\bar{x})^2\sum(y-\bar{y})^2}}$$

可以分别令

$$L_{xx}=\sum(x-\bar{x})^2=\sum x^2-\frac{1}{n}\left(\sum x\right)^2$$

$$L_{yy}=\sum(y-\bar{y})^2=\sum y^2-\frac{1}{n}\left(\sum y\right)^2$$

$$L_{xy}=\sum(x-\bar{x})(y-\bar{y})=\sum xy-\frac{1}{n}\left(\sum x\right)\left(\sum y\right)$$

则相关系数 r 的简化计算公式为

$$r=\frac{L_{xy}}{\sqrt{L_{xx}L_{yy}}}$$

例如,有数据见表 10－10,试计算相关系数。

表 10－10　数据表

序 号	X	y	x^2	y^2	xy
1	49.2	16.7	2 420.64	278.89	821.64
2	50.0	17.0	2 500.00	289.00	850.00
3	49.3	16.8	2 430.49	282.24	828.24
4	49.0	16.6	2 401.00	275.56	831.40
5	49.0	16.7	2 401.00	278.89	818.30
6	49.5	16.8	2 450.25	282.24	831.60
7	49.8	16.9	2 480.04	285.61	841.62
8	49.9	17.0	2 490.01	289.00	848.30
9	50.2	17.1	2 520.04	289.00	858.42
10	50.2	17.1	2 520.04	292.41	858.42
$\sum$	496.1	168.6	24 613.51	2 842.84	8 364.92

将表 10－10 中的相关数据代入相关系数简化计算公式,即可得

$$r=0.97$$

计算出相关系数以后就可以查相关系数检验表,对计算出的相关系数进行检验。表

10－11为相关系数检验表，表中 $n-2$ 为自由度，5%、1%为显著性水平。

表 10－11　相关系数检验表

$n-2$	$r(5\%)$	$r(1\%)$	$n-2$	$r(5\%)$	$r(1\%)$
…	…	…	15	0.482	0.606
7	0.666	0.794	16	0.468	0.590
8	0.632	0.765	17	0.456	0.575
9	0.602	0.735	18	0.444	0.561
10	0.576	0.708	19	0.433	0.549
11	0.553	0.684	20	0.423	0.537
12	0.532	0.661	21	0.413	0.526
13	0.514	0.641	22	0.404	0.515
14	0.494	0.623	…	…	…

上述例中有 10 对数据，则从表 10－8 中查出 $n-2=8$ 时临界值 $r_a(5\%)=0.632$，因为 $|r|=0.97>0.632$，所以，x 与 y 之间存在着线性相关关系。

10.6　分　层　法

引起质量波动的原因是多种多样的，因此收集到的质量数据往往带有综合性。为了能真实地反映产品质量波动的实质原因和变化规律，就必须对质量数据进行适当归类和整理。分层法是分析产品质量原因的一种常用的统计方法，它能使杂乱无章的数据和错综复杂的因素系统化和条理化，有利于找出主要的质量原因和采取相应的技术措施。

质量管理中的数据分层就是将数据根据使用目的，按其性质、来源、影响因素等进行分类的方法，把不同材料、不同加工方法、不同加工时间、不同操作人员、不同设备等各种数据加以分类的方法，也就是把性质相同、在同一生产条件下收集到的质量特性数据归为一类。

分层法经常同质量管理中的其他方法一起使用，如将数据分层之后再进行加工，整理成分层排列图、分层直方图、分层控制图和分层散布图等。

1. 常用的分层方法

分层法有一个重要的原则，就是使同一层内的数据波动幅度尽可能小，而层与层之间的差别尽可能大，否则就起不到归类汇总的作用。分层的目的不同，分层的标志也不一样。一般说来，分层可采用以下标志：

(1)操作人员。可按年龄、工级和性别等分层。

(2)机器。可按不同的工艺设备类型、新旧程度、不同的生产线等进行分层。

(3)材料。可按产地、批号、制造厂、规范、成分等分层。

(4)方法。可按不同的工艺要求、操作参数、操作方法和生产速度等进行分层。

(5)时间。可按不同的班次、日期等分层。

(6)测量。可按测量设备、方法、人员、取样方法和环境条件等进行分层。

(7)环境条件。可按亮度、清洁度、温度和湿度等进行分层。

2.分层法应用

分层法的应用程序：

(1)收集数据。

(2)根据目的选择分层标志。

(3)对数据进行分层。

(4)以层对数据进行归类。

(5)根据归类结果制作表或图。

(6)根据表或图找出规律或存在问题。

如某柴油机装配厂的气缸体与气缸垫之间经常发生漏油现象，为解决这一质量问题，对该工序进行现场统计。被调查的50台柴油机，有19台漏油，漏油率为38%，通过分析，认为造成漏油有两个原因：一是该工序涂密封剂的工人A、B、C三人的操作方法有差异；二是气缸垫分别由甲、乙两厂供应，原材料有差异。

为弄清究竟是什么原因造成漏油或找到降低漏油率的方法，将数据进行分层。

首先，按工人进行分层，得到的统计情况见表10-12所列。

然后，按气缸垫生产厂家进行分层，得到的统计情况见表10-13所列。

表10-12　按操作工人分层统计表

操作者	漏　油	不漏油	漏油率/(%)
A	6	13	32
B	3	9	25
C	10	9	53
合计	19	31	38

表10-13　按气缸生产厂家分层统计表

供应厂	漏　油	不漏油	漏油率/(%)
甲	9	14	39
乙	10	17	37
合计	19	31	38

由表10-12和表10-13可以得出这样的结论：为降低漏油率，应采用操作者B的操作方法，因为操作者B的操作方法的漏油率最低；应采用乙厂提供的气缸垫，因为它比甲厂的漏油率低。实际情况是否如此，还需要通过更详细的分层分析下面同时按操作工人和气缸垫生产厂家分层，见表10-14。

表 10-14　综合分层的统计表

材料操作		气缸垫		合　计
		甲　厂	乙　厂	
操作者 A	漏　油	6	0	6
	不漏油	2	11	13
操作者 B	漏　油	0	3	3
	不漏油	5	4	9
操作者 C	漏　油	3	7	10
	不漏油	7	2	9
合　计	漏　油	9	10	19
	不漏油	14	17	31
共　计		23	27	50

如果按照上面的结论，采用操作者 B 的操作方法和乙厂的气缸垫的话，漏油率为 $\frac{3}{7}=$ 43%，而原来的是 38%，所以漏油率没有下降，反而上升了。因此，这样的简单分层是有问题的。正确的方法应该是：

(1)当采用甲厂生产的气缸垫时，应推广采用操作者 B 的操作方法。

(2)当采用乙厂生产的气垫缸时，应推广采用操作者 A 的操作方法。这时它们的漏油率平均为 0%。因此运用分层法时，不宜简单地按单一因素分层，必须考虑各因素的综合影响效果。

10.7　矩阵数据分析

矩阵数据分析是多变量质量分析的一种方法。其基本思路是通过收集大量数据，组成相关矩阵，求出相关数矩阵，以及求出矩阵的特征值和特征向量，确定出第一主要成分、第二主要成分等。通过变量变换的方法，将众多的线性相关指标转换为少数线性无关的指标(由于线性无关，就使得分析与评价指标变量时，切断相关的干扰，找出主导因素，做出更准确的估计)，就显示出其应用价值，找出了进行研究攻关的主要目标或因素。

矩阵数据分析法可以应用于市场调查，新产品开发、规划和研究，以及工艺分析等质量需求调研方面，其主要用途有以下几方面：

(1)根据市场调查的数据资料，分析用户对产品质量的期望。

(2)分析由大量数据组成的不良因素。

(3)分析复杂因素相互交织在一起的工序。

(4)把功能特性分类体系化。

(5)进行复杂的质量评价。

(6)分析曲线的对应数据。

矩阵数据分析法是一种计算工作量相对很大的质量分析方法，下面通过具体实例详细介绍这种质量分析方法。

为了解消费者对 60 种手机的满意程度调查，评分标准为 1～9 分，即最喜欢的评 9 分，最不喜欢的评 1 分。将调查人群分为 10 组，每组 50 人，经过统计平均得出局部数据资料，见表 10－15。

表 10－15　局部数据资料统计表

评价分组	手机 1(X_{1j})	手机 2(X_{2j})	手机 i(X_{ij})	手机 60(X_{60j})
X_1(男 10 岁以下)	6.7	4.3	…	3.4
X_2(男 11～20 岁)	5.4	5.1	…	2.6
X_3(男<21～30 岁)	3.2	4.7	…	5.1
X_4(男 31～40 岁)	4.3	2.3	…	7.6
X_5(男 40 岁以上)	3.1	7.1	…	8.8
X_6(女 10 岁以下)	8.3	8.3	…	7.6
X_7(女 11～20 岁)	6.5	4.5	…	1.5
X_8(女 21～30 岁)	7.0	6.2	…	3.4
X_9(女 31～40 岁)	6.6	6.3	…	6.8
X_{10}(女 40 岁以上)	1.8	9.0	…	4.4

所研究的问题是男女及各种年龄对手机的喜好有无差异。若有差异，则应估计出每个年龄组喜欢什么样的手机。从表 10－15 中的数据并不能反映出来，因为数据的相关因素太多，并没有达到调查的目的。对表 10－15 中数据进行处理，可得相关矩阵(即协方差矩 $\boldsymbol{R}=[r_{ij}]$)：

$$\bar{x}_j=\frac{1}{60}\sum_{i=1}^{60}X_{ij}\quad(j=1,2,\cdots,10)$$

$$S_j^2=\frac{1}{60-1}\sum_{i=1}^{60}(X_{ij}-\bar{x}_j)^2\quad(j=1,2,\cdots,10)$$

$$Y_{ij}=\frac{X_{ij}-\bar{x}_j}{S_j}\quad(i=1,2,\cdots,60;j=1,2,\cdots,10)$$

$$r_{ij}=\frac{\sum_{k=1}^{60}Y_{ki}\cdot Y_{kj}}{\sqrt{\sum_{k=1}^{60}Y_{ki}^2\cdot\sum_{k=1}^{60}Y_{kj}^2}}\quad(i=1,2,\cdots,60;j=1,2,\cdots,10)$$

$$\boldsymbol{R}=\begin{bmatrix}1&0.870&0.615&0.432&0.172&0.903&0.811&0.154&0.742&0.330&\\&1&0.698&0.640&0.402&0.815&0.678&0.657&0.666&0.330&\\&&1&0.524&0.726&0.517&0.838&0.687&0.687&0.558&\\&&&1&0.208&0.314&0.658&0.624&0.735&0.457&\\&&&&1&0.213&0.345&0.542&0.710&0.634&\\&&&&&1&0.889&0.746&0.624&0.745&\\&&&&&&1&0.897&0.768&0.486&\\&&&&&&&&0.546&0.773&\\&&&&&&&&&1&0.901\end{bmatrix}$$

该协方差矩阵实际上是通过对原始数据进行标准化处理后，利用标准化后的样本估计，相对 10 组获得一个对称的协方差矩阵，从而可以通过计算得到反映系统特性的特征根。求

解矩阵 $\boldsymbol{R}$ 得到特征根 λ_i 和相应的特征向量 $[a_i]$，由于在所有的特征根 λ_i 中由小到大排列的特征前 3 个的累计贡献率 $\left(\sum_{i=1}^{3}\lambda_i/\sum_{i=1}^{n}\lambda_i\right)$ 为 90.1%，所以取其前 3 位作为主要成分来综合描述原来 10 项分组指标，更能反映人群对手机系列的满意程度。计算结果见表 10－16。

表 10－16　对手机的喜好程度的计算结果

评价分组	特征向量		
	a_1（第一主要成分）	a_2（第二主要成分）	a_3（第三主要成分）
X_1	0.264	0.371	0.194
X_2	0.331	0.245	0.336
X_3	0.323	−0.166	0.442
X_4	0.239	−0.359	0.375
X_5	0.245	−0.544	0.128
X_6	0.254	0.408	−0.284
X_7	0.344	0.235	−0.127
X_8	0.348	0.032	−0.290
X_9	0.303	−0.164	−0.189
X_{10}	0.411	−0.267	−0.256
特征根 λ_i	6.45	1.64	0.92
贡献率 $\lambda_i/10$	0.645	0.164	0.092
累计贡献率	0.645	0.89	0.901

表 10－16 中的数据可以反映各主要成分的系数，三个主要成分的意义可用特征向量来表示。第一主要成分下有 10 个数值，此即特征向量。各数值表示各观测组同该嗜好类型（主成分）的关系。

第一主要成分下的数值大体相近，而且符号相同，表示不论哪一个年龄组均共同喜欢它。因此，称这个新的综合指标为一般喜好指标。

第二主要成分的特征值从第 1 组到第 5 组变小，第 6 组到第 10 组变小，表示男女各年龄组对嗜好喜欢程度随年龄增长而下降。因此，称这个新的综合指标为年龄影响喜好指标。

第三主要成分中，男性的特征向量为正值，女性为负值，由此看出男女之间的嗜好差别。因此，称该指标为性别影响嗜好指标。

以上分析可以看出，关于手机的喜好调查分析可以用三个综合指标来描述它们的影响率，分别是 64.5%、16.4%和 9.2%，累计贡献率为 90.1%。

更进一步分析，对手机按各种喜好类型来排列。为此，用计算机求得主要成分得分：

$$Z_{mj} = \sum_{i=1}^{10} a_{mi} y_{ij}$$

其中，a_{mi} 为第 m 个主要成分的第 i 个观测组所对应的特征向量值，具体数值表示在表 10－13 中。就 $m=1,2,3$ 的各主要成分，求得各手机的 $i=1,2,\cdots,60$ 时的主要成分得分，且将第一主要成分与第二主要成分的得分分别表示在横、纵坐标轴上。横轴正方向表示一般喜欢的手机，负方向表示不太喜欢的手机；纵轴正方向表示年轻人喜好的手机，负方向表示不太喜欢的手机。若将第一主要成分与第二主要成分的得分描在图中，可以得到一般嗜好和老少嗜好值相区别的情况。同理，也可以分析第三主要成分的信息。

矩阵数据分析法就是利用主成分分析法来整理矩阵数据，并借助计算机从原始数据中获得许多有益的信息。

10.8 因果分析图

10.8.1 概念

质量管理的目的是减少不合格品，保证和提高产品质量，降低成本和提高效率，控制产品质量和工作质量的波动以提高经济效益。但在实际设计、生产和各项工作中，常常出现质量问题，为了解决这些问题，就需要查找原因，考察对策，采取措施，解决问题。影响产品质量的原因，有时是多种多样、错综复杂的，概括起来，有两种互为依存的关系，即平行关系和因果关系。如能找到质量问题的主要原因，便可针对这种原因采取措施，使质量问题迅速得到解决。假如这些问题能用排列图定量地加以分析，这当然很好，但是有时存在困难，例如很难把引起质量问题的各种原因的单独影响区分开来，因为它们的作用往往是交织在一起的。因果图是用来分析影响产品质量各种原因的一种有效的定性分析方法。

因果图是以结果为特性，以原因作为因素，在它们之间用箭头联系起来，表示因果关系的图形，又叫特性因果图，或形象地称为树枝图或鱼刺图，是由日本质量管理学者石川馨(Kaoru Ishikawa)在 1943 年提出的，所以也称为石川图。

因果图是利用头脑风暴法的原理，集思广益，寻找影响质量、时间、成本等问题的潜在因素，是从产生问题的结果出发，首先找出产生问题的大原因，然后再通过大原因找出中原因，再进一步找出小原因，以此类推下去，步步深入，一直找到能够采取措施为止。

10.8.2 因果图做法

通过实例介绍因果图的具体画法。

某雷达总装过程焊缝质量未达到预定标准，希望通过因果图找出导致焊缝质量不合格的原因，以便采取针对性措施加以解决。

(1)确定待分析的质量问题，将其写在右侧的方框内，画出主干，箭头指向右端。确定焊缝质量不合格作为此问题的特性，在它的左侧画一个自左向右的粗箭头，如图 10-8 所示。

(2)确定该问题中影响质量原因的分类方法。一般分析工序质量问题，常按其影响因素：人、机、料、法、环五大因素，造成焊缝质量不合格的原因可以具体分成使用人员、设备、材料、环境及工艺五大类，用中箭头表示。

(3)将各分类项目分别展开，每个中枝表示各项目中造成质量问题的一个原因。作图时，中枝平行于主干，箭头指向大枝，将原因记在中枝上下方。

(4)对于每个中枝的箭头所代表的一类因素进一步分析，找出导致它们质量不好的原因，逐类细分，用粗细不同，长短不一的箭头表示，直到能具体采取措施为止。

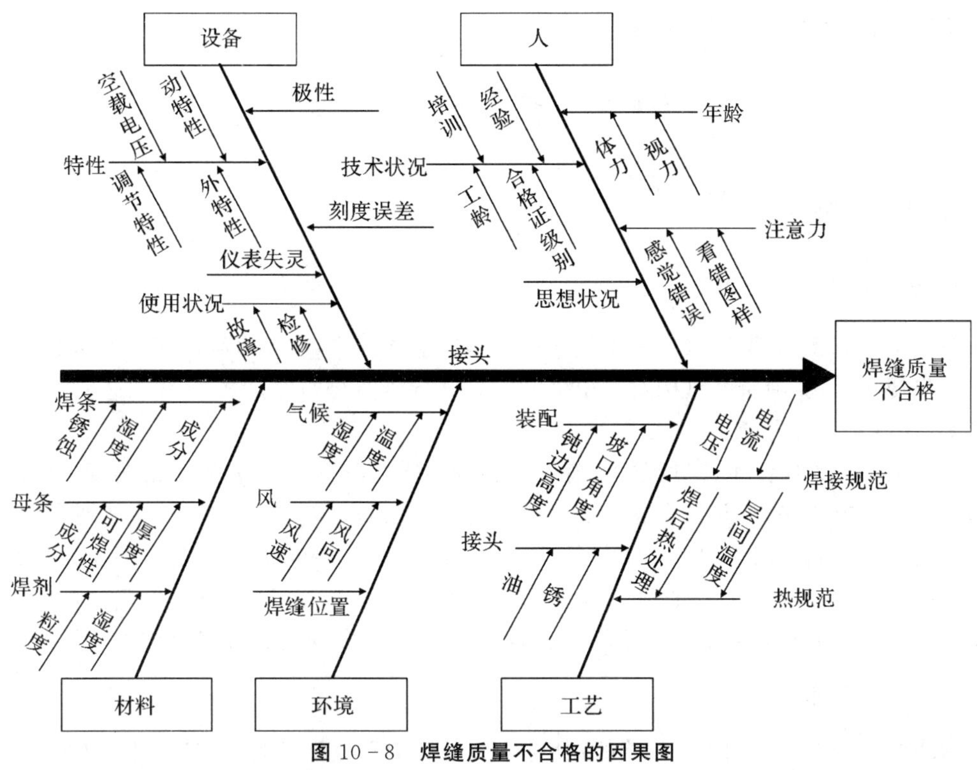

图 10－8　焊缝质量不合格的因果图

10.8.3　因果图用途及注意事项

1. 用途

因果图除了可以用于解决质量方面的问题外，还可以用于解决效率、成本、安全、人事、营销等方面的问题。在解决问题的过程中，因果图主要起以下作用：

(1)分析因果关系；

(2)表达因果关系，积累经验；

(3)识别症状、分析原因，寻找措施以促进问题的解决。

2. 注意事项

(1)画因果图时一般广泛收集数据，充分发扬民主，畅所欲言，各抒己见，集思广益，把每个人的意见都一一记录在图上。

(2)确定要分析的主要质量问题(特性)，不能笼统，要具体，不宜在一张图上分析若干个主要质量问题。也就是说，一个主要质量问题只能画一张图，多个质量问题则应画多张因果图。总之，因果图只能用于单一问题的研究分析。

(3)因果关系的层次要分明。最高层次的原因应寻求到可以直接采取措施为止。

(4)主要原因一定要确定在末端因素上，而不应确定在中间过程上。

(5)主要原因可用排列图、投票或试验验证等方法确定，然后加以标记。

(6)画出因果图后，就要针对主要原因列出对策表，包括原因、改进项目、措施、负责人、进度要求、效果检查和存在问题等。

10.9 精益六西格玛

10.9.1 概述

1.精益生产

精益生产源于20世纪六七十年代早期的丰田生产方式，在丰田经过多年不懈的努力取得巨大成功之后，美国研究机构对丰田生产方式进行研究分析之后提炼出了这种生产方式的精髓，那就是精益生产。

精益生产认为任何生产过程中都存在着各种各样的浪费，必须从顾客的角度出发，应用价值流的分析方法，分析并且去除一切不增加价值的流程。精益思想包括一系列支持方法与技术，包括利用看板拉动的准时生产(Just In Time，JIT)、全面生产维护(Total Productive Maintenance，TPM)、5S管理法、防错法、快速换模、生产线约束理论、价值分析理论等。由于它引入中国的时间早于六西格玛，人们对精益生产的了解还是比较多的。

2.六西格玛管理

六西格玛首先于20世纪80年代中期在摩托罗拉公司取得成功应用，此后GE公司也开始实施六西格玛，并取得了显著的成效。此后它更是扩展到很多著名的大公司，如今，国内很多公司也对六西格玛有了较多的了解。

六西格玛管理建立在科学的统计理论基础上，它包括两个组成部分，即六西格玛设计和六西格玛改进。它一般采用项目管理的方式，采用DMAIC流程分析技术——定义(Define)、测量(Measure)、分析(Analyze)、改进(Improve)、控制(Control)来实现产品和服务质量的持续改进。

3.精益六西格玛管理

精益六西格玛是一种集成了两种非常重要又相互补充的改进技术的综合方法论。精益六西格玛同时关注减少浪费和消除变异。精益六西格玛管理的目的是通过整合精益生产与六西格玛管理，吸收两种生产模式的优点，弥补单个生产模式的不足，达到更佳的管理效果。但不是精益生产和六西格玛的简单相加，而是二者的互相补充、有机结合。

按照所能解决问题的范围，精益六西格玛包括精益生产和六西格玛管理。根据精益六西格玛解决具体问题的复杂程度和所用工具，把精益六西格玛活动分为精益改善活动和精益六西格玛项目活动，其中精益改善活动全部采用精益生产的理论和方法，它解决的问题主要是简单的问题。精益六西格玛项目活动主要针对复杂问题，需要把精益生产和六西格玛的哲理、方法和工具结合起来。

通过实施精益六西格玛，组织流程可以在以下方面获得收益：

(1)减小业务流程的变异、提高过程的能力和稳定性、提高过程或产品的稳健性；

(2)减少在制品数量、减少库存、降低成本；
(3)缩短生产节拍、缩短生产准备时间、准确快速理解和响应顾客需求；
(4)改善设施布置、减小生产占用空间、有效利用资源；
(5)提高顾客满意度、提高市场占有率。

10.9.2　组织实施

1.精益六西格玛实施的关键成功因素

实施精益六西格玛的关键成功因素包括以下几点：

(1)关注系统。精益六西格玛的力量在于整个系统，精益六西格玛不是精益和六西格玛简单相加，而是要把精益和六西格玛有机结合起来，处理整个系统的问题，对于系统中不同过程或同一过程的不同阶段的问题，精益和六西格玛相互补充，才能达到“1＋1＞2”的效果，例如当过程处于起始状态，问题较为简单，可以直接用精益生产的方法和工具解决，但随着过程的发展，当问题处于复杂状态时，就要用六西格玛的方法解决。

所以在实施中要关注于整个系统，用系统的思维方式、综合考虑、恰当选用精益六西格玛的方法或工具。现实一些企业实施精益六西格玛时之所以没有达到预期效果，就是因为他们虽然同时做了精益和六西格玛，但是没有把二者结合在一起，而是不同的部门分别使用不同的模式。

(2)重视文化建设。不论是精益生产还是六西格玛管理，文化对其成功都起到了重要的作用。同样，实施精益六西格玛也离不开文化建设。通过文化建设，单位每一个员工形成一种做事的习惯，自觉地按精益六西格玛的方式去做事情。

精益六西格玛的文化是持续改进、追求完美、全员参与的文化。只有追求完美，持续地对过程进行改进，才能不断超越现状，取得更大的绩效；而现代的组织管理是一个非常复杂的系统，个人或一部分人的力量是有限的，只有靠全员参与，才能最大地发挥出集体的能力。

(3)流程管理为中心。精益生产和六西格玛管理都是以流程为中心的管理方式，因此精益六西格玛管理也必须以流程为中心，摆脱以组织功能为出发点的思考方式。只有以流程为中心才能真正发现在整个价值流中哪些是产生价值的，哪些是浪费，进行高效的管理。

(4)领导的支持。精益六西格玛需要处理整个系统的问题，同时要分析和解决的问题也更复杂，需要与不同的部门进行沟通，需要得到更多资源的支持，所以没有领导的支持是不可能成功的。领导的支持应该是实实在在的支持，而不是仅仅有口头上的承诺，所以这就要求领导也要参与到精益六西格玛管理变革中去，只有参与其中，才能发现问题，有力地推动精益六西格玛。

(5)正确使用方法和工具。在利用精益六西格玛方法对系统分析之后，针对具体某一点的问题，可能仅仅用到的精益生产或者六西格玛的方法或工具，也可能需要把两个管理模式中的方法和工具结合起来使用。例如对于简单问题，就应该用 Kaizen 的策略，用精益生产的方法和工具直接解决，如果还用六西格玛的方法和工具，必然降低过程的速度；而对于复杂的问题，如果不用六西格玛的方法和工具，就不能发现真正的原因，不能有效解决问题；还有一些复杂问题需要同时利用精益的和六西格玛的方法和工具来解决，才能达到其目的。

因此,精益六西格玛管理要实现精益生产速度和六西格玛的过程稳健性,必须确定问题的种类,针对具体问题选用恰当的处理方法和工具。

2.精益六西格玛项目实施流程

精益六西格玛活动可以分为精益改善活动和精益六西格玛项目活动。精益改善活动主要是针对简单问题,这类问题可以直接用精益的方法和工具解决。

精益六西格玛项目主要是针对于复杂问题,它把精益生产的方法和工具与六西格玛的方法和工具结合起来,实施流程采用新的"定义测量—分析—改进—控制"流程,称为 DMAIC Ⅱ,它与传统的 DMAIC 过程的区别是它在实施中加入了精益的哲理、方法和工具。

DMAIC Ⅱ各阶段内容为:定义阶段利用精益思想定义价值、提出流程框架,在此框架下,结合六西格玛工具,定义改进项目;测量阶段把精益生产时间分析技术与六西格玛管理工具结合测量过程管理现状;分析阶段运用六西格玛技术与精益流动原则结合,分析变异和浪费;改进阶段以流动和拉动为原则,运用两种模式中的所有可以利用的工具对流程增加、重排、删除、简化、合并,同时对具体流程稳健性和过程能力改进;最后是控制阶段,除了完成六西格玛管理控制内容外,还要对实施中产生的新问题进行总结,以便下一个循环对系统进行进一步完善。

精益六西格玛项目的实施步骤为:

(1)定义阶段:

1)定义顾客需求,分析系统,寻找浪费或变异,确定改进机会;

2)分析组织战略和组织的资源;

3)确定项目:包括项目的关键输出、所用资源、项目范围。

(2)测量阶段:

1)定义流程特性;

2)测量流程现状(包括各流程或动作需要的时间);

3)对测量系统分析;

4)评价过程能力。

(3)分析阶段:

1)分析流程,查找浪费根源或变异源;

2)确定流程及关键输入因素。

(4)改进阶段:

1)确定输入、输出变量之间的关系,提出优化方案;

2)确定改进计划。

(5)控制阶段:

1)建立运作规范、实施流程控制;

2)验证测量系统,验证过程及其能力;

3)对实施结果进行总结,规范成功经验,提出新问题。

3.精益六西格玛项目实施中工具的选择

实施精益六西格玛项目时应该合理选择精益生产与六西格玛的工具,选择工具的原则是：结合组织的资源选择最佳的工具，简单的问题要用简单的工具，否则浪费资源。不同阶段主导工具的选择可以参考图 10－9。

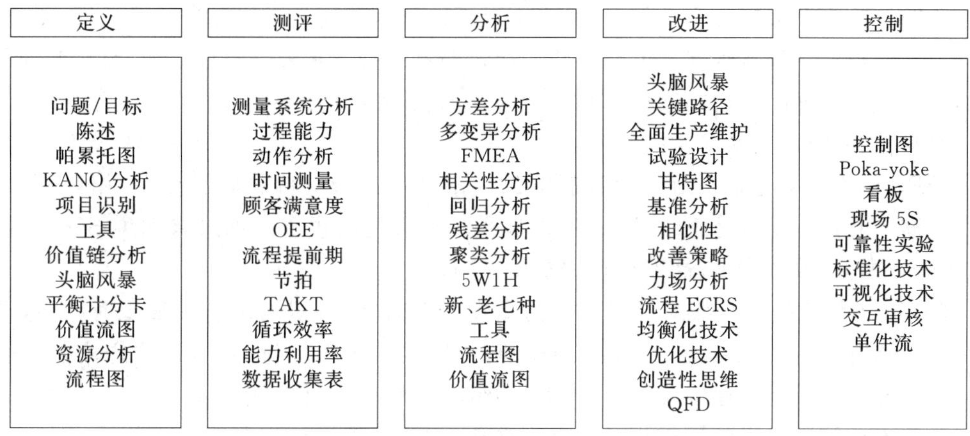

图 10－9　精益六西格玛项目不同阶段工具图

4. 精益六西格玛方法的实施

(1)注意项目整体逻辑性。起初实施的这个阶段，技术、方法在某些流程进行实践，关注于技术方法应用的正确性，但是更要强调整个过程的逻辑性，其次应用工具、方法时要注意，不要肤浅的模仿，也不要对技术和方法孤立地随机运用。

(2)注意工具、方法应用过程当中的严谨性和系统性。

1)样本取得(随机性、代表性、没有偏移)及最少样本数，不能不注意样本取得方式与所应用工具、方法的适宜性，以及所需要的最少样本数，不能随便取几个就进行分析，需要通过科学合理的样本容量计算。

2)分析步骤(如回归分析)，不能得到几组数据就直接拟合数学模型，进而进行优化、预测。而要按照严谨的统计分析过程操作，其过程应当为：

①散布图分析；

②相关分析；

③如果是多元回归，要进行“逐步回归”，进行优化、筛选；

④直接回归；

⑤残差分析；

⑥利用模型进行预测。

(3)关注顾客之声。在方法、技术层面实施阶段，由于是精益六西格玛实施的开始阶段，大家期望将以往存在的难题解决、选项的视野受到限制。其实不应局限于日常的琐事，一定要关注顾客的呼声。

(4)强化流程思考。在方法、技术层面实施阶段，工具、方法的应用固然重要，但是要分清主次。流程思考和过程方法是分析问题的主线，其他的分析工具是这条主线上的一些点。

(5)对六西格玛方法的深刻理解——减小过程变异性(波动性)。减小过程的变异性，即减小过程的变化性、波动性，能够增加可预见性，增强计划性和结果的可控性，增强稳定性。

六西格玛方法论擅长消除变异。

(6)对精益方法的深刻理解——增加过程的灵活性。精益方法的实施能够增加过程灵活性,能够增强应对多变市场的能力,且成本最低。精益更擅长增强过程的灵活性。

(7)六西格玛和精益管理二者是一致的。六西格玛管理是减小过程变异,减小变异的结果也是减少浪费,消除一切非增值,消除一切浪费是二者共同的结果。

(8)对相关方法、技术本质的理解。

1)SPC的本质就是识别对过程有影响的因素当中是否有特殊原因存在(相对"普通原因"),能够判断过程是否处于统计稳态,以提供过程失控的预警。如果有人说SPC能够评估过程能力高低,那就错了,这不是它的本质作用。

2)SMED(快速换型),如果仅仅理解为缩短换型时间,可以增加有效加工时间,这还不够,SMED更深层次的意义在于缩短换型时间可以实施更小批量的生产,这样增强了生产的灵活性,相应地就能快速响应多样性、差异化需求和快速变化的市场。

(9)技术或管理成果的标准化。没有标准化,就没有创新和改进。

标准化是创新和改进的基础,尤其大量的改进和创新项目运作起来,会产生大量全新的或改善后的工作程序。这样,需要与管理体系接轨,搞好标准化的工作。

质量检测技术篇

第11章 质量检测基础技术

11.1 无损检测

无损检测是在不损害或不影响被检测对象使用性能的前提下，采用射线、超声、红外、电磁等原理技术仪器对材料、零件、设备进行缺陷、化学参数、物理参数的检测技术。无损检测的原理是利用物质的声、光、磁和电等特性，在不损害或不影响被检测对象使用性能的前提下，检测被检对象中是否存在缺陷或不均匀性，给出缺陷大小、位置、性质和数量等信息。常用的无损检测方法有目视检测、射线检测、超声检测、磁粉检测、渗透检测、涡流检测、声发射和红外检测等。

11.1.1 无损检测特点

1. 无损检测技术不会对构件造成任何损伤

无损检测诊断技术是一种在不破坏构件的条件下，利用材料物理性质因有缺陷而发生变化的现象，来判断构件内部和表面是否存在缺陷，而不会对材料、工件和设备造成任何损伤。

2. 无损检测技术为查找缺陷提供了一种有效方法

任何结构、部件或设备在加工和使用过程中，由于其内外部各种因素的影响和条件变化，不可避免地会产生缺陷。操作使用人员不仅要知道其是否有缺陷，还要查找缺陷的位置、大小及其危害程度，并要对缺陷的发展进行预测和预报。无损检测技术为此提供了一种有效方法。

3. 无损检测技术能够对产品质量实现监控

产品在加工和成形过程中，如何保证产品质量及其可靠性是提高效率的关键。无损检测技术能够在铸造、锻造、冲压、焊接、切削加工等每道工序中，检查该工件是否符合要求，可避免徒劳无益的加工，从而降低产品成本，提高产品质量和可靠性，实现对产品质量的监控。

4. 无损检测技术能够防止因产品失效引起的灾难性后果

机械零部件、装置或系统，在制造或服役过程中丧失其规定功能而不能工作，或不能继续可靠地完成其预定功能称为失效。失效是一种不可接受的故障。1986 年美国“挑战者”

号航天飞机升空后 70 s 发生爆炸，宇航员全部遇难，直接经济损失 12 亿美元，究其原因是固体火箭助推器尾部连接处的 O 型密封圈失效使燃料泄漏所致。如果用无损检测技术提前或及时检测出失效部位和原因，并采取有效措施，就可以避免灾难性事故的发生。

5. 无损检测技术具有广阔的应用范围

无损检测技术可适用于各种设备、压力容器、机械零件等缺陷的检测诊断。例如金属材料(磁性和非磁性、放射性和非放射性)、非金属材料(水泥、塑料、炸药)、锻件、铸件、焊件、板材、棒材、管材以及多种产品内部和表面缺陷的检测。因此，无损检测技术受到工业界及其他领域的普遍重视。

使用无损检测应注意下列问题：

(1)检测结果的可靠性。一般说来，不管采用哪一种检测方法，要完全检测出结构的异常部分都是比较困难的。因为缺陷与表征缺陷的物理量之间并非是一一对应关系。因此，需要根据不同情况选用不同的物理量，有时甚至同时使用两种或多种无损检测方法，才能对结构异常做出可靠判断。特别是大型复杂装备或结构，则更应如此。例如，运行中的核反应堆就同时采用了磁粉、涡流、射线、超声、声发射和光纤内窥镜等多种检测方法。

(2)检测结果的评价。无损检测结果必须与一定数量的破坏性检测结果相比较，才能建立可靠的基础和得到合理的评价，而且这种评价只能作为材料或构件质量和寿命评定的依据之一，而不应仅仅据此做出片面结论。

(3)无损检测的实施时间。应该在对材料或工件质量有影响的每道工序之后进行检测。例如焊缝检测，在热处理前是对原材料和焊接工艺进行检查，在热处理后则是对热处理工艺进行检查，还要考虑时效变化对焊缝的影响。

11.1.2 无损检测方法及其选择

1. 检测方法

(1)目视检测(VT)。目视检测在国内实施得比较少，但在国际上是非常重视的无损检测第一阶段的首要方法。按照国际惯例，目视检测要先做，以确认不会影响后面的检验，再接着做四大常规检验。例如 BINDT 的 PCN 认证，就有专门的 VT1、VT2、VT3 级考核，更有专门的持证要求。VT 常常用于目视检查焊缝，焊缝本身有工艺评定标准，都是可以通过目测和直接测量尺寸来做初步检验，发现咬边等不合格的外观缺陷，就要先打磨或者修整，之后才做其他深入的仪器检测。例如焊接件表面和铸件表面 VT 做得比较多，而锻件就很少，并且其检查标准是基本相符的。

设备：放大镜、彩色增强器、直尺、千分卡尺、光学比较仪及光源等。

用途：检测表面缺陷、焊接外观和尺寸。

优点：经济、方便、设备少，检测人员只需稍加培训即可。

局限性：只能检查外部(表面)损伤，要求检测人员视力好。

(2)超声检测。通过超声波与试件相互作用，就反射、透射和散射的波进行研究，对试件进行宏观缺陷检测、几何特性测量、组织结构和力学性能变化的检测和表征，进而对其特定应用性进行评价的技术。超声检测适用于金属、非金属和复合材料等多种试件的无损检测；

可对较大厚度范围内的试件内部缺陷进行检测。如对金属材料，可检测厚度为 1～2 mm 的薄壁管材和板材，也可检测几米长的钢锻件；而且缺陷定位较准确，对面积型缺陷的检出率较高；灵敏度高，可检测试件内部尺寸很小的缺陷；并且检测成本低、速度快，设备轻便，对人体及环境无害，现场使用较方便。但缺陷的位置、取向和形状以及材质和晶粒度都对检测结果有一定影响，检测结果也无直接见证记录。

设备：超声探伤仪、探头、耦合剂及标准试块等。

用途：检测锻件的裂纹、分层、夹杂，焊缝中的裂纹、气孔、夹渣、未熔合、未焊透，型材的裂纹、分层、夹杂、折叠，铸件中的缩孔、气泡、热裂、冷裂、疏松、夹渣等缺陷及厚度测定。

优点：对平面型缺陷十分敏感，一经探伤便知结果；易于携带；穿透力强。

局限性：为耦合传感器，要求被检表面光滑；难以探测出细小裂纹；要有参考标准，为解释信号，要求检测人员有较高的素质；不适用于形状复杂或表面粗糙的工作。

(3)声发射检测。通过接收和分析材料的声发射信号来评定材料性能和结构完整性的无损检测方法。材料中因裂缝扩展、塑性变形或相变等引起应变能快速释放而产生的应力波现象称为声发射。1950 年联邦德国 J. 凯泽对金属中的声发射现象进行了系统的研究。1964 年美国首先将声发射检测技术应用于火箭发动机壳体的质量检验并取得成功。此后，声发射检测方法获得迅速发展。这是一种新增的无损检测方法，通过材料内部的裂纹扩张等发出的声音进行检测。声发射检测主要用于检测在用设备、器件的缺陷及缺陷发展情况，以判断其良好性。

声发射技术的应用已较广泛，可以用声发射鉴定不同程度范围变形的类型，研究断裂过程并区分断裂方式，检测出小于 0.01 mm 长的裂纹扩展，研究应力腐蚀断裂和氢脆，检测马氏体相变，评价表面化学热处理渗层的脆性，以及监视焊后裂纹产生和扩展等。在工业生产中，声发射技术已用于压力容器、锅炉、管道和火箭发动机壳体等大型构件的水压检验，评定缺陷的危险性等级，做出实时报警。在生产过程中，用声发射技术可以连续监视高压容器、核反应堆容器和海底采油装置等构件的完整性。声发射技术还应用于测量固体火箭发动机火药的燃烧速度和研究燃烧过程，检测渗漏，研究岩石的断裂，监视矿井的崩塌，并预报矿井的安全性。

设备：声发射传感器、放大电路、信号处理电路及声发射信号分析系统。

用途：检测构件的动态裂纹、裂纹萌生及裂纹生长率等。

优点：实时并连续监控探测，可以遥控，装置较轻便。

局限性：传感器与试件耦合应良好，试件必须处于应力状态，延性材料产生低幅值声发射，噪声不得进入探测系统，设备贵，人员素质要求高。

(4)射线检测。射线检测是指用 X 射线或 γ 射线穿透试件，以胶片作为记录信息的、器材的无损检测方法，该方法是最基本的、应用最广泛的一种非破坏性检验方法。射线能穿透肉眼无法穿透的物质使胶片感光，当 X 射线或 γ 射线照射胶片时，与普通光线一样，能使胶片乳剂层中的卤化银产生潜影，由于不同密度的物质对射线的吸收系数不同，照射到胶片各处的射线强度也就会产生差异，由此便可根据暗室处理后的底片各处黑度差来判别缺陷。总的来说，射线检测的定性更准确，有可供长期保存的直观图像，总体成本相对较高，而且射线对人体有害，检验速度会较慢。

1)X射线检测。

设备:X射线源(机)和电源,要有和使用γ射线源相同的设备。

用途:检测焊缝未焊透、气孔、夹渣,铸件中的缩孔、气孔、疏松、热裂等,并能确定缺陷的位置、大小及种类。

优点:功率可调,照相质量比γ射线高,可永久记录。

局限性:X射线设备一次投资大,不易携带,有放射危险,要有素质高的操作和评片人员,较难发现焊缝裂纹和未熔合缺陷,不适用于锻件和型材。

2)γ射线检测。

设备:γ射线探伤仪,底片夹、胶片,射线铅屏蔽,胶片处理设备,底片观察光源,曝光设备以及辐射监控设备等。

用途:检测焊接不连续性(包括裂纹、气孔、未熔合、未焊透及夹渣)以及腐蚀和装配缺陷。最宜检查厚壁体积型缺陷。

优点:获得永久记录,可供日后再次检查,γ源可以定位在诸如钢管和压力容器之类的物体内。

局限性:不安全,要保护被照射的设备,要控制检测源的曝光能级和剂量,对易损耗的辐射源必须定期更换,γ源输出能量(波长)不能调节,成本高,要有素质高的操作和评片人员。

(5)磁粉检测。铁磁性材料和工件被磁化后,由于不连续性的存在,使工件表面和近表面的磁力线发生局部畸变而产生漏磁场,吸附施加在工件表面的磁粉,形成在合适光照下目视可见的磁痕,从而显示出不连续性的位置、形状和大小。磁粉探伤适用于检测铁磁性材料表面和近表面尺寸很小、间隙极窄(如可检测出长0.1mm、宽为微米级的裂纹)目视难以看出的不连续性;也可对原材料、半成品、成品工件和在役的零部件进行检测,还可对板材、型材、管材、棒材、焊接件、铸钢件及锻钢件进行检测,可发现裂纹、夹杂、发纹、白点、折叠、冷隔和疏松等缺陷。

设备:磁头、轭铁、线圈、电源及磁粉。某些应用中要有专用设备和紫外光源。

用途:检测铁磁性材料和工件表面或近表面的裂纹、折叠、夹层、夹渣等,并能确定缺陷的位置、大小和形状。

优点:简单、操作方便,速度快,灵敏度高。

局限性:限于铁磁材料,探伤前必须清洁工件,涂层太厚会引起假显示,某些应用要求探伤后给工件退磁,难以确定缺陷深度,不适用于非铁磁性材料。

(6)渗透检测。零件表面被施涂含有荧光染料或着色染料的渗透剂后,在毛细管作用下,经过一段时间,渗透液可以渗透进表面开口缺陷中;经去除零件表面多余的渗透液后,再在零件表面施涂显像剂,同样,在毛细管的作用下,显像剂将吸引缺陷中保留的渗透液,渗透液回渗到显像剂中,在一定的光源下(紫外线光或白光),缺陷处的渗透液痕迹被显示(黄绿色荧光或鲜艳红色),从而探测出缺陷的形貌及分布状态。

渗透检测可检测各种材料,金属、非金属材料,磁性、非磁性材料,焊接、锻造、轧制等加工方式,具有较高的灵敏度(可发现0.1μm宽缺陷),同时显示直观、操作方便、检测费用低。

设备:荧光或着色渗透液,显像液,清洗剂(溶剂、乳化剂)及清洁装置。如果用荧光着色,则需紫外光源。

用途:能检测金属和非金属材料的裂纹、折叠、疏松、针孔等缺陷,并能确定缺陷的位置、大小和形状。

优点:对所有的材料都适用;设备轻便,投资相对较少;探伤简便,结果易解释。

局限性:涂料、污垢及涂覆金属等表面层会掩盖缺陷,孔隙表面的漏洞也能引起假显示;探伤前后必须清洁工件;难以确定缺陷的深度;不适用于疏松的多孔性材料。

(7)涡流检测。将通有交流电的线圈置于待测的金属板上或套在待测的金属管外,这时线圈内及其附近将产生交变磁场,使试件中产生呈旋涡状的感应交变电流,称为涡流。涡流的分布和大小,除与线圈的形状和尺寸、交流电流的大小和频率等有关外,还取决于试件的电导率、磁导率、形状和尺寸、与线圈的距离以及表面有无裂纹缺陷等。因而,在保持其他因素相对不变的条件下,用一探测线圈测量涡流所引起的磁场变化,可推知试件中涡流的大小和相位变化,进而获得有关电导率、缺陷、材质状况和其他物理量(如形状、尺寸等)的变化或缺陷存在等信息。但由于涡流是交变电流,具有集肤效应,所检测到的信息仅能反映试件表面或近表面处的情况。

按试件的形状和检测目的的不同,可采用不同形式的线圈,通常有穿过式、探头式和插入式线圈三种。穿过式线圈用来检测管材、棒材和线材,它的内径略大于被检物件,使用时使被检物体以一定的速度在线圈内通过,可发现裂纹、夹杂、凹坑等缺陷。探头式线圈适用于对试件进行局部探测。应用时线圈置于金属板、管或其他零件上,可检查飞机起落架撑杆内筒和涡轮发动机叶片的疲劳裂纹等。插入式线圈也称内部探头,放在管子或零件的孔内用来作内壁检测,可用于检查各种管道内壁的腐蚀程度等。为了提高检测灵敏度,探头式和插入式线圈大多装有磁芯。涡流法主要用于生产线上的金属管、棒、线的快速检测以及大批量零件如轴承钢球、汽门等的探伤(这时除涡流仪器外尚需配备自动装卸和传送的机械装置)、材质分选和硬度测量,也可用来测量镀层和涂膜的厚度。

设备:涡流探伤仪和标准试块。

用途:检测导电材料表面和近表面的裂纹、夹杂、折叠、凹坑、疏松等缺陷,并能确定缺陷位置和相对尺寸。

优点:经济、简便,可自动对准工件探伤,不需耦合,探头不接触试件,可进行高速检测,易于实现自动化。

局限性:仅限于导体材料,穿透浅,要有参考标准,难以判断缺陷种类,不适用于非导电材料,不适用于形状复杂的零件;检测结果也易于受到材料本身及其他因素的干扰。

(8)噪声检测。噪声是紊乱、断续或统计上随机的声振荡。噪声的种类很多,机械设备的噪声主要有:

1)空气动力噪声。它是由气体的流动或物体在气体中运动引起空气振动所产生的噪声。

2)机械噪声。它是由机械的撞击、摩擦、交变机械应力或磁性应力等作用而产生的噪声。

噪声检测的目的在于检测噪声是否符合有关标准、比较同类型或不同类型设备噪声的大小、利用噪声对设备进行故障诊断和故障预测。

噪声检测方法一般根据噪声特性、声源特性以及描述噪声所要求的严密程度来确定。

对于机械噪声测量，一般要确定噪声源及所辐射的噪声特性，检测方法主要取决于声源、环境类型和噪声特性等。

设备：声级计、频率分析仪、噪声级分析仪。

用途：检测设备内部结构的磨损、撞击、疲劳等缺陷，寻找噪声源(故障源)。

优点：仪器轻便，检测分析速度快，可靠性高。

局限性：仪器较贵，对人员素质要求较高。

(9)红外检测。红外检测是利用红外辐射原理对设备或材料及其他物体表面进行检测和测量的专门技术，也是采集物体表面温度信息的一种手段。

当一个物体本身具有不同于周围环境的温度时，不论物体的温度高于环境温度，还是低于环境温度；也不论物体的高温来自外部热量的注入，还是由于在其内部产生的热量造成，都会在该物体内部产生热量的流动。热流在物体内部扩散和传递的途径中，将会由于材料或设备的热物理性质不同，或受阻堆积，或通畅无阻传递，最终会在物体表面形成相应的“热区”和“冷区”，这种由里及表出现的温差现象，就是红外检测的基本原理。红外检测的基本方法分为两大类型，即被动式和主动式。被动式的红外检测应用较多；主动式的红外检测又可分为单面法和双面法。

设备：光电类的光电导型探测器、光伏型探测器，热电类热敏电阻探测器、热释电探测器，常用的红外热像仪、红外测温枪等。

用途：检测被检对象红外辐射特征，确定对象热状态，检验质量、定位表面与内部缺陷。

优点：操作安全，灵敏度高，检测效率高，检测结果直观，应用范围广。

局限性：确定温度值较难，难于确定被检对象的内部热状态，价格昂贵。

(10)光纤检测。光导纤维是指由石英、玻璃等材料制成的传光、传像纤维束等光纤元件，用来传送光能及图像信息。通过高品质的光导纤维束传送图像，使用另外一组光导纤维束来实现光源的传送，在光导纤维束的两端增加物镜、目镜及控制部分，从而形成一个光纤内窥镜，可通过目镜直接观察，用于检测管件内表面或其他肉眼难以检查到的工件内腔表面。

设备：光纤内窥镜、光纤裂纹检测仪。

用途：检测锅炉、泵体、铸件、炮筒、压力容器、火箭壳体、管道内表面的缺陷及焊缝质量和疲劳裂纹等。

优点：灵敏度高，绝缘好，抗腐蚀，不受电磁干扰。

局限性：价格较贵，不能检测结构内部缺陷。

(11)工业 CT 检测。工业 CT 是在射线检测基础上发展起来的，其基本原理是当经过准直且能量一定的射线束穿过被检物时，根据各个透射方向上各体积元的衰减系数不同，探测器接收到的透射能量也不同。按照一定的图像重建算法，即可获得被检物截面一薄层无影像重叠的断层扫描图像，以图像灰度来分辨被检断面内部的结构组成、装配情况、材质状况、有无缺陷、缺陷性质和大小等。重复上述过程又可获得一个新的断层图像，当测得足够多的二维断层图像就可重建出三维图像。

设备：工业 CT 机。

用途：缺陷检测、尺寸测量、装配结构分析、密度分布表征。

优点：能给出检测试件断层扫描图像和空间位置、尺寸、形状、成像直观；分辨率高；不受试件几何结构限制。

局限性：设备成本高。

(12) 激光检测。物体在受到外界载荷作用下会产生变形，这种变形与物体是否含有缺陷直接相关，在不同的外界载荷作用下，物体表面变形的程度是不相同的。激光全息照相，是将物体表面和内部的缺陷，通过外界加载的方法，使其在相应的物体表面造成局部的变形，用全息照相来观察和比较这种变形，并记录在不同外界载荷作用下的物体表面的变形情况，进行观察和分析，判断物体内部是否存在缺陷。

设备：激光全息摄影机。

用途：检测微小变形、夹板蜂窝结构的胶接质量、充气轮胎缺陷、材料裂纹、高速物理过程中等离子体诊断和高速碰撞等。

优点：检测非接触、灵敏度高、面积大、不受材料限制、结果便于保存。

局限性：仅适用于近表面缺陷检测。

(13)微波检测。根据微波反射、透射、衍射、干涉、腔体微扰等物理特性的改变，以及被检材料的电磁特性——介电常数和损耗角正切的相对变化，通过测量微波基本参数，如幅度、频率、相位的变化，实现对缺陷的无损检测。常用的方法有微波穿透法、反射法、散射法和干涉法。

设备：微波计算机断层成像机(微波 CT 机)。

用途：检测复合材料、非金属制品、火箭壳体、航空部件、轮胎等；还可测量厚度、密度、湿度等物理参数。

优点：非接触测量，检测速度快，可实现自动化。

局限性：不能用来检测金属导体内部缺陷，一般不适用于检测小于 1 mm 的缺陷，空间分辨率比较低。

2. 检测方法选择

无损检测涉及很多科学技术领域，方法原理上千差万别，在探测介质、探测器、记录和显示装置以及对信息的解释方面更是多种多样，但其目的都是为了检测材料构件中的缺陷或结构异常。面对一项具体的无损检测工程或需要进行无损检测的对象，诸如零件、部件、组件、装置、设备或大型工程项目，由于被检测对象的多样性和各种无损检测方法的局限性，欲达到选择正确的方法和确定合适的检测方案，并不是一件容易的事情。一个成熟的无损检测人员，必须掌握各种无损检测方法的特点，明确各种不同方法的适用范围和它们之间的相互关系，并在综合分析与评价的基础上，面对具体的无损检测工程或对象，才能选择恰当的无损检测方法和确定正确的无损检测方案。

一般来讲，选择无损检测方法必须首先搞清楚究竟想检测什么，并对被检测工件的材质、成型方法、加工过程、使用经历，缺陷的可能类型、部位、大小、方向、形状等作认真分析，然后确定选择哪种检测方法才能达到预定目的。根据缺陷类型，缺陷在工件中的位置，被测工件的形状、大小和材质，就可以选择相应的无损检测方法。不同缺陷、不同材质、不同厚度工件可采用不同的无损检测方法。总之,正确地选择无损检测方法,除掌握各种方法的特点以外,还需与材料或构件的加工生产工艺、使用条件和状况、检测技术文件和有关标准的要求相结合,才能正确地确定无损检测方案,达到有效检测的目的。

11.1.3 无损检测评价

无损检测技术的评价是依据相关标准,借助于无损检测手段,对被检对象的固有属性、功能、状态、潜力及其发展趋势进行分析、验证和预测,并对其能否满足用户需要作出综合性评价和结论。作为一门综合性技术,它必须从不同视角对被测对象的属性、状态等做出完整、准确的综合评价。同时,它又是一项社会责任心大、主体性极强的技术工作,所提供的数据和结果对于决策和行为有着强烈的导向性。客观、公正、可靠的评价结果,必然会带来可观的社会经济效益;反之,将导致错误的决策和行为,其危害性也是非常大的。很多实例说明,缺陷的正确评定可以弥补质量控制方法的不足,创造出很高的经济效益。

1. 无损检测的评价对象

(1)批量性产品质量事件的评价。这类质量事件产品数量损失大,造成经济损失严重,用户急于要求进行评价。要求无损评价者能迅速寻找原因,并分清责任。如属于外因,即原材料、坯料、外购件引起的,还要求对方赔偿损失。

(2)重要设备中的零部件失效分析评价。在失效分析中运用无损检测手段,能使失效分析数据更充足、分析更透彻、评价更中肯,这对备品、备件的制造和性能改进及技术进步有明显的推动作用。

(3)重要零部件安全性预测评价。零件是否符合要求或是否可组装使用,这就需要对零部件进行安全性预测评价。这类评价首先要对评价对象过去所产生的质量事件进行追问、翻阅,然后进行模拟无损检测,取得感性知识和理性知识后,方能进行无损预测评价。

(4)新产品、新工艺、新技术在产品试制和试用中的评价。这类评价主要是为采用新工艺、新技术后产品质量的保证和提高提供数据。通过无损检测数据的统计、整理,如发现有不合乎标准要求的情况,可提出自己的评价,并反馈给主管工程技术人员。

(5)在役零部件定期无损检测标准的制定。由于无损检测人员长期从事零部件的在役定期检测,对零部件在使用中疲劳裂纹的产生、发展,甚至断裂失效的全过程看得透、摸得准,故技术安全部门要求无损检测人员从长期检测实践角度,结合断裂力学进行评价,并制定出零部件无损检测标准。

2. 无损检测的评价过程

无损检测技术的评价过程可按以下几步进行:

(1)明确评价要求,了解评价对象的背景材料。

(2)确定评价方法,选择参照体系,建立评价模型。

(3)对评价对象进行应力分析和缺陷检测,获取对象的状态数据信息。

(4)根据数据信息进行综合分析,得出评价结论,书写评价报告。

11.2　理 化 检 测

理化检测是利用物质的物理及化学特性，采用各种试验和分析方法，对物质的组织、结构、组分及其分布、损伤与失效形式进行分析，并研究其检测方法和提供相关信息的技术科学。如力学性能试验、微观组织结构、化学成分与组分分析、损伤与故障失效分析检测等技术。

1. 力学性能测试

力学性能测试技术是通过不同试验测定被检测对象的各种力学性能判据（指标）的实验技术。材料的力学性能是指材料在不同环境（温度、介质、湿度）下，承受各种外加载荷（拉伸、压缩、弯曲、扭转、冲击、交变应力等）时所表现出的力学特征，一般来说金属的力学性能包括脆性、强度、塑性、硬度、韧性、疲劳强度、弹性、延展性、刚性、屈服点或屈服应力等。

在研制和发展新材料、改进材料质量、金属制件的设计和使用等过程中，力学性能是最重要的性能指标，是金属塑性加工产品性能检验中不可缺少的检验项目。力学性能测试一般有拉伸试验、扭转试验、压缩试验、冲击试验、硬度试验、应力松弛试验、疲劳试验等。

2. 物理性能测试

物理性能测试是对包括密度（体密度、面密度、线密度）、黏度（黏度系数）、粒度、熔点、沸点、凝固点、燃点、闪点、热传导性能（比热、热导率、线胀系数）、电传导性能（电阻率、电导率、电阻温度系数）、磁性能（磁感应强度、磁场强度、矫顽力、铁损）等物理性能的测试。

3. 化学分析

利用物质的化学反应为基础的分析，称为化学分析，又称为经典分析。化学分析是绝对定量的，根据样品的量、反应产物的量或所消耗试剂的量及反应的化学计量关系，通过计算得待测组分的量。

化学分析根据其操作方法的不同，可将其分为滴定分析（titrimetry）和重量分析（gravimetry）。而近年来国内已形成了另一种分析概念，国内称为“微谱分析”技术。

(1)滴定分析：根据滴定所消耗标准溶液的浓度和体积以及被测物质与标准溶液所进行的化学反应计量关系，求出被测物质的含量，这种分析被称为滴定分析，也叫容量分析（volumetry）。利用溶液四大平衡，即酸碱（电离）平衡、氧化还原平衡、络合（配位）平衡、沉淀溶解平衡。

(2)重量分析：根据物质的化学性质，选择合适的化学反应，将被测组分转化为一种组成固定的沉淀或气体形式，通过钝化、干燥、灼烧或吸收剂的吸收等一系列的处理后，精确称量，求出被测组分的含量，这种分析称为重量分析。

4. 材料成分分析

材料的化学成分分析除了传统的化学分析技术外，还包括质谱、紫外、可见光、红外光谱分析，气、液相色谱，核磁共振，电子自旋共振，X 射线荧光光谱，俄歇与 X 射线光电子谱、二次离子质谱，电子探针、原子探针（与场离子显微镜联用）、激光探针等。在这些成分分析方法中有一些已经有很长的历史，并且已经成为普及的、常规的分析手段。

5. 材料结构分析

在材料结构分析中，X 射线衍射分析仍是最主要的方法。它包括德拜粉末照相分析，高温、常温、低温衍射仪，背反射和透射劳厄照相，测定单晶结构的四联衍射仪，结构的极图测定等。借助于计算机及软件，只要提供试样的尺寸及完整性满足一定要求，现代 X 射线衍射仪就可以打印出测定晶体样品有关晶体结构的详尽资料。但 X 射线不能在电磁场作用下汇聚，所以要分析尺寸在微米量级的单晶晶体材料需要更强的 X 射线源，才能采集到可供分析的 X 射线衍射强度。

由于电子与物质的相互作用比 X 射线强四个数量级，而且电子束又可以汇聚得很小，所以电子衍射特别适用于测定微细晶体或材料的亚微米尺度结构。电子衍射分析多在透射电子显微镜上进行，与 X 射线衍射分析相比，选区电子衍射可实现晶体样品的形貌特征和微区晶体结构相对应，并且能进行样品内组成相的位向关系及晶体缺陷的分析。而以能量为 10～1 000 eV 的电子束照射样品表面的低能电子衍射，能给出样品表面 15 个原子层的结构信息，成为分析晶体表面结构的重要方法，已应用于表面吸附、腐蚀、催化、外延生长、表面处理等表面工程领域。

中子受物质中原子核散射，所以轻重原子对中子的散射能力差别比较小，中子衍射有利于测定氢原子的位置。如液氮温区的新型超导体的超导临界温度与晶体结构中氧原子空位有一定关系，目前 X 射线、电子衍射对氧原子空位的测定都无能为力，中子衍射则可以提供较多的信息。

在结构测定方法中，值得特别一提的是热分析技术。它是研究材料结构特别是高分子材料结构的一种重要手段。其基础是当物质的物理状态和化学状态发生变化时（如升华、氧化、聚合、固化、脱水、结晶、降解、熔融、晶格改变及发生化学反应），通常伴有相应的热力学性质（如热焓、比热容、导热系数等）或其他性质（如质量、力学性质、电阻等）的变化，因此可通过测定其热力学性质的变化来了解物质物理或化学变化过程。目前热分析已经发展成为系统的分析方法，是高分子材料研究的一种极为有用的工具，它不但能获得结构方面的信息，而且还能测定一些物理性能。

6. 材料显微分析

材料组织形貌观察，主要是依靠显微镜技术，光学显微镜是在微米尺度上观察材料的普及方法，扫描电子显微镜与透射电子显微镜则把观察的尺度推进到亚微米和微米以下的层次。

由于近年来扫描电镜的分辨率的提高，所以可以直接观察部分结晶高聚物的球晶大小完善程度、共混物中分散相的大小、分布与连续相（母体）的混溶关系等。20 世纪 80 年代末其分辨率提高到 0.7 nm，超晶格试样只要在叠层的侧面进行适当的磨光便可在扫描电镜下得到厚度仅为几个或十几个纳米的交替叠层的清晰图像。透射电镜的试样制备虽然比较复杂，但在研究晶体材料的缺陷及其相互作用，微小第二相质点的形貌与分布，利用高分辨点阵像直接显示材料中原子（或原子集团）的排列状况等方面，都是十分有用的。现代电子透镜分辨率可以达到 0.2 nm 甚至更高，完全可以在有利的取向下将晶体的投影原子柱之间的距离清楚分开，透射电镜提供晶体原子排列直观像的能力得到越来越广泛的应用。场离子显微镜（FIM）利用半径为 50 nm 的探针尖端表面原子层的轮廓边缘电场的不同，借助氦、氖等惰性气体产生的电离化，可以直接显示晶界或位错露头处原子排列及气体原子在表面的吸附行为，可达 0.2～0.3 nm 的分辨率。20 世纪 80 年代初期发展的扫描隧道显微镜（STM）和 20 世纪 80 年代中期发展的原子力显微镜（AFM），克服了透射电子显微镜景深小、样品制备复杂等缺点，原子力显微镜在探测表面深层次的微观结构上显示了无与伦比的优越性。

需要特别提及的是，近年来由于对材料的表面优化处理技术的发展，对确定表面层结构与成分的测试需求迫切。一种以 X 射线光电子能谱、俄歇电子能谱、低能离子散射谱为代表的分析系统的使用日益重要。

其中 X 射线光电子能谱（XPS）也称为化学分析光电子能谱（ESCA），是用单色的软 X 射线轰击样品导致电子的逸出，通过测定逸出的光电子可以无标样直接确定元素及元素含量。目前已成为从生物材料、高分子材料到金属材料的广阔范围内进行表面分析的不可缺少的工具之一。

俄歇电子能谱（AES）由于俄歇电子在样品浅层表面逸出过程中没有能量的损耗，因此从特征能量可以确定样品元素成分，同时能确定样品表面的化学性质，由于电子束的高分辨率，故可以进行三维区域的微观分析。

二次离子质谱（SIMS）是采用细离子束轰击固体样品，它们有足够能量使样品产生离子化的原子或原子团，二次离子被加速后在质谱仪中根据荷质比不同分类，从而提供包含样品表面各种官能团和各种化合物的离子质谱。

在无法利用上述手段进行材料表面成分表征的情况下，可以采用红外光谱的衰减全反射（ATR）技术进行测试。ATR 技术的优点是不需要进行复杂的分离，不破坏材料的表面结构，而且制样方法简单易行，可以得到高质量的表面红外谱图，是一种对材料特别是高分子材料很实用的表面成分分析技术。

微拉曼谱方法作为测量材料内部应力应变不均匀性的新技术，适用于金属基、聚合物基及陶瓷基的复合材料。拉曼谱可测量原子振动的频率，它与原子间作用力成正比。应变时原子间距改变，原子间作用力随之改变，故拉曼谱对微应变很灵敏，用微光束射入可得到微米量级的分辨率。前面提到，未来的新材料大多具有成分、结构、组织的不均匀性，在内外作用下应力应变的不均匀分布是一个普遍性问题，而这是进行强度、断裂和失效分析所必需的基本数据。

7. 材料性能测试

材料性能测试是指对材料在一定环境条件作用下所表现出的上述特性的测试，又称材料性能试验。材料性能试验测出的性能数据不仅取决于材料本身，还与试验的条件有关。

材料的性能可分为两类。一种是特征性能，属于材料本身固有的性质，包括热学性能(热容、热导率、熔化热、热膨胀、熔沸点等)、力学性能(弹性模量、拉伸强度、抗冲强度、屈服强度、耐疲劳强度等)、电学性能(电导率、电阻率、介电性能、击穿电压等)、磁学性能(顺磁性、反磁性、铁磁性)、光学性能(光的反射、折射、吸收、透射以及发光、荧光等性质)、化学性能(即材料参与化学反应的活泼性和能力，如耐腐蚀性、催化性能、离子交换性能等)。另一种是功能物性，指在一定条件和一定限度内对材料施加某种作用时，通过材料将这种作用转化为另一形式功能的性质，包括热—电转换性能(热敏电阻、红外探测等)、光—热转换性能(如将太阳光转变为热的平板型集热器)、光—电转换性能(太阳能电池)、力—电转换性能、磁—光转换性能、电—光转换性能、声—光转换性能等。

11.3 电子测量

11.3.1 电子测量概述

在现代化的工业生产中，处处离不开测量。测量是精细加工的基础，没有测量也就没有现代化的制造业。为了检查、监督和控制产品质量，必须在生产过程中对各道工序的产品参数进行测量，以便进行在线实时监控。生产水平越是高度发达，需要的测量技术与仪器也越先进。

在高新技术和国防现代化建设中则更离不开测量。例如，在航空航天领域，作为现代尖端科学技术之一的火箭发动机，从开始设计到样机试飞，中间要进行成百上千次试验；航天飞行中需要监测的参数有飞行参数、导航参数、运载火箭及发动机参数、座舱环境参数、航天员生理参数、飞行器结构参数等七大类五千多项。

在医学生物领域，对人身体进行检查与诊断的心电图机、CT 扫描仪、磁共振成像设备、动态心电血压测试系统、多普勒脑血管测量仪、超声诊断设备等现代医疗仪器的出现，使人类诊断疾病的效率、准确性和可靠性大大提高，增强了人类战胜疾病的能力。

在农业、气象、环境、勘探等各学科研究中也都要应用测量技术。总之，测量技术已渗透到人类生活的各个领域，其应用的广泛性和重要性已越来越为人们所认识。

从广义上说，电子测量是泛指以电子科学技术为手段，即以电子科学技术理论为依据，以电子测量仪器和系统为工具，对信号和系统进行的测量。从狭义上讲，电子测量则是利用电子技术对电子学中有关的电量和非电量进行的测量。

电子测量的基本对象是信号和系统。实际中，被测对象又可细分为许多种类，各类信号和系统中又有参数类型、幅值大小、频率范围，以及缓变与瞬变、有源和无源、分布和集中、模拟和数字等区别。对这些千差万别的被测对象，有可能要采用完全不同的测量技术和方法，本书将按被测对象的几种最基本、最主要的分类，来阐述其测量技术和测量方法。

如图 11－1 所示，电子测量按被测对象的属性，划分为有源量(信号)和无源量(系统)测量；根据被测对象的表现形式，划分为直接测量、间接测量和组合测量；根据被测对象的状态变化，划分为静态测量、稳态测量和动态测量；根据对被测对象的观测与分析的方法，划分为时域测量、频域测量和时频域测量；根据采用的测量技术，划分为模拟量的模拟式测量和数字式测量，以及数字量（数字信号和数字系统）的数据域测量。

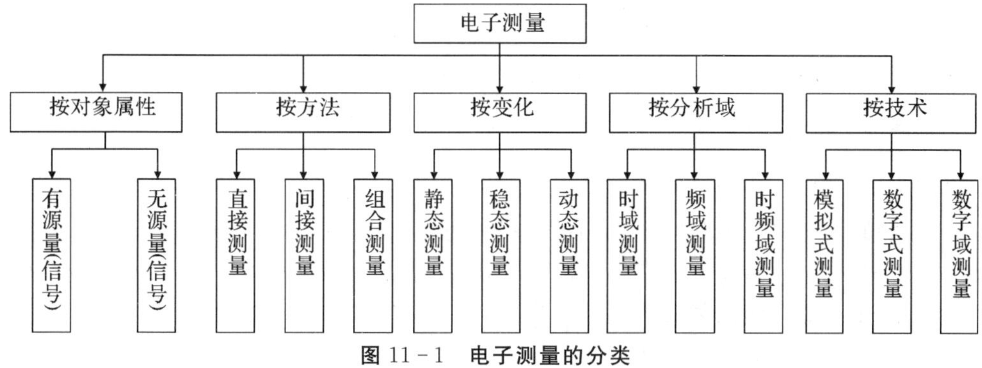

图 11-1　电子测量的分类

11.3.2　有源量和无源量测量

1. 有源量和无源量

被测对象按属性可划分为信号和系统两大类，这两类对象按被测量的属性分别为有源量和无源量。在各种分类法中，这是最基本、最本质的一种分类方法。信号是有源量，有源量是指一个携带能量的物理量，如力、电场、磁场、光强、压力等。有源量能将有关量值信息以能量的形式主动地提供出来，传送至传感器或测量仪器，通过仪器的自身响应，取得被测量的有关信息，测试中不需另外的辅助激励源。系统的特性参数是无源量，无源量是被动的，被测量的有关信息隐含在事物的内部结构中，只有在被测对象受到外部的激励时，才在被动产生的响应中显露系统固有的特性，并能通过测量其响应获取相关的信息。例如，为了测量放大器的放大能力，必须先在放大器的输入端加上激励的电信号，然后测出放大器输入端和输出端的信号幅度，才能获得放大器的放大倍数等信息。系统的特性，如物体的质量、弹簧的弹性、桥梁的应变、元件的阻抗、网络的参数、物体的颜色、地质的结构等，均属无源量。

在电子测量中，信号特性参量为常见的有源量，主要包含信号的电压、电流与功率、频率与波长、周期与时间、波形与频谱等，系统特性参数为常见的无源量，包括集总与分布参数系统的特性，如电阻、电感、电容、品质因数、阻抗、导纳、谐振频率、截止频率、上升时间、延迟时间、介电常数、磁导率、驻波比、反射系数、散射系数、增益、衰减以及单位阶跃响应或单位冲激（脉冲）响应与传递函数等。

2. 有源量（信号）的测量

在对有源量的测量中，被测的有源量是一个未知的信号，用它去激励一个功能已明确定义、性能已预先知道的系统（测量系统），通过系统的响应求得被测参量的量值。所以，这类测量又叫信号的测量，其测量方法如图 11-2 所示。

由于在有源量的测量过程中，不需要向被测对象施加能量，恰恰相反，测量系统还要靠被测对象的能量来驱动，才能完成测量过程，故图 11-2 所示的有源量的测量系统又叫作被动式测量系统。

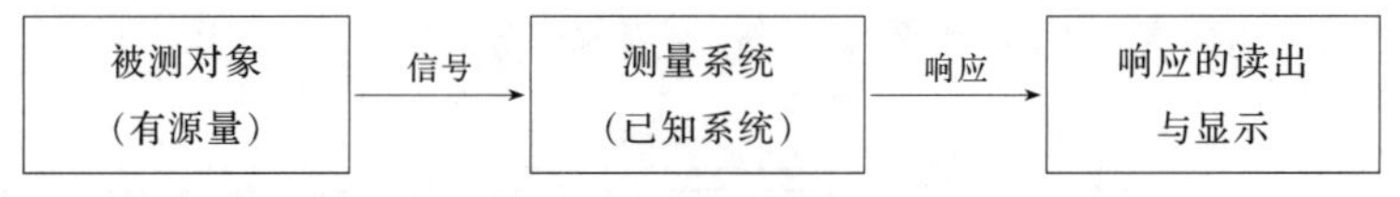

图 11-12　有源量(信号)的测量

3. 无源量（系统）的测量

对无源量的测量，要用已知的有源信号（频率、幅度、波形等已知的信号）去激励一个特性未知的被测系统，然后从被测系统输出端得到包含被测系统特性的响应，此时无源量实际上已经转换为有源量，再按照有源量的测量方法对响应进行测量。如果激励与响应之间的关系，唯一地由被测系统的某些特性参量决定，那么就能求得无源量的量值。这类测量又称为系统的测量，其测量方法如图 11-3 所示。

由于在无源量的测量过程中，需要向被测对象施加能量，测量无源量的测量系统，必须具有主动提供激励的能力，故按图 11-3 构成的无源量的测量系统又叫作主动式测量系统。

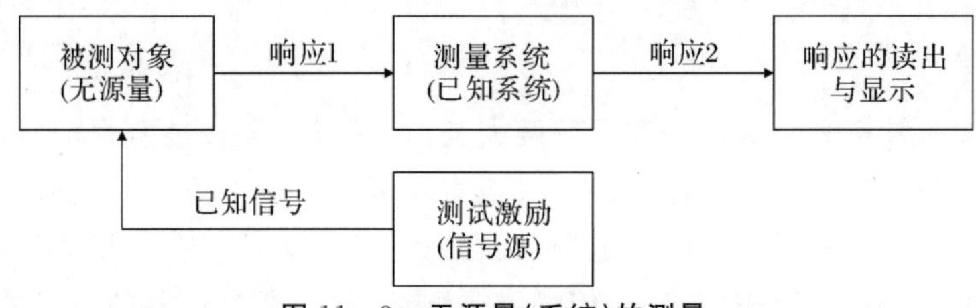

图 11-3　无源量(系统)的测量

4. 电子测量按被测对象属性的分类

被测对象的有源与无源特性决定了测量系统的组成方式和功能结构。从图 11-2 和图 11-3 可见，有源量测量系统（被动式测量系统）和无源量测量系统（主动式测量系统）两者功能结构的最显著的区别在于，前者不需要测量激励信号源，而后者必须要测量激励信号源。因此，在电子测量仪器中，电压表、电流表、功率计、频率计、示波器、频谱仪、逻辑分析仪等仪器，采用了图 11-2 所示的功能结构；而 R、L、C 测量仪，阻抗分析仪，网络分析仪，频率特性测量仪（扫频仪），晶体管特性图示仪等仪器，采用了图 11-3 所示的功能结构。

11.3.3　静态、稳态和动态测量

1. 静态测量、动态测量与稳态测量的基本概念

根据被测物理量是否随时间变化，可将它们分成静态量和动态量。所谓静态量，是指那些不随时间变化的（静止的）或随时间缓慢变化的（准静态的）物理量，对这类物理量的测量称为静态测量；反之，动态量是指随时间不断变化的物理量，对它们的测量相应地称为动态测量。在工程测量中常常遇到动态量的测量，如瞬时温度、速度、动态流量、形变以及冲击加速度、爆发力等的测量。

在自然界中，有一大类随时间变化的被测量，其变换规律是周期性的，且性能十分平稳。对于这类处于稳态下的周期性交替变化的物理量的测量，称为稳态测量。

过去对信号和系统的研究和实验大多是在静态、准静态或稳态下进行的，其性能用静态或稳态的特性参数来描述，这对于观测快速变化的信号和分析系统的动态性能来说，已远远不能满足需要，必须采用动态测量技术。

(1)动态测量的被测对象是随时间不断变化的量，对测量系统的工作有严格的时限要求，即对测量系统本身的动态响应特性和动态性能指标提出了严格的要求，动态测量还要研究动态误差的产生，并进行动态标定及其实验数据处理等。

(2)静态、稳态测量时是不考虑时间变量的，而动态测量必须考虑时间变量。输出信号与输入信号是瞬时值的对应关系，即要求输出信号波形不失真地复现输入波形，所以，从时域来观察信号和系统的动态性能，即时域测量方法是动态测量的一个基本的方法。此外，对动态信号和动态系统的特性测量也可在频域内进行，即测量信号的频谱和系统的频率响应。

现代动态测量技术不同于传统的静态、稳态测量技术，测量速度是需首要考虑的问题。它要求实时地显示与记录某些信号和系统的动态变化过程，提取能描述其动态特性的动态特征参数。现代动态测量技术，包括高速信号采集、快速信号变换与传输、实时信号分析与处理等技术，能实现快速地、实时地、准确地采集与记录相关的动态实验数据，并及时完成实验结果的分析与处理。

2. 静态、稳态和动态测量的基本方法

静态、稳态和动态的概念，可从测量信号的特征上来区分。在电子技术中，最基本的电信号有五种类型，即直流信号、正弦信号、脉冲信号、随机信号和数字信号。在电子测量中，系统受到不同的信号激励时将处于不同的状态，因此，讨论系统诸量之间的关系就应该有不同的分析方法，并以此作为选用测量方法的依据。根据信号和系统状态的不同，电子测量技术可分为静态(直流)测量技术、稳态(交流)测量技术、动态(脉冲)测量技术、随机(噪声)测设技术和数字(逻辑)测置技术五大类。下面主要从信号与系统的特点上来阐述静态、稳态和动态测量。

(1)静态(直流)测量技术。静态测量是指被测量的值在测量期间被认为是恒定的测量。被测对象的状态处于静止不变(或缓变)的状态，测量系统对应于一个直流(或缓变)的输入激励信号，由于输入的被测量不随时间变化，测量系统也处于静止不变的状态，即使系统有惯性、时延、阻尼等也不起作用。此时测量原理、方法、手段最简单，测量过程不受时间限制，测量系统的输出与输入二者之间为简单的一一对应关系。静态特性的测量是在最简单的静态或准静态下进行的，基本测量方法是量值的比较，而且测量精度也最高。

(2)稳态(交流)测量技术。稳态测量是指被测量处于平稳的、周期性变化的状态下所进行的测量。一个波形(幅度、频率和相位)恒定不变的周期性(正弦或非正弦)交流信号，可看成一个处于稳定状态的信号，对于这类信号的测量称为稳态测量，俗称交流测量。周期性的交流信号是电子测量的基本对象，事实上，电子计数器、交流电压表、通用示波器、取样示波器、外差式频谱仪等电子测量仪器，均只适宜测量这类处于稳定状态的周期性交流信号，而不适宜测量非周期性或单次瞬变信号。这类仪器测量出的交流信号的频率、周期、相位、电压、波形、频谱等均属稳态量。稳态测量是电子测量中最常见、最大量的一种测量。

周期性信号(最简单的周期性信号是正弦信号)激励下的被测系统,是处于稳态下的系统,观测在此激励下系统的输出响应,可以测线性系统的稳态参数。稳态参量是指系统的阻抗、增益或损耗、相移、群延迟和非线性失真度等,以激励信号的频率为变量对被测线性系统的输出响应进行测量,可在频域内研究被测系统的稳态参量随频率变化的情况。正弦测量必须待被测系统达到稳定状态时进行测量,它也是一种最常见的稳态测量。

稳态测量基本上不考虑时间,响应的读数及稳态参量均与时间无关,因此对稳态参量通常不从时域上去研究,而从频域上去研究它们随频率的变化情况。

(3)动态(脉冲)测量技术。动态测量是指为确定被测量的瞬时值,或被测量的值在测量期间随时间(或其他影响量)变化所进行的测量。自然界存在大量瞬变冲激的物理现象,如力学中的爆炸、冲击、碰撞等及电学中的放电、闪电、雷击等,对这类量进行测量,称为动态测量和瞬态测量。两者基于相同的测量技术,本书表述中不加以严格区分。动态或瞬态测量技术有两种对象:一种是测量有源量(信号),测量幅值随时间呈脉冲形或阶跃形变化(突变、瞬变)的电信号;另一种是测量无源量(系统),是以最典型的脉冲或阶跃信号作被测系统的激励,观察系统的输出响应(随时间的变化关系),即研究被测系统的动态或瞬态特性。无论是测量有源量或无源量,都是脉冲型的激励与响应,因此脉冲测量是一种动态测量。此外,动态测量是以时间为变量对线性系统进行的测量,也就是说,是在时域内研究被测信号和系统的动态或瞬态响应情况的测量,即非周期现象的测量,常采用时域测量技术。

另外,在研究动态或瞬态测量时,还经常用到实时测量技术。所谓实时测量,是指以高于被测量变化的测量速度,对随时间、空间变化的被测量,及时地采集所需的原始数据的测量。

3.电子测量中常见的动态测量问题

在电子测量的时域测量和频域测量中,常见的动态信号有两种:

(1)幅值随时间变化的信号。

(2)频率随时间变化的信号。

第一种动态信号主要是指非周期的、幅值瞬变或跃变信号。这类信号的时域特征(波形),只有数字存储示波器、动态信号采集系统等才适宜观测。至于常见的周期性信号,特别是正弦波信号,虽然信号值是随时间变化的,但它是周期性重复出现的,所以可以用稳态测量方法,即用普通的模拟示波器就能观测。第二种动态信号主要指正弦波扫频信号或频率瞬变的周期性信号。在频域测量中的扫频测量技术,使用的是正弦扫频信号,它是一种常见的动态信号。在扫频测量中,当被测系统(例如谐振回路)是一个窄带系统时,应当充分考虑动态响应特性对测量结果的影响。

11.3.4 时域、频域和时频域测量

各种变化的被测量的特征,既可用幅度与时间的函数来描述,也可用幅度与频率的函数来描述。在电子测量中,观测变化的被测量的方法,相应地可划分为时域测量和频域测量两大类。此外,还有用频率与时间的函数来描述的时频域或调制域测量。

1. 频域测量技术

频域测量是以获取被测信号和被测系统在频率领域的幅度特性和相位特性为目的，采用测量被测对象的复数频率特性（包括幅度-频率特性和相位-频率特性）的方法，以得到信号的频谱和系统的频率响应。

在频域测量技术中，无论是分析信号的频谱成分还是测量系统的频率响应，常常是基于正弦波测量技术。由于正弦信号只需用三个参量（频率、幅度、相位）表示，所以讨论的问题十分简单，同时，正弦信号具有波形不受线性系统影响的特点，在用正弦信号激励线性系统时，系统内的所有电压和电流都是具有同一频率的正弦波，只是彼此之间的幅度和相位可能有所差别。由于测量一个系统的响应，只需要测量响应的幅度和相位，参数较少，易于实现，而且对一个复杂的信号，也可以用许多不同频率、幅度和相位的正弦信号成分来分析，因此，正弦测量技术是出现最早，使用最普遍的传统经典测量技术。

正弦测量有以下两种基本方法：

(1)正弦波点频法。在指定测量的频段内按预定的频率间隔逐点地改变测量信号频率，即输出一个固定频率，并在这个频点上完成一次测量，然后再改变成下一个频率，在新的频点再进行一次测量，这样逐点地测得数据，直到完成指定频段内的测量。点频法是经典的、手动式的测量方法。

(2)正弦波扫频法。在测量频段内，使测量的正弦信号的频率随时间按一定规律（例如频率随时间线性变化）变化，实现信号频率的自动扫描，即扫频。被测系统在扫频信号的激励下，其输出响应的幅度是与被测系统幅频特性对应的包络信号，检测并显示这个包络信号，即可获得被测系统的幅频特性。扫频法具有简洁、直观、快速、自动的优点，它在频域测量中得到了广泛应用。

频域测量的主要对象是频谱和网络的测量。频谱分析仪是频域测量中的一种极为重要的仪器，它能对信号进行频谱分析，并广泛用于测量信号电平、频率和频率响应、谐波失真、互调失真、频率稳定度、频谱纯度、调制指数和衰减量等。

此外，正弦波测量技术进行网络分析时，可以测量一个系统的灵敏度、增益、衰减、阻抗、无失真输出功率、谐波分析、延迟失真、噪声系数、幅频特性和相频特性等多种参数。网络分析仪是这类仪器的典型代表。

2. 时域测量技术

时域测量是以获取被测信号和系统在时间领域的特性为目的，采用测量被测对象的幅度-时间响应特性的方法，以得到信号波形和系统的瞬态响应（阶跃响应或冲激响应）。

在时域测量中，信号波形的采集和分析、系统瞬态特性的测量和分析是最根本的任务，常用的测试信号和待测信号是脉冲及阶跃信号，因而也把时域测量称为脉冲测量。时域测量是研究信号随时间变化和分析一个系统的瞬态过程的重要手段。

在时域内，表征信号和系统的主要动态参量有上升时间 t_r、下降时间 t_d、冲量 δ 和平顶下降 Δ 等。由于实际的任何线性系统，都存在着惯性，因而在时间上输出响应的幅度往往跟不上输入激励的变化，使输出响应的建立有一个过渡过程。一个系统的上升时间的大小，反映了该系统的惯性大小。系统惯性越小，输出响应的幅度越能跟随输入幅度的快速变化，即动态性能好。从频域的观点来看，系统惯性小就是系统的高频传递性能好。系统响应的冲量是由于系统存在振荡回路引起的，如果振荡回路的阻尼较小，将引起输出信号的严重失真。一个系统的平顶下降 Δ 的大小，在频域中反映了该系统的低通能力，Δ 越小，低通能力越强。所以，动态特性也可通过频域测量结果来描述。

时域测量的优点在于，通过观察时域特性来调整被测系统时，能比频域测量更直接、更快速地获得瞬态响应。在某些系统中，不同的元器件可能对瞬变响应产生不同的影响，故观测和分析瞬态响应就可以重新调节这些元器件的数值，或者判断出有缺陷的元器件。另外，还能很方便地觉察到系统输出信号出现的过冲现象。

持续时间极短的单脉冲或上升时间足够快的阶跃信号，频谱相当丰富，具有近于连续的频谱。如果用这样的单个脉冲或单次阶跃函数作激励信号，可以向被测系统提供几乎全部频谱，有可能对被测系统做出全面的描述。它相当于包含了频域测量（正弦波测量）中几乎所有的频率。

3. 频域测量和时域测量的应用

频域测量和时域测量是测量信号和系统性能的两种方法，是从两个不同的角度去观测同一个被测对象，其结果应该是一致的。

为了解决不同问题，需要掌握信号的不同特征。例如，评定电机振动强度，需用振动幅度的均方根值作判据，若在时域测量中获得振动幅度的采样值，能很快求得均方根值；而欲寻找振源时，则需掌握振动信号的频率成分，这就要采用频域测量。从时域测量观点来看，时域波形直观，对复杂信号的认识十分快速方便。从频域测量观点来看，频谱能细致表现信号的结构，且测量精确度高。

另一方面，在频域和时域测量技术中，激励信号不同，检测响应的仪器结构原理也大不一样，两者各有特点而又各有不足的地方。例如，外差式扫频频谱分析仪不能反映被测信号的相位，对于一个含有基波和二次谐波的信号，仅能测量出它的基波和二次谐波的振幅，对于各自的相位关系则一无所知。然而，在电子示波器显示的合成时域波形图上，却能一目了然地看出二次谐波相对基波相位移动而产生的波形变化。

虽然如此，频谱分析仪却能精确测量各谐波振幅，从而计算出非线性失真度；而示波器要进行准确定量的测量是比较困难的，对非线性失真低于 10% 以下信号的测量就更困难了。

从理论上讲，时域函数的傅里叶变换就是频域函数，而频域函数的傅里叶逆变换也就是时域函数。频域分析和时域分析是能互译的。

随着计算机技术和高速数据采集技术的发展，通过高速采集获得信号与系统响应的离散时间函数，然后利用计算机的高速运算功能，通过离散傅里叶变换，直接将时域测量结果转换为频域结果，可同时快速地获得时域和频域两种特性，这是现代电子测量技术的一个重要方法。

11.3.5 直接、间接和组合测量

被测信号的物理表现形式很多,可分为电量与非电量两大类,而作为电子测量基本对象的电参量中,又可分为许多不同类型的量,在本章前面部分已作了介绍。在众多被测参量之中,有的量可以用相应的仪器直接测量出来,而有的量则要用间接的方法才能测量出来。被测参量类型不同,采用的测量方法也不同。从方法论的角度来分类,电子测量可分为直接测量、间接测量和组合测量三种类型。

1. 直接测量

直接测量是指用已标定的仪器,直接地测量出某一待测未知量的量值的方法,如用电压表直接测量电压等。直接测量并不意味着必须用直读式仪器进行测量,许多比较式仪器(如电桥、电位差计等),是将未知量与同类标准的量在仪器中进行比较,从而获得未知量的数值。这种测量虽然不能直接从仪器度盘上读得被测量的值,但因进行测量的对象就是被测量本身,所以仍属于直接测量。

直接测量法是通过测量后从仪器直接获得被测量的数值的方法。直接测量的优点是测量过程简单快速,它是一般测量中普遍采用的一种方式。

2. 间接测量

某未知量 y,当不能对它进行直接测量时,可以通过对与其有确切函数关系的其他变量 x(或 n 个变量 $x_1, x_2, \cdots, x_n$)进行直接测量,然后再通过函数

$$y = f(x) \text{ 或 } y = f(x_1, x_2, \cdots, x_n) \tag{11-1}$$

计算得出,这种测量称为间接测量。

例如,测导线的电阻率 ρ,它与相关参数的函数关系为 $\rho=\dfrac{\pi d^2 R}{4l}$,通过直接测量导线长度 l、导线直径 d、导线电阻 R,即可计算得到 ρ。虽然测量中间量 l、d 和 R 均采用了直读式仪器进行直接测量,但对待测量 ρ 来说,是通过间接测量获得的,故为间接测量。

间接测量比直接测量复杂费时,一般在直接测量很不方便、误差较大或缺乏直接测量的仪器等情况下才采用。尽管如此,间接测量在工程测量中是很有用的。例如,在遥测中的被测对象,如运载火箭的轨道参数或具有放射性物体的参数等,人们不可能或不适于对它们直接进行测量,只能在远离被测对象的地方进行间接测量。

3. 组合测量

组合测量是在一系列直接测量的基础上,通过对多次直接测量的组合,从获取的联立方程组求解而获得测量结果的一种测量方法。

例如,设某一系统特性为

$$y = \sum_{i=0}^{n} a_i x^i = a_0 + a_1 x + a_2 x^2 + \cdots + a_n x^n \tag{11-2}$$

欲测量系统的参数 a_i,可在系统输入端加入不同的标准输入值 $x_0, x_1, x_2, \cdots, x_m$,系统

则有相应的输出响应值 $y_0, y_1, y_2, \cdots, y_m$。这样获得 $m+1$ 个方程组，则有

$$y_0 - (a_0 + a_1 + a_2 x_0^2 + \cdots + a_n x_0^n) = 0$$

$$y_m - (a_0 + a_1 x_m + a_2 x_m^2 + \cdots + a_n x_0^n) = 0$$

$$y_i - (a_0 + a_1 x + a_2 x_1^2 + \cdots + a_n x_1^n) = 0$$

只要方程式的数量 m 大于待求量的个数 n，可以求出各待求量 a_i 的数值，这种方法叫组合测量或联立测量。例如，某一热敏电阻器的电阻值 R_t 与温度 t 间的关系公式为

$$R_t = R_{20} + \alpha(t-20) + \beta(t-20)^2$$

式中：α、β——电阻的温度系数；

R_{20}——电阻在 20 ℃时的阻值；

t——测量时的温度。

当 R_{20}、α、β 都为未知时，为了测出电阻的 α、β 与 R_{20} 的值，采用改变测量温度的办法，可在三种温度 t_1、t_2 及 t_3 下，分别测得对应的电阻值 R_{t1}、R_{t2} 及 R_{t3}，然后代入上述公式，得到一组联立方程，解此方程组后，便可求得 α、β 与 R_{20}。

根据所采用的测量方法不同，测量误差的数据处理方法也有所不同，可以分为直接测量的数据处理、间接测量的数据处理和组合测量的数据处理。

11.3.6 模拟量和数字量测量

1. 模拟量和数字量

电子测量中的被测量，就其表现形式来看，可以划分为模拟量和数字量两种。模拟量的表现形式是“连续的”，数字量的表现形式是“不连续的”（离散的）。因此，在电子测量中所遇到的电信号，也就有模拟信号和数字信号的区别。模拟信号指时间上和幅值上均是连续变化的信号，常见的正弦信号便是一个典型的模拟信号。数字信号则是时间上离散而且幅值上也离散（已被量化）的信号，它可以用一串脉冲或状态（0 或 1）序列来表示。

模拟量和数字量之间可以相互转换，即模拟量（模拟信号）转换成数字量（数字信号），称为模-数转换（A-D 转换）；或者数字量（数字信号）转换成模拟量（模拟信号），称为数-模转换（D-A 转换）。A-D 转换主要包括采样、量化、编码等过程；反之，D-A 转换主要包括解码、滤波等过程。

2. 模拟量的测量技术

模拟量的测量分为模拟式测量技术和数字式测量技术两大类。

(1)模拟式测量技术。电子测量中的被测量绝大多数为模拟量。模拟量的模拟式测量技术采用模拟变换技术，把输入的一种模拟量变换成另一种模拟量，或者直接采用模拟比较技术，即一个待测模拟量和一个已知模拟量进行比较，来获得测量结果。测量结果也是从模拟显示器上读得，即根据指针在刻盘上所指示的位置，或者电子射线在显示屏上偏转距离来读出。指针或电子射线的偏转量，本身也是连续变化的模拟量。由此可见，在模拟测量过程中，采集、存储、变换、传输、处理、输出的各种量均是模拟量或模拟信号。

(2)数字式测量技术。数字式或数字化测量技术是基于数字技术完成对模拟量的测量。

它利用数字电路的各种逻辑功能，如数字计数、存储、比较、运算、逻辑判别、时序控制等，实现数字化测量。数字式测量仪器中传输、变换、控制、处理及输出的信号均为数字信号。因为绝大多数的输入被测量为模拟量，所以实现数字测量的一个先决条件，是将被测模拟量转换成数字量。

数字式测量仪器主要包括信号调理电路、A/D 转换器、控制逻辑电路和数字显示器等，其基本框图如图 11-4 所示。信号调理电路把被测量变换成为一个幅值适当的量；A/D 转换器将调理后的模拟量转换成数字量，并将数字结果送往数字显示器进行显示；数字控制逻辑电路完成整机工作过程的控制。

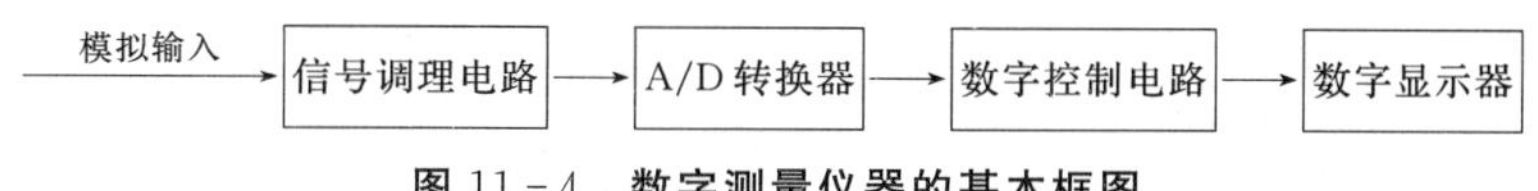

图 11-4　数字测量仪器的基本框图

A/D 转换器是任何一台数字式仪器不可缺少的关键部件。一般来说，数字测量的分辨力和精度主要取决于 A/D 转换器。

3. 数字量的测量技术

（1）数字量测量的基本概念。数字量测量技术又称数据域测量技术，它是一门研究对数字系统进行高效故障寻迹的科学。和传统的模拟量测量技术一样，数字量测量技术仍然是从研究被测系统的激励-响应关系出发，测量被测系统的工作性能。所不同的是，在数字测量技术中，被测量的对象是数字逻辑电路或工作于数字状态下的数字系统，其激励信号不是正弦信号之类的模拟信号，而是二进制码的数字信号。

数据域测量的目标有两个：一是确定系统中是否存在故障，称为合格/失效测量，或称故障诊断；二是确定故障的位置，称为故障定位。

（2）数字系统测量的基本方法。对数字系统进行测量的基本方法是，在输入端加激励信号，观察由此产生的输出响应，并与预期的正确结果进行比较，一致则表示系统正常；不一致则表示系统有故障。一般有穷举测量法、结构测量法、功能测量法和随机测量法。

穷举测量法是对输入的全部组合进行测量。如果对所有的输入信号，输出的逻辑关系都是正确的，则判断数字电路是正常的，否则就是错误的。穷举测量法的优点是能检测出所有故障，缺点是测量时间和测量次数随输入端数 n 的增加呈指数增加，需加 2^n 组不同的输入才能对系统进行完全测量。显然，当 n 较大时，穷举测量法是行不通的。

解决的办法是从系统的逻辑结构出发，考虑可能发生哪些故障，然后针对这些特定故障生成测量码，并通过故障模型计算每个测量码的故障覆盖，直到所考虑的故障都被覆盖为止，这就是结构测量法。结构测量法针对故障，是最常用的方法。

功能测量法不检测数字电路内每条信号线的故障，只验证被测电路的功能，因而较易实现。目前，大规模集成电路、超大规模集成电路的测量大都采用功能测量法，对微处理器、存储器等的测量也可采用功能测量法。

随机测量法采用随机测量矢量产生电路，随机地产生可能的组合数据流，将此数据流加到被测电路中，然后对输出进行比较，根据比较结果，可知被测电路是否正常。随机测量法不能完全覆盖故障，只能用于要求不高的场合。

(3)数字系统的测量系统。图 11－5 所示为大规模集成电路测量系统的简化框图。

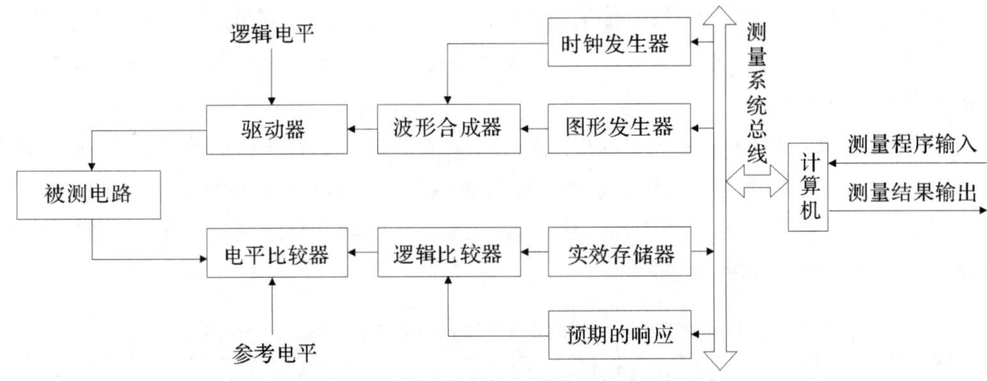

图 11－5　大规模集成电路测量系统的简化框图

利用该系统进行测量的过程如下：首先由输入设备输入测量程序，计算机将测量条件经测量系统总线送往各测量部件；图形发生器按程序要求产生测量图形；测量图形和时钟脉冲一起送到波形合成器，形成所需时序的测量信号并加到驱动器，使之放大到被测电路需要的逻辑电平值；放大后的信号加到被测电路，使其输出响应在电平比较器中与参考电平进行比较；然后再与预期的响应进行逻辑比较，得到的实效数据存入实效存储器内，由计算机进行分析处理，最后输出测量结果。

数据域测量的主要设备有逻辑笔和逻辑夹、逻辑分析仪、特征分析仪、激励仪器、微机及数字系统故障诊断仪、在线仿真仪、数据图形产生器、微型计算机开发系统等。

11.3.7　随机测量技术

随机测量技术是认识含有不确定性的事物的重要手段。不确定性广泛存在于万事万物中的。一方面，由于人们对事物内部细微结构的复杂性的认识不断深化，研究的对象不断从宏观进入微观，被描述的事物也很难用几个简单变量来确定其运动状态，因而，认识总是带有统计的性质。另一方面，事物总生存于一定环境之中，要受到各种外界因素的干扰，这些干扰也使事物运动存在着不确定性。总之，用统计的观点去研究客观事物带有越来越普遍的意义。

最普遍存在、最典型的随机信号是各类噪声。随机测量技术又称为噪声测量技术。由于噪声是一种与时间因素有关的随机变量，对噪声的研究使用概率统计方法，故又把这类测量称为统计测量技术。它主要包括下述三个内容：

(1)噪声信号统计特性的测量，如时域中的均值、均方根性，频域中的频谱密度函数、功率谱密度函数等。

(2)将已知特性的噪声作激励源对被测系统进行统计性测量，研究被测系统的特性。

(3)在背景噪声信号不可忽略时，对信号特别是微弱信号的精确测量。

噪声信号的种类很多，通常是按概率密度和功率谱密度的形状来分类。其中，最重要的是高斯噪声和白噪声。具有钟形分布的噪声称为高斯噪声；在所有频率下(理论上应为 $-\infty<\omega<+\infty$)具有等功率密度的噪声称为白噪声。

噪声的测量属于统计量的测量。一个系统的噪声电平常用噪声系数来表征。由于噪声是一种随机过程，频带很宽，而实际测量系统的频带有限，测试时间也有限，故使噪声测量的结果存在一个统计误差。此外，一切量值的测量精度和灵敏度，最终都要受到被测对象和测量仪器的背景噪声的限制。在雷达、宇航、卫星通信等技术中，要从背景噪声中把有用信号检测出来，而且要求在一定的置信概率下具有一定的精度。

利用宽谱特性的噪声信号代替正弦信号进行测试，能够提供更多的信息，便于对系统作出更全面的评价。实际上，在使用白噪声作测试信号时，不要求信号必须呈现真正的随机性，而是要有一定宽度的均匀频谱。为此，可以综合出一个具有理想的平直频谱和高斯型概率密度函数的非随机性周期信号，它能在有效带宽内呈现出相当平直的离散频谱。尽管这样的信号带宽有限，频谱不连续，与真正的白噪声还有一定距离，却已能满足许多实际测量需要。特别是在测量间隔恰好等于信号周期的整数倍时，就不会出现统计误差。这种与噪声十分相似的周期性信号称为伪随机信号。伪随机信号已逐步取代噪声信号而获得越来越广泛的应用。

第12章　软件质量检测

12.1　软件质量内涵

要进行软件质量检测，首先要明确软件质量包括的内容及其定义。在GB/T 11457—2006中将软件质量定义为：软件产品中能满足给定需要的性质和特性的总体，例如，符合需求规格说明；软件具有所期望的各种属性的组合程度；顾客和用户觉得软件满足其综合期望的程度；确定软件在使用中将满足顾客预期要求的程度。由此可见，软件质量的内涵十分丰富，涵盖了软件的各个方面。如图12-1所示，软件质量主要包括以下几个方面：功能性（适合性、准确性、互操作性、安全保密性、功能性的依从性）、可靠性（成熟性、容错性、易恢复性、可靠性的依从性）、易用性（易理解性、易学性、易操作性、吸引性、易用性的依从性）、效率（时间特性、资源利用性、效率的依从性）、维护性（易分析性、易改变性、稳定性、易测试性、维护性的依从性）、可移植性（适应性、易安装性、共存性、易替换性、可移植性的依从性）。而实际中，不同使用人员对软件质量的要求也有所不同，比如开发人员要开发符合合同要求的软件，并且希望软件易于维护；而产品经理希望能够遵循预先选定的标准和开发流程等。

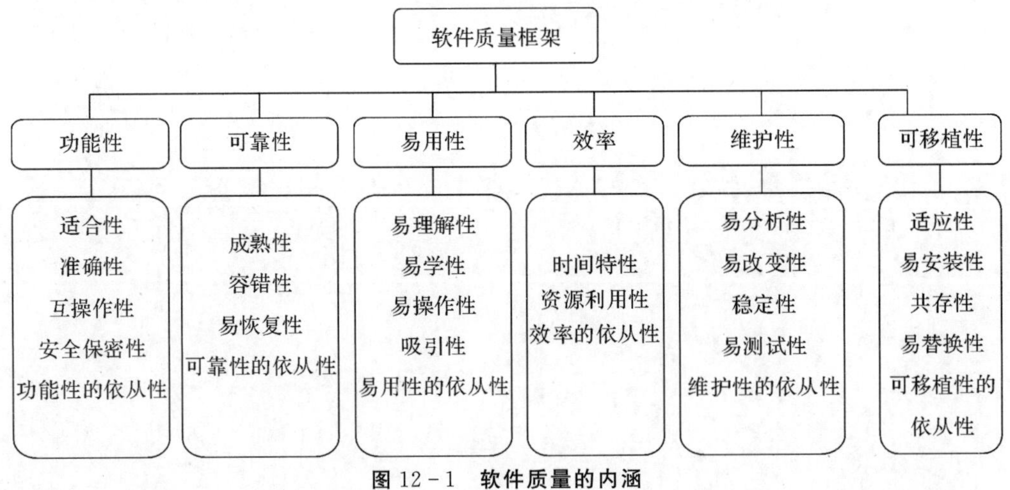

图12-1　软件质量的内涵

软件质量问题，尤其是可靠性问题是由于开发人员在开发过程中产生了错误，错误成为产品中的故障，在运行时，某种条件下触发了故障，使用户经历了故障。因此提高软件产品的质量和可靠性，通常使用的方法有：缺陷预防(通过错误阻断或错误源的消除防止缺陷的引入)、缺陷减少(通过故障检测和排除减少缺陷)、缺陷遏制(即进行失效预防和遏制)、缺陷度量(便于缺陷管理)。缺陷预防活动主要集中在开发的早期阶段，缺陷消除活动主要集中在编码和测试阶段，但是有些技术可应用在早期阶段，缺陷遏制主要是在使用阶段。作为软件开发过程中的重要活动，软件的质量检测主要是致力于缺陷的消除。缺陷的检测和排除主要包括静态测试和动态测试两种。

综上所述，软件质量评价技术则是指对软件产品质量特性的检验与检查。通常，软件质量的评价过程包括确立评价需求、规定评价、设计评价和执行评价。软件质量评价可分为定性评价和定量评价，其评价标准不同：

(1)定性评价是从用户角度和开发人员角度出发，即要求达到需求、界面友好、简单易学、良结构、易测试、易维护、可移植等。

(2)定量评价是从软件度量的角度出发，包括软件复杂性度量及软件可靠性度量。

软件质量测试的宏观标准为良好的软件结构、文档齐全及可靠性。

12.2　软件测试内容

12.2.1　软件测试概述

软件测试是指在规定的条件下对程序进行操作，以发现程序错误，衡量软件品质，并对其是否能满足设计要求进行评估的过程。软件测试的主要工作内容是验证和确认。其中，验证是保证软件正确地实现了一些特定功能的一系列活动，确认是一系列的活动和过程，目的是想证实在一个给定的外部环境中软件的逻辑正确性。

软件测试应该尽早进行，最好在需求阶段就开始介入，因为最严重的错误不外乎是系统不能满足用户的需求。程序员应该避免检查自己的程序，软件测试应该由第三方来负责。设计测试用例时应考虑到合法的输入和不合法的输入以及各种边界条件，特殊情况下不要制造极端状态和意外状态。应该充分注意测试中的群集现象。对测试结果要进行严格的确认，一般由 A 测试出来的错误，一定要由 B 来确认。严重的错误可以召开评审会议进行讨论和分析，是否真的存在这个问题以及严重程度等。制订严格的测试计划，并且要有指导性。测试时间安排尽量宽松，不要希望在极短的时间内完成一个高水平的测试。妥善保存测试计划、测试用例、出错统计和最终分析报告，为维护提供方便。

根据 GJB 2786A 要求，软件测试级别可分为单元测试、部件测试、配置项测试、系统测试，可根据软件的规模、类型、安全性关键等级选择测试级别。而回归测试出现在上述每个测试级别中，并贯穿于整个软件生存周期，因而单独分级进行描述。

单元测试内容与一般软件著作常见的介绍内容一致，而部件测试、配置项测试、系统测试的内容应根据 GJB 5236 所定义的质量子特性来确定，即从适合性、准确性、互操作性、安全保密性、功能性依从、成熟性、容错性、易恢复性、可靠性依从、易理解性、易学性、易操作性、吸引性、时间特性、资源利用性、易改变性、稳定性、易测试性、维护性依从、适应性、易安装性、共存性、易替换性、依从性和可移植性依从等多方面确定测试内容，它们与传统软件测试内容分类、对应关系如图 12－2 所示。

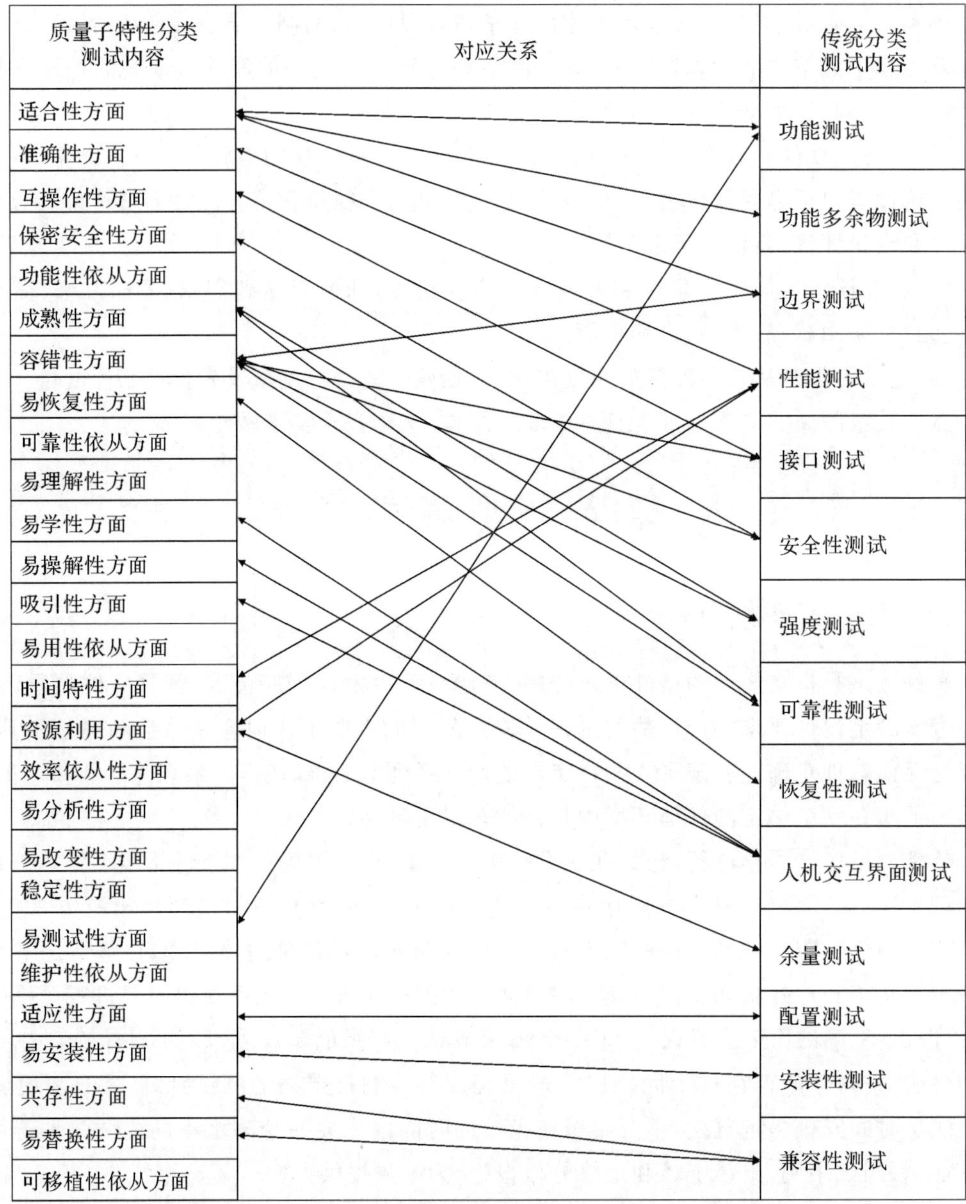

图 12－2　软件测试内容的对应关系

12.2.2　单元测试

单元测试是测试程序的最小单位，是在软件开发过程中实施的最低级别的测试活动，即检查单元程序模块有无错误。在结构化程序编程中，测试对象主要是函数或子程序过程；在面向对象的编程中，例如 C＋＋，测试的对象可能是类，也可能是类的成员函数，或者是被典型定义的一个菜单、屏幕显示界面或对话框等。单元测试是在编码完成后必须进行的测试工作，单元测试一般由程序开发者自行完成。

单元测试针对每个程序的模块，解决五个方面的测试问题：模块接口、局部数据结构、边界条件、独立路径和错误处理。

12.2.3　部件测试

软件部件测试的目的是检验软件单元和软件部件之间的接口关系，并验证软件部件是否符合设计要求。其测试对象包括软件部件的组装过程、组装得到的软件部件。

软件部件测试一般由软件供方组织并实施，测试人员与开发人员应相对独立，也可委托第三方进行测试。部件测试的工作产品一般应纳入软件的配置管理中。

当对软件部件进行必要的静态测试时，所测试的内容与选择的静态测试方法有关。例如采用代码审查方法，通常要对寄存器的使用、程序格式、入口和出口的连接、程序语言的使用、存储器的使用等内容进行检查；采用静态分析方法，通常要求对软件单元的控制流、数据流、接口、表达式等内容进行分析。

当动态测试时，应从全局数据结构及软件部件的适合性、准确性、互操作性、容错性、时间特性、资源利用性等几个方面的软件质量子特性考虑，确定测试内容。对具体的软件部件，应根据软件测试任务书（合同或项目计划）、软件设计文档的要求及选择的测试方法来确定测试的具体内容。

12.2.4　配置项测试

软件配置项测试的目的是检验软件配置项与软件规格需求说明的一致性。其测试对象是软件配置项，即为独立的配置管理而设计的并且能满足最终用户功能的一组软件。

应保证软件配置项测试工作的独立性，其测试一般由软件的供方组织，由独立于软件开发的组织实施，如果配置项测试由第三方实施，必须是军方认可的第三方测试组织。

应从 GJB 5236 所定义的软件质量子特性角度出发，确定软件配置项的测试内容。对具体的软件配置项，可根据软件任务书（合同或项目计划）及软件需求规格说明的要求对 GJB 5236 的质量子特性进行裁剪、选择。

12.2.5　系统测试

系统测试的对象是完整的、集成的计算机系统，重点是新开发的软件配置项的集合。其目的是在真实系统工作环境下检验完整的软件配置项能否和系统正确连接，并满足系统/子系统设计文档和软件开发任务书规定的要求。

系统测试一般由软件的需求方组织，由独立于软件开发的组织实施。如果系统测试由第三方实施，必须是军方认可的第三方测试组织。应严格按照由小到大、由简到繁、从局部到整体的程序进行。系统测试内容如下：

(1)适合性方面。从适合性方面考虑，应测试系统/子系统设计文档规定的系统的每一项功能。

(2)准确性方面。从准确性方面考虑，可对系统中具有准确性要求的功能和精度要求的项(如数据处理精度、时间控制精度、时间测量精度)进行测试。

(3)互操作性方面。从互操作性方面考虑，可测试系统/子系统设计文档、接口需求规格说明文档和接口设计文档规定的系统与外部设备的接口、与其他系统的接口。测试其格式和内容，包括数据交换的数据格式和内容；测试接口之间的协调性；测试软件对系统每一个真实接口的正确性；测试软件系统从接口接收和发送数据的能力；测试数据的约定、协议的一致性；测试软件系统对外围设备接口特性的适应性。

(4)安全保密性方面。从安全保密性方面，可测试系统及其数据访问的可控制性。

测试系统防止非法操作的模式，包括防止非授权的创建、删除或修改程序或信息，必要时做强化异常操作的测试。

测试系统防止数据被讹误和被破坏的能力。

测试系统的加密和解密功能。

(5)时间特性方面。从时间特性方面考虑，可测试系统的响应时间、平均响应时间、响应极限时间，系统的吞吐量、均吞吐量、极限吞吐量，系统的周转时间、平均周转时间、周转时间极限。

在测试时，应标识和定义适合于软件应用的任务，并对多项任务进行测试，而不是仅测一项任务。

(6)资源利用性方面。从资源利用性方面考虑，可测试系统的输入/输出设备、内存和传输资源的利用情况。

1)执行大量的并发任务，测试输入/输出设备的利用时间。

2)在使输入/输出负载达到最大的系统条件下，运行系统，测试输入/输出负载极限。

3)并发执行大量的任务，测试用户等待输入/输出设备操作完成需要的时间。

4)在规定的负载下和在规定的时间范围内运行系统，测试内存的利用情况。

5)在最大负载下运行系统，测试内存的利用情况。

6)并发执行规定的数个任务，测试系统的传输能力。

7)在系统负载最大的条件下和在规定的时间周期内，测试传输资源的利用情况。

8)在系统传输负载最大的条件下，测试不同介质同步完成其任务的时间周期。

(7)成熟性方面。在成熟性方面，可基于系统运行剖面设计测试用例，根据实际使用的概率分布随机选择输入，运行系统，测试系统满足需求的程度并获取失效数据，其中包括对重要输入变量值的覆盖、对相关输入变量可能组合的覆盖、对设计输入空间与实际输入空间之间区域的覆盖、对各种使用功能的覆盖、对使用环境的覆盖。应在有代表性的使用环境中，以及可能影响系统运行方式的环境中运行软件，验证系统的可靠性需求是否正确实现。

对一些特殊的系统，如容错软件、实时嵌入式软件等，由于在一般的使用环境下常常很难在软件中植入错误，应考虑多种测试环境。

测试系统的平均无故障时间。选择可靠性增长模型，通过检测到的失效数和故障数，对系统的可靠性进行预测。

(8)容错性方面。从容错性方面考虑，可测试如下内容：

1)系统对中断发生的反应。

2)系统在边界条件下的反应。

3)系统的功能、性能的降级情况。

4)系统的各种误操作模式。

5)系统的各种故障模式(如数据超范围、死锁)。

6)测试在多机系统出现故障需要切换时系统的功能和性能的连续平稳性。

(9)易恢复性方面。从易恢复性方面考虑，可测试如下内容：

1)具有自动修复功能的系统的自动修复的时间。

2)系统在特定的时间范围内的平均宕机时间。

3)系统在特定的时间范围内的平均恢复时间。

4)系统的可重启动并继续提供服务的能力。

5)系统还原功能的还原能力。

(10)易理解性方面。从易理解性方面考虑，可测试如下内容：

1)系统的各项功能，确认它们是否容易被识别和被理解。

2)要求具有演示能力的功能，确认演示是否容易被访问、演示是否充分和有效。

3)界面的输入和输出，确认输入和输出的格式和含义是否容易被理解。

(11)易学性方面。从易学性方面考虑，可测试系统的在线帮助，确认在线帮助是否容易定位，是否有效；还可对照用户手册或操作手册执行系统，测试用户文档的有效性。

(12)易操作性方面。从易操作性方面考虑，可测试如下内容：

1)输入数据，确认系统是否对输入数据进行有效性检查。

2)要求具有中断执行的功能，确认它们能否在动作完成之前被取消。

3)要求具有还原能力(数据库的事务回滚能力)的功能，确认它们能否在动作完成之后被撤销。

4)包含参数设置的功能，确认参数是否易于选择、是否有缺省值。

5)要求具有解释的消息，确认它们是否明确。

6)要求具有界面提示能力的界面元素，确认它们是否有效。

7)要求具有容错能力的功能和操作，确认系统能否提示错误的风险、能否容易纠正错误的输入、能否从错误中恢复。

8)要求具有定制能力的功能和操作，确认定制能力的有效性。

9)要求具有运行状态监控能力的功能，确认它们的有效性。

(13)吸引性方面。从吸引性方面考虑,可测试系统的人机交互界面能否定制。

(14)易改变性方面。从易改变性方面考虑,可测试能否通过参数来改变系统。

(15)易测试性方面。从易测试性方面考虑,可测试软件内置的测试功能,确认它们是否完整和有效。

(16)易分析性方面。从易分析性方面考虑,可设计各种情况的测试用例运行系统,并监测系统运行状态数据,检查这些数据是否容易获得、内容是否充分。如果软件具有诊断功能,应测试该功能。

(17)适应性方面。从适应性方面考虑,可测试如下内容:

1)软件对诸如数据文件、数据块或数据库等数据结构的适应能力。

2)软件对硬件设备和网络设施等硬件环境的适应能力。

3)软件对系统软件或并行的应用软件等软件环境的适应能力。

4)软件是否易于移植。

(18)易安装性方面。从易安装性方面考虑,可测试软件安装的工作量、安装的可定制性、安装的简易性、手工安装操作的简易性、是否容易重新安装。

(19)易替换性方面。当替换整个不同的软件系统和用同一软件系列的高版本替换低版本时,在易替换性方面,可考虑测试:

1)软件能否继续使用被其替代的软件使用过的数据。

2)软件是否具有被其替代的软件中的类似功能。

(20)共存性方面。从共存性方面考虑,可测试软件与其他软件共同运行的情况。

(21)依从性方面。当软件在功能性、可靠性、易用性、效率、维护性和可移植性方面遵循了相关的标准、约定、风格、指南或法规时,应酌情进行测试。

12.2.6 回归测试

未通过软件单元、部件、配置项、系统测试的,在更改之后均应进行相应的回归测试。如未通过系统测试的软件,在其更改之后应对更改的软件单元、受更改影响的软件部件、软件配置项和系统进行回归测试。

其测试的目的是,测试软件更改之后,更改部分的正确性和对更改需求的符合性,以及软件原有的、正确的功能、性能和其他规定的要求的不损害性。

1.单元回归测试

通常应由原测试方组织并实施软件单元回归测试,特殊情况下可交由其他测试方进行。测试管理应纳入软件开发过程。

一般应根据软件单元的更改情况确定单元回归测试的测试内容,可能存在以下三种情况:

(1)仅重复测试原单元测试做过的测试内容;

(2)修改原单元测试做过的测试内容;

(3)在前两者的基础上增加新的测试内容。

2. 部件回归测试

通常由软件的供方组织并实施软件部件回归测试,也可委托第三方实施。测试管理应纳入软件开发过程。

部件回归测试内容如下:

(1)对更改的软件单元测试内容同前述单元回归测试内容;

(2)对软件部件的测试。测试分析员应分析更改的软件单元对软件部件的影响域,并据此确定回归测试内容。可能存在三种情况:一是仅重复测试与更改相关的、并已在软件部件测试中做过的测试内容;二是修改与更改相关的、并已在软件部件测试中做过的测试内容;三是在前两者的基础上增加新的测试内容。

3. 配置项回归测试

一般由软件的供方组织软件配置项回归测试,可由供方实施,或交独立的测试机构实施。对供方实施的回归测试,测试管理应纳入软件开发过程,对独立的测试机构所实施的测试,其管理与上述配置项测试要求一样。

配置项回归测试内容如下:

(1)对更改的软件单元测试内容同前述单元回归测试内容;

(2)对受更改影响的软件部件测试内容同前述部件回归测试内容;

(3)对软件配置项的测试。测试分析员应分析更改对软件配置项的影响域,并据此确定回归测试内容。可能存在以下三种情况:一是仅重复测试与更改相关的、并已在原软件配置项测试中做过的测试内容;二是修改与更改相关的、并已在原软件配置项测试中做过的测试内容;三是在前两者的基础上增加新的测试内容。

4. 系统回归测试

一般应由软件的需方或供方组织系统回归测试,可由供方实施或交独立的测试机构实施。对供方实施的回归测试,测试管理应纳入软件开发过程,对独立的测试机构所实施的测试,其管理与上述系统测试要求一样。

系统回归测试内容如下:

(1)对更改的软件单元测试内容同前述单元回归测试内容;

(2)对受更改影响的软件部件测试内容同前述部件回归测试内容;

(3)对受更改影响的软件配置项测试内容同前述配置项回归测试内容;

(4)对系统的测试。测试分析员应分析软件系统受更改影响的范围,并据此确定回归测试内容。可能存在以下三种情况:一是仅重复测试与更改相关的、并已在原系统测试中做过的测试内容;二是修改与更改相关的、并已在原系统测试中做过的测试内容;三是在前两者的基础上增加新的测试内容。

12.3 软件测试建模技术

软件测试常用的模型分为V模型、W模型、X模型以及H模型，如图12-3所示。

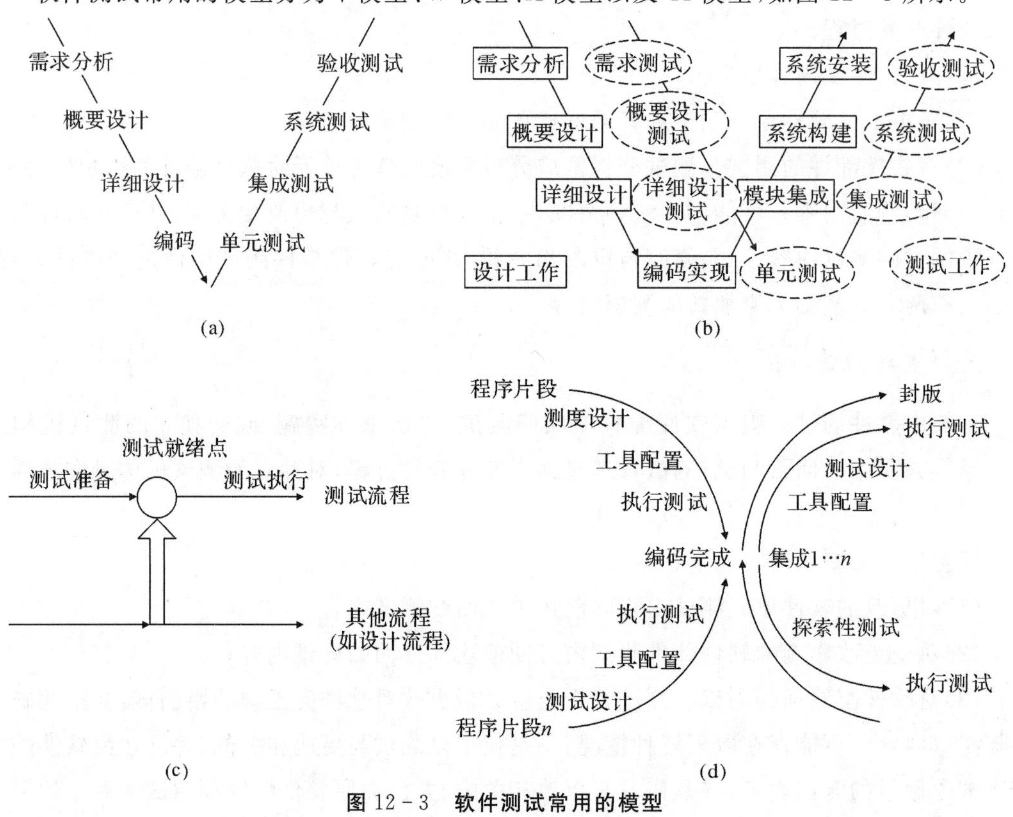

图12-3 软件测试常用的模型

1. V模型

V模型中的过程从左到右，描述了基本的开发过程和测试行为，非常明确地标明了测试过程中存在的不同级别，并且清楚地描述了这些测试阶段和开发过程期间各阶段的对应关系。V模型"V"的左边包括需求分析、概要设计、详细设计和编码。"V"的右边表示测试执行阶段，包括单元测试集成测试、系统测试以及验收测试。V模型存在的问题主要是软件测试执行在编码实现之后才进行，容易导致需求阶段隐藏的错误一直到最后验收测试时才被发现，发现和解决这些错误的代价较大。据估计，在分析设计阶段产生的错误，如果在编码结束后的测试过程才被发现，其代价约为在分析设计阶段发现和解决错误的代价的10倍。如果该错误在产品交付使用后才发现和解决，则其代价将超过100倍。因此，测试工作越早进行，发现和解决错误的代价越小，风险越小。

2. W模型

为了弥补不足，在V模型的基础上增加需求测试、规格测试和设计测试，形成W模型。按照W模型的要求，软件开发过程中各个阶段的可交付产品(中间的或者最终的产品)都要进行测试，尽可能使各阶段产生的错误在该阶段得到发现和解决。W 模型拓展了软件测试过程中的被测试对象，由此软件测试贯穿于软件定义与设计开发的整个过程。

前置测试是一个将测试和开发紧密结合的模型，前置测试模型将开发和测试的生命周期整合在一起，标识了项目生命周期从开始到结束之间的关键活动。如果其中有些活动没有得到很好的执行，那么项目成功的可能性就会因此而有所降低。它的基本思想包括：①对开发过程每一个可交付产品进行测试；②验收测试和技术测试相互独立；③测试和开发紧密结合。

3. X 模型

X 模型的左边描述的是针对单独程序片段所进行的相互分离的编码和测试，此后将进行频繁的交接，通过集成最终成为可执行的程序，然后再对这些可执行程序进行测试。已通过集成测试的成品可以进行确认并提交给用户，也可以作为更大规模和范围内集成的一部分。多条并行的曲线表示变更可以在各个部分发生。X 模型还定位了探索性测试，这是不进行事先计划的特殊类型的测试，这一方式往往能帮助有经验的测试人员在测试计划之外发现更多的软件错误。

4. H 模型

H 模型兼顾效率和灵活性，可以被应用到各种规模、各种类型的软件项目上。H 模型中，软件测试过程活动完全独立，贯穿于整个产品的周期，某个测试点准备就绪时，就可以从测试准备阶段进行到测试执行阶段。软件测试可以尽早地进行，并且可以根据被测物的不同而分层次进行。H 模型代表着一种适应性更广的软件测试流程。

12.4　软件静态测试技术

静态测试方法包括检查单和静态分析方法。对文档的静态测试方法主要是以检查单的形式进行，而对代码的静态测试方法一般采用代码审查、代码走查和静态分析。静态分析一般包括控制流分析、数据流分析、接口分析和表达式分析。对于规模较小、安全性要求很高的代码也可进行形式化证明。

静态测试具体测试方法如下：

1. 代码审查

代码审查的测试内容：检查代码和设计的一致性；检查代码执行标准的情况；检查代码逻辑表达的准确性；检查代码结构的合理性；检查代码的可读性。

代码审查的组织：由 4 人以上组成，分别为组长、资深程序员、程序编写者与专职测试人员。组长不能是被测试程序的编写者，组长负责分配资料、安排计划、主持开会、记录并保存被发现的错误。

代码审查的过程：

(1)准备阶段：组长分发有关材料，被测程序的设计和编码人员向审查组详细说明有关材料，并回答审查组所提出的有关问题。

(2)程序阅读：审查组仔细阅读代码和相关材料，对照代码审查单，记录问题及明显缺陷。

(3)会议审查：组长主持会议，程序员逐句阐明程序的逻辑，其他人员提出问题，利用代码审查单进行分析讨论，对讨论的各个问题形成结论性意见。

(4)形成报告：会后将发现的错误形成代码审查问题表，并交给程序开发人员。对发现错误较多或发现重大错误，在改正错误之后再次进行会议审查。

代码审查问题表应写明所查出的错误类型、错误类别、错误严重程度、错误位置、错误原因。错误类型有文档错误、编程语言错误、逻辑错误、接口错误、数据使用错误、编程风格不当、软件多余物。错误类别有遗漏、错误、多余。

这种静态测试方法是一种多人一起进行的测试活动，要求每个人尽量多提出问题，同时讲述程序者也会突然发现一些问题，此时要放慢进度，把问题分析出来。

2.代码走查

代码走查的测试内容与代码审查的基本一样。

代码走查的组织：由 4 人以上组成，分别为组长、秘书、资深程序员与专职测试人员。走查人员不能是被测试程序的编写者，组长负责分配资料、安排计划、主持开会，秘书记录被发现的错误。

代码走查的过程：

(1)准备阶段：组长分发有关材料，走查组详细阅读材料和认真研究程序。

(2)生成实例：走查组提出一些有代表性的测试实例。

(3)会议走查：组长主持会议，其他人员对测试实例用头脑执行程序，即测试实例沿程序逻辑走一遍，并由测试人员讲述程序执行过程，在纸上或黑板上监视程序状态，秘书记录下发现的问题。

(4)形成报告：会后将发现的错误形成报告，并交给程序开发人员。对发现错误较多或发现重大错误，在改正错误之后再次进行会议走查。

这种静态测试方法是一种多人一起进行的测试活动，要求每个人尽量多提供测试实例，这些测试实例是作为怀疑程序逻辑与计算错误的启发点，在随测试实例游历程序逻辑时，在怀疑程序的过程中发现错误。这种方法不如代码审查检查的范围广，错误覆盖全。

3.静态分析

静态分析一般包括控制流分析、数据流分析、接口分析、表达式分析。

(1)控制流分析。控制流分析是使用控制流程图系统地检查被测程序的控制结构的工作。控制流按照结构化程序规则和程序结构的基本要求进行程序结构检查。被测程序不应包含如下问题：

1)转向并不存在的语句标号；

2)没有使用的语句标号：

3)没有使用的子程序定义；

4)调用并不存在的子程序;

5)从程序入口进入后无法达到的语句;

6)不能达到停止语句的语句。

控制流程图是一种简化的程序流程图,控制流程图由“节点”和“弧”两种图形符号构成。

(2)数据流分析。数据流分析是用控制流程图来分析数据发生的异常情况,这些异常包括被初始化、被赋值或被引用过程中行为序列的异常。数据流分析也作为数据流测试的预处理过程。

数据流分析首先建立控制流程图,然后在控制流程图中标注某个数据对象的操作序列,遍历控制流程图,形成该对象的数据流模型,并给出该对象的初始状态,利用数据流异常状态图分析数据对象可能的异常。

数据流分析可以查出引用未定义变量、对以前未使用的变量再次赋值等程序错误或异常情况。

(3)接口分析。接口分析主要用于程序静态分析和设计分析。接口一致性的设计分析涉及模块之间接口的一致性以及模块与外部数据库之间的一致性。程序的接口分析涉及子程序以及函数之间的接口一致性,包括检查形参与实参的类型、数量、维数、顺序以及使用的一致性。

(4)表达式分析。常见表达式错误主要有以下几种:括号使用不正确、数组引用错误、作为除数的变量可能为零、作为开平方的变量可能为负、作为正切值的变量可能为 $\pi/2$、浮点数变量比较时产生的错误。

此外,静态分析还可以完成下述工作。

1)提供间接涉及程序缺陷的信息;每一类型语句出现的次数;所有变量和常量的交叉引用表;标识符的使用方式;过程的调用层次;违背编码规则;程序结构图和流程图;子程序规模、调用,被调用关系、扇入,扇出数。

2)进行语法、语义分析,提出语义或结构要点,供进一步分析。

3)进行符号求值。

4)为动态测试选择测试用例进行预处理。

静态分析常需要使用软件工具进行。静态分析是在程序编译通过之后,其他静态测试之前进行的。

12.5　软件动态测试技术

动态测试方法一般采用白盒测试方法和黑盒测试方法。黑盒测试方法一般包括功能分解、边界值分析、判定表、因果图、随机测试、猜错法和正交试验法等;白盒测试方法一般包括控制流测试(语句覆盖测试、分支覆盖测试、条件覆盖测试、条件组合覆盖测试、路径覆盖测试)、数据流测试、程序变异、程序插桩、域测试和符号求值等。

在软件动态测试过程中,针对测试对象采用适当的测试方法,实现测试要求。配置项测试和系统测试一般采用黑盒测试方法;部件测试一般主要采用黑盒测试方法,辅助以白盒测试方法;单元测试一般采用白盒测试方法,辅助以黑盒测试方法。

12.5.1 黑盒测试方法

1.功能分解

功能分解是将需求规格说明中每一个功能加以分解，确保各个功能被全面地测试。功能分解是一种较常用的方法。其步骤如下：

(1)使用程序设计中的功能抽象方法把程序分解为功能单元。

(2)使用数据抽象方法产生测试每个功能单元的数据。功能抽象中程序被看成一种抽象的功能层次，每个层次可标识被测试的功能，层次结构中的某一功能由其下一层功能定义。按照功能层次进行分解，可以得到众多的最低层次的子功能，以这些子功能为对象，进行测试用例设计。

数据抽象中，数据结构可以由抽象数据类型的层次图来描述，每个抽象数据类型有其取值集合。程序的每一个输入和输出量的取值集合用数据抽象来描述。

2.等价类划分

等价类划分是在分析需求规格说明的基础上，把程序的输入域划分成若干部分，然后在每部分中选取代表性数据形成测试用例。其步骤如下：

(1)划分有效等价类：对规格说明是有意义、合理的输入数据所构成的集合。

(2)划分无效等价类：对规格说明是无意义、不合理的输入数据所构成的集合。

(3)为每一个等价类定义一个唯一的编号。

(4)为每一个等价类设计一组测试用例，确保覆盖相应的等价类。

3.边界值分析

边界值分析是针对边界值进行测试的。使用等于、小于或大于边界值的数据对程序进行测试的方法就是边界值分析方法。其步骤如下：

(1)通过分析规格说明，找出所有可能的边界条件。

(2)对每一个边界条件，给出满足和不满足边界值的输入数据。

(3)设计相应的测试用例。

对满足边界值的输入可以发现计算错误，对不满足的输入可以发现域错误。该方法会为其他测试方法补充一些测试用例，绝大多数测试都会用到本方法。

4.判定表

判定表由四部分组成：条件桩、条件条目、动作桩、动作条目。任何一个条件组合的取值及其相应要执行的操作构成规则，条目中的每一列是一条规则。

条件引用输入的等价类，动作引用被测软件的主要功能处理部分，规则就是测试用例。

建立并优化判定表，把判定表中每一列表示的情况写成测试用例。

该方法的使用有以下要求：

(1)规格说明以判定表形式给出，或是很容易转换成判定表。

(2)条件的排列顺序不会影响执行哪些操作。

(3)规则的排列顺序不会影响执行哪些操作。

(4)每当某一规则的条件已经满足,并确定要执行的操作后,不必检验别的规则。

(5)如果某一规则的条件得到满足,将执行多个操作,这些操作的执行与顺序无关。

5. 因果图

因果图方法是通过画因果图,把用自然语言描述的功能说明转换为判定表,然后为判定表的每一列设计一个测试用例。其步骤如下:

(1)分析程序规格说明,引出原因(输入条件)和结果(输出结果),并给每个原因和结果赋予一个标识符。

(2)分析程序规格说明中语义的内容,并将其表示成连接各个原因和各个结果的"因果图"。

(3)在因果图上标明约束条件。

(4)通过跟踪因果图中的状态条件,把因果图转换成有限项的判定表。

(5)把判定表中每一列表示的情况生成测试用例。

如果需求规格说明中含有输入条件的组合,宜采用本方法。有些软件的因果图可能非常庞大,以至于根据因果图得到的测试用例数目非常大,此时不宜使用本方法。

6. 随机测试

随机测试指测试输入数据是在所有可能输入值中随机选取的。测试人员只需规定输入变量的取值区间,在需要时提供必要的变换机制,使产生的随机数服从预期的概率分布。该方法获得预期输出比较困难,多用于可靠性测试和系统强度测试。

7. 猜错法

猜错法是有经验的测试人员,通过列出可能有的错误和易错情况表,写出测试用例的方法。

8. 正交实验法

正交实验法是从大量的实验点中挑出适量的、有代表性的点,应用正交表,合理地安排实验的一种科学的实验设计方法。

利用正交实验法设计测试用例时,首先要根据被测软件的规格说明书找出影响功能实现的操作对象和外部因素,把它们当作因子,而把各个因子的取值当作状态,生成二元的因素分析表。然后,利用正交表进行各因子的状态的组合,构造有效的测试输入数据集,并由此建立因果图。由此得出的测试用例的数目将大大减少。

12.5.2　白盒测试方法

1. 控制流测试

控制流测试依据控制流程图产生测试用例,通过对不同控制结构成分的测试验证程序的控制结构。所谓验证某种控制结构即指使这种控制结构在程序运行中得到执行,也称这一过程为覆盖。以下介绍几种覆盖:

(1)语句覆盖。语句覆盖要求设计适当数量的测试用例,运行被测程序,使得程序中每一条语句至少被执行一遍,语句覆盖在测试中主要发现错误语句。

(2)分支覆盖。分支覆盖要求设计适当数量的测试用例,运行被测程序,使得程序中每个真值分支和假值分支至少执行一次,分支覆盖也称判定覆盖。

(3)条件覆盖。条件覆盖要求设计适当数量的测试用例,运行被测程序,使得每个判断中的每个条件的可能取值至少满足一次。

(4)条件组合覆盖。条件组合覆盖要求设计适当数量的测试用例,运行被测程序,使得每个判断中条件的各种组合至少出现一次,这种方法包含了"分支覆盖"和"条件覆盖"的各种要求。

(5)路径覆盖。路径覆盖要求设计适当数量的测试用例,运行被测程序,使得程序沿所有可能的路径执行,较大程序的路径可能很多,所以在设计测试用例时,要简化循环次数。

以上各种覆盖的控制流测试步骤如下:

(1)将程序流程图转换成控制流图;

(2)经过语法分析求得路径表达式;

(3)生成路径树;

(4)进行路径编码;

(5)经过译码得到执行的路径;

(6)通过路径枚举产生特定路径的测试用例。

2. 数据流测试

数据流测试是用控制流程图对变量的定义和引用进行分析,查找出未定义的变量或定义了而未使用的变量,这些变量可能是拼错的变量、变量混淆或丢失了语句。数据流测试一般使用工具进行。

数据流测试通过一定的覆盖准则,检查程序中每个数据对象的每次定义、使用和消除的情况。

数据流测试步骤:

(1)将程序流程图转换成控制流图;

(2)在每个链路上标注对有关变量的数据操作的操作符号或符号序列;

(3)选定数据流测试策略;

(4)根据测试策略得到测试路径;

(5)根据路径可以获得测试输入数据和测试用例。

动态数据流异常检查在程序运行时执行,获得的是对数据对象的真实操作序列,克服了静态分析检查的局限,但动态方式检查是沿与测试输入有关的一部分路径进行的,检查的全面性和程序结构覆盖有关。

3. 程序变异

程序变异是一种错误驱动测试,是为了查出被测软件在做过其他测试后还剩余一些的小错误。本方法应用于测试工具。

4. 程序插装

程序插装是向被测程序中插入操作以实现测试目的的方法。程序插装不应该影响被测程序的运行过程和功能。

很多的工具都程序插装功能。由于数据记录量大，手工进行将是一件很烦琐的事。

5. 域测试

域测试是要判别程序对输入空间的划分是否正确。该方法限制太多，使用不方便，供有特殊要求的测试使用。

6. 符号求值

符号求值是允许数值变量取“符号值”以及数值。符号求值可以检查公式的执行结果是否达到程序预期的目的；也可以通过程序的符号执行，产生出程序的路径，用于产生测试数据。符号求值最好使用工具，在公式分支较少时手工推导也是可行的。

第13章　元器件质量检测

元器件是通信、计算机及网络、数字音视频等系统和终端产品发展的基础，从全球范围看，世界发达国家纷纷将高端电子元器件作为国家发展战略的重要组成部分，并制定相关政策，推动高端电子元器件行业发展。因此，元器件质量的高低很大程度上影响了系统以及终端产品的性能，元器件的质量检测水平显得格外重要。常见的元器件质量检测技术包括质量一致性检验、可靠性筛选技术、破坏性物理分析技术及失效分析技术等。

13.1　质量一致性检验

元器件质量一致性检验(Ouality Conformance Inspection，OCI)是按国际电工委员会电子元器件质量评定体系(IECQ)试用标准的规定，开展对电子元器件产品质量认证所进行的鉴定批准程序中的一种检验方式。电子元器件质量一致性检验包括逐批检验技术、周期检验技术。

13.1.1　逐批检验技术

逐批检验是对每个提交的检验批的电子元器件产品批质量，通过全检或抽检，判断其生产批是否符合规定要求而进行的一种检验。其主要内容包括检验批的构成与抽样要求；逐批检验项目和方法方式；抽样检验方案的选择和确定；逐批检验结果判定及处置。

1.检验批的构成

在逐批检验中，检验批是一组依据一个或多个样本而确定是否接收的单位产品的集合。它不一定等于生产批、购置批或者为其他目的而组成的批。通常每个检验批应由同型号、同等级、同种类、同尺寸、同结构且生产时间和生产条件大体相同的产品组成。

2.抽样的随机性和代表性

从提交检验批的产品中，抽样应是随机的，应使提交检验批中每单位产品被抽到的可能性都相等，且应注意样本的代表性，当提交检验批分若干层(或分装于若干箱等)时，就应分层(或分箱、分袋)抽取样本。

3.逐批检验项目和方法方式

逐批检验主要项目：

(1)外观检验；

(2)尺寸检验；

(3)电特性检验；

(4)可焊性；

(5)其他检验。

4. 检验方法方式

对具体元器件产品，按照其详细规范，分规范，总规范，基础规范及相关标准中规定的检查方法进行检验。逐批检验按检验方式可分为全数检验和抽样检验，全数检验即对一批待检产品进行 100% 的检验，抽样检验是根据预先确定的抽样方案，从一批产品中随机抽取一部分样品进行检验。在电子元器件产品逐批检验过程中，广泛使用的常为抽样检验。

5. 抽样检验方案的选择和确定

逐批检验分 A 组和 B 组。电子器件的抽样检验方案，A 组选择可接受质量水平(Acceptable Quality Level，AQL)方案或批量允许的次品百分数(Lot Toler-ance Percent Defective，LT-PD)方案，B 组选择 LTPD 方案。电子元件(电阻器、电容器、电感器)的抽样检验方案，A 组、B 组均选择 AQL 方案。其中 AQL 为接收质量限，LTPD 为批允许不合格品率。

6. 逐批检验结果判定及处理

(1)对 AQL 抽样方案，以一次抽样正常检查水平Ⅱ级为例，根据对样本实施的检验结果，若样本 n 中的不合格品数 d 小于或等于合格判定数 A_C，即 $d \leqslant A_C$ 时，判该检验批合格；若 d 大于或等于拒收判定数，即 $d \geqslant R_e$ 时，则判该检验批不合格。

在产品标准规定的检验周期内，周期检验合格的情况下，经逐批检验合格的产品，可作为合格产品交付给订货方；对初次检验不合格的批，一般退回制造部门进行全数检查，剔除不合格品后，再重新提交逐批检验，对再次提交检验的批，使用的抽样方案的严酷度和检验项目，应在产品技术标准中或合同中明确规定，对再次提交检验仍不合格的批，除非有特别规定，一般不允许再次提交检验。

(2)对 LTPD 抽样方案，第一次抽样时选定一个合格判定数，并根据规定的 LTPD 值确定相应的样品量 n 进行检验，如果样品中出现的不合格品数 d 不超过预先选定的合格判定数 C，即 $d \leqslant C$，则判该批产品检验合格；如果出现的不合格品数超过预选的合格判定数，即：$d > C$ 时可确定一个追加样品量，即在原有的样品的基础上追加一定的样品量，但每一检验分组只能追加一次，且追加的样品应经受该分组所包括的全部试验。总的样品量(最初的加上追加的样品量)应根据 GB 4589.1—2006 中新选定的合格判定数确定，如果总的不合格数(最初样品加上追加样品中的不合格数)不超过新确定的合格判定数，则判该检验批合格，否则判该检验批不合格。不符合 A 组和 B 组检验要求的检验批，不得作为合格批。如果对此不合格批未被重新提交检验，则该批判为拒收批。

13.1.2　周期检验技术

从逐批检验合格的某个批或若干批中抽取样本，并施加各种应力的各项试验，然后检测产品判断其是否符合规定要求的一种检验。其主要内容包括周期规定、检验分组和样品；检验项目和程序；周期检验缺陷分类和失效判据；周期检验结果判定和处置。

1. 周期规定、检验分组和样品

检验周期规定：根据产品的特性及生产过程质量稳定的情况，再综合考虑其他的因素，适当地规定检验周期。产品标准中一般都给出了该产品在正常稳定生产情况下进行周期检验的时间间隔（如 3 个月，6 个月，1 年等），但对不同的检验组，规定不同的检验周期。

2. 检验分组与样品

电子元器件周期检验分为 C 组和 D 组，C 组为环境试验，D 组为耐久性寿命试验。周期检验的样品，应根据产品标准中规定的抽样方案和检查水平及规定的样品数，从本周期内经逐批检验合格的一个批或几个批中随机抽取，加倍或二次试验的样品在抽样时一次取足。

3. 检验项目程序

常温性能检查：试验前在正常工作的条件下，对被试样品进行定性和定量检查，判断产品质量是否全面符合产品技术标准和国家标准要求，或符合订货合同的规定。由于电子产品种类多，用途广，表征产品特性的技术参数很多，常温性能检测时，应严格按照技术标准规定，进行全部指标或部分指标检测，检测合格的产品方可进行周期检验项目中的其他项目的试验。

环境试验：为了评价在规定周期生产批的产品的环境适应能力，将经过性能检测合格的产品，在人工模拟的环境条件下试验，以此评价产品在实际使用、运输和储存环境条件下的性能是否满足产品定型鉴定检验时达到的环境适应能力。

环境试验包括高温负荷储存试验、低温负荷储存试验、高低温变化试验、交变湿热和恒定湿热试验、低气压试验、振动试验、冲击碰撞、跌落、加速度试验、盐雾试验等。由于电子产品使用环境不一样，在周期环境试验中，规定的环境试验项目可能是单项试验，也可能是组合或综合试验。

4. 周期检验结果判定和处置

(1)在一个周期试验组中发现一个致命缺陷，则判该试验组不合格。

(2)若在试验样品中发现的不合格品数小于或等于合格判定数，则判该试验组合格。若试验中的不合格品数大于或等于不合格判定数，则判该试验组不合格。

(3)本周期内，所有试验分组都合格，则本周期检验合格，否则就判该周期检验不合格。周期检验不合格，该产品暂停逐批检验。已生产的产品和已交付的产品由供需双方协商解决，并将处理经过记录在案。周期检验不合格，供方应立即查明原因，采取措施。需方在供方采取改进措施后，在重新提交的产品中抽样，对不合格试验项目或试验分组重新试验，直至试验合格后，供方才能恢复正常生产和逐批试验。

元器件质量一致性检验结果是通过逐批检验结果和周期检验结果是否合格来判定的。逐批与周期检验结果合格，可认为该元器件的鉴定批准得以维持。但如果检验不合格，即没有通过质量一致性检验，或没有正确地执行标准规范要求和 IECQ 的程序规则时，则鉴定批准应予暂停或撤销。

总之，逐批检验的抽样检验方式在元器件产品生产检验中广泛采用，正确掌握和使用抽样检验技术，对生产实际过程的产品质量控制有很直接明显的作用。周期检验对产品的质量在模拟的环境条件下进行试验检查。产品标准规定了各种试验项目和所采用的试验方法及检测技术，从而为产品质量一致性和稳定性提供保证。通过由逐批检验和周期检验所构成的质量一致性检验，能客观全面地反映产品在生产过程中和各种不同使用环境条件下的质量状况，从而达到在生产过程中控制产品质量并在规定的周期内，保证产品质量保持在鉴定批准时达到的质量水平。

13.2　可靠性筛选技术

13.2.1　筛选概述

筛选的主要目的是对电子元器件实施 100％非破坏性筛选检验，剔除具有潜在缺陷的早期失效产品，提高批产品的可靠性。

1. 特点

可靠性筛选具有如下特点：

(1)可靠性筛选所剔出的具有潜在缺陷的早期失效产品一般是工艺缺陷和工艺过程产生的差错造成的，所以可靠性筛选也叫工艺筛选。在产品制造中，各个工艺质量的检验，成品和半成品的电参数测试等可看作筛选的过程。

(2)可靠性筛选是全部产品的实验，而不是产品抽样检验。所以可靠性筛选必须是非破坏性的试验，经过试验对批产品不应增加新的失效模式和机理。

(3)可靠性筛选本身不增加产品固有的可靠性，可提高批产品的可靠性。因为把潜在的早期失效产品从整批产品中剔除后，确保出厂产品具有原设计要求的可靠性。所以，高可靠性电子产品的获得要靠对元器件可靠性设计和严格工艺控制，而不是靠可靠性筛选。

2. 分类

可靠性筛选可分为常规筛选和特殊环境筛选两大类。在一般环境条件下使用的产品只需进行常规筛选，而在特殊环境条件下使用的产品则除进行常规筛选外，还需进行特殊环境筛选。实践证明，失效率低的产品对特殊环境的适应能力不一定都好。

特殊环境筛选包括抗辐射、冷热超高真空、盐雾、霉菌、油雾筛选等。

核辐射环境是目前的最恶劣环境，它对电子产品会产生严重的影响。宇航中使用的电子产品受到宇宙射线的作用而使性能显著变劣。在 g 射线作用下，CMOS 电路参数会产生明显的变化：输出波形变坏、输出高电平变低、输出低电平升高等。电位器对辐射反应也是非常敏感的。电位器结构材料中的有机物、聚合物如清漆、黏合剂、绝缘混合剂、塑料等在中子辐射和 g 电离辐射的作用下失去其稳定性。同类型产品的抗辐射能力差异很大。通过筛选，可以把抗辐射能力差的产品剔除出来。

其他各项特殊环境筛选，也是针对产品在使用中可能遇到的特殊环境条件而设置的。

按筛选性质，常规筛选一般可以分为检查筛选、环境应力筛选和寿命筛选三大类。

(1)检查筛选,包括目检和显微镜检查、红外线检查、X 射线检查、密封性检查、粒子碰撞噪声检测(PIND)。

(2)环境应力筛选,包括振动加速度筛选、冲击加速度筛选、离心加速度筛选(恒定加速度筛选)、高低温循环或热冲击筛选。

(3)寿命筛选,包括高温储存、低温储存、功率老炼筛选。

13.2.2 筛选检验方法

1.检查筛选

(1) 目检和显微镜检查筛选。这是一种重要的筛选方法,简便易行而且效率很高,在半导体器件生产中被广泛使用。

如在晶体管或集成电路封装前,用显微镜对芯片进行检查,可以发现沾污、缺陷、损伤、互连不好、键合不良等缺陷,应及时将其剔除。

半导体器件在封装前通常用 30～200 倍的双筒立体显微镜按有关规范进行检查,必要时应用扫描电子显微镜进行检查。

显微镜检查筛选有其局限性,即它只能找到表面的显而易见的缺陷,而一些新型集成电路属于多层结构,显微镜检查筛选就失去了其作用。

(2) 红外线检查筛选。利用物质中分子热骚动产生的红外辐射,检查元器件热特性的一种方法。当产品设计不合理、工艺上存在缺陷及生产过程中存在某些失效机理时,会在局部产生过热点和热区,运用红外探测或照相技术便可以发现过热点和热区,把有潜在缺陷的产品筛选掉。这种检查方法不会损伤产品,尤其适用于大规模集成电路和电阻器。此外,可借助红外技术,根据焊点热辐射状况测量它的温度,以此来确定焊点质量的好坏。

用红外线设备如热像仪进行检查,精度高,不接触样品,检查速度快,所以它是一种有效的热测量方法。

(3) X 射线检查筛选。元器件密封后,如果采用 X 射线照相方法,可以透过外壳发现内部沾污、金属微尘、键合不良、内部引线损伤等缺陷。X 射线检查也是一种非破坏性检查方法。

在晶体管和集成电路生产中,X 射线检查通常用于检验产品的组装工艺质量。组装工艺是半导体器件生产中的一道关键工艺,但其控制和检验的自动化程序往往较低,主要依靠人工操作,这就使产品质量容易出现大的波动。X 射线检查可以弥补其他检查方法(如显微镜检查)的不足。既可以在产品制造后期剔除有缺陷的封装产品(包括塑料壳和金属壳封装产品),又可以对失效产品进行分析,提供产品质量情况,在产品质量波动较大的情况下,可立即进行处理。

(4)密封性检查筛选。对于密封结构的产品,其致密性再好,总会存在一定的漏气率。对同一密封结构的产品,如果采用不同的检漏方法,就会得出不同的结论。密封性不良往往是导致某些电子元器件失效的重要因素。因此,有必要采用筛选的方法,把密封性不良的产品剔除出来。

密封性筛选包括检查“大漏”和“微漏”两方面。前者采用粗检漏方法,其检测灵敏度低

于 10^{-5} atm・cm^3/s；后者采用细检漏方法，包括氦质谱检漏法和放射性示踪检漏法。氦质谱检漏法的检漏范围是 10^{-5}～10^{-8} atm・cm^3/s，放射性示踪检漏法的检漏范围是 10^{-8}～10^{-13} atm・cm^3/s，其中以氦质谱检漏法使用较为广泛。

(5) 粒子碰撞噪声检测(PIDN)。当有空腔器件的内部有可动多余物时，有可能造成内部引线的短路。宇航用器件在失重的空间运行，可动多余物可能造成的危害就更大。所以国军标对宇航级器件规定了要做粒子碰撞噪声检测(PIND)筛选，以剔除内部有可动多余物的器件。对于非宇航用的元器件，则根据具体情况，将 PIND 作为选用的筛选项目。

PIND 筛选时应根据器件腔体的高度按规定施加适当的机械应力，使附着在器件内部的可动多余物脱落。具体的试验方法和合格判据分别见《半导体分立器件试验方法》(GJB 128A—1997)的方法 2052、《微电子器件试验方法和程序》(GJB 548B—2005)的方法 2020.1 和《电子及电气元件试验方法》(GJB 360B—2009)的方法 217。

2. 环境应力筛选

(1) 振动加速度筛选。电子产品在使用和运输过程中，可能遇到各种频率和不同强度的振动环境。振动加速度筛选就是在实验室中模拟各种恶劣振动条件对产品的影响，暴露产品生产工艺中的一些缺陷，如引线焊接不良、内引线过长等。在振动过程中可分为加电检查和不加电检查两种。加电检查振动筛选能够发现瞬时短路、瞬时开路等缺陷。

按振动性质分，振动加速度筛选可分为 50 Hz 等幅振动筛选和扫频振动筛选两种。扫频振动的特点是振动频率在一定范围内按对数规律变化，它可以发现因机械共振引起的失效，通常利用电磁振动台进行，频率范围按产品的不同使用场合选取。

(2) 冲击加速度筛选。在运输、跌落、碰撞和车辆颠簸中，电子产品会受到不同程度的机械冲击，其加速度一般小于 100 g，而在作战环境下，由于爆炸等就可能受到高达到 20 000 g 的高加速度机械冲击。冲击加速度筛选就是在实验室中，模拟恶劣冲击环境条件对产品的影响，暴露存在间歇短路、间歇开路、微粒子等缺陷的产品，把它们剔除掉。

冲击加速度筛选分为有监控、无监控两种。冲击机分跌落冲击机和气压冲击机两种，其中以气压冲击机试验效果较好。为解决试验设备问题，当相应标准或技术协议允许时，冲击加速度筛选常用敲击试验来代替。

(3) 离心加速度筛选。离心加速度筛选又称恒定加速度筛选。在飞机和导弹上工作的电子产品，经常要受到离心力的作用。离心加速度筛选就是模拟这一环境条件对产品的影响，暴露产品中存在的键合，强度不够、芯片黏合不良、内引线过长、引线弧度太大、内部可动微粒等缺陷。

如果考核产品在使用环境下的适应能力，则可选用较低的离心加速度应力，约 5～100 g；若考核产品结构的牢固程度，则需施加较高的离心加速度应力，约 10 000～20 000 g。为了解决试验设备问题，离心加速度筛选也常用跌落试验来代替。

(4) 温度循环和热冲击筛选。温度循环筛选是使电子产品在较短的时间内随极端高温和极端低温的作用，剔除因材料热胀冷缩性能不匹配、内引线和管心涂料温度系数不匹配、芯片裂纹、接触不良等原因而造成的失效产品。

筛选试验的严格度等级由高温、低温数值，在不同温度下的平衡时间，高、低温转换时间及循环次数等确定。

热冲击筛选是使电子产品在很短时间内承受温度剧变的作用，以剔除适应能力差的产品。

热冲击筛选在高、低温之间的过渡时间比温度循环筛选的短，一般小于 10s。

3. 寿命筛选

(1) 高温储存筛选。高温储存筛选是在试验箱内模拟高温条件，对元器件施加高温应力，加速元器件中可能发生或存在的任何物理化学反应过程，例如，由水蒸气或其他离子所引起的腐蚀作用、表面漏电、沾污以及金-铝之间金属化合物生成等，使具有潜在缺陷元器件提前失效而剔除之。总之，高温储存对污染、引线焊接不良、氧化层缺陷等都有筛选效果。

高温储存筛选具有方法简单、成本低的突出优点，所以被普遍采用，但需要认真研究合适的储存温度。提高储存温度能加速产品内可能发生或存在的物理、化学反应过程，缩短筛选时间，但受到产品结构、材料性能的限制。对于半导体器件来说，最高储存温度除了受到金属与半导体材料共熔点温度的限制以外，还受到管子内涂料、外壳漆层及标志耐热温度和引线氧化温度的限制。因此，金铝系统器件最高储存温度不得超过 150 ℃，铝铝系统器件可选用 200 ℃，金金系统器件可选用 300 ℃。对电容器来说，最高储存温度除了受到介质耐热温度限制外，还受到外壳漆层和标志耐热温度，以及引线氧化温度的限制，某些电容器还受到外壳浸渍材料(地腊)的限制。因此，电容器的最高储存温度一般都取它的正极限温度。

高温储存对性能良好的元器件能起到稳定其电参数的作用，特别是与器件表面态有关的电参数的稳定作用更明显。

(2)低温储存筛选。低温储存筛选是根据某些材料在低温下性能劣化，或根据各种材料在低温下冷缩程度不同造成结构破坏而失效的原理，来剔除缺陷产品的一种筛选方法。例如，内涂覆材料龟裂而挣断内引线；某些金属引线在低温下发脆而造成脱焊；绝缘材料龟裂而使外壳漏气等。

(3)功率老炼筛选。功率老炼筛选就是在较长的时间内对元器件连续施加一定的电应力，通过电-热应力的综合作用来加速元器件内部各种物理、化学反应过程，促使元器件内部各种潜在缺陷及早暴露，从而达到剔除早期失效产品的目的。它对工艺制造过程中可能存在的一系列缺陷，如表面沾污、引线焊接不良、沟道漏电、硅片裂纹、氧化层缺陷、局部发热点、二次击穿等都有较好的筛选效果。对于无缺陷的元器件，也可促使其电参数稳定。

半导体器件常用的老炼筛选方法有：常温静态、高温静态、高温反偏和高温动态老炼。

4. 特性参数电测筛选

电测筛选是元器件应力筛选的一种补充手段，它普遍应用于晶体管特性参数的筛选，就是剔除那些由于生产工艺变化、工艺控制浮动等原因引起的电参数“异常”的元器件，从而达到筛选的目的。

(1) 晶体管反向击穿特性测试。利用晶体管图示仪测试晶体管反向击穿特性，是检测不可靠器件的一种好办法。在目前的工艺条件下，器件的表面状态是影响器件反向特性的重要因素。通过对晶体管反向击穿特性的测试，可以发现有缺陷的器件，从而把它剔除掉。

(2) 晶体管反向漏电流测试。反向漏电流对温度的变化非常敏感，它对晶体管的工作稳定性影响较大。

器件 PN 结表面对反向漏电流有决定性的影响。表面漏电流包括表面复合电流、表面沟道电流和表面漏电流三部分，是由 PN 结表面的不正常复合中心，表面杂质离子及 PN 结表面存在水汽、沾污等引起的。

(3) 晶体管电流放大系数测试。晶体管的电流放大系数由其结构系数所决定，但也与器件的表面状态有很大关系。尤其是在小电流注入时，发射结空间电荷区的复合作用和基区表面的复合作用对电流放大系数有很大的影响，使其急剧下降。

为了改善晶体管电流放大系数的线性特性，提高小电流注入时的电流放大系数，应严格工艺规程，加强质量控制，改善器件的表面状态。

(4) 晶体管 EB 正向大电流测试。有些管子内引线接触不好(包括管心、铝膜质量不好、内引线压焊或接触不好、管心氧化层腐蚀不好等)，需用 EB 加正向大电流的方法来剔除曲线抖动及曲线形状异常的管子。

(5) 高温测试及热测试。某些大功率管及高反压管，由于在功率老化时电应力较小，当管子需在高温、高压下工作时，电参数可能不满足整机线路要求，所以要进行高温测试及热测试。某些高温性能不好的中、小功率管也要进行这项筛选。高温测试是在实际需要的高温条件下，测量管子的击穿电压及反向漏电流，剔除不满足线路要求的管子。热测试是在老化台上给晶体管加一定的功率，老炼一定时间(例如满功率老炼 4～6 h)后，在管子冷却前(一般不超过 1 min)进行观测。

(6) 低温测试。某些晶体管和集成电路，在低温下性能下降(如低温下晶体管的直流放大系数 β 下降)。低温测试目的是获得与器件设计要求相适应的低温特性的一致性与均匀性。

低温测试一般在器件极限低温(－55 ℃±3 ℃)下进行，其方法是：试件在低温箱中恒温 30 min 后测试。

13.2.3　二次筛选

在特定情况下，元器件还需进行二次筛选，以补充和完善一次筛选的不足或缺项。二次筛选的方法与一次筛选基本相同，选择什么项目需要根据实际情况决定。

1. 二次筛选的适用范围

(1)元器件生产方未进行“一次筛选”，或使用方对“一次筛选”的项目和应力不具体了解；

(2)元器件生产方已进行了“一次筛选”，但“一次筛选”"的项目或应力还不能满足使用方对元器件质量要求时；

(3)在元器件的规范中未做具体规定，元器件生产方也不具备删选条件的特殊筛选项目；

(4)对元器件生产方是否已按合同或规范的要求进行“一次筛选”或对承制方“一次筛选”的有效性有疑问而需要进行验证的元器件。

2. 二次筛选的项目

元器件二次筛选项目和应力是由主机用户的使用要求决定的，筛选条件既不宜过松也不宜过严，以满足主机用户使用要求为准。若筛选项目和要求过于宽松，会造成部分不能满足主机用户要求的元器件安装于主机产品，给主机产品质量造成影响；若筛选项目和要求过于严格，会大量增加元器件采购成本，甚至因筛选条件的苛刻而造成对元器件的损伤或损坏，增加元器件的潜在隐患。因此，必须明确筛选项目与元器件缺陷的关系，选择适合的筛选项目和要求进行筛选测试，以提供满足主机用户需要的可靠电子元器件。

3. 二次筛选的原则

元器件本身所具有的可靠性，是在元器件设计时按用户要求通过技术、原材料来实现的。在生产过程中设施和生产力水平、制造技术都能限制元器件的可靠性。在二次筛选的过程中不能提高元器件的固有可靠性，只能在已有元器件中挑选可靠性相对较高且能够满足需求的高质量产品。在对元器件进行二次筛选时，应遵循以下原则：一是对交付的元器件进行100%全部筛选，不做抽样检验，这样才能最大限度保证所有元器件都经过隐患排除；二是根据元器件的不同使用要求和用途有选择、有针对性地筛选；三是采用多种控制方式确保元器件的质量和可靠性；四是严格按照标准控制元器件失效率；五是适度选择试验方法和器具，以免因筛选试验造成元器件损伤或损毁。

13.3 破坏性物理分析技术

13.3.1 DPA概述

1. DPA的概念

破坏性物理分析(Destructive Physical Analysis，DPA)是指为验证电子元器件(以下简称元器件)的设计、结构、材料、制造的质量和工艺情况是否满足预订用途或有关规范的要求，以及是否满足元器件规定的可靠性和保障性，对元器件样品进行解剖，以及在解剖前后进行一系列检验和分析的全过程。DPA分析是顺应电子系统对元器件可靠性要求越来越高的需求而发展起来的一种本着提高元器件质量，保障整个电子系统的可靠性为目的重要技术手段。

2. DPA的目的

(1)以预防失效为目的，防止有明显或潜在缺陷的元器件装机使用；
(2)确定元器件生产方法在设计及制造过程中存在的偏离和工艺缺陷；
(3)提出批次处理意见和改进措施；
(4)检验、验证供货方元器件的质量。

3. DPA的特点

DPA分析一般是在元器件经过检验、筛选和质量一致性检验后进行的以分析其内部存在的缺陷，这些缺陷的存在可能会导致样品的失效或不稳定，因此 DPA 分析是一种对潜在缺陷确认和潜在缺陷危害性分析的过程。与可靠性筛选相比，DPA 分析一般只对未丧失功能的元器件才进行分析试验，是一种对元器件进行的事前预计，而可靠性筛选和质量一致性检验是以发现缺陷为目的的，当发现缺陷时，就可剔除失效产品或判定生产方没有生产该元器件的能力和资格，有时为了更加详尽地考察产品的质量水平 DPA 分析也用于质量一致性检验。

13.3.2　DPA 一般要求

1. DPA 检验依据

DPA 试验依据是根据不同的元器件类型选择不同的试验项目和标准。与 DPA 试验有关的国内外标准如下：

(1)《计数抽样检验程序 第 1 部分：按接收质量限（AQL）检索的逐批检验抽样计划》(GB/T 2828.1—2012)。该标准规定抽样产品的提交、样品的抽取、抽取方案、接收与不接收等。

(2)《半导体器件 第 10 部分：分立器件和集成电路总规范》(GB 4589.1—2006)。

(3)《军用电子元器件破坏性物理分析方法》(GJB 4027A—2006)。该标准规定电子元器件 DPA 的通用方法，包括 DPA 程序的一般要求和典型电子元器件 DPA 试验与分析的通用方法和缺陷判据，包括具体型号元器件实施 DPA 的项目、方法和缺陷判据。

(4)《电子、电磁和机电元器件破坏性物理分析》(MIL-STD-1580A)，等同于《军用电子元器件破环性物理分析方法》(GJB 4027A—2006)。

(5)《微电子器件试验方法和程序》(MIL-STD-883E)，等同于《微电子器件试验方法和程序》(GJB 548B—2005)。

(6)《微电子器件试验方法和程序》(GJB 548B—2005)。该标准规定了微电子器件统一的试验方法、控制和程序，包括为确定对自然因素和条件的抗损坏能力而进行的基本环境试验；物理和电试验；设计、封装和材料的限制；标志的一般要求；工作质量和人员培训程序；以及为保证这些器件满足预定用途的质量与可靠性水平而必须采取的其他控制和限制。

(7)《电子及电气元件试验方法》(GJB 360B—2009)。该标准规定电子电气的通用试验方法，主要试验包括环境类、物理性能类及基本电性能类属于 DPA 的项目。

(8)《半导体分立器件试验方法》(GJB 128A—1997)。该标准规定半导体分立器件的通用试验方法，包括军用条件下抗损害能力的基本环境试验、机械性能试验和电特性试验。

2. DPA 不合格批处理

批次性缺陷是由于设计、制造过程的差错所造成的，或者由于验收试验、进货检验和储存等过程的差错所造成的，并在同一批多个器件上重复出现的缺陷。有批次性缺陷的评价为不合格批。而检验出缺陷或者不能确定是否为缺陷，该批评价为可疑批。每一种缺陷应加以拍照、测量并在 DPA 报告中说明。

(1)可疑批处理。

1)如果第一次样品分析无明确结论,怀疑设备或操作有问题时,应在该 DPA 批次中补充或重新抽样做 DPA 再分析。

2)如对试验结果不能确定是否为合格时,应组织有关专家进行会诊。

(2)不合格批处理。

1)如果缺陷属于可筛选缺陷,应对该 DPA 批次进行百分之百重新筛选。筛选合格后允许重新抽样做 DPA。

2)如果缺陷属于批次性缺陷,该 DPA 批次应报废或退货。

3)如果缺陷属于非批次性缺陷,而且有缺陷的样品数量为一只时,可在原抽样数量上加倍抽样分析。如果再次出现缺陷应报废或退货。

13.3.3 DPA 工作项目

1.项目种类与要求

由于元器件的种类繁多,它们在设计、工艺和结构方面相差很大,因此在进行 DPA 时不仅选择的项目不同,而且试验的重点也不相同。

国内 DPA 工作主要执行的标准是《军用电子元器件破坏性物理分析方法》(GJB 4027A—2006)。该标准对于不同的元器件有不同的 DPA 试验分析方法和程序,如密封半导体集成电路和混合集成电路(含多芯片组件)的 DPA 项目共有 9 项:外部目检、X 射线检查、粒子碰撞噪声检测(PIND)、密封、内部气体成分分析、内部目检、键合强度、扫描电子显微镜(SEM)检查、剪切强度。电阻器和电容器等元件一般是 3~4 项:外部目检、引出端强度、内部目检、制样镜检。连接器需做外部目检、X 射线检查、物理检查、制样镜检和接触件检查等。

(1)外部目检,其目的是检验已封装元器件的外部质量是否符合要求,检查其标志、外观、封口封装、镀层等外部质量是否符合要求。如该项不合格,可通过对整批器件进行针对性检验筛选剔除有缺陷的器件。该项检验是非破坏性。

(2)X 射线检查,主要检查元器件内部多余物、内引线开路或短路、芯片焊接(黏接)空洞等内部缺陷,但难以检查铝丝的状况,该项检验是非破坏性的。

(3)粒子碰撞噪声检测(PIND),检查器件封装腔体内有无可动的多余物。PIND 是非破坏性的。如不合格也可通过对整批器件进行针对性筛选剔除有缺陷的器件。

(4)密封性试验,检查气密性封装器件的封装质量是否符合要求。如该项不合格,也可通过对整批器件进行针对性筛选,剔除有缺陷的器件。该项试验属非破坏性试验。

(5)内部气体成分分析,定量检测密封器件封装内部的水汽及有害气体含量。该项不合格一般是批次性的。该项属破坏性分析。

(6)内部目检,检查器件内部结构、材料和生产工艺是否符合相关的要求。该项对器件的开封技术与检查技术均要求较高。检出缺陷是否为批次性,需对缺陷的种类认真分析后才能确定整批器件可否使用。

(7)键合强度试验,检验器件内引线的键合强度是否符合规定的要求。键合强度退化往往是批次性的,出现“零克力”的批次一般不可使用。该项是破坏性试验。

(8)扫描电子显微镜(SEM)检查,主要用于判断器件芯片表面互连金属化层的质量,还可确定器件某些需确认部分的材料成分和对多余物作成分分析。SEM 设备昂贵。

(9)剪切强度试验,检验半导体芯片或表面安装的无源元件附着在管座或其他基片上所使用的材料和工艺的完整性。剪切强度不合格常有批次性倾斜。该项是破坏性试验。

2. 项目选取与等级

在实施 DPA 时,可以依据实践经验增加和剪裁 DPA 项目。例如,欧洲某航天公司的标准规定,微电子器件和晶体管的 DPA 有 14 个项目,依次为外部目检、机械、电性能测试、X 射线照相、密封性检测、可焊性、抗溶性、引线牢固性、开帽、微剖面、内部目检、键合强度、扫描电子显微镜和芯片剪切。将这份标准中混合集成电路与美国军用标准 MIL-STD-883 中方法 5009 的混合集成电路 DPA 项目相比较,欧洲某航天公司的标准多机械、电性能测试、可焊性、抗溶性、引线牢固性等 5 项,少颗粒碰撞噪声检测、内部水汽含量检测和内部结构 3 个项目。实地调查表明:该公司 DPA 项目的增加和剪裁考虑的因素是问题出现频率和用较少的样品获得较多的质量与可靠性信息。以水汽含量检测为例,由于采购元器件的质量等级高,水汽含量过高的问题已经十分少见。法国某公司高可靠器件生产线封装时公司的水汽含量内控标准是 30 ppm,实测值是 2 ppm。内控标准已经低于合同标准,实测数值仅有内控标准的 1/15。相比之下,国内差距很大。就内部水汽含量过高引起器件内部铝腐蚀问题,1988 年的 20 个为卫星提供半导体器件的国内高可靠器件生产厂,有 1/3 的生产厂在封装时不做内部水汽含量控制;1/2 的厂用毛发湿度计测湿,但控湿标准差别较大,在 15%～35%相对湿度范围。这种状况近年虽有好转,但不乐观。不做内部水汽含量检测的做法,出于国情,不能照搬。

一些国外宇航公司的标准,除规定半导体分立元器件、集成电路、滤波器、可变电容器/电阻器、陶瓷电容器、钽电容器、继电器、晶体检波器、混合电路、开关、高压元器件、高频元器件和光电元器件要做 DPA,还规定了 DPA 的等级。例如,一家法国公司将 DPA 分成简化、普通、寿命试验和全项 4 个等级。在同一个等级中又对项目规定必做、选做和适用时做 3 种。

分析认为,确定 DPA 等级有一定的规律:

(1) DPA 等级越高,DPA 项目越多。按这个规律,等级的次序为简化、普通、寿命试验和全项。简化级项目数平均占普通级的 75%、占寿命试验级的 69%、占全项级的 56%。例如集成电路的 DPA,简化级有 7 项,普通级有 9 项,寿命试验级有 10 项,全项级有 13 项。

(2)提高等级的原则是以简化级项目为基础,再增加新的项目。不是任意组合项目达到一定项目数后等级就提高。

(3)简化级项目的必做项目,可能是法国工程师认为 DPA 的最核心的内容。例如集成电路简化级的 7 项有外部目检、机械、电测、开帽、内部目检、键合强度和芯片剪切力。必做外部目检、开帽、内部目检、键合强度和芯片剪切 5 个项目,选做机械和电测 2 个项目。

13.4 失效分析技术

13.4.1 失效分析概述

失效分析技术(Failure Analysis)是通过对产品开发、生产、可靠性试验以及工程等阶段失效的元器件开展深入分析和研究,从电性能、物理、化学等多方面查找器件失效的深层原因,确定元器件的失效模式、失效机理,提出纠正措施,防止失效重复出现的方法。失效模式是指观察到的失效现象、失效形式,如开路、短路、参数漂移、功能失效等。失效机理是指失效的物理化学过程,如疲劳、腐蚀和过应力等。

失效分析既要从本质上研究元器件自身的不可靠性因素,又要分析研究其工作条件、环境应力和时间等因素对器件发生失效所产生的影响。

1. 失效分析作用

(1)确定引起失效的责任方(用应力-强度模型说明);

(2)确定失效原因;

(3)为实施整改措施提供确凿的证据。

2. 失效分析适用范围

(1)对关键的、重要的以及多次出现失效而未找到原因的元器件应进行失效分析,提交专门的失效分析机构或主管部门认可的失效分析机构进行,以便了解元器件失效机理,采取有效措施;

(2)对一般元器件的失效也应组织有关人员进行分析和试验,找出原因,并采取纠正措施。

3. 失效分析程序

失效样品数量极少,来之不易,内含重要信息,而失效分析过程大都具有破坏性和不可恢复性,为防止丢失证据或引入新的失效机理,一般按下列程序进行。

(1)收集失效现场数据;

(2)电测并确定失效模式;

(3)非破坏检查;

(4)打开封装;

(5)镜检;

(6)通电并进行失效定位;

(7)对失效部位进行物理化学分析,确定失效机理;

(8)综合分析,确定失效原因,提出纠正措施。

4. 收集失效现场数据

失效现场数据反映了失效的外部环境,对确定失效的责任方有重要意义,还为确定电子元器件的失效原因提供重要线索。此外,根据元器件失效前或失效时所受的应力种类和强度,可大致推测失效原因,加快失效分析的进度。

收集失效现场数据的主要内容包括失效环境、失效应力、失效发生期,以及失效样品在失效前后的电测试结果。

失效环境包括温度、湿度、电源环境、元器件在电路图上的位置和所受电偏置的状况。

失效应力包括电应力、温度应力、机械应力、气候应力和辐射应力。如样品经可靠性试验而失效,需了解样品经受试验的应力种类和时间。

失效发生期包括失效样品的经历,失效时间处于早期失效、随机失效或磨损失效。失效发生的阶段,如研制、生产、测试、试验、储存、使用等。

通常情况下,失效分析任务的委托方首先发现元器件失效并对失效样品和正常样品进行电测。失效分析人员应当全面收集委托方提供的电测试结果和测试条件说明,并详细研究这些原始数据,这是开始失效分析工作关键性的第一步。

5. 元器件失效分析常用的方法与技术

(1)元器件外观检查;

(2)元器件解剖前电性能检查,密封性试验、PIND、X 射线透视、扫描声学显微等无损检测分析;

(3)解剖元器件;

(4)元器件显微镜观察照相;

(5)元器件解剖后电性能检查。

其中,解剖前的无损失效分析技术、样品解剖制备技术、解剖后显微形貌像技术与前述无损检测技术、DPA 分析技术中的同类技术类似,在此不再赘述。

13.4.2　以失效分析为目的的电测技术

1. 电测在失效分析中的作用

现场数据是以生产为目的而获得的,这些数据可能不完全,或项目繁多、重点不突出,或随时间的推移参数已发生变化。分析人员应尽可能以失效分析为目的重新对关键的参数进行电测。这种电测具有多重作用:重现失效现象,确定失效模式,缩小故障隔离区,确定失效激励条件,为进行信号寻迹法失效定位创造条件。在特定条件下,从一些敏感参数电测结果可以确定失效机理,简化失效分析步骤。为防止引入新的失效机理,进行开封、去钝化层等样品制备过程后,需对样品重新进行电测。

集成电路的复杂性决定了失效定位在失效分析中的关键作用。打开封装后,用显微镜看不到失效部位时,就需对芯片进行电激励,根据芯片表面节点的电压、波型或发光异常点进行失效定位。用电激励方法暴露芯片的故障点,必须满足一定的测试条件,而获得这一测试条件,必须事先进行电测。

2. 电测种类和相关性

失效电子元器件的电测结果可分为三类:连接性失效、电参数失效和功能失效。

连接性失效包括开路、短路及电阻值变化。这类失效容易测试,而且在所有失效种类中占最大的比例。因为现场失效的元器件占失效比例的 50%,而现场失效多数是连接性失效,因而连接性测试在失效分析中有广泛的用途。

确定电子元器件的电参数失效,需进行较复杂的测量。各种电子元器件都有各自特殊的参数。如双极晶体管的电源电流、数字集成电路的电源电流、输入电压、输出电压等。电参数失效的主要表现形式有数值超出规定范围和参数不稳定。

确定电子元器件的功能失效,需对元器件输入一个已知的激励信号,测量输出结果。如测得的输出状态与预计状态相同,则元器件功能正常,否则为失效。功能测试主要用于集成电路。简单的集成电路的功能测试需要电源、信号源和示波器,复杂的集成电路测试需要自动测试系统和复杂的测试程序。

同一个元器件的上述三种失效有一定的相关性。即一种失效可能引起其他种类的失效。以数字集成电路为例,连接性失效可引起电参数失效和功能失效。如输入端漏电使输入电流、输入电压达不到要求,并引起功能失效和静态电源电流失效。输入端开路和输出端开路也会引起功能失效。失效电子元器件经电测可能有多种失效模式,如同时存在连接性失效、电参数失效和功能失效,然而存在一种主要失效模式,该失效模式可能引发其他失效模式。

在测试复杂性方面,连接性失效、电参数失效和功能失效呈递增趋势,而三种失效有相关性。功能失效和电参数失效的根源时常可归结于连接性失效。在缺乏复杂功能测试设备和测试程序的情况下,用简单的连接性测试和参数测试方法进行电测,结合物理失效分析技术的应用也可获得令人满意的失效分析结果。

13.4.3 基于测量电压效应的失效定位技术

集成电路的复杂性决定了失效定位在失效分析中的关键作用。打开封装后,用显微镜看不到失效部位时,就需对芯片进行电激励,根据芯片表面节点的电压、小型或发光异常点进行失效定位。

1. 扫描电子显微镜的电压衬度像

电子束在处于工作状态的被测芯片表面扫描,仪器的二次电子探头接收到的二次电子的数量与芯片表面的电位分布有关。芯片的负电位区发出大量的二次电子,该区的二次电子像显示为亮区;芯片的正电位区发出的二次电子受阻,该区的二次电子像显示为暗区。这种受到芯片表面电位调制的二次电子像叫电压衬度像。电压衬度像分为动态电压衬度像和静态电压衬度像。静态电压衬度像是被测器件处于静态工作状态时的电压衬度像,动态电压衬度像是被测器件处于动态工作状态时的电压衬度像。电压衬度像可确定芯片金属化层的开路或短路失效。

根据驱动器件的向量序列,可找出芯片内部不正常的逻辑状态,确定出芯片内部的故障节点。这种技术也称为图像失效分析技术。对于复杂的器件,在无设计者和设计文件的情况下,必须用专门的软件对好坏芯片的工作状态电压衬度像进行运算,求出它们差像,确定芯片的故障点。

2. 芯片内部节点的波形测量

通常情况下，确定集成电路失效部位采用信号寻迹法。在输入端激励芯片，用机械探针探测芯片内部节点的波形，根据波形确定被测点正常与否。随着集成电路进入 VLSI/ULSI 领域，当其几何尺寸小于 1 μm 时，用传统的机械探针已很难对其内部节点的工作状态进行直接而准确的探测了。国际上从 20 世纪 80 年代开始用电子束探针代替机械探针，对集成电路内部节点的电压和波形进行非接触测试，具有分辨率高、容易对准被测节点、无电容负载、非破坏性等特点。目前，电子束测试技术已被广泛地应用于 VLSI 设计验证和失效定位。它是在扫描电镜频闪电压衬度像的基础上发展起来的一种新型失效分析系统。

13.4.4　基于测量电流效应的失效定位技术

1. 显微红外热像分析技术

(1) 非接触测量芯片表面温度分布的重要性。电子元器件的芯片在通电工作过程中会发热。由于芯片各部位的电流强度不等，芯片表面的温度不同，正常芯片表面应有合理的温度分布，这是由芯片的热设计决定的。元器件热设计不当，材料缺陷，工艺差错等都会造成器件内部温度分布的异常。有时局部小区域温度会比平均温度高出很多(即热点)。这些现象都会直接影响器件的性能和寿命。测量芯片表面的热分布，发现热点，纠正设计和工艺缺陷对提高产品质量和可靠性有重要意义。接触式测温，探头不易改变探测点，难以获得芯片表面温度分布，并可能改变被测点的温度而造成测量误差。非接触测温可克服以上问题，红外热像仪正好能满足这些要求。

(2) 显微红外热像仪的原理和结构。红外热像仪温度测量的原理如下：被测物体发射的辐射能的强度峰值所对应的波长与温度有关。用红外探头逐点测量物体表面各单元发射的辐射能峰值的波长，通过计算机可换算成表面各点的温度值。新型红外热像仪采用同时测量样品表面各点温度的方式来实现温度分布的探测。

显微红外热像仪利用显微镜技术将发自样品表面各点的热辐射(远红外区)汇聚至红外焦平面阵列检测器，并变换成多路电信号，再由显示器形成伪彩色的图像。根据图像的颜色分布来显示样品表面各点的温度分布。

由于采用同步探测，每幅图像的成像时间很短，可进行动态热像测试。新型的显微红外热像仪的测温范围是 30～550 ℃，空间分辨率可达 5 μm，热分辨率在 75 ℃时为 0.1 ℃，扫描一幅图像的时间为 1/50 s。

2. 液晶热点检测技术

热点检测是一种有效的半导体器件失效分析手段。用显微红外热像仪来检测热点，由于空间分辨率不够高，不能满足单片集成电路失效定位的需要。

液晶是一种既具有液体的流动性，又具有晶体各向异性的物质。液晶有一特点，当它受热而温度高于某一临界温度 T_c(相变温度)时，就会变成各向同性的液体。利用液晶的这一特性，可以在正交偏振光下观察液晶的相变点而检测热点。

(1) 液晶热点检测设备。液晶热点检测设备由三部分组成：①偏振显微镜(即安装起偏器和检偏器的金相显微镜)；②可调温度的样品台；③样品的电偏置和控制电路。

偏振显微镜提供正交偏振光的显微观察，显微镜的物镜工作距离不能太短，应能适合这种检测，显微镜应配有照相装置或电视摄像装置。

可调温度样品台的温度分辨率和稳定性必须高于 0.1 ℃，加热台与被测器件之间的热传递良好，加热台最好用黄铜制成，并涂上导热胶来改善加热台与被测器件之间的热传递。

电偏置装置在进行热点检测时对被测器件提供偏置电压。

(2)液晶热点检测的关键技术。

1)偏振显微镜应在正交偏振光下观察，以提高观察图像对液晶相变的反应灵敏度。

2)应控制样品的温度在临界温度上下反复变化，如图 13-1 所示，以便得到一个合适的工作温度。该温度应低于临界温度而尽可能接近临界温度，才能使热点的显示最灵敏，因为这时只要缺陷的温度稍微增加一点就能超过临界温度，即使缺陷消耗非常低的能量也能反映出来，这一点对液晶显示热点是非常重要的。

3)检测时若偏置电压较高，会使图像变得模糊，则可改用加脉冲偏置电压使图像质量得到改善。

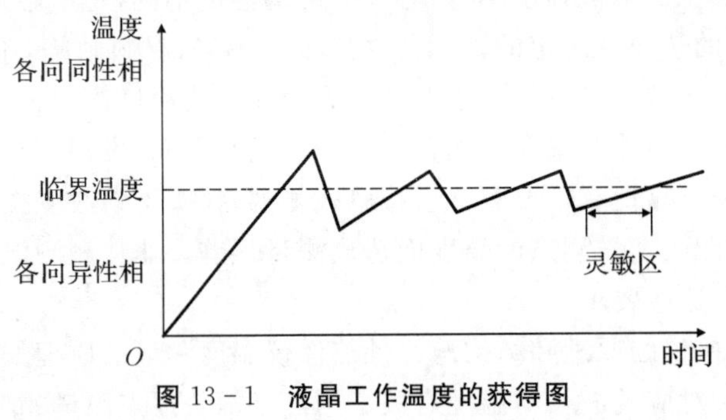

图 13-1　液晶工作温度的获得图

3. 光发射显微分析技术

(1)光发射显微镜原理、用途和特点。半导体器件中许多类型的缺陷和损伤在特定的电应力条件下会产生漏电，并伴随载流子的跃迁而导致光辐射。这样，对发光部位的定位就是对可能失效部位的定位。目前光辐射显微分析技术可以探测到的缺陷和损伤类型有漏电结、接触尖峰、氧化缺陷、栅针孔、静电放电损伤、闩锁效应、热载流子、饱和态晶体管及开关态晶体管等。

需要指出的是，虽然半导体器件中的缺陷与光辐射现象有着密切的关系，但并不是完全对应的关系。因为器件中的辐射有时并非缺陷造成的，而是由于人为设计或特定的电应力条件产生的，如饱和态的晶体管、正偏二极管等。同样，有些缺陷引起的失效虽然很显著，但并不产生光辐射，如欧姆型短路等。还有些缺陷虽然产生辐射，但由于其在器件的深层或被上层物质遮挡，因而无法探测。

探测前需打开器件的封装。探测分两步：首先在外部光源下对样品的局部进行实时数码照相；然后对这一局部施加偏置，并在不透光的屏蔽箱中进行微光照相，这时唯一的光源来自样品本身，最后两像叠加。

光辐射显微分析的关键技术是如何施加适当的电应力条件。辐射是与电压和电流强度有关的，只有选择到合适的偏置条件，才能探测到缺陷并改变辐射强度，并能抑制一些虚假的辐射现象，如悬浮栅等。为提高探测的准确性，有条件时应对相应的良品器件单元进行对比探测，从而确定(失效单元的)辐射不是由于设计或测试设置产生的。需要说明的是，一般的光辐射探测(不进行光谱分析)只是对器件和集成电路中可能的缺陷或损伤点进行定位，并根据光辐射的探测结果大致确定失效模式，再进一步还可采用诸如扫描电镜等其他手段对失效点进行分析。

总的来说，光辐射显微技术是一种快速、简便而有效的失效分析技术，可以探测到半导体器件中多种缺陷和机理引起的退化和失效，尤其在失效定位方面具有准确、直观和重复再现的优点。它无需专门制样，也不用对样品进行剥离或对失效部位进行隔离，因而对样品没有破坏性；不需要真空环境，可以方便地施加各种静态或动态的电应力等。这些都是其他一些分析技术(如形貌观察、扫描电镜的束感生技术、液晶检测等)所无法替代的。目前探测水平已达到几十 pA/μm^2，定位精度达 1 μm 左右。20 世纪 20 年代后又开发了光谱分析功能，通过对辐射点特征光谱的分析来确定辐射的性质和类型。

13.4.5 电子元器件化学成分分析技术

电子元器件失效的主要原因之一是沾污，包括颗粒沾污和表面沾污。确定污染源是实施改进措施的先决条件。因而，化学成分分析技术在失效分析中有重要作用。此外，界面之间的原子互扩散也会引起特性退化和失效，需做化学成分分析。常用电子元器件化学成分分析技术见表 13－1。

表 13－1 常用电子元器件化学成分分析技术

特　性	X 射线能谱分析 EDAX	俄歇电子能谱 Auger	二次离子质谱	傅里叶红外光谱
分析深度	1～1.5 μm	表面 20 Å	表　面	1～10 mm
灵敏度	0.1%	0.1%	PPM-PPT	PPM
分析信息	元素	元素	元素/分子	分子
横向分辨率	100Å	150Å	0.3～0.5 μm	2 mm
辐射源	电子束	电子束	离子束	红外光

扫描电镜用电子束作辐射源，用二次电子或背散射电子成像作形貌观察。X 射线能谱仪用电子束作辐射源，用样品发出的特征 X 射线来作化学成分分析。因而，扫描电镜与 X 射线谱仪可共用一个电子枪组成微探针系统。由于扫描电镜是最常用的和不可缺少的失效分析仪器，而 X 射线能谱仪可作为扫描电镜的附件。这样 X 射线能谱仪成为成本较低的和常用的化学成分分析仪器和失效分析仪器。

第14章　工艺质量检测

机械产品工艺质量检测主要是加工精度机械加工精度是指零件加工后的实际几何参数(尺寸、形状和表面间的相互位置)与理想几何参数的符合程度,符合程度越高,加工精度就越高。在机械加工过程中,由于各种因素的影响,使得加工出的零件,不可能与理想的要求完全符合。零件的加工精度包含三方面的内容:尺寸精度、形状精度和位置精度。通常形状公差应限制在位置公差之内,而位置误差一般也应限制在尺寸公差之内。当尺寸精度要求高时,相应的位置精度、形状精度也要求高。但形状精度要求高时,相应的位置精度和尺寸精度有时不一定要求高,这要根据零件的功能要求来决定。加工精度检测是对机械零件长度、角度、粗糙度、几何形状和相互位置等尺寸的测量。在传统的生产模式中,最常见的检测方法是人工用卡板、塞规等检具判断零件是否合格,检查人员进行抽检和终检,实现质量检测。随着数字化加工生产线的发展,在线加工精度、质量检测正在逐步成为主要检测方式。

14.1　长 度 检 测

长度是几何量中最基本的参数。从几何意义上讲,不外乎是面与面、线与线、点与点之间的距离及它们之间的组合。但从产品的角度看,广义的长度包括圆柱体的轴径和孔径,立方体的长度、宽度、高度(厚度),孔和槽的深度,孔间距、轴心距等。

常用长度检测器具按测量方式通常分为接触式和非接触式两大类;按转换原理又可分为机械、光学、电学、气动与超声等各种类型。接触式检测器具多以机械和早期的光学、电学仪器为主,测量稳定可靠,应用较广泛。由于检测器具的敏感元件(测头)与被检测工件表面直接接触并存在一定的测量力,有可能使检测器具或工件产生变形,造成测量误差或划伤工件表面,因此,应严格限制测量力大小并保持稳定。非接触式检测器具大多利用光、气、电、磁、声等转换原理来进行长度检测,测量精度高,响应速度快,特别适用于现代工业生产中的在线检测。但这些检测器具对工件的形状有一定要求,同时要求工件定位可靠,表面无污染。

各种检测器具的特征不仅表现在分度值、测量范围、测量精度等性能指标上,还表现在检测对象、检测环境和检测批量的要求上。产品检测任务主要是按检测对象的特点和精度要求,正确设计检测方法和经济合理地选用检测器具,并正确处理测量数据。

常用长度检测器具的性能指标和特点见表 14－1。

表 14－1　常用长度检测器具的性能指标和特点

测量量具	测量范围和量程/mm	分度值/μm	不确定度/μm	特　点
游标卡尺	0～25,0～300,0～500,300～1 000	20～50	20～150	结构简单,一般用作离线检测
千分尺	0～25,25～50,…,275～300,300～400,400～500,…,900～1 000	10	4～30	一般用作相对检测
机械式比较仪	0～315	0.5～5	0.6～3.5	带 RS-232C 接口,能直接与计算机通信
容栅式卡尺	0～150	10	±5	传感器体积小,灵活度高,一般用作相对测量
电感测微仪	±0.003～±0.8	0.01～10	±0.04～±6	非线性误差小,灵活度高,但对振动较敏感
电容测微仪	±0.000 025～±0.3	0.01～1	±0.02～±0.1	内装 RS-232C 接口,可直接与计算机通信
光栅测微仪	0～300	1	±1	立式:测量方便,效率高,但适应性差;卧式:适应性好,但测量效率低
测长仪	0～200	1	$\pm\left(1.5+\frac{L}{100}\right)$	可用来检定 2～4 等量块,也可测量高精度零件的外尺寸
立式干涉仪	0～150	0.05～0.2	$\pm(0.03+3ni\Delta\lambda)$	测量精度高,但测量靶需连续移动
双频激光干涉系统	0～60 000	0.01～0.08	$0.5\times10^{-6}L$	适用于二维尺寸的测量
万能工具显微镜	100×200～200×500	0.5～1	$\pm\left(2.5+\frac{L}{25}+\frac{HL}{2670}\right)$	适用于空间尺寸的测量
三坐标测量机	400×100×145～9 300×1 600×2 000	1～100	单轴:$0.5+\frac{L}{800}$～150	

注:表中,L 为被测长度;H 为宽度;n 为刻度尺分划数;I 为分度值;$\Delta\lambda$ 为光波波长的测量误差。

14.2 形状位置检测

形状和位置精度是零件的主要质量指标之一，它在一定程度上影响着整台机器的使用性能。正确检测形位误差是认识零件形状和位置精度的基本手段。检测形位精度时，其方法应根据零件的结构特点、尺寸大小、精度要求、检测设备条件和现有检测方法，但无论使用何种方法都应满足两点要求：一是保证一定的测量精度，二是要有较好的经济性。

14.2.1 形状误差测量

1. 直线度误差的测量

直线度误差的测量方法有很多，如用刀口尺、水平仪和桥板、自准直仪和反射镜、平板和指示器、优质钢丝和测量显微镜等测量。

(1)用刀口尺测量。如图 14－1 所示，将刀口尺放置在被测表面上，适当摆动刀口尺，观察光隙变化情况，使刀口尺与实际被测直线间的最大光隙为最小，则此最大光隙为被测要素的直线度误差。当间隙较大时，可用塞尺测量，光隙较小时，通过与标准光隙相比较来估读。

(2)用自准直仪测量。如图 14－2 所示，仪器由自准直仪和反射镜两部分组成。自准直仪置于被测零件之外的基座上，而将反射镜安放在跨距适当的桥板上，并将桥板置于被测要素上。测量时，首先根据被测直线的长度 L，确定分段数 n 和桥板跨距 $L(L=L/n)$，并在被测直线旁标出各测点的位置。再将反射镜分别置于被测轴线的两端，调整自准直仪的位置，使其光轴与两端点联机大致平行。然后，沿被测直线按各测点的选定位置，依次首尾衔接地移动桥板，同时记录反射镜在各测点上的示值。记下的数值经过处理，便可得到直线度误差值。自准直仪法适用于测量大、中型零件，它是以一束光线模拟拟合要素并作为测量基准的。

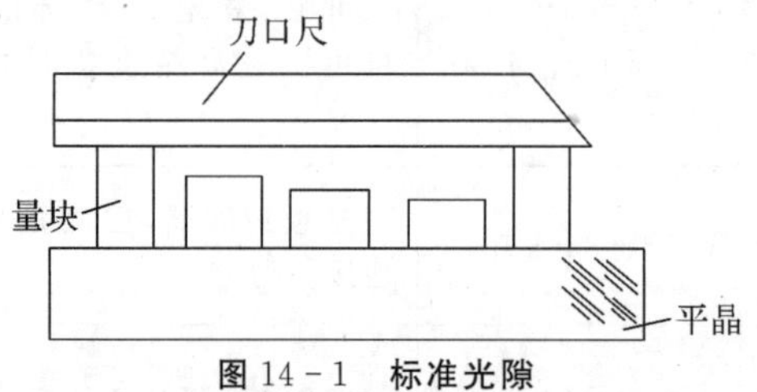

图 14－1　标准光隙

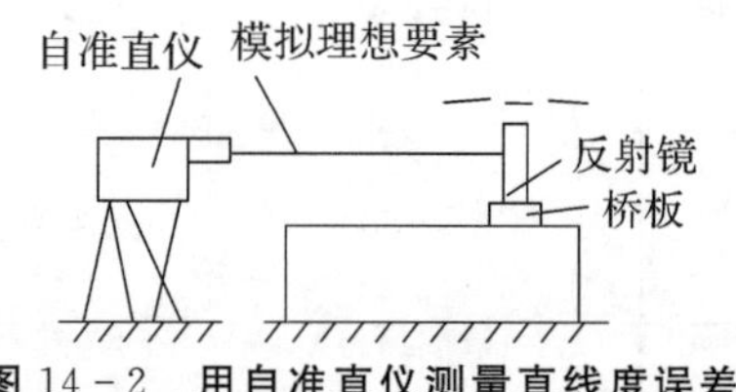

图 14－2　用自准直仪测量直线度误差

(3) 用水平仪测量。水平仪是一种精密测角仪器，用自然水平面作为测量基准。根据液体中气泡总是向高处移动的原理，由水平仪中气泡移动的格数，来表示水平仪倾斜的程度，从而得到示值，并获得直线度误差值。

用水平仪测量，是分段测量实际线各段的斜度变化。如图 14－3 所示，测量时应先将被测零件的位置调整到大致水平，以使水平仪在被测提取线的两端点上都能够得到示值。然后把水平仪安放在跨距适当的桥板上，再把桥板置于实际线的一端，按桥板的跨距 L(即实际线的分段长度)依次逐段移动桥板，至另一端为止。同时记录水平仪在各测点的数值(q 格值)。每次移动桥板时，应使桥板的支撑在前后位置上首尾相接。习惯上规定：气泡移动方向和水平仪移动方向相同时，示值取为"+"；气泡移动方向和水平仪移动方向相反时，示值取为"−"。

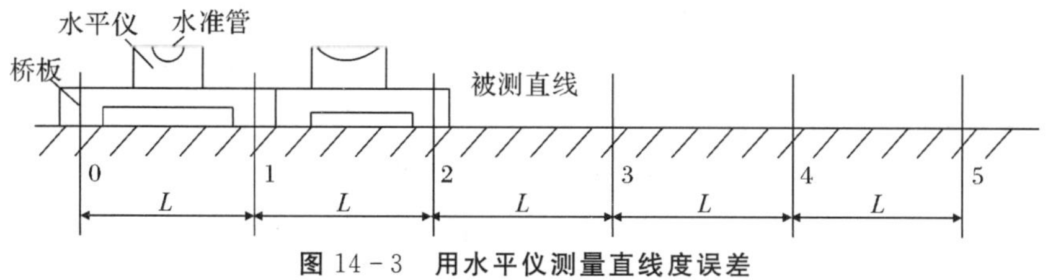

图 14-3 用水平仪测量直线度误差

2. 平面度误差的测量

由于任一平面都可看成由若干条直线组成，因此在平面度误差的测量中，常用若干个截面的直线度误差来综合反映其平面度误差。因此测量直线度误差的仪器和方法，也能用于测量平面度误差。测量平面度误差，通常采用与拟合要素比较原则。

(1)用平晶测量平面度误差。如图 14-4(a)所示，测量时把平晶放在被测表面上，并略微倾斜，使平晶与被测表面形成一微小的空气楔，观察干涉条纹。干涉条纹的形状与被测表面的形状有关。当干涉条纹相互平行且为直的明、暗条纹时，则被测表面的平面度误差为零，如图 14-4(b)所示。当干涉条纹为封闭的干涉环时，被测表面平面度误差等于干涉环的整环数 N 与光波波长 1/2 的乘积，即 $f=N\times\lambda/2$ 对于不封闭的干涉条纹，平面度误差值等于条纹的弯曲度与相邻两条纹的间距之比(a/b)，再乘以光波波长的一半，如图 14-4(c)所示。此方法适用于测量高精度的小平面。

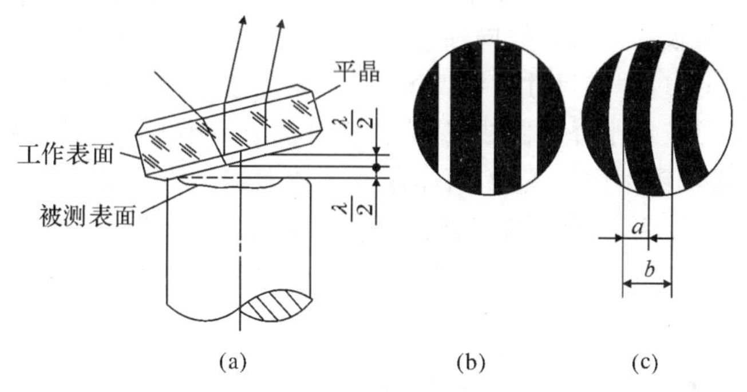

图 14-4 平晶测量平面度误差

(a)平晶的放置；(b)平行且直的干涉条纹；(c)不封闭的干涉条纹

(2)用指示表测量。如图 14-5 所示，将被测零件支撑在支板上，平板的工作面为测量基准。测量时，通常先调整被测提取表面上相距最远的三点距平板等高，然后按选定的布点测量被测表面。指示表测得的最大示值与最小示值的代数差，即按三点法评定的平面度误差值。

如果按对角线平面法评定平面度误差值，则可先调整被测平面上一条对角线的两端点距平板等高，然后按选定的各点依次测量各测点，以指示器示值中的最大值与最小值之差作为平面度误差值。还可以把各测点的数据按最小区域法评定，求解出符合定义的误差值。

(3) 用自准直仪测量。如图 14-2 所示，用自准直仪测量平面度误差时，仪器本身置于被测零件之外的基座上，反射镜固定在桥板上，并将桥板置于被测表面上。测量时，应先把自准直仪与被测表面调整到大致平行。然后用测量直线度误差的方法，按米字布线，测出对角在线各测点示值，再测出另一条对角在线和其余截面上各测点的示值，并将这些示值换算成线值。根据测得的示值，并利用两条对角线的交点，来确定符合对角线法的拟合平面，再按此拟合平面求解平面度误差。必要时，再进一步按最小条件求解误差值。本方法可用来测量大、中型平面。

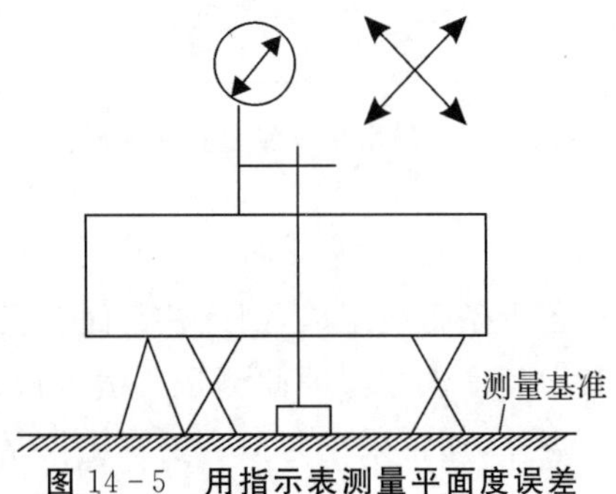

图 14－5 用指示表测量平面度误差

3. 圆度误差的测量

圆度是零件回转体表面的一项重要的质量指针。在满足被测零件功能要求的前提下，圆度误差值可以选用不同的评定方法确定。

(1)用圆度仪测量。圆度仪具备精密的回转轴系，用于测量较高精度和高精度零件的圆度误差。圆度仪有传感器旋转式和工作台旋转式两种，其结构如图 14－6 所示。

如图 14－6(a)所示，用传感器旋转式圆度仪测量时，将被测零件安置在量仪工作台上，调整其轴线，使之与量仪的回转轴线同轴。仪器的主轴带着传感器和测头一起回转，记录被测零件在测头回转一周过程中尺寸跳动情况，测量截面各测点的半径差，绘制极坐标图，然后按最小区域法，也可按最小外接圆法、最大内接圆法或最小二乘圆法评定圆度误差。这种仪器由于测量时使被测零件固定不动，可用来测量较大零件的圆度误差。

如图 14－6(b)所示，用工作台旋转式圆度仪测量圆度误差时，传感器和测头固定不动，而被测零件放置在仪器的回转工作台上，随着工作台一起旋转。这种仪器常制成结构紧凑的台式仪器，宜于测量小型零件的圆度误差。

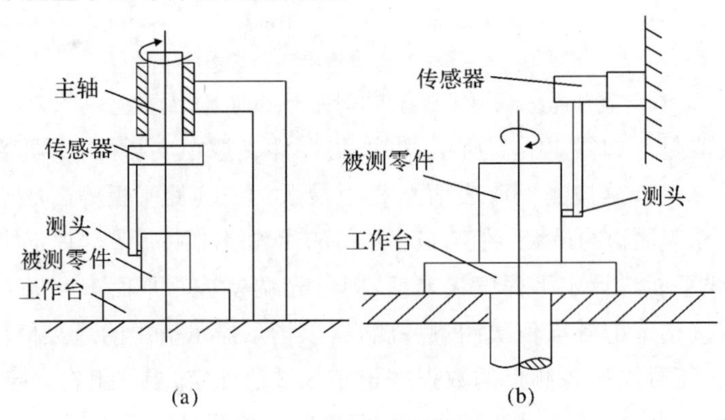

图 14－6 圆度仪的结构示意图

(a)传感器旋转式；(b)工作台旋转式

(2) 在分度装置上测量。一般精度的圆度误差,可以在分度头和分度台等分度装置上按极坐标测量。如图 14-7 所示,用分度头测量圆度误差时,将被测零件安装在光学分度头的两顶尖之间,注意保证零件被测圆柱表面的轴线与分度头主图轴的轴线重合。用指示器与所选定的被测截面轮廓接触,按预先确定的分度间隔,逐点分度测量。从指示表上读取被测截面上各测点的半径差值,然后可在极坐标纸上按一定的比例绘出圆度半径差的折线轮廓图。再按某一方法来评定被测截面的圆度误差。

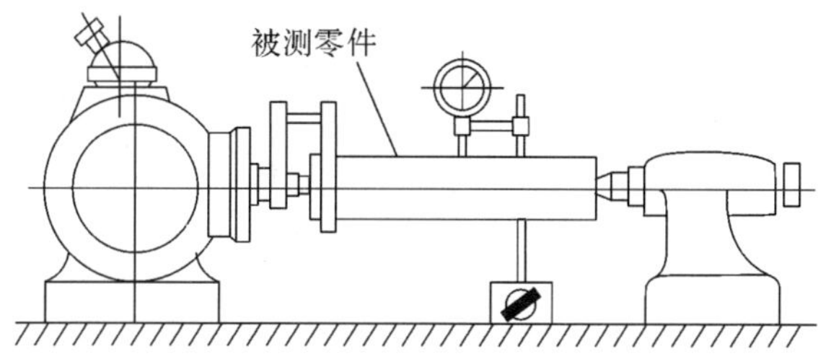

图 14-7　用分度头测量圆度误差

(3)两点测量法。两点测量法又称直径法。它是利用两点接触式仪器、仪表或直接用量具在零件截面 360°范围内,测量直径的变化量,找出测量值中的最大直径差,以最大差值的一半作为圆度误差。如此测量若干个截面,取其中最大的误差值作为该零件的圆度误差。

两点法仅适用于测量内外表面的偶数棱圆,多用于测量椭圆度误差。当被测对象为奇数棱圆时,为了揭示实际存在的圆度误差,弥补两点法的缺陷,可用三点法来测量。

(4)三点测量法。三点测量法又称 V 形测量,如图 14-8 所示。此方法利用的 V 形测量装置,主要由 V 形块和指示器两部分组成。测量时,将被测零件放在 V 形支承上,被测零件的轴线应与测量截面垂直,并固定其轴向位置,零件相对 V 形测量装置转动一周,指示器将反映出一个最大示值差 Δ_{max},则圆度误差由下式计算:

$$f = \Delta_{max}/K$$

式中:K 为反映系数,它与被测件轮廓的棱数 n、V 形支承夹角 α 和指示器测杆的偏转角 β 有关。

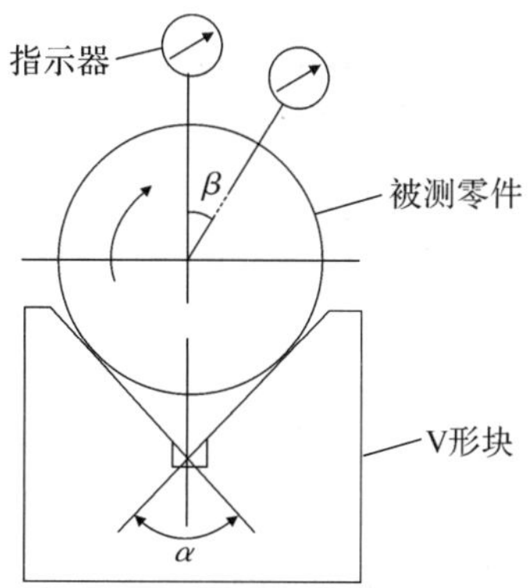

图 14-8　三点法测量圆度误差

如图 14-8 中虚线所示,将指示器测杆偏离正中位置 β 角,可大大提高测量精度。此方法适用于测量奇数棱形内、外表面的圆度误差。根据测量的不同情况，K 值可从表 14－2 中查取。

表 14－2　圆度误差测量的反映系数 K 值

棱数 n	两点法	对称安置 V 形支承法											
		顶点式 α					鞍式 α					顶点式 α/β	
		90°	120°	72°	108°	60°	90°	120°	72°	108°	60°	120°/60°	60°/30°
2	2	1	1.58	0.47	1.38	—	1	0.42	1.53	0.62	2	2.38	1.41
3	—	2	1	2.62	1.38	3	2	1	2.62	1.38	3	2	2
4	2	0.41	0.42	0.38	—	—	2.41	1.58	2.38	2	2	1.01	1.41
5	—	2	2	1	2.24	—	2	2	1	2.24	—	2	2
6	2	1	—	2.38	—	3	1	2	0.38	2	1	0.42	0.73
7	—	—	2	0.62	1.38	—	—	2	0.62	1.38	—	2	2
8	2	2.42	0.42	1.53	1.38	—	0.41	1.58	0.47	0.62	2	2.38	1.41
9	—	—	1	2	—	3	—	1	2	—	3	2	2
10	2	1	1.58	0.7	2.24	—	1	0.42	2.7	0.24	2	1.01	1.41
11	—	2	—	2	—	—	2	—	2	—	—	2	—
12	2	0.41	2	1.53	1.38	3	2.41	—	0.47	0.62	1	0.42	2.73
13	—	2	—	0.62	1.38	—	2	—	0.62	1.38	—	2	—
14	2	1	1.58	2.38	—	—	1	0.42	0.38	2	2	2.38	1.41
15	—	—	1	1	2.24	3	—	1	1	2.24	3	2	2
16	2	2.41	0.42	0.38	—	—	0.41	1.58	2.38	2	2	1.01	0.73
17	—	—	2	2.62	1.38	—	—	2	2.62	1.38	—	2	2
18	2	1	—	0.47	1.38	3	1	2	1.53	0.62	1	0.42	1.41
19	—	2	2	—	—	—	2	2	—	—	—	2	2
20	2	0.41	0.42	2.7	2.24	—	2.41	1.58	0.7	0.24	2	1.01	1.41
21	—	2	1	—	—	3	2	1	—	—	3	2	2
22	2	1	1.58	0.47	1.38	—	1	0.42	1.53	0.62	4	2.38	1.41

14.2.2　位置误差测量

1. 定向误差的测量

(1)平行度误差的测量。图 14－9 所示为直接比较法测量平行度误差。测量时，将被测零件直接放在平板上，由平板模拟基准平面并作为测量基准。测量架在平板上移动，指示器则相应地对实际被测表面的若干测点进行测量。指示器最大与最小示值之差，即为被测提取表面对其基准平面的平行度误差值。用平板和指示器进行直接比较测量方便易行，适宜于测量尺寸不大的零件。

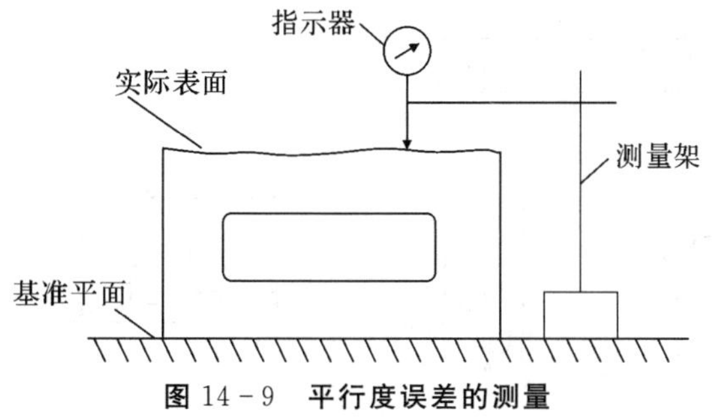

图 14 - 9　平行度误差的测量

(2)垂直度误差的测量。图 14 - 10 所示为直接比较法测量垂直度误差。零件的被测窄平面相对于底平面有垂直度要求,测量时将被测零件的实际基准平面放置在平板上,用平板体现基准平面。将直角尺的工作底面紧贴实际被测平面,通过直角尺的转换,用该直角尺的垂直工作面体现被测平面的方向,于是把垂直度误差测量转换成平行度误差的测量。指示器在直角尺垂直工作面的 A、B 两点处测量,测得示值分别为 M_A 和 M_B,则被测零件平面的垂直度误差值 f 按下式计算:

$$f = \frac{1}{L} \mid M_A - M_B \mid$$

式中:L 为 A、B 两测量点的距离。

这种测量方法排除了被测零件的实际基准平面和实际被测平面的形状误差。

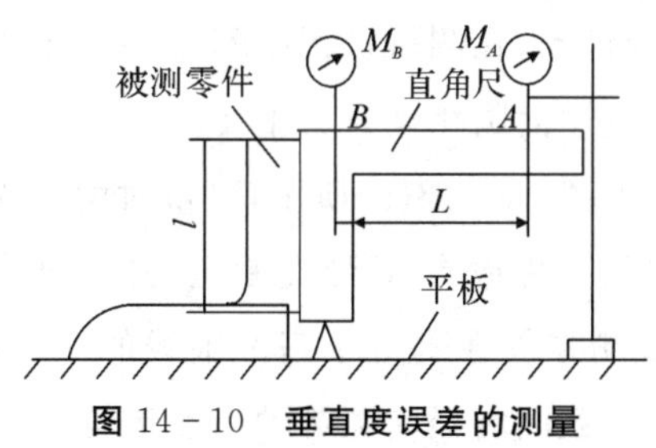

图 14 - 10　垂直度误差的测量

2. 定位误差的测量

在此仅介绍位置度误差的测量。例如,在坐标测量装置上测量图 14 - 11(b)所示孔的轴线的位置度误差。测量时,被测轴线用心轴体现,将心轴无间隙地安装在被测孔中,按图 14 - 11(a)所示图样上给定的三个基准平面和顺序,调整该零件的位置,使其与测量装置的坐标方向一致。然后沿坐标方向,在靠近被测孔的顶面处,分别测取心轴对基准的坐标值 x_1,x_2 和 y_1,y_2。被测轴线的坐标(x,y),按 $x=(x_1+x_2)/2$;$y=(y_1+y_2)/2$ 计算。将 x 和 y 分别与对应的理论正确尺寸 X 和 Y 相减,求出实际被测轴线的位置偏差 f_x 和 f_y,则被测孔在该端的位置度误差为 $f=\sqrt{f_x^2+f_y^2}$。

如有必要,再对被测孔的另一端依上述方法进行测量,取两端测量中所得较大的误差值,作为该被测孔的位置度误差。

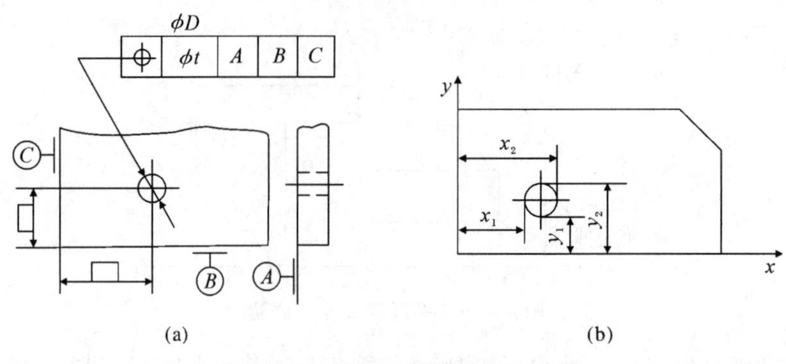

图 14-11　轴线位置度误差的测量

(a)零件的图样标注；(b)测量示意图

3. 跳动误差的测量

跳动是按特定的测量方法来定义的位置误差项目。测量跳动误差时，被测零件的基准轴线通常采用模拟法体现。跳动误差的测量结果是既反映实际被测要素相对于基准轴线的位置误差，又反映其本身形状误差的综合值。例如径向圆跳动，既反映实际被测横截面轮廓的同轴度误差，又反映其圆度误差。

跳动测量所用的设备比较简单（如跳动测量仪、分度头、V形支承座等），测量方便，因此生产中得到了广泛应用。

无论是测量圆跳动还是全跳动，在测量过程中不允许实际被测要素轴向移动，对被测零件有轴向定位要求，特别是测量端面圆跳动更为重要。

(1)径向圆跳动的测量。由图 14-12(a)所示，测量时两个V形支承座和安装着指示器的测量架都放置在平板上，被测零件放置V形支承上，并在轴向上以固定顶针定位。此时基准轴线即由V形架模拟，被测零件在垂直于基准轴线的一个测量平面内回转一周，指示器示值的最大差值，即为该测量截面的径向圆跳动。测量若干个截面，取在各截面内测得跳动值中的最大值作为该零件的径向圆跳动误差。

(2)端面圆跳动的测量。由图 14-12(b)为端面圆跳动的检测方法。被测零件的基准轴线用V形支承座模拟体现，在轴向以固定支承定位。然后将指示器定在端面某一半径处，使被测零件绕基准轴线回转一周，则指示器的最大示值差值即为在该半径处测量圆柱面上的端面圆跳动误差。

在被测端面上对几个不同直径的圆进行测量，取指示器对各个圆测得的端面跳动误差中的最大值，作为实际被测端面的端面圆跳动误差。

(3)全跳动的测量。全跳动测量和圆跳动测量一样，可分为径向全跳动测量和端面全动测量。其测量示意图与图 14-12(a)、图 14-12(b)相似，所不同的是，在被测零件连续回转过程中，指示器同时平行于或垂直于被测零件的基准轴线的方向作直线运动。在整个测量过程中，指示器最大与最小示值之差，即为全跳动误差值。

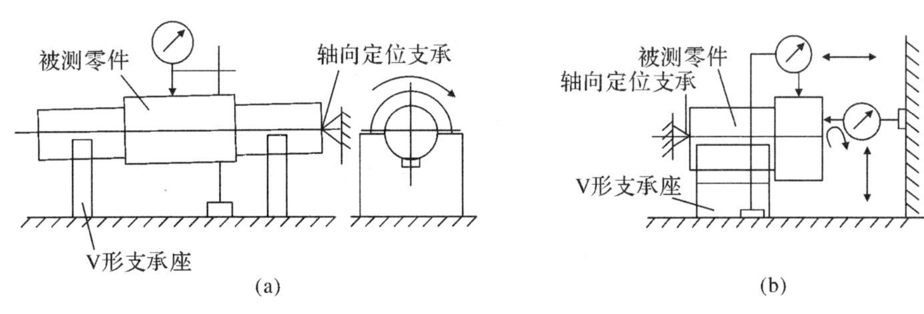

图 14-12　跳动测量

(a)径向跳动的测量；(b)径向和端面全跳动的检测

14.3　表面特性检测

1. 表面光泽度检测

产品的表面几何特性包括表面光泽度、表面缺陷、表面轮廓、表面波度及表面粗糙度等。传统的几何量计量对表面光泽度面缺陷和表面波度的检测技术研究较少。近些年来，随着产品质量要求的不断提高，这些表面几何特性的检测越来越普遍地受到重视。表面粗糙度理论和检测技术一直是产品质量检验中的重要研究内容，由于近代科学技术的发展，各种新的检测方法、检测器件的问世，使其测量精度从亚微米级飞跃到纳米级，其检测指标从单参数发展到多参数乃至三维表面参数。

产品的光泽度除与产品的表面加工质量有关，还与产品的材料光学特性及其他质量指标有关。过去国内外对各种具体产品的表面光泽度均无统一的质量标准，但针对现代产品特殊的质量要求，对产品的表面光泽进行检测是完全必要的。

2. 表面缺陷检测

产品的表面缺陷种类繁多，如麻点、裂纹、压痕、疵焊点(缝)等。过去，这类缺陷的检查主要靠人眼观察，它不仅速度慢、劳动强度大，还不能确保产品的质量。近些年来，随着计算机在工业生产中的普遍应用，工业摄像和图像处理技术已成为表面缺陷在线检测的主要手段。由于被检测对象的形体各异，运动形式不同，故用于照明的光学系统亦各不相同，有扫描式、光切式、光纤式等。其中，激光扫描法主要用来检测金属板表面的缺陷，CCD 摄像法常用来检测产品表面的凸凹型缺陷，光切法常用来检测印制电路板焊点的缺陷。

3. 表面轮廓检测

(1)坐标测量法。三坐标测量机是用坐标法测量三维表面轮廓的典型仪器，特别适用于模具、水轮机叶片等空间曲面的检测。这种仪器在三维测量范围内，分别沿 x、y、z 方向装有三个位置传感器，当仪器探头处在空间某一位置时，显示器即刻显示出该点的三个坐标值。用三坐标测量机测量表面轮廓时，只需使探头连续地沿工件表面移动，计算机便可自动按预定的节距采集资料。通过曲线(曲面)拟合，最后绘制出被测曲线(曲面)的实际轮廓、理论轮廓和给定的公差带图。

(2)穆尔等高法。穆尔等高法是利用光学投影系统将标准格栅投射到被测物体表面,得到携带有该被测表面三维形状信息的变形格栅,此变形格栅经摄像物镜成像在像平面上,并和此像平面上的标准格栅重合,从而获得被测物体表面的穆尔等高线条纹图像。穆尔等高法可分为格栅照射法和格栅投影法。其中,格栅投影法由于可用较小的栅板测量各种大小的被测物,因而其应用较多。

4.表面粗糙度检测

表面粗糙度的测量,按测头与被测工件的相互作用关系可分为接触式和非接触式两种。接触式测量以触针法为主,虽然其测量精度较高,测量结果稳定可靠,但测量速度慢,工件表面易被划伤。非接触式测量多以光学方法为主,按其测量结果的性质又可分为直接法和间接法。直接法是用直径很小的光束(光针)沿工件表面逐点测量表面峰谷的高度,如临界角法、像散法、刀口法和外差干涉法等;间接法是根据表面的光学性质来评定表面粗糙度,其典型方法是光散射法。

14.4 在线检测技术

14.4.1 在线加工精度检测

在现代机械制造加工过程中,可以利用数控机床实现在线的几何尺寸检测。首先要在计算机辅助编程系统上自动生成检测主程序,将检测主程序由通信接口传输给数控机床,通过跳步指令,使测头按程序规定路径运动,当测球接触工件时发出触发信号,通过测头与数控系统的专用接口将触发信号传到转换器,并将触发信号转换后传给机床的控制系统,该点的坐标被记录下来。信号被接收后,机床停止运动,测量点的坐标通过通信接口传回计算机,然后进行下一个测量动作。上位机通过监测 CNC 系统返回的测量值,可对系统测量结果进行计算补偿及可视化等各项数据处理工作。

数控加工的在线检测技术是在加工机床上加装相应的测头系统,完成加工前测量、加工循环中监测以及加工后检测等多种自动检测功能,实现数控机床工件坐标系自动调整、在线质量监控和在线检测,并通过误差补偿技术,修正系统的检测误差的一类技术。在数控加工过程中,很多时间被工件装夹、找正和工件尺寸测量所消耗。而利用测头系统可以在机床上快速、准确地测量出工件的位置,并将测量结果反馈到数控系统中,修正机床的工件坐标系。如具备五轴功能,通过测头系统还可自动找正工件基准面,自动完成基面调整,工件坐标系设定等工作,从而简化工装夹具,节省夹具费用,缩短辅助加工时间,提高机床的利用率。

采用零件加工尺寸在线测量方法具有以下两方面的优点:取代了人工测量产生误差的环节,消除了工件重复定位误差的来源,为实现高精度的加工提供了保障;由于省去了零件拆卸、运输、重新安装、找零点等过程,加工效率得到明显提高。虽然,在线测量的测量结果尚不能作为零件的最终检验结果,但作为零件的自检和中间工序的检验是完全可靠的。合理利用机床上的测量仪器,借助精密机床高精度导轨的联动功能,以机床作为测量装置的载体,对机床测量系统进行必要的开发,就能实现加工过程零件几何尺寸和形位误差的检测,即零件尺寸在线测量，并能给出零件尺寸误差统计数据，再通过数控程序实现加工尺寸误差补偿，修正加工工艺参数。这不仅可提高精密零件的加工质量和加工效率，同时对推进加工测量一体化技术的发展具有重要意义。

在数控机床上按照测头与工件是否接触可以分为接触式测量和非接触式测量。测头测量时与被测工件表面接触的为接触式测量，否则为非接触式测量。由于表面粗糙度及其他因素对测微测头的影响，在未来相当长时间内，采用触觉测量装置仍将是与零件相联系的最精确的测量方式。接触式测头分为硬测头和软测头两类。硬测头主要用于手动测量和精度要求不高的场合，而软测头是目前三坐标测量机和数控机床在线检测系统普遍使用的测量头。软测头主要有三维测微测头和触发式测头两种。其中触发式测头具有造价低、容许超程量大、结构坚固、工作安全性高、抗干扰能力强、在机床环境中耐用和可靠性好等优点，在实际检测过程中得到了普遍应用。

在机床上使用测头进行在线检测，可方便工件的安装调整，大大缩短辅助时间，提高生产效率；在线检测可在加工过程中进行尺寸测量，可根据测量结果自动修改加工程序，改善加工精度，使得数控机床既是加工设备，又兼具测量机的某种功能。非接触式测量工业领域常用到的检测方法及现阶段的技术研究主要有以下几种。

1. 激光式

激光具有高强度、高度方向性等优点，对于微位移的测量比较灵敏。

2. 机器视觉

通过图像摄取装置将被摄取目标转换成图像信号，传送给专用的图像处理系统，根据像素分布和亮度、颜色等信息，转变成数字化信号，分析特征，进而根据判别的结果控制现场设备。但是恶劣的加工条件会影响其测量精度和使用寿命，测量装置的高成本以及其较大的结构体积限制了其在机械加工在线测量过程中的应用。

3. 光栅式

光栅式位移传感器经常应用于机床与现代加工中心以及测量仪器等方面，可用作直线位移或者角位移的检测，可满足新一代运动定位系统对高速高精度位移测量的要求。

4. 超声波式

超声波是一种振动频率高于声波的机械波，方向性好，位于传感器前面的被检测对象通过将发射的声波部分地发射回传感器的接收器，从而使传感器检测到被测对象。但由于粉尘、切削液、机械振动等多种因素都会对测量精度有影响，尚未在机械加工的在线测量过程中得到广泛应用。

5. 电子式

该检测方法常用于电容传感器和电感传感器，测量误差为亚微米数量级，多用于车削中间接测量工件直径、圆度、圆柱度。此种检测方法一般用于间接测量，不能直接建立起传感器与工件的关系，其应用也受到了很大限制。

6. 涡流式

该检测方法在高速旋转机械和往复式运动机械的状态分析和测量中，能够非接触地连续准确地采集到机械振动和位移信号。

但是在实际生产中，工件尺寸、形状对在线检测要求较高，原因在于加工中工件存在热膨胀，这会造成很大的误差。经验表明，在不使用切削液车削加工时，加工中和冷却后工件直径相差有 10μm 之多。该项误差很难除去，因此限制了在线检测的使用范围。

14.4.2 在线质量检测

在线质量检测的目的不仅是判定产品是否合格，而是还控制生产过程的状态，判断生产工艺是否处于稳定状态，通常是随着制造工艺过程而同时进行在位检测，其检验结果作为一个监控和反映生产过程状态的信号，以便决定是否继续生产，以及是否要对生产过程采取纠正措施。在线质量检测需要给出后续加工的数值和方向，属于边加工边检验的制造方式。在线质量检测设备及方法往往都是专用的，需要结合具体的工艺进行试验、设计、研制专门的测量方法和设备。例如将超声、射线、磁性、表面渗透等无损检测和探伤技术用于热处理等具体工艺过程的在线质量检测。

对于大批量生产的机加工过程的零件尺寸在线质量检测，主要有加工过程中的主动检测、自动线上的自动补调检测和零件的自动检测等技术。加工过程中的主动检测的特点在于，检测和加工在同一工位上进行，能减少系统误差和偶然误差，防止废品出现，是一种理想的检测方式；自动线上的自动补调检测，是在自动线上零件加工后的工位上进行，发出的信号使刀具补偿机构自动调整刀具位置，以补偿刀具磨损量，这种检测是保证大批量生产零件质量的主要手段；零件的自动检验主要用于高精度的关键零件，要求在加工后进行 100% 的全数检验，以剔除废品、防止废品混入后续工序，或用以进行分组选择装配。

对于多品种、中小批量生产加工过程中的在线质量检验，主要有三坐标测量和制造系统中的自动检测技术。三坐标检测具有适用性强、适用面广、检测快速、结果准确等优点，利用数字化测量手段获取测量数据，然后与虚拟的数字样板进行匹配，检测形状误差、尺寸误差、位置误差等；制造系统中的自动检测技术是指在制造系统的设计制造中应用各种传感器技术，在工艺过程质量检测技术采用计算机数据采集和控制测量过程，进行自动化测量、数据采集处理和结果打印、输出记录存档等，例如监测过程量的光纤传感器，可检测加工工件表面的粗糙度，进一步扩大了测量领域并且具有更可靠的功能。随着传感技术的迅猛发展，工业自动化检测系统将会得到更大的发展和完善。

附　　录

附录 A　标准正态分布表和随机数表

$$\Phi(z)=\int_{-\infty}^{z}\frac{1}{\sqrt{2\pi}}\mathrm{e}^{-u^2/2}\mathrm{d}u$$

附表 A-1　标准正态分布表

z	0	0.01	0.02	0.03	0.04	0.05	0.06	0.07	0.08	0.09
0	0.500 00	0.503 99	0.507 98	0.511 97	0.515 95	0.519 94	0.523 92	0.527 90	0.531 88	0.535 86
0.1	0.539 83	0.543 79	0.547 76	0.551 72	0.555 67	0.559 62	0.563 56	0.567 49	0.571 42	0.575 34
0.2	0.579 26	0.583 17	0.587 06	0.590 95	0.591 83	0.598 71	0.602 57	0.606 42	0.610 26	0.614 09
0.3	0.617 91	0.621 72	0.625 51	0.629 30	0.633 07	0.636 83	0.640 58	0.644 31	0.648 03	0.651 73
0.4	0.655 42	0.659 10	0.662 76	0.666 40	0.670 03	0.673 64	0.677 24	0.680 82	0.684 38	0.687 93
0.5	0.691 46	0.694 97	0.698 47	0.701 94	0.705 40	0.708 84	0.712 26	0.715 66	0.719 04	0.722 40
0.6	0.725 75	0.729 07	0.732 37	0.735 65	0.738 91	0.742 15	0.745 37	0.748 57	0.751 75	0.754 90
0.7	0.758 03	0.761 15	0.764 24	0.767 30	0.770 35	0.773 37	0.776 37	0.779 35	0.782 30	0.785 23
0.8	0.788 14	0.791 03	0.793 89	0.796 73	0.799 54	0.802 34	0.805 10	0.807 85	0.810 57	0.813 27
0.9	0.815 94	0.818 59	0.821 21	0.823 81	0.826 39	0.828 94	0.831 47	0.833 97	0.836 46	0.838 91
1.0	0.841 34	0.843 75	0.846 13	0.848 49	0.850 83	0.853 14	0.855 43	0.857 69	0.859 93	0.862 14
1.1	0.864 33	0.866 50	0.868 64	0.870 76	0.872 85	0.874 93	0.876 97	0.879 00	0.881 00	0.882 97
1.2	0.884 93	0.886 86	0.888 77	0.890 65	0.892 51	0.894 35	0.896 16	0.897 96	0.899 73	0.901 47
1.3	0.903 20	0.904 90	0.906 58	0.908 24	0.909 88	0.911 49	0.913 08	0.914 65	0.916 21	0.917 73
1.4	0.919 24	0.920 73	0.922 19	0.923 64	0.925 06	0.926 47	0.927 85	0.929 22	0.930 56	0.931 89
1.5	0.933 19	0.934 48	0.935 74	0.936 99	0.938 22	0.939 43	0.940 62	0.941 79	0.942 95	0.944 08
1.6	0.945 20	0.946 30	0.947 38	0.948 45	0.949 50	0.950 53	0.951 54	0.952 54	0.953 52	0.954 48
1.7	0.955 43	0.956 37	0.957 28	0.958 18	0.959 07	0.959 94	0.960 80	0.961 64	0.962 46	0.963 27
1.8	0.964 07	0.964 85	0.965 62	0.966 37	0.967 11	0.967 84	0.968 56	0.969 26	0.969 95	0.970 62
1.9	0.971 28	0.971 93	0.972 57	0.973 20	0.973 81	0.974 41	0.975 00	0.975 58	0.976 15	0.976 70
2.0	0.977 25	0.977 78	0.978 31	0.978 82	0.979 32	0.979 82	0.980 30	0.980 77	0.981 24	0.981 69
2.1	0.982 14	0.982 57	0.983 00	0.983 41	0.983 82	0.984 22	0.984 61	0.985 00	0.985 37	0.985 74

续 表

z	0	0.01	0.02	0.03	0.04	0.05	0.06	0.07	0.08	0.09
2.2	0.986 10	0.986 45	0.986 79	0.987 13	0.987 45	0.978 78	0.988 09	0.988 40	0.988 70	0.988 99
2.3	0.989 28	0.989 56	0.989 83	0.990 10	0.990 36	0.990 61	0.990 86	0.991 11	0.991 34	0.991 58
2.4	0.991 80	0.992 02	0.992 24	0.992 45	0.992 66	0.992 86	0.993 05	0.993 24	0.993 43	0.993 61
2.5	0.993 79	0.993 96	0.994 13	0.994 30	0.994 46	0.994 61	0.994 77	0.994 92	0.995 06	0.995 20
2.6	0.995 34	0.995 47	0.995 60	0.995 73	0.995 85	0.995 98	0.996 09	0.996 21	0.996 32	0.996 43
2.7	0.996 53	0.996 64	0.996 74	0.996 83	0.996 93	0.997 02	0.997 11	0.997 20	0.997 28	0.997 36
2.8	0.997 44	0.997 52	0.997 60	0.997 67	0.997 74	0.997 81	0.997 88	0.997 95	0.998 01	0.998 07
2.9	0.998 13	0.998 19	0.998 25	0.998 31	0.998 36	0.998 41	0.998 46	0.998 51	0.998 56	0.998 61
3.0	0.998 65	0.998 69	0.998 74	0.998 78	0.998 82	0.998 86	0.998 89	0.998 93	0.998 97	0.999 00
3.1	0.999 03	0.999 06	0.999 10	0.999 13	0.999 16	0.999 18	0.999 21	0.999 24	0.999 26	0.999 29
3.2	0.999 31	0.999 34	0.999 36	0.999 38	0.999 40	0.999 42	0.999 44	0.999 46	0.999 48	0.999 50
3.3	0.999 52	0.999 53	0.999 55	0.999 57	0.999 58	0.999 60	0.999 61	0.999 62	0.999 64	0.999 65
3.4	0.999 66	0.999 68	0.999 69	0.999 70	0.999 71	0.999 72	0.999 73	0.999 74	0.999 75	0.999 76
3.5	0.999 77	0.999 78	0.999 78	0.999 79	0.999 80	0.999 81	0.999 81	0.999 82	0.999 83	0.999 83
3.6	0.999 84	0.999 85	0.999 85	0.999 86	0.999 86	0.999 87	0.999 87	0.999 88	0.999 88	0.999 89
3.7	0.999 89	0.999 90	0.999 90	0.999 90	0.999 91	0.999 91	0.999 92	0.999 92	0.999 92	0.999 92
3.8	0.999 93	0.999 93	0.999 93	0.999 94	0.999 94	0.999 94	0.999 94	0.999 95	0.999 95	0.999 95
3.9	0.999 95	0.999 95	0.999 96	0.999 96	0.999 96	0.999 96	0.999 96	0.999 96	0.999 97	0.999 97

表 A-2　随机数表

行	列																								
	1					2					3					4					5				
	03	47	43	73	86	36	96	47	36	61	46	98	63	71	62	33	26	16	80	45	60	11	14	10	95
	97	74	24	67	62	42	81	14	57	20	42	53	32	37	32	27	07	36	07	51	24	51	79	89	73
1	16	76	62	27	66	56	50	26	71	07	32	90	79	78	53	13	55	38	58	59	88	97	54	14	10
	12	56	85	99	26	96	96	68	27	31	05	03	72	93	15	57	12	10	14	21	88	26	49	81	76
	55	59	56	35	64	38	54	82	46	22	31	62	43	09	90	06	18	44	32	53	23	83	01	30	30
	16	22	77	94	39	49	54	43	54	82	17	37	93	23	78	87	35	20	96	43	84	26	34	91	64
	84	42	17	53	31	57	24	55	06	88	77	04	74	47	67	21	76	33	50	25	83	92	12	06	76
2	63	01	63	78	59	16	95	55	67	19	98	10	50	71	75	12	86	73	58	07	44	39	52	38	79
	33	21	12	34	29	78	64	56	07	82	52	42	07	44	38	15	51	00	13	42	99	66	02	79	54
	57	60	86	32	44	09	47	27	96	54	49	17	46	09	62	90	52	84	77	27	08	02	73	43	28
	18	18	07	92	46	44	17	16	58	09	79	83	86	19	62	06	76	50	03	10	55	23	64	05	05
	26	62	38	97	75	84	16	07	44	99	83	11	46	32	24	20	14	85	88	45	10	93	72	88	71
3	23	42	40	64	74	82	97	77	77	81	07	45	32	14	08	32	98	94	07	72	93	85	79	10	75
	52	36	28	19	95	50	92	26	11	97	00	56	76	31	38	80	22	02	53	53	86	60	42	04	53
	37	85	94	35	12	83	39	50	08	30	42	34	07	96	88	54	42	06	87	98	35	85	29	48	39

续表

行	列																								
	1					2					3					4					5				
	70	29	17	12	13	40	33	20	38	26	13	89	51	03	74	17	76	37	13	04	07	74	21	19	30
	56	62	18	37	35	96	83	50	87	75	97	12	25	93	47	70	33	24	03	54	97	77	46	44	80
4	99	49	57	22	77	88	42	95	45	72	16	64	36	16	00	04	43	18	66	39	94	77	24	21	90
	16	08	15	04	72	33	27	14	34	09	45	59	34	68	49	12	72	07	34	45	99	27	72	95	14
	31	16	93	32	43	50	27	89	87	19	20	15	37	00	49	52	85	66	60	44	36	68	88	11	80
	68	34	30	13	70	55	74	60	77	40	44	22	78	84	26	04	33	46	09	52	68	07	97	06	57
	74	57	25	65	76	59	29	97	68	60	71	91	38	67	54	13	58	18	24	76	15	54	55	95	52
5	27	42	37	86	53	48	55	90	65	72	96	57	69	36	10	96	46	92	42	45	97	60	49	04	91
	00	39	68	29	61	66	37	32	20	30	77	84	57	03	29	10	45	65	04	26	11	04	96	67	24
	29	94	98	94	24	68	49	69	10	82	53	75	91	93	30	34	25	20	57	27	40	48	73	51	92
	16	90	82	66	59	83	62	64	11	12	67	19	00	71	74	60	47	21	29	68	02	02	37	03	31
	11	27	94	75	06	06	09	19	74	66	02	94	37	34	02	76	70	90	30	86	38	45	94	30	38
6	35	24	10	16	20	33	32	51	26	38	79	78	45	04	91	16	92	53	56	16	02	75	50	95	98
	38	23	16	86	38	42	38	97	01	50	87	75	66	81	41	40	01	74	91	62	48	51	84	08	32
	31	96	25	91	47	96	44	33	49	13	34	86	82	53	91	00	52	43	48	85	27	55	26	89	62
	11	67	40	67	14	64	05	71	95	86	11	05	65	09	68	76	83	20	37	90	57	16	00	11	66
	14	90	84	45	11	75	73	88	05	90	52	27	41	14	86	22	98	12	22	08	07	52	74	95	80
7	68	05	51	18	00	33	96	02	75	19	07	60	62	93	55	59	33	82	43	90	49	37	38	44	59
	20	46	78	73	90	97	51	40	14	02	04	02	33	31	08	39	54	16	49	36	47	95	93	13	30
	64	19	58	97	79	15	06	15	93	20	01	90	10	75	06	40	78	78	89	62	02	67	74	17	33
	05	26	93	10	60	22	35	85	15	13	92	03	51	59	77	59	56	78	06	83	52	91	05	07	74
	07	97	10	88	23	09	98	42	99	64	61	71	62	99	15	06	51	29	16	93	58	05	77	09	51
8	68	71	86	85	85	54	87	66	47	54	73	32	08	11	12	44	95	92	63	16	29	56	24	29	48
	26	99	06	65	53	58	37	78	80	70	42	10	50	67	42	32	17	55	85	74	94	44	67	16	94
	14	65	52	68	75	87	59	36	22	41	26	78	63	06	55	13	08	27	01	50	15	29	39	39	43
	17	53	17	58	71	71	41	61	50	72	12	41	94	96	26	44	95	27	36	99	02	96	74	30	83
	90	26	59	21	19	23	52	23	33	12	96	93	02	18	39	07	02	18	36	07	25	99	32	70	23
9	41	23	52	55	99	31	04	49	69	96	10	47	48	45	88	13	41	43	89	20	97	17	14	49	17
	60	20	50	81	69	31	99	73	68	68	35	81	33	03	76	24	30	12	48	60	18	99	10	72	34
	91	25	38	05	90	94	58	28	41	36	45	37	59	03	09	90	35	57	29	12	82	62	54	65	60
	34	50	57	74	37	98	80	33	00	91	09	77	93	19	82	74	94	80	04	04	45	07	31	66	49
	85	22	04	39	43	73	81	53	94	79	33	62	46	86	28	08	31	54	46	31	53	94	13	38	47
10	09	79	13	77	48	73	82	97	22	21	05	03	27	24	83	72	89	44	05	60	35	80	39	94	88
	88	75	80	18	14	22	95	75	42	49	39	32	82	22	49	02	48	07	70	37	16	04	61	67	87
	90	96	23	70	00	39	00	03	06	90	55	85	78	38	36	94	37	30	69	32	90	89	00	76	33

附录B 常用正交表

表B-1 正交表 $L_4(2^3)$

试验号	列号		
	1	2	3
1	1	1	1
2	1	2	2
3	2	1	2
4	2	2	1

表B-2 正交表 $L_8(2^7)$

试验号	列号						
	1	2	3	4	5	6	7
1	1	1	1	1	1	1	1
2	1	1	1	2	2	2	2
3	1	2	2	1	1	2	2
4	2	2	2	2	2	1	1
5	2	1	2	1	2	1	2
6	2	1	2	2	1	2	1
7	2	2	1	1	2	2	1
8	2	2	1	2	1	1	2

表B-3 正交表 $L_{16}(2^{15})$

试验号	列号														
	1	2	3	4	5	6	7	8	9	10	11	12	13	14	15
1	1	1	1	1	1	1	1	1	1	1	1	1	1	1	1
2	1	1	1	1	1	1	1	2	2	2	2	2	2	2	2
3	1	1	1	2	2	2	2	1	1	1	1	2	2	2	2
4	1	1	1	2	2	2	2	2	2	2	2	1	1	1	1
5	1	2	2	1	1	1	2	1	1	2	2	1	1	2	2
6	1	2	2	1	1	1	2	2	2	1	1	2	2	1	1
7	1	2	2	2	2	2	1	1	1	2	2	2	2	1	1
8	1	2	2	2	2	2	1	2	2	1	1	1	1	2	2
9	2	1	2	1	2	1	2	1	2	1	2	1	2	1	2
10	2	1	2	1	2	1	2	2	1	2	1	2	1	2	1
11	2	1	2	2	1	2	1	1	2	1	2	2	1	2	1

续表

试验号	列号														
	1	2	3	4	5	6	7	8	9	10	11	12	13	14	15
12	2	1	2	2	1	2	1	2	1	2	1	1	2	1	2
13	2	2	1	1	2	2	1	1	2	2	1	1	2	2	1
14	2	2	1	1	2	2	1	2	1	1	2	2	1	1	2
15	2	2	1	2	1	1	2	1	2	2	1	2	1	1	2
16	2	2	1	2	1	1	2	2	1	1	2	1	2	2	1

表 B-4　二水平正交表 $L_4(2^3)$、$L_8(2^7)$、$L_{16}(2^{15})$的交互作用表

列号	1	2	3	4	5	6	7	8	9	10	11	12	13	14	15
1	(1)	3	2	5	4	7	6	9	8	11	10	13	12	15	14
2		(2)	1	6	7	4	5	10	11	8	9	14	15	12	13
3			(3)	7	6	5	4	11	10	9	8	15	14	13	12
4				(4)	1	2	3	12	13	14	15	8	9	10	11
5					(5)	3	2	13	12	15	14	9	8	11	10
6						(6)	1	14	15	12	13	10	11	8	9
7							(7)	15	14	13	12	11	10	9	8
8								(8)	1	2	3	4	5	6	7
9									(9)	1	6	7	4	7	6
10										(10)	1	6	7	4	5
11											(11)	7	6	5	4
12												(12)	1	2	3
13													(13)	3	2
14														(14)	1

表 B-5　正交表 $L_9(3^4)$

试验号	列号			
	1	2	3	4
1	1	1	1	1
2	1	2	2	2
3	1	3	3	3
4	2	1	3	3
5	2	2	2	1

续表

试验号	列号			
	1	2	3	4
6	2	3	1	2
7	3	1	3	2
8	3	2	1	3
9	3	3	2	1

表 B-6　正交表 $L_{27}(3^{13})$

试验号	列号												
	1	2	3	4	5	6	7	8	9	10	11	12	13
1	1	1	1	1	1	1	1	1	1	1	1	1	1
2	1	1	1	1	2	2	2	2	2	2	2	2	2
3	1	1	1	1	3	3	3	3	3	3	3	3	3
4	1	2	2	2	1	1	1	2	2	2	3	3	3
5	1	2	2	2	2	2	2	3	3	3	1	1	1
6	1	2	2	2	3	3	3	1	1	1	2	2	2
7	1	3	3	3	1	1	1	3	3	3	2	2	2
8	1	3	3	3	2	2	2	1	1	1	3	3	3
9	1	3	3	3	3	3	3	2	2	2	1	1	1
10	2	1	2	3	1	2	3	1	2	3	1	2	3
11	2	1	2	3	2	3	1	2	3	1	2	3	1
12	2	1	2	3	3	1	2	3	1	2	3	1	2
13	2	2	3	1	1	2	3	2	3	1	3	1	2
14	2	2	3	1	2	3	1	3	1	2	1	2	3
15	2	2	3	1	3	1	2	1	2	3	2	3	1
16	2	3	1	2	1	2	3	3	1	2	2	3	1
17	2	3	1	2	2	3	1	1	2	3	3	1	2
18	2	3	1	2	3	1	2	2	3	1	1	2	3
19	3	1	3	2	1	3	2	1	3	2	1	3	2
20	3	1	3	2	2	1	3	2	1	3	2	1	3
21	3	1	3	2	3	2	1	3	2	1	3	2	1
22	3	2	1	3	1	3	2	2	1	3	3	2	1
23	3	2	1	3	2	1	3	3	2	1	1	3	2
24	3	2	1	3	3	2	1	1	3	2	2	1	3
25	3	3	2	1	1	3	2	3	2	1	2	1	3
26	3	3	2	1	2	1	3	1	3	2	3	2	1
27	3	3	2	1	3	2	1	2	1	3	1	3	2

表 B-7 三水平正交表 $L_9(3^4)$和 $L_{27}(3^{13})$的交互作用表

列号	1	2	3	4	5	6	7	8	9	10	11	12	13
1	(1){	3	2	2	6	5	5	9	8	8	12	11	11
		4	4	3	7	7	6	10	10	9	13	13	12
2		(2){	1	1	8	9	10	5	6	7	5	6	7
			4	3	11	12	13	11	12	13	8	9	10
3			(3){	1	9	10	8	7	5	6	6	7	5
				2	13	11	12	12	13	11	10	8	9
4				(4){	10	8	9	6	7	5	7	5	6
					12	13	11	13	11	12	9	10	8
5					(5){	1	1	2	3	4	2	4	3
						7	6	11	13	12	8	10	9
6						(6){	1	4	2	3	3	2	4
							5	13	12	11	10	9	8
7							(7){	3	4	2	4	3	2
								12	11	13	9	8	10
8								(8){	1	1	2	3	4
									10	9	5	7	6
9									(9){	1	4	2	3
										8	7	6	5
10										(10){	3	4	2
											6	5	7
11											(11){	1	1
												13	12
12												(12){	1
													11

表 B-8 四水平正交表 $L_{16}(4^5)$

试验号	列 号				
	1	2	3	4	5
1	1	1	1	1	1
2	1	2	2	2	2
3	1	3	3	3	3
4	1	4	4	4	4
5	2	1	2	3	4
6	2	2	1	4	3
7	2	3	4	1	2
8	2	4	3	2	1
9	3	1	3	4	2
10	3	2	4	1	3

续 表

试验号	列 号				
	1	2	3	4	5
11	3	3	1	2	4
12	3	4	2	1	3
13	4	1	4	2	3
14	4	2	3	1	4
15	4	3	2	4	1
16	4	4	1	3	2

表 B-9 四水平正交表 $L_{25}(5^6)$

试验号	列 号					
	1	2	3	4	5	6
1	1	1	1	1	1	1
2	1	2	2	2	2	2
3	1	3	3	3	3	3
4	1	4	4	4	4	4
5	1	5	5	5	5	5
6	2	1	2	3	4	5
7	2	2	3	4	5	1
8	2	3	4	5	1	2
9	2	4	5	1	2	3
10	2	5	1	2	3	4
11	3	1	3	5	2	4
12	3	2	4	1	3	5
13	3	3	5	2	4	1
14	3	4	1	3	5	2
15	3	5	2	4	1	3
16	4	1	4	2	5	3
17	4	2	5	3	1	4
18	4	3	1	4	3	5
19	4	4	2	5	3	1
20	4	5	3	1	4	2
21	5	1	5	4	3	2
22	5	2	1	5	4	3
23	5	3	2	1	5	4
24	5	4	3	2	1	5
25	5	5	4	3	2	1

附录C　F分布表和计量控制图系数表

$$P\{F(n_1,n_2)>F_\alpha(n_1,n_2)\}=\alpha$$

表C-1　F分布表

n_2	n_1																		
	1	2	3	4	5	6	7	8	9	10	12	15	20	24	30	40	60	120	∞
1	4 052	4 999	5 403	5 625	5 764	5 859	5 928	5 982	6 022	6 056	6 106	6 157	6 209	6 235	6 261	6 287	6 313	6 339	6 336
2	98.50	99.00	99.17	99.25	99.30	99.33	99.36	99.37	99.39	99.40	99.42	99.43	99.45	99.46	99.47	99.47	99.48	99.49	99.50
3	34.12	30.82	29.46	28.71	28.24	27.91	27.67	27.49	27.35	27.23	27.05	26.87	26.69	26.60	26.50	26.41	26.32	26.22	26.13
4	21.20	18.00	16.69	15.98	15.52	15.21	14.98	14.80	14.66	14.55	14.37	14.20	14.02	13.93	13.84	13.75	13.65	13.56	13.46
5	16.26	13.27	12.06	11.39	10.97	10.67	10.46	10.29	10.16	10.05	9.89	9.72	9.55	9.47	9.38	9.29	9.20	9.11	9.02
6	13.75	10.92	9.78	9.15	8.75	8.47	8.26	8.10	7.98	7.87	7.72	7.56	7.40	7.31	7.23	7.14	7.06	6.97	6.88
7	12.25	9.55	8.45	7.85	7.46	7.19	6.99	6.84	6.72	6.62	6.47	6.31	6.16	6.07	5.99	5.91	5.82	5.74	5.65
8	11.26	8.65	7.59	7.01	6.63	6.37	6.18	6.03	5.91	5.81	5.67	5.52	5.36	5.28	5.20	5.12	5.03	4.95	4.86
9	10.56	8.02	6.99	6.42	6.06	5.80	5.61	5.47	5.35	5.26	5.11	4.96	4.81	4.73	4.65	4.57	4.48	4.40	4.31
10	10.04	7.56	6.55	5.99	5.64	5.39	5.20	5.06	4.94	4.85	4.71	4.56	4.41	4.33	4.25	4.17	4.08	4.00	3.91
11	9.65	7.21	6.22	5.67	5.32	5.07	4.89	4.74	4.63	4.54	4.40	4.25	4.10	4.02	3.94	3.86	3.78	3.69	3.60
12	9.33	6.93	5.95	5.41	5.06	4.82	4.64	4.50	4.39	4.30	4.16	4.01	3.86	3.78	3.70	3.62	3.54	3.45	3.36
13	9.07	6.70	5.74	5.21	4.86	4.62	4.44	4.30	4.19	4.10	3.96	3.82	3.66	3.59	3.51	3.43	3.34	3.25	3.17
14	8.86	6.51	5.56	5.04	4.69	4.46	4.28	4.14	4.03	3.94	3.80	3.66	3.51	3.43	3.35	3.27	3.18	3.09	3.00
15	8.68	6.36	5.42	4.89	4.56	4.32	4.14	4.00	3.89	3.80	3.67	3.52	3.37	3.29	3.21	3.13	3.05	2.96	2.87
16	8.53	6.23	5.29	4.77	4.44	4.20	4.03	3.89	3.78	3.69	3.55	3.41	3.26	3.18	3.10	3.02	2.93	2.84	2.75
17	8.40	6.11	5.18	4.67	4.34	4.10	3.93	3.79	3.68	3.59	3.46	3.31	3.16	3.08	3.00	2.92	2.83	2.75	2.65
18	8.29	6.01	5.09	4.58	4.25	4.01	3.84	3.71	3.60	3.51	3.37	3.23	3.08	3.00	2.92	2.84	2.75	2.66	2.57
19	8.18	5.93	5.01	4.50	4.17	3.94	3.77	3.63	3.52	3.43	3.30	3.15	3.00	2.92	2.84	2.76	2.67	2.58	2.49
20	8.10	5.85	4.94	4.43	4.10	3.87	3.70	3.56	3.46	3.37	3.23	3.09	2.94	2.86	2.78	2.69	2.61	2.52	2.42
21	8.02	5.78	4.87	4.37	4.04	3.81	3.64	3.51	3.40	3.31	3.17	3.03	2.88	2.80	2.72	2.64	2.55	2.46	2.36
22	7.95	5.72	4.82	4.31	3.99	3.76	3.59	3.45	3.35	3.26	3.12	2.98	2.83	2.75	2.67	2.58	2.50	2.40	2.31
23	7.88	5.66	4.76	4.26	3.94	3.71	3.54	3.41	3.30	3.21	3.07	2.93	2.78	2.70	2.62	2.54	2.45	2.35	2.26
24	7.82	5.61	4.72	4.22	3.90	3.67	3.50	3.36	3.26	3.17	3.03	2.89	2.74	2.66	2.58	2.49	2.40	2.31	2.21
25	7.77	5.57	4.68	4.18	3.85	3.63	3.46	3.32	3.22	3.13	2.99	2.85	2.70	2.62	2.54	2.45	2.36	2.27	2.17
26	7.72	5.53	4.64	4.14	3.82	3.59	3.42	3.29	3.18	3.09	2.96	2.81	2.66	2.58	2.50	2.42	2.33	2.23	2.13

续表

n_2	n_1																		
	1	2	3	4	5	6	7	8	9	10	12	15	20	24	30	40	60	120	oo
27	7.68	5.49	4.60	4.11	3.78	3.56	3.39	3.26	3.15	3.06	2.93	2.78	2.63	2.55	2.47	2.38	2.29	2.20	2.10
28	7.64	5.45	4.57	4.07	3.75	3.53	3.36	3.23	3.12	3.03	2.90	2.75	2.60	2.52	2.44	2.35	2.26	2.17	2.06
29	7.60	5.42	4.54	4.04	3.73	3.50	3.33	3.20	3.09	3.00	2.87	2.73	2.57	2.49	2.40	2.33	2.23	2.14	2.03
30	7.56	5.39	4.51	4.02	3.70	3.47	3.30	3.17	3.07	2.98	2.84	2.70	2.55	2.47	2.39	2.30	2.21	2.11	2.01
40	7.31	5.18	4.31	3.83	3.51	3.29	3.12	2.99	2.89	2.80	2.66	2.52	2.37	2.29	2.20	2.11	2.02	1.92	1.80
60	7.08	4.98	4.13	3.65	3.34	3.12	2.95	2.82	2.72	2.63	2.50	2.35	2.20	2.12	2.03	1.94	1.84	1.73	1.60
120	6.85	4.79	3.95	3.48	3.17	2.96	2.79	2.66	2.56	2.47	2.34	2.19	2.03	1.95	1.86	1.76	1.66	1.53	1.38
∞	6.63	4.61	3.78	3.32	3.02	2.80	2.64	2.51	2.41	2.32	2.18	2.04	1.88	1.79	1.70	1.59	1.47	1.32	1.00
1	161.4	199.5	215.7	224.6	230.2	234.0	236.8	238.9	240.5	241.9	243.9	24.59	24.80	24.91	25.01	25.11	25.22	25.33	25.43
2	18.51	19.00	19.16	19.25	19.30	19.33	19.35	19.37	19.38	19.40	1941	19.43	19.45	19.45	19.46	19.47	19.48	19.49	19.50
3	10.13	9.55	9.28	9.12	9.01	8.94	8.89	8.85	8.81	8.79	874	8.70	8.66	8.64	8.62	8.59	8.57	8.55	8.53
4	7.71	6.94	6.59	6.39	6.26	6.16	6.09	6.04	6.00	5.96	591	5.86	5.80	5.77	5.75	5.72	5.69	5.66	5.63
5	6，61	5.79	5.41	5.19	5.05	4.95	4.88	4.82	4.77	4.74	468	4.62	4.56	4.53	4.50	4.46	4.43	4.40	4.36
6	5.99	5.14	4.76	4.53	4.39	4.28	4.21	4.15	4.10	4.06	400	3.94	3.87	3.84	3.81	3.77	3.74	3.70	3.67
7	5.59	4.74	4.35	4.12	3.97	3.87	3.79	3.73	3.68	3.64	357	3.51	3.44	3.41	3.38	3.34	3.30	3.27	3.23
8	5.32	4.46	4.07	3.84	3.69	3.58	3.50	3.44	3.39	3.35	328	3.22	3.15	3.12	3.08	3.04	3.01	2.97	2.93
9	5.12	4.26	3.86	3.63	3.48	3.37	3.29	3.23	3.18	3.14	307	3.01	2.94	2.90	2.86	2.83	2.79	2.75	2.71
10	4.96	4.10	3.71	3.48	3.33	3.22	3.14	3.07	3.02	2.98	291	2.85	2.77	2.74	2.70	2.66	2.62	2.58	2.54
11	4.84	3.98	3.59	3.36	3.20	3.09	3.01	2.95	2.90	2.85	279	2.72	2.65	2.61	2.57	2.53	2.49	2.45	2.40
12	4.75	3.89	3.49	3.26	3.11	3.00	2.91	2.85	2.80	2.75	269	2.62	2.54	2.51	2.47	2.43	2.38	2.34	2.30
13	4.67	3.81	3.41	3.18	3.03	2.92	2.83	2.77	2.71	2.67	260	2.53	2.46	2.42	2.38	2.34	2.30	2.25	2.21
14	4.60	3.74	3.34	3.11	2.96	2.85	2.76	2.70	2.65	2.60	253	2.46	2.39	2.35	2.31	2.27	2.22	2.18	2.13
15	4.54	3.68	3.29	3.06	2.90	2.79	2.71	2.64	,2.59	2.54	248	2.40	2.33	2.29	2.25	2.20	2.16	2.11	2.07
16	4.49	3.63	3.24	3.01	2.85	2.74	2.66	2.59	2.54	2.49	242	2.35	2.28	2.24	2.19	2.15	2.11	2.06	2.01
17	4.45	3.59	3.20	2.96	2.81	2.70	2.61	2.55	2.49	2.45	238	2.31	2.23	2.19	2.15	2.10	2.06	2.01	1.96
18	4.41	3.55	3.16	2.93	2.77	2.66	2.58	2.51	2.46	2.41	234	2.27	2.19	2.15	2.11	2.06	2.02	1.97	1.92
19	4.38	3.52	3.13	2.90	2.74	2.63	2.54	2.48	2.42	2.38	231	2.23	2.16	2.11	2.07	2.03	1.98	1.93	1.88
20	4.35	3.49	3.10	2.87	2.71	2.60	2.51	2.45	2.39	2.35	228	2.20	2.12	2.08	2.04	1.99	1.95	1.90	1.84
21	4.32	3.47	3.07	2.84	2.68	2.57	2.49	2.42	2.37	2.32	225	2.18	2.10	2.05	2.01	1.96	1.92	1.87	1.81
22	4.30	3.44	3.05	2.82	2.66	2.55	2.46	2.39	2.34	2.30	223	2.15	2.07	2.03	1.98	1.94	1.89	1.84	1.78
23	4.28	3.42	3.03	2.80	2.64	2.53	2.44	2.37	2.32	2.27	220	2.13	2.05	2.01	1.96	1.91	1.86	1.81	1.76
24	4.26	3.40	3.01	2.78	2.62	2.51	2.42	2.36	2.30	2.25	218	2.11	2.03	1.98	1.94	1.89	1.84	1.79	1.73
25	4.24	3.39	2.99	2.76	2.60	2.49	2.40	2.34	2.28	2.24	216	2.09	2.01	1.96	1.92	1.87	1.82	1.77	1.71
26	4.23	3.37	2.98	2.74	2.59	2.47	2.39	2.32	2.27	2.22	215	2.07	1.99	1.95	1.90	1.85	1.80	1.75	1.69

续表

n_2	n_1																		
	1	2	3	4	5	6	7	8	9	10	12	15	20	24	30	40	60	120	oo
27	4.21	3.35	2.96	2.73	2.57	2.46	2.37	2.31	2.25	2.20	213	2.06	1.97	1.93	1.88	1.84	1.79	1.73	1.67
28	4.20	3.34	2.95	2.71	2.56	2.45	2.36	2.29	2.24	2.19	212	2.04	1.96	1.91	1.87	1.82	1.77	1.71	1.65
29	4.18	3.33	2.93	2.70	2.55	2.43	2.35	2.28	2.22	2.18	210	2.03	1.94	1.90	1.85	1.81	1.75	1.70	1.64
30	4.17	3.32	2.92	2.69	2.53	2.42	2.33	2.27	2.21	2.16	209	2.01	1.93	1.89	1.84	1.79	1.74	1.68	1.62
40	4.08	3.23	2.84	2.61	2.45	2.34	2.25	2.18	2.12	2.08	200	1.92	1.84	1.79	1.74	1.69	1.64	1.58	1.51
60	4.00	3.15	2.76	2.53	2.37	2.25	2.17	2.10	2.04	1.99	192	1.84	1.75	1.70	1.65	1.59	1.53	1.47	1.39
120	3.92	3.07	2.68	2.45	2.29	2.17	2.09	2.02	1.96	1.91	183	1.75	1.66	1.61	1.55	1.50	1.43	1.35	1.25
∞	3.84	3.00	2.60	2.37	2.21	2.10	2.01	1.94	1.88	1.83	175	1.67	1.57	1.52	1.46	1.39	1.32	1.22	1.00

表 C－2　计量控制图系数表

子样	均值控制图			标准差控制图						极差控制图							中位数控制图	
大小	控制界限系数			中心线系数		控制界限系数				中心线系数			控制界限系数				控制界限系数	
n	A	A2	A3	C4	1/C4	B3	B4	B5	B6	d2	1/d2	d3	D1	D2	D3	D4	m3	m3A2
2	2.121	1.880	2.659	0.797 9	1.253 3	0	3.267	0	2.606	1.128	0.886 5	0.853	0	3.686	0	3.267	1.000	1.880
3	1.732	1.023	1.954	0.886 2	1.128 4	0	2.568	0	2.276	1.693	0.590 7	0.888	0	4.358	0	2.574	1.160	1.187
4	1.500	0.729	1.628	0.921 3	1.085 4	0	2.266	0	2.088	2.059	0.485 7	0.880	0	4.698	0	2.282	1.092	0.796
5	1.342	0.577	1.427	0.940 0	1.063 8	0	2.089	0	1.964	2.326	0.429 9	0.864	0	4.918	0	2.115	1.198	0.691
6	1.225	0.483	1.287	0.951 5	1.051 0	0.030	1.970	0.029	1.874	2.534	0.394 6	0.848	0	5.078	0	2.004	1.135	0.549
7	1.134	0.419	1.182	0.959 4	1.042 3	0.118	1.882	0.113	1.806	2.704	0.399 8	0.833	0.204	5.204	0.076	1.924	1.214	0.509
8	1.061	0.373	1.099	0.965 0	1.036 3	0.185	1.815	0.179	1.751	2.847	0.3512	0.820	0.388	5.306	0.136	1.864	1.160	0.432
9	1000	0.337	1.032	0.969 3	1.031 7	0.239	1.761	0.232	1.707	2.970	0.336 7	0.808	0.547	5.393	0.184	1.816	1.223	0.412
10	0.949	0.308	0.975	0.972 7	1.028 1	0.284	1.716	0.276	1.669	3.078	0.324 9	0.797	0.687	5.469	0.223	1.777	1.176	0.363
11	0.905	0.285	0.927	0.975 4	1.025 2	0.321	1.679	0.313	1.637	3.173	0.315 2	0.787	0.811	5.535	0.256	1.744		
12	0.866	0.266	0.886	0.977 6	1.022 9	0.354	1.646	0.346	1.610	3.258	0.306 9	0.778	0.922	5.594	0.283	1.717		
13	0.832	0.249	0.850	0.979 4	1.021 0	0.382	1.618	0.374	1.585	3.336	0.299 8	0.770	1.025	5.674	0.307	1.693		
14	0.802	0.235	0.817	0.981 0	1.019 4	0.406	1.594	0.399	1.563	3.407	0.293 5	0.763	1.118	5.696	0.328	1.672		
15	0.775	0.223	0.789	0.982 3	1.018 0	0.428	1.572	0.421	1.544	3.472	0.288 2	0.756	1.203	5.741	0.347	1.653		
16	0.750	0.212	0.763	0.983 5	1.016 8	0.448	1.552	0.440	1.526	3.532	0.283 1	0.750	1.282	5.782	0.363	1.637		
17	0.728	0.203	0.739	0.984 5	1.015 7	0.466	1.534	0.458	1.511	3.588	0.278 7	0.744	1.356	5.820	0.378	1.622		
18	0.707	0.194	0.718	0.985 4	1.014 8	0.482	1.518	0.475	1.496	3.640	0.274 7	0.739	1.424	5.856	0.391	1.608		
19	0.688	0.187	0.698	0.986 2	1.014 0	0.497	1.503	0.490	1.483	3.689	0.271 1	0.734	1.487	5.891	0.403	1.597		
20	0.671	0.180	0.680	0.986 9	1.013 3	0.510	1.490	0.504	1.470	3.735	0.267 7	0.729	1.549	5.921	0.415	1.585		
21	0.655	0.173	0.663	0.987 6	1.012 6	0.523	1.477	0.516	1.459	3.778	0.264 7	0.724	1.605	5.951	0.425	1.575		
22	0.640	0.167	0.647	0.988 2	1.011 9	0.534	1.466	0.528	1.448	3.819	0.261 8	0.720	1.659	5.979	0.434	1.566		
23	0.626	0.162	0.633	0.988 7	1.011 4	0.545	1.455	0.539	1.438	3.858	0.259 2	0.716	1.710	6.006	0.443	1.557		
24	0.612	0.157	0.619	0.989 2	1.010 9	0.555	1.455	0.549	1.429	3.895	0.256 7	0.712	1.759	6.031	0.451	1.548		
25	0.600	0.153	0.606	0.989 6	1.010 5	0.565	1.435	0.559	1.420	3.931	0.254 4	0.708	1.806	6.056	0.459	1.541		

附录 D 计数调整型抽样表

表 D-1 样本大小字码

批量范围	特殊检验水平				一般检验水平		
	S-1	S-2	S-3	S-4	I	n	IQ
2～8	A	A	A	A	A	A	B
9～15	A	A	A	A	A	B	C
16～25	A	A	B	B	B	C	D
26～50	A	B	B	C	C	D	E
51～90	B	B	C	C	C	E	F
91～150	B	B	C	D	D	F	G
151～280	B	C	D	E	E	G	H
281～500	B	C	D	E	F	H	J
501～1 200	C	C	E	F	G	J	K
1 201～3 200	C	D	E	G	H	K	L
3 201～10 000	C	D	F	G	J	L	M
10 001～35 000	C	D	F	H	K	M	N
35 001～150 000	D	E	G	J	L	N	P
150 001～500 000	D	E	G	J	M	P	Q
500 001 以上	D	E	H	K	N	Q	R

表D-2 一次正常检查抽样方式(主表)

试样字码	试样大小	合格质量水平（AQL）（正常检查）																									
		0.010	0.015	0.025	0.040	0.065	0.10	0.15	0.25	0.40	0.65	1.0	1.5	2.5	4.0	6.5	10	15	25	40	65	100	150	250	400	650	1000
		Ac Re	Ac Re	Ac Re	Ac Re	Ac Re	Ac Re	Ac Re	Ac Re	Ac Re	Ac Re	Ac Re	Ac Re	Ac Re	Ac Re	Ac Re	Ac Re	Ac Re	Ac Re	Ac Re	Ac Re	Ac Re	Ac Re	Ac Re	Ac Re	Ac Re	Ac Re
A	2	↓	↓	↓	↓	↓	↓	↓	↓	↓	↓	↓	↓	↓	↓	0 1	↓	↓	1 2	2 3	3 4	5 6	7 8	10 11	14 15	21 22	30 31
B	3	↓	↓	↓	↓	↓	↓	↓	↓	↓	↓	↓	↓	↓	0 1		↓	1 2	2 3	3 4	5 6	7 8	10 11	14 15	21 22	30 31	44 45
C	5	↓	↓	↓	↓	↓	↓	↓	↓	↓	↓	↓	↓	0 1			1 2	2 3	3 4	5 6	7 8	10 11	14 15	21 22	30 31	44 45	↑
D	8	↓	↓	↓	↓	↓	↓	↓	↓	↓	↓	↓	0 1			1 2	2 3	3 4	5 6	7 8	10 11	14 15	21 22	30 31	44 45	↑	↑
E	13	↓	↓	↓	↓	↓	↓	↓	↓	↓	↓	0 1			1 2	2 3	3 4	5 6	7 8	10 11	14 15	21 22	30 31	44 45	↑	↑	↑
F	20	↓	↓	↓	↓	↓	↓	↓	↓	↓	0 1			1 2	2 3	3 4	5 6	7 8	10 11	14 15	21 22	↑	↑	↑	↑	↑	↑
G	32	↓	↓	↓	↓	↓	↓	↓	↓	0 1			1 2	2 3	3 4	5 6	7 8	10 11	14 15	21 22	↑	↑	↑	↑	↑	↑	↑
H	50	↓	↓	↓	↓	↓	↓	↓	0 1			1 2	2 3	3 4	5 6	7 8	10 11	14 15	21 22	↑	↑	↑	↑	↑	↑	↑	↑
J	80	↓	↓	↓	↓	↓	↓	0 1			1 2	2 3	3 4	5 6	7 8	10 11	14 15	21 22	↑	↑	↑	↑	↑	↑	↑	↑	↑
K	125	↓	↓	↓	↓	↓	0 1			1 2	2 3	3 4	5 6	7 8	10 11	14 15	21 22	↑	↑	↑	↑	↑	↑	↑	↑	↑	↑
L	200	↓	↓	↓	↓	0 1			1 2	2 3	3 4	5 6	7 8	10 11	14 15	21 22	↑	↑	↑	↑	↑	↑	↑	↑	↑	↑	↑
M	315	↓	↓	↓	0 1			1 2	2 3	3 4	5 6	7 8	10 11	14 15	21 22	↑	↑	↑	↑	↑	↑	↑	↑	↑	↑	↑	↑
N	500	↓	↓	0 1			1 2	2 3	3 4	5 6	7 8	10 11	14 15	21 22	↑	↑	↑	↑	↑	↑	↑	↑	↑	↑	↑	↑	↑
P	800	↓	0 1			1 2	2 3	3 4	5 6	7 8	10 11	14 15	21 22	↑	↑	↑	↑	↑	↑	↑	↑	↑	↑	↑	↑	↑	↑
Q	1250	0 1	↑		1 2	2 3	3 4	5 6	7 8	10 11	14 15	21 22	↑	↑	↑	↑	↑	↑	↑	↑	↑	↑	↑	↑	↑	↑	↑
R	2000	↑	↑	1 2	2 3	3 4	5 6	7 8	10 11	14 15	21 22	↑	↑	↑	↑	↑	↑	↑	↑	↑	↑	↑	↑	↑	↑	↑	↑

注：↓表示用箭头下面的第一抽样方式，如果试样大小等于或超过批量，则进行全数检查；↑表示用箭头上面的第一抽样方式。Ac表示合格判定数。Re表示不合格判定数。

表D-3 一次加严检查方式(主表)

试样字码	试样大小	合格质量水平（AQL）（正常检查）																									
		0.010	0.015	0.025	0.040	0.065	0.10	0.15	0.25	0.40	0.65	1.0	1.5	2.5	4.0	6.5	10	15	25	40	65	100	150	250	400	650	1000
		Ac Re	Ac Re	Ac Re	Ac Re	Ac Re	Ac Re	Ac Re	Ac Re	Ac Re	Ac Re	Ac Re	Ac Re	Ac Re	Ac Re	Ac Re	Ac Re	Ac Re	Ac Re	Ac Re	Ac Re	Ac Re	Ac Re	Ac Re	Ac Re	Ac Re	Ac Re
A	2	↓	↓	↓	↓	↓	↓	↓	↓	↓	↓	↓	↓	↓	↓	↓	↓	↓	↓	1 2	2 3	3 4	5 6	8 9	12 13	18 19	27 28
B	3	↓	↓	↓	↓	↓	↓	↓	↓	↓	↓	↓	↓	↓	↓	0 1	↓	↓	1 2	2 3	3 4	5 6	8 9	12 13	18 19	27 28	41 42
C	5	↓	↓	↓	↓	↓	↓	↓	↓	↓	↓	↓	↓	↓	0 1	↓	↓	1 2	2 3	3 4	5 6	8 9	12 13	18 19	27 28	41 42	↑
D	8	↓	↓	↓	↓	↓	↓	↓	↓	↓	↓	↓	↓	0 1	↓	↓	1 2	2 3	3 4	5 6	8 9	12 13	18 19	27 28	41 42	↑	↑
E	13	↓	↓	↓	↓	↓	↓	↓	↓	↓	↓	↓	0 1	↓	↓	1 2	2 3	3 4	5 6	8 9	12 13	18 19	27 28	41 42	↑	↑	↑
F	20	↓	↓	↓	↓	↓	↓	↓	↓	↓	↓	0 1	↓	↓	1 2	2 3	3 4	5 6	8 9	12 13	18 19	↑	↑	↑	↑	↑	↑
G	32	↓	↓	↓	↓	↓	↓	↓	↓	↓	0 1	↓	↓	1 2	2 3	3 4	5 6	8 9	12 13	18 19	↑	↑	↑	↑	↑	↑	↑
H	50	↓	↓	↓	↓	↓	↓	↓	↓	0 1	↓	↓	1 2	2 3	3 4	5 6	8 9	12 13	18 19	↑	↑	↑	↑	↑	↑	↑	↑
J	80	↓	↓	↓	↓	↓	↓	↓	0 1	↓	↓	1 2	2 3	3 4	5 6	8 9	12 13	18 19	↑	↑	↑	↑	↑	↑	↑	↑	↑
K	125	↓	↓	↓	↓	↓	↓	0 1	↓	↓	1 2	2 3	3 4	5 6	8 9	12 13	18 19	↑	↑	↑	↑	↑	↑	↑	↑	↑	↑
L	200	↓	↓	↓	↓	↓	0 1	↓	↓	1 2	2 3	3 4	5 6	8 9	12 13	18 19	↑	↑	↑	↑	↑	↑	↑	↑	↑	↑	↑
M	315	↓	↓	↓	↓	0 1	↓	↓	1 2	2 3	3 4	5 6	8 9	12 13	18 19	↑	↑	↑	↑	↑	↑	↑	↑	↑	↑	↑	↑
N	500	↓	↓	↓	0 1	↓	↓	1 2	2 3	3 4	5 6	8 9	12 13	18 19	↑	↑	↑	↑	↑	↑	↑	↑	↑	↑	↑	↑	↑
P	800	↓	↓	0 1	↓	↓	1 2	2 3	3 4	5 6	8 9	12 13	18 19	↑	↑	↑	↑	↑	↑	↑	↑	↑	↑	↑	↑	↑	↑
Q	1250	↓	0 1	↓	↓	1 2	2 3	3 4	5 6	8 9	12 13	18 19	↑	↑	↑	↑	↑	↑	↑	↑	↑	↑	↑	↑	↑	↑	↑
R	2000	0 1	↑	↓	1 2	2 3	3 4	5 6	8 9	12 13	18 19	↑	↑	↑	↑	↑	↑	↑	↑	↑	↑	↑	↑	↑	↑	↑	↑
S	3150	↑	↑	1 2	2 3	3 4	5 6	8 9	12 13	18 19	↑	↑	↑	↑	↑	↑	↑	↑	↑	↑	↑	↑	↑	↑	↑	↑	↑

注：↓表示用箭头下面的第一抽样方式，如果试样大小等于或超过批量，则进行全数检查；↑表示用箭头上面的第一抽样方式。Ac表示合格判定数。Re表示不合格判定数。

表D-4　一次放宽检查抽样方式(主表)

试样字码	试样大小	合格质量水平（AQL）（正常检查）																									
		0.010	0.015	0.025	0.040	0.065	0.10	0.15	0.25	0.40	0.65	1.0	1.5	2.5	4.0	6.5	10	15	25	40	65	100	150	250	400	650	1000
		Ac Re	Ac Re	Ac Re	Ac Re	Ac Re	Ac Re	Ac Re	Ac Re	Ac Re	Ac Re	Ac Re	Ac Re	Ac Re	Ac Re	Ac Re	Ac Re	Ac Re	Ac Re	Ac Re	Ac Re	Ac Re	Ac Re	Ac Re	Ac Re	Ac Re	Ac Re
A	2	↓	↓	↓	↓	↓	↓	↓	↓	↓	↓	↓	↓	↓	↓	0 1	↓	↓	1 2	2 3	3 4	5 6	7 8	10 11	14 15	21 22	30 31
B	2	↓	↓	↓	↓	↓	↓	↓	↓	↓	↓	↓	↓	↓	0 1		↓	0 2	1 3	2 4	3 5	5 6	7 8	10 11	14 15	21 22	30 31
C	2	↓	↓	↓	↓	↓	↓	↓	↓	↓	↓	↓	↓	0 1			0 2	1 3	1 4	2 5	3 6	5 8	7 10	10 13	14 17	21 24	↑
D	3	↓	↓	↓	↓	↓	↓	↓	↓	↓	↓	↓	0 1			0 2	1 3	1 4	2 5	3 6	5 8	7 10	10 13	14 17	21 24	↑	↑
E	5	↓	↓	↓	↓	↓	↓	↓	↓	↓	↓	0 1			0 2	1 3	1 4	2 5	3 6	5 8	7 10	10 13	14 17	21 24	↑	↑	↑
F	8	↓	↓	↓	↓	↓	↓	↓	↓	↓	0 1			0 2	1 3	1 4	2 5	3 6	5 8	7 10	10 13	↑	↑	↑	↑	↑	↑
G	13	↓	↓	↓	↓	↓	↓	↓	↓	0 1			0 2	1 3	1 4	2 5	3 6	5 8	7 10	10 13	↑	↑	↑	↑	↑	↑	↑
H	20	↓	↓	↓	↓	↓	↓	↓	0 1			0 2	1 3	1 4	2 5	3 6	5 8	7 10	10 13	↑	↑	↑	↑	↑	↑	↑	↑
J	32	↓	↓	↓	↓	↓	↓	0 1			0 2	1 3	1 4	2 5	3 6	5 8	7 10	10 13	↑	↑	↑	↑	↑	↑	↑	↑	↑
K	50	↓	↓	↓	↓	↓	0 1			0 2	1 3	1 4	2 5	3 6	5 8	7 10	10 13	↑	↑	↑	↑	↑	↑	↑	↑	↑	↑
L	80	↓	↓	↓	↓	0 1			0 2	1 3	1 4	2 5	3 6	5 8	7 10	10 13	↑	↑	↑	↑	↑	↑	↑	↑	↑	↑	↑
M	125	↓	↓	↓	0 1			0 2	1 3	1 4	2 5	3 6	5 8	7 10	10 13	↑	↑	↑	↑	↑	↑	↑	↑	↑	↑	↑	↑
N	200	↓	↓	0 1			0 2	1 3	1 4	2 5	3 6	5 8	7 10	10 13	↑	↑	↑	↑	↑	↑	↑	↑	↑	↑	↑	↑	↑
P	315	↓	0 1			0 2	1 3	1 4	2 5	3 6	5 8	7 10	10 13	↑	↑	↑	↑	↑	↑	↑	↑	↑	↑	↑	↑	↑	↑
Q	500	0 1	↑		0 2	1 3	1 4	2 5	3 6	5 8	7 10	10 13	↑	↑	↑	↑	↑	↑	↑	↑	↑	↑	↑	↑	↑	↑	↑
S	800	↑	↑	1 2	1 3	1 4	2 5	3 6	5 8	7 10	10 13	↑	↑	↑	↑	↑	↑	↑	↑	↑	↑	↑	↑	↑	↑	↑	↑

注：↓表示用箭头下面的第一抽样方式，如果试样大小等于或超过批量，则进行全数检查；↑表示用箭头上面的第一抽样方式。Ac表示合格判定数。Re表示不合格判定数。

表D-5　二次正常检查抽样方式(主表)

试样字码	试样	试样大小	累积试样大小	0.010	0.015	0.025	0.040	0.065	0.10	0.15	0.25	0.40	0.65	1.0	1.5	2.5	4.0	6.5	10	15	25	40	65	100	150	250	400	650	1000
				合格质量水平（AQL）（正常检查）																									
				Ac Re	Ac Re	Ac Re	Ac Re	Ac Re	Ac Re	Ac Re	Ac Re	Ac Re	Ac Re	Ac Re	Ac Re	Ac Re	Ac Re	Ac Re	Ac Re	Ac Re	Ac Re	Ac Re	Ac Re	Ac Re	Ac Re	Ac Re	Ac Re	Ac Re	Ac Re
A	第1			↓	↓	↓	↓	↓	↓	↓	↓	↓	↓	↓	↓	↓	↓	*	↓	↓	*	*	*	*	*	*	*	*	*
	第2																												
B	第1	2	2	↓	↓	↓	↓	↓	↓	↓	↓	↓	↓	↓	↓	↓	*	↓	↓	0 2	0 3	1 4	2 5	3 7	5 9	7 11	11 16	17 22	25 31
	第2	4	4																	1 2	3 4	4 5	6 7	8 9	12 13	18 19	26 27	37 38	56 57
C	第1	3	3	↓	↓	↓	↓	↓	↓	↓	↓	↓	↓	↓	↓	*	↑	↓	0 2	0 3	1 4	2 5	3 7	5 9	7 11	11 16	17 22	25 31	↑
	第2	3	6																1 2	3 4	4 5	6 7	8 9	12 13	18 19	26 27	37 38	56 57	
D	第1	5	5	↓	↓	↓	↓	↓	↓	↓	↓	↓	↓	↓	*	↑	↓	0 2	0 3	1 4	2 5	3 7	5 9	7 11	11 16	17 22	25 31	↑	↑
	第2	5	10															1 2	3 4	4 5	6 7	8 9	12 13	18 19	26 27	37 38	56 57		
E	第1	8	8	↓	↓	↓	↓	↓	↓	↓	↓	↓	↓	*	↑	↓	0 2	0 3	1 4	2 5	3 7	5 9	7 11	11 16	17 22	25 31	↑	↑	↑
	第2	8	16														1 2	3 4	4 5	6 7	8 9	12 13	18 19	26 27	37 38	56 57			
F	第1	13	13	↓	↓	↓	↓	↓	↓	↓	↓	↓	*	↑	↓	0 2	0 3	1 4	2 5	3 7	5 9	7 11	11 16	↑	↑	↑	↑	↑	↑
	第2	13	26													1 2	3 4	4 5	6 7	8 9	12 13	18 19	26 27						
G	第1	20	20	↓	↓	↓	↓	↓	↓	↓	↓	*	↑	↓	0 2	0 3	1 4	2 5	3 7	5 9	7 11	11 16	↑	↑	↑	↑	↑	↑	↑
	第2	20	40												1 2	3 4	4 5	6 7	8 9	12 13	18 19	26 27							
H	第1	32	32	↓	↓	↓	↓	↓	↓	↓	*	↑	↓	0 2	0 3	1 4	2 5	3 7	5 9	7 11	11 16	↑	↑	↑	↑	↑	↑	↑	↑
	第2	32	64											1 2	3 4	4 5	6 7	8 9	12 13	18 19	26 27								
J	第1	50	50	↓	↓	↓	↓	↓	↓	*	↑	↓	0 2	0 3	1 4	2 5	3 7	5 9	7 11	11 16	↑	↑	↑	↑	↑	↑	↑	↑	↑
	第2	50	100										1 2	3 4	4 5	6 7	8 9	12 13	18 19	26 27									
K	第1	80	80	↓	↓	↓	↓	↓	*	↑	↓	0 2	0 3	1 4	2 5	3 7	5 9	7 11	11 16	↑	↑	↑	↑	↑	↑	↑	↑	↑	↑
	第2	80	160									1 2	3 4	4 5	6 7	8 9	12 13	18 19	26 27										
L	第1	125	125	↓	↓	↓	↓	*	↑	↓	0 2	0 3	1 4	2 5	3 7	5 9	7 11	11 16	↑	↑	↑	↑	↑	↑	↑	↑	↑	↑	↑
	第2	125	250								1 2	3 4	4 5	6 7	8 9	12 13	18 19	26 27											
M	第1	200	200	↓	↓	↓	*	↑	↓	0 2	0 3	1 4	2 5	3 7	5 9	7 11	11 16	↑	↑	↑	↑	↑	↑	↑	↑	↑	↑	↑	↑
	第2	200	400							1 2	3 4	4 5	6 7	8 9	12 13	18 19	26 27												
N	第1	315	315	↓	↓	*	↑	↓	0 2	0 3	1 4	2 5	3 7	5 9	7 11	11 16	↑	↑	↑	↑	↑	↑	↑	↑	↑	↑	↑	↑	↑
	第2	315	630						1 2	3 4	4 5	6 7	8 9	12 13	18 19	26 27													
P	第1	500	500	↓	*	↑	↓	0 2	0 3	1 4	2 5	3 7	5 9	7 11	11 16	↑	↑	↑	↑	↑	↑	↑	↑	↑	↑	↑	↑	↑	↑
	第2	500	1000					1 2	3 4	4 5	6 7	8 9	12 13	18 19	26 27														
Q	第1	800	800	*	↑	↓	0 2	0 3	1 4	2 5	3 7	5 9	7 11	11 16	↑	↑	↑	↑	↑	↑	↑	↑	↑	↑	↑	↑	↑	↑	↑
	第2	800	1600				1 2	3 4	4 5	6 7	8 9	12 13	18 19	26 27															
R	第1	1250	1250	↑	↑	0 2	0 3	1 4	2 5	3 7	5 9	7 11	11 16	↑	↑	↑	↑	↑	↑	↑	↑	↑	↑	↑	↑	↑	↑	↑	↑
	第2	1250	2500			1 2	3 4	4 5	6 7	8 9	12 13	18 19	26 27																

注：↓表示用箭头下面的第一抽样方式，如果试样大小等于或超过批量，则进行全数检查；↑表示用箭头上面的第一抽样方式。Ac表示合格判定数。Re表示不合格判定数。

表D-6 二次加严检查抽样方式(主表)

试样字码	试样	试样大小	累积试样大小	合格质量水平（AQL）（正常检查）																									
				0.010	0.015	0.025	0.040	0.065	0.10	0.15	0.25	0.40	0.65	1.0	1.5	2.5	4.0	6.5	10	15	25	40	65	100	150	250	400	650	1000
				Ac Re	Ac Re	Ac Re	Ac Re	Ac Re	Ac Re	Ac Re	Ac Re	Ac Re	Ac Re	Ac Re	Ac Re	Ac Re	Ac Re	Ac Re	Ac Re	Ac Re	Ac Re	Ac Re	Ac Re	Ac Re	Ac Re	Ac Re	Ac Re	Ac Re	Ac Re
A	第1			↓	↓	↓	↓	↓	↓	↓	↓	↓	↓	↓	↓	↓	↓	↓	↓	↓	↓	*	*	*	*	*	*	*	*
	第2																												
B	第1	2	2	↓	↓	↓	↓	↓	↓	↓	↓	↓	↓	↓	↓	↓	↓	*	↓	↓	0 2	0 3	1 4	2 5	3 7	6 10	9 14	15 20	23 29
	第2	4	4																		1 2	3 4	4 5	6 7	11 12	15 16	23 24	34 35	52 53
C	第1	3	3	↓	↓	↓	↓	↓	↓	↓	↓	↓	↓	↓	↓	↓	*	↓	↓	0 2	0 3	1 4	2 5	3 7	6 10	9 14	15 20	23 29	↑
	第2	3	6																	1 2	3 4	4 5	6 7	11 12	15 16	23 24	34 35	52 53	
D	第1	5	5	↓	↓	↓	↓	↓	↓	↓	↓	↓	↓	↓	↓	*	↓	↓	0 2	0 3	1 4	2 5	3 7	6 10	9 14	15 20	23 29	↑	↑
	第2	5	10																1 2	3 4	4 5	6 7	11 12	15 16	23 24	34 35	52 53		
E	第1	8	8	↓	↓	↓	↓	↓	↓	↓	↓	↓	↓	↓	*	↓	↓	0 2	0 3	1 4	2 5	3 7	6 10	9 14	15 20	23 29	↑	↑	↑
	第2	8	16															1 2	3 4	4 5	6 7	11 12	15 16	23 24	34 35	52 53			
F	第1	13	13	↓	↓	↓	↓	↓	↓	↓	↓	↓	↓	*	↓	↓	0 2	0 3	1 4	2 5	3 7	6 10	9 14	↑	↑	↑	↑	↑	↑
	第2	13	26														1 2	3 4	4 5	6 7	11 12	15 16	23 24						
G	第1	20	20	↓	↓	↓	↓	↓	↓	↓	↓	↓	*	↓	↓	0 2	0 3	1 4	2 5	3 7	6 10	9 14	↑	↑	↑	↑	↑	↑	↑
	第2	20	40													1 2	3 4	4 5	6 7	11 12	15 16	23 24							
H	第1	32	32	↓	↓	↓	↓	↓	↓	↓	↓	*	↓	↓	0 2	0 3	1 4	2 5	3 7	6 10	9 14	↑	↑	↑	↑	↑	↑	↑	↑
	第2	32	64												1 2	3 4	4 5	6 7	11 12	15 16	23 24								
J	第1	50	50	↓	↓	↓	↓	↓	↓	↓	*	↓	↓	0 2	0 3	1 4	2 5	3 7	6 10	9 14	↑	↑	↑	↑	↑	↑	↑	↑	↑
	第2	50	100											1 2	3 4	4 5	6 7	11 12	15 16	23 24									
K	第1	80	80	↓	↓	↓	↓	↓	↓	*	↓	↓	0 2	0 3	1 4	2 5	3 7	6 10	9 14	↑	↑	↑	↑	↑	↑	↑	↑	↑	↑
	第2	80	160										1 2	3 4	4 5	6 7	11 12	15 16	23 24										
L	第1	125	125	↓	↓	↓	↓	↓	*	↓	↓	0 2	0 3	1 4	2 5	3 7	6 10	9 14	↑	↑	↑	↑	↑	↑	↑	↑	↑	↑	↑
	第2	125	250									1 2	3 4	4 5	6 7	11 12	15 16	23 24											
M	第1	200	200	↓	↓	↓	↓	*	↓	↓	0 2	0 3	1 4	2 5	3 7	6 10	9 14	↑	↑	↑	↑	↑	↑	↑	↑	↑	↑	↑	↑
	第2	200	400								1 2	3 4	4 5	6 7	11 12	15 16	23 24												
N	第1	315	315	↓	↓	↓	*	↓	↓	0 2	0 3	1 4	2 5	3 7	6 10	9 14	↑	↑	↑	↑	↑	↑	↑	↑	↑	↑	↑	↑	↑
	第2	315	630							1 2	3 4	4 5	6 7	11 12	15 16	23 24													
P	第1	500	500	↓	↓	*	↓	↓	0 2	0 3	1 4	2 5	3 7	6 10	9 14	↑	↑	↑	↑	↑	↑	↑	↑	↑	↑	↑	↑	↑	↑
	第2	500	1000						1 2	3 4	4 5	6 7	11 12	15 16	23 24														
Q	第1	800	800	↓	*	↓	↓	0 2	0 3	1 4	2 5	3 7	6 10	9 14	↑	↑	↑	↑	↑	↑	↑	↑	↑	↑	↑	↑	↑	↑	↑
	第2	800	1600					1 2	3 4	4 5	6 7	11 12	15 16	23 24															
R	第1	1250	1250	*	↑	↓	0 2	0 3	1 4	2 5	3 7	6 10	9 14	↑	↑	↑	↑	↑	↑	↑	↑	↑	↑	↑	↑	↑	↑	↑	↑
	第2	1250	2500				1 2	3 4	4 5	6 7	11 12	15 16	23 24																
S	第1	1250	1250		↑	0 2	↑	↑	↑	↑	↑	↑	↑	↑	↑	↑	↑	↑	↑	↑	↑	↑	↑	↑	↑	↑	↑	↑	↑
	第2	1250	2500			1 2																							

注：↓表示用箭头下面的第一抽样方式，如果试样大小等于或超过批量，则进行全数检查；↑表示用箭头上面的第一抽样方式。Ac表示合格判定数。Re表示不合格判定数。

表D-7 二次放宽检查抽样方式(主表)

试样字码	试样	试样大小	累积试样大小	0.010 Ac Re	0.015 Ac Re	0.025 Ac Re	0.040 Ac Re	0.065 Ac Re	0.10 Ac Re	0.15 Ac Re	0.25 Ac Re	0.40 Ac Re	0.65 Ac Re	1.0 Ac Re	1.5 Ac Re	2.5 Ac Re	4.0 Ac Re	6.5 Ac Re	10 Ac Re	15 Ac Re	25 Ac Re	40 Ac Re	65 Ac Re	100 Ac Re	150 Ac Re	250 Ac Re	400 Ac Re	650 Ac Re	1000 Ac Re
A	第1			↓	↓	↓	↓	↓	↓	↓	↓	↓	↓	↓	↓	↓	↓	*	↓	↓	*	*	*	*	*	*	*	*	*
	第2																												
B	第1	2	2	↓	↓	↓	↓	↓	↓	↓	↓	↓	↓	↓	↓	↓	*	↑	↓	*	*	*	*	*	*	*	*	*	*
	第2	4	4																										
C	第1	3	3	↓	↓	↓	↓	↓	↓	↓	↓	↓	↓	↓	↓	*	↑	↓	*	*	*	*	*	*	*	*	*	*	↑
	第2	3	6																										
D	第1	5	5	↓	↓	↓	↓	↓	↓	↓	↓	↓	↓	↓	*	↑	↓	0 2	0 3	0 4	0 4	1 5	2 7	3 8	5 10	7 12	11 17	↑	↑
	第2	5	10															0 2	0 4	1 5	3 6	4 7	6 9	8 12	12 16	18 22	26 30		
E	第1	8	8	↓	↓	↓	↓	↓	↓	↓	↓	↓	↓	*	↑	↓	0 2	0 3	0 4	0 4	1 5	2 7	3 8	5 10	7 12	11 17	↑	↑	↑
	第2	8	16														0 2	0 4	1 5	3 6	4 7	6 9	8 12	12 16	18 22	26 30			
F	第1	13	13	↓	↓	↓	↓	↓	↓	↓	↓	↓	*	↑	↓	0 2	0 3	0 4	0 4	1 5	2 7	3 8	5 10	↑	↑	↑	↑	↑	↑
	第2	13	26													0 2	0 4	1 5	3 6	4 7	6 9	8 12	12 16						
G	第1	20	20	↓	↓	↓	↓	↓	↓	↓	↓	*	↑	↓	0 2	0 3	0 4	0 4	1 5	2 7	3 8	5 10	↑	↑	↑	↑	↑	↑	↑
	第2	20	40												0 2	0 4	1 5	3 6	4 7	6 9	8 12	12 16							
H	第1	32	32	↓	↓	↓	↓	↓	↓	↓	*	↑	↓	0 2	0 3	0 4	0 4	1 5	2 7	3 8	5 10	↑	↑	↑	↑	↑	↑	↑	↑
	第2	32	64											0 2	0 4	1 5	3 6	4 7	6 9	8 12	12 16								
J	第1	50	50	↓	↓	↓	↓	↓	↓	*	↑	↓	0 2	0 3	0 4	0 4	1 5	2 7	3 8	5 10	↑	↑	↑	↑	↑	↑	↑	↑	↑
	第2	50	100										0 2	0 4	1 5	3 6	4 7	6 9	8 12	12 16									
K	第1	80	80	↓	↓	↓	↓	↓	*	↑	↓	0 2	0 3	0 4	0 4	1 5	2 7	3 8	5 10	↑	↑	↑	↑	↑	↑	↑	↑	↑	↑
	第2	80	160									0 2	0 4	1 5	3 6	4 7	6 9	8 12	12 16										
L	第1	125	125	↓	↓	↓	↓	*	↑	↓	0 2	0 3	0 4	0 4	1 5	2 7	3 8	5 10	↑	↑	↑	↑	↑	↑	↑	↑	↑	↑	↑
	第2	125	250								0 2	0 4	1 5	3 6	4 7	6 9	8 12	12 16											
M	第1	200	200	↓	↓	↓	*	↑	↓	0 2	0 3	0 4	0 4	1 5	2 7	3 8	5 10	↑	↑	↑	↑	↑	↑	↑	↑	↑	↑	↑	↑
	第2	200	400							0 2	0 4	1 5	3 6	4 7	6 9	8 12	12 16												
N	第1	315	315	↓	↓	*	↑	↓	0 2	0 3	0 4	0 4	1 5	2 7	3 8	5 10	↑	↑	↑	↑	↑	↑	↑	↑	↑	↑	↑	↑	↑
	第2	315	630						0 2	0 4	1 5	3 6	4 7	6 9	8 12	12 16													
P	第1	500	500	↓	*	↑	↓	0 2	0 3	0 4	0 4	1 5	2 7	3 8	5 10	↑	↑	↑	↑	↑	↑	↑	↑	↑	↑	↑	↑	↑	↑
	第2	500	1000					0 2	0 4	1 5	3 6	4 7	6 9	8 12	12 16														
Q	第1	800	800	*	↑	↓	0 2	0 3	0 4	0 4	1 5	2 7	3 8	5 10	↑	↑	↑	↑	↑	↑	↑	↑	↑	↑	↑	↑	↑	↑	↑
	第2	800	1600				0 2	0 4	1 5	3 6	4 7	6 9	8 12	12 16															
R	第1	1250	1250	↑	↑	0 2	0 3	0 4	0 4	1 5	2 7	3 8	5 10	↑	↑	↑	↑	↑	↑	↑	↑	↑	↑	↑	↑	↑	↑	↑	↑
	第2	1250	2500			0 2	0 4	1 5	3 6	4 7	6 9	8 12	12 16																

注：↓表示用箭头下面的第一抽样方式，如果试样大小等于或超过批量，则进行全数检查；↑表示用箭头上面的第一抽样方式。Ac表示合格判定数。Re表示不合格判定数。

表D-8　放宽检验的界限数

最近10批样本大小之和	合格质量水平（AQL）（正常检查）																									
	0.010	0.015	0.025	0.040	0.065	0.10	0.15	0.25	0.4	0.65	1.0	1.5	2.5	4.0	6.5	10	15	25	40	65	100	150	250	400	650	1000
20～29	*	*	*	*	*	*	*	*	*	*	*	*	*	*	*	0	0	2	4	8	14	22	40	68	115	181
30～49	*	*	*	*	*	*	*	*	*	*	*	*	*	*	0	0	1	3	7	13	22	36	63	105	178	277
50～79	*	*	*	*	*	*	*	*	*	*	*	*	*	0	0	2	3	7	14	25	40	63	110	181	301	
80～129	*	*	*	*	*	*	*	*	*	*	*	*	0	0	2	4	7	14	24	42	68	105	181	297		
130～199	*	*	*	*	*	*	*	*	*	*	*	0	0	2	4	7	13	25	42	72	115	177	301	490		
200～319	*	*	*	*	*	*	*	*	*	*	0	0	2	4	8	14	22	40	68	115	181	277	471			
320～499	*	*	*	*	*	*	*	*	*	0	0	1	4	8	14	24	39	68	113	189						
500～799	*	*	*	*	*	*	*	*	0	0	2	3	7	14	25	40	63	110	181							
800～1249	*	*	*	*	*	*	*	0	0	2	4	7	14	24	42	68	105	181								
1250～1999	*	*	*	*	*	*	0	0	2	4	7	13	247	40	69	110	169									
2000～3149	*	*	*	*	*	0	0	1	4	8	14	24	38	68	111	186										
3150～4999	*	*	*	*	0	0	2	4	7	14	24	42	68	105	181											
5000～7999	*	*	*	0	0	2	4	7	14	24	42	68	105	181												
8000～12499	*	*	0	0	2	4	7	14	24	42	68	105	181													
12500～19999	*	0	0	2	4	7	13	24	40	69	110	169														
20000～31499	0	0	2	4	8	14	22	40	68	115	181															
31500～49999	0	1	4	8	14	24	38	67	111	186																
50000以上	2	3	7	14	25	40	63	110	181	301																

注：表示对于此AQL而言，用最近10批的样本不足以决定是否可放宽检验，需要更多的批来计算。

参考文献

[1] 赵宇,何益海,戴伟.质量工程技术体系与内涵[M].北京:国防工业出版社,2017.

[2] 康锐,何益海.质量工程技术基础[M].北京:北京航空航天大学出版社,2012.

[3] 戴克商,雷金溪,梁娟.质量工程技术方法[M].北京:清华大学出版社,北京交通大学出版社,2007.

[4] 刘小方,高成强,周永涛.装备检验技术[M].北京:国防工业出版社,2019.

[5] 詹惠琴,古天祥,习友宝,等.电子测量原理[M].北京:机械工业出版社,2017.

[6] 中国航天科技集团公司.通用质量特性[M].北京:中国宇航出版社,2017.

[7] 宣兆龙,易建政.装备环境工程[M].北京:国防工业出版社,2011.

[8] 罗雯,魏建中,阳辉,等.电子元器件可靠性试验工程[M].北京:电子工业出版社,2005.

[9] 何益海,康锐.质量工程技术体系研究及教改实践[J].质量与可靠性,2009(4):33-36.

[10] 何益海,戴伟,赵宇.基于现代科学技术三层理论的质量工程技术体系框架研究[J].标准科学,2012(12):73-76.